澳 门 回 归 二 十 年 经 验 丛 书

澳门回归以来
教育发展与经验

郭晓明　王　敏◎著

SPM
南方出版传媒
广东经济出版社
·广州·

图书在版编目（CIP）数据

澳门回归以来教育发展与经验 / 郭晓明，王敏著. —广州：广东经济出版社，2020.12
（澳门回归二十年经验丛书）
ISBN 978－7－5454－7085－7

Ⅰ. ①澳…　Ⅱ. ①郭…②王…　Ⅲ. ①地方教育－教育事业－研究－澳门　Ⅳ. ①G527.659

中国版本图书馆 CIP 数据核字（2020）第 197900 号

出 版 人：李　鹏
责任编辑：刘亚平　冯常虎　徐依然
责任技编：陆俊帆

澳门回归以来教育发展与经验
AOMEN HUIGUI YILAI JIAOYU FAZHAN YU JINGYAN

出版发行	广东经济出版社（广州市环市东路水荫路 11 号 11～12 楼）
经　　销	全国新华书店
印　　刷	广东鹏腾宇文化创新有限公司 （珠海市高新区唐家湾镇科技九路 88 号 10 栋）
开　　本	787 毫米×1092 毫米　1/16
印　　张	31.5
字　　数	599 千字
版　　次	2020 年 12 月第 1 版
印　　次	2020 年 12 月第 1 次
书　　号	ISBN 978－7－5454－7085－7
定　　价	118.00 元

图书营销中心地址：广州市环市东路水荫路 11 号 11 楼
电话：（020）87393830　　邮政编码：510075
如发现印装质量问题，影响阅读，请与本社联系调换
广东经济出版社常年法律顾问：胡志海律师

澳门经验主题鲜明，内涵丰富

——在《澳门回归二十年经验丛书》研讨会上的发言

（代总序）

2019 年，澳门迎来回归祖国 20 周年。过去的 20 年，在中央政府和祖国内地的大力支持下，在澳门特别行政区政府和行政长官的带领下，在澳门社会各界人士的齐心协力、团结奋斗下，澳门社会安定，经济社会快速发展，取得了一系列令人瞩目的成果。

在此，我想就“澳门经验”这个命题谈一点个人体会。

首先，我认为“一国两制”方针在澳门的伟大实践，是澳门 20 年发展所取得的首要的也是最重要的经验。“一国两制”的成功实践，为进一步完善与澳门特别行政区基本法实施相配套的制度和法律体系，不断夯实依法治澳的制度基础，为进一步打造勤政、廉洁、高效、公正的法治政府，使澳门特别行政区发展始终沿着法治轨道推进，为进一步强化澳门公职人员队伍建设和管理，不断增强依法履职能力奠定了坚实基础。总结“一国两制”在澳门 20 年实践的成功经验，是新时代开启依法治澳新征程的必然要求。

其次，澳门同祖国内地的交流合作关系，是澳门经验的重要内涵。澳门回归的 20 年，是与祖国内地全面交流的 20 年，是与祖国内地深度合作的 20 年，是与祖国内地同呼吸共命运的 20 年。总结这 20 年来澳门同祖国内地关系持续稳定、良性互动所取得的成功经验，是澳门与祖国内地进一步深化交流合作，共同肩负实现中华民族伟大复兴中国梦的历史使命的必然要求。

再次，澳门走经济适度多元可持续发展道路，是澳门经验的重要内涵。澳门回归祖国之后，澳门特别行政区政府坚守“一国”之本，善用“两制”之利，抓住国家全面深化改革的重大机遇，紧紧围绕建设“世界旅游休闲中心”和“中国与葡语国家商贸合作服务平台”的目标定位，充分运用中央支持澳门发展的各项政策，顶层设计，周密部署，稳步推动经济适度多元可持续发展的总体战略，使澳门经济社会发展呈现出良好局面。总结20年来澳门经济社会繁荣发展所取得的成功经验，是在区域合作中进一步拓宽澳门发展空间，增强澳门发展动力，提升澳门自身发展素质能力，努力实现与祖国内地共同发展、共同进步的必然要求。

最后，由澳门灿烂文化的历史底蕴和当代传承所凝聚的爱国爱澳社会主流价值观，是澳门经验的重要内涵。20年来，澳门特别行政区政府秉持“从人文关怀出发，以文化铸造城市的灵魂”之理念，有效保护文化遗产，弘扬优秀传统文化，扶持文创产业发展，促进多层面文化交流，走出了一条澳门文化多元发展之路，闯出了一条利用澳门历史文化资源创新文化产业发展之路。而基于澳门文化积淀所凝练的爱国爱澳、包容共济、务实进取的优良传统，成为20年来澳门社会良性发展的力量源泉。总结20年来澳门文化历久弥新、文化事业欣欣向荣所取得的成功经验，是澳门坚持道路自信、理论自信、制度自信、文化自信的必然要求，是澳门同胞加深民族自豪感与爱国爱澳情怀、增强投身“一国两制”事业责任感与使命感的必然要求。

毫无疑问，20年来澳门走过了不平凡的发展历程，其所积累的经验是多方面的，其内涵是丰富的，其意义是深远的，是值得澳门同胞和全国各族人民珍惜和铭记的。在澳门回归祖国20年之际，我们对这些经验作全面、系统、科学的总结，不仅是为了回顾过往岁月，更是为了继往开来，为澳门全面准确贯彻“一国两制”方针，沿着正确的方向行稳致远，为实现“两个一百年”奋斗目标、实现中华民族伟大复兴的中国梦，为澳门拥有更加美好的明天夯实理论基础，提供思想源泉。

在此，我们要感谢广东经济出版社、澳门启元出版社，这两家出版社以高度的责任感和敏锐的洞察力，把《澳门回归二十年经验丛书》列入重点选题。这一选题站位高、立意远，既有很高的理论价值，更有鲜明的实践意义。

李国强

中国社会科学院中国历史研究院副院长，研究员

目　　录

第一章　逢山开路：从教育制度与法律的变革开始

教育的可持续发展由多方面因素促成，其中比较容易为人们所注意的，是经费投入、物质和技术的改善、教师和管理者素质的提升等，而教育法的影响虽比较隐蔽，但更具有整体性和根本性，往往决定着教育发展的方向。经济领域将制度的安排视为推动经济发展的内在动力，同样，制度变革也是教育可持续发展的重要保证。教育法作为一整套的规范体系，不仅是学校以及教育系统建立和发展的基石，而且是所有教育参与主体间关系的调节者，无论是对教育活动的合理性还是对教育效率都有着重要影响。在社会转型时期，教育法的变革显得更为必要，因为只有制度上的调整，才能从根本上响应社会变迁对教育提出的新要求。

一、制度变革：教育发展的基石

澳门回归以来，澳门特别行政区政府坚持优先发展教育，非高等教育的公共开支由 2002 年的 10.07 亿澳门元，增加至 2017 年的 69.11 亿澳门元，15 年总投入达 520.78 亿澳门元，年均增幅 5.86% [①]。与此同时，澳门着力推进教育法的变革。尤其是在 2006 年 12 月正式颁布了第 9/2006 号法律《非高等教育制度纲要法》（以下简称《纲要法》）[②]，这是澳门回归以来非高等教育法变革方面最重要的成果。以此为基础，澳门在教育法方面开启了有史以来的第二次系统性变革，近年来无论是在政府教育投入机制、公私立学校系统、免费教育和义务教育、学制等基础性制度的完善方面，还是在教育目标、学校课程、教师的地位与

---

① 公共开支资料来自澳门特别行政区政府财政局的“政府财政统计”，会计制度采用国际货币基金组织（IMF）所定的政府财政统计核算体系（GFS），并从 2002 年开始设有非高等教育公共开支项目。

② 澳门特别行政区第 9/2006 号法律《非高等教育制度纲要法》，澳门：《澳门特别行政区公报》第一组第一副刊，第 52 期，2006 年 12 月 26 日。

保障以及学校管理的优化方面，都取得了根本性的进展。

自2003年参与经济合作与发展组织（OECD）举办的PISA测试（“学生能力国际评估计划”）以来，澳门15岁学生在阅读素养、数学素养和科学素养三方面均有良好表现。以PISA 2015为例，在参与的72个国家/地区中，中国澳门学生的平均表现位居前列，其中阅读素养得分509分，排名第12；数学素养得分544分，排名第3；科学素养得分529分，排名第6。根据OECD的PISA国际报告，澳门的教育系统2003年至2015年都被认为是世界上既有较高的教育质量又兼具教育公平的8个教育系统之一。同时，澳门也是近年在阅读、数学和科学三方面的素养均有进步的11个地方之一。这一切，无疑在一定程度上与澳门回归以来教育法的变革存在内在的联系。

然而，澳门正处于努力建设“世界旅游休闲中心”和“中国与葡语国家商贸合作服务平台”的重要时期，《澳门特别行政区五年发展规划（2016—2020年）》强调要进一步建立“正规教育与持续教育相结合”“教育素质和创新能力均得到明显提升”的教育体系，促进教育公平，加大力度培养新兴产业所需的人才，推进特殊教育的发展，从教育立法、资源投放、政策革新、教师队伍建设以及课程发展等方面，为全面提高教育质量创造良好条件。更为重要的是，2006年颁布《纲要法》后，相关的配套制度并没有完全建立起来。所以，澳门非高等教育法的完善目前还处于攻坚克难的关键时期。

二、澳门回归以来教育改革的主要进展

在澳门长达100多年的历史中，澳葡政府在非高等教育方面主要关注葡萄牙人子弟的教育，广大华人族群的教育主要由私立学校承担，而私营教育机构是完全自主生存和发展的，因而澳门的教育法长期以来是以非成文的、“潜制度”的方式存在的。1991年8月29日通过的第11/91/M号法律《澳门教育制度》第一次在澳门建立起一套比较系统的教育法，为处理各教育参与主体（包括政府、办学实体、学校、教师、学生、家长等）的关系，为促进学校及整个教育系统的发展、规范教育行政的运作、保障教育资源的投入和教育民主的实现以及推行免费教育，提供了制度前提，在澳门教育发展的历史中具有里程碑式的意义。

澳门回归以后，澳门非高等教育法变革的基本方向是，以进一步促进教育的优质化为根本目标，强调教育平等和对市民受教育权利的保护，明确学校的法律地位并继续保证学校的教育自主，同时为政府管理学校提供实体法的保证。为此，2006年颁布实施的《纲要法》调整了教育的目标，改革了学制，完善了教

育经费投入机制，历史性地宣布实施15年免费教育，突出了课程与教学的重要性，强化了政府的课程领导权，加强了对学生的援助及教师专业地位的保障，并力图强化学校管理的多元参与。[①] 以《纲要法》为基础，澳门的非高等教育法进入了系统调整期，2012年制定了《非高等教育私立学校教学人员制度框架》，从法律与制度层面提升了私立学校教学人员的专业素质和职业保障。在课程改革方面，2014年以来先后颁布了第15/2014号行政法规《本地学制正规教育课程框架》和第10/2015号行政法规《本地学制正规教育基本学力要求》，订定幼儿、小学、初中和高中各教育阶段的“基本学力要求”，初步建立起本地的课程基准。可见，回归至今，澳门非高等教育法的发展是系统性的、深刻的。

（一）《纲要法》重新界定教育的目标

教育目标是一切教育活动的最终归宿和根本依据，尤其对课程、学制具有决定性影响。因应社会和时代的变迁，《纲要法》对澳门教育的总目标和各教育程度的目标进行重新审视和调整。

一方面，密切关注澳门的特点和进入“一国两制”“澳人治澳”时代澳门教育目标须考虑的重要因素，强调“以中华文化为主流”，将培养学生“爱国爱澳、厚德尽善、遵纪守法的品格”和“对国家和澳门的责任感”列入教育的总目标；另一方面，体现“两制”的特殊性，强调培养学生良好的“民主素养”，让其认识和尊重“澳门文化的特色”，尤其是“多元文化共存”的特点，同时养成“健康的生活方式”。

此外，教育的总目标立足于全人发展，强调让学生养成全面的“科学和人文素养”，促进其个性的发展，培养具有“终身学习的态度和能力”的学生。[②]

（二）实施15年免费教育，保障受教育权

实施免费教育，是保障受教育者的受教育权和迈向优质教育的重要前提与保证。《纲要法》历史性地宣布实施15年免费教育，将免费教育的范围由原有的

---

① 郭晓明：《回归以来澳门教育制度的变革》，上海：《全球教育展望》，2009年第5期。亦可参见郭晓明、苏朝晖：《优质教育的制度保障：澳门教育制度变革的内在价值》，载单文经、林发钦：《澳门人文社会科学研究文选·教育卷》，北京：社会科学文献出版社，2009。

② 《纲要法》第四条。

10年拓展到15年正规教育的各个年级，包括原来尚未纳入免费教育范围的幼儿教育第1年和第2年以及3年高中教育。凡“属澳门特别行政区居民”且在学校“注册及接受正规教育的学生，均为免费教育津贴的受益人”；政府向“加入免费教育学校系统的不牟利私立学校提供免费教育津贴”。[①] 不仅如此，《纲要法》还将“补充服务费”列入免费之列。澳门原有的免费教育是一种“倾向性免费教育”，学生家长要承担“补充服务费”，《纲要法》明确将其纳入免费的范围，“免费”是指“免缴学费、补充服务费和其他与报名、就读及证书方面有关的费用”[②]。这就意味着免费教育被提升至真正的“免费”。在幼儿教育、小学教育、初中教育和高中教育阶段全面推行免费教育，是澳门教育发展史上一个极其重要的里程碑，为澳门非高等教育进一步向优质化发展提供了重要保障。

为保障所有儿童接受教育的权利，《纲要法》第二十九条规定，对因各种原因“行动受限制”的儿童和青少年，包括“因行动能力受限制，不能到学校接受教育者”以及“被实施收容措施者”，公共部门须采取适当措施，提供支持，以使其享有受教育的机会，并促进其完成学业。这是联合国《儿童权利公约》中“人人享有受教育权”这一基本原则的体现，有助于提升市民的整体生活素质。

（三）设立教育发展基金，完善教育经费投放机制

澳门的私立学校各有特色，在非高等教育阶段所占比例甚大。教育发展基金[③]是《纲要法》在原有教育经费投放机制之外新设立的一种教育投入方式，是澳门特别行政区政府给教育机构提供教育资助的一种途径。设立教育发展基金的目的是改进澳门特别行政区政府教育经费的使用方式，在免费教育津贴和学费津贴等普及性的经费之外，通过给学校自己制定的学校发展计划提供专项财政资助，推动澳门教育的优先发展事项。《纲要法》规定，澳门特别行政区政府将按照公平、公正及公开的原则给全澳门教育机构提供财政支持。

设立教育发展基金，一方面尊重了学校的办学自主；另一方面引入竞争机制，使学校的发展与澳门特别行政区政府所推行的教育政策得以有效协调。

---

① 澳门特别行政区第19/2006号行政法规《免费教育津贴制度》第二条、《纲要法》第四十七条第四款。

② 《纲要法》第二十一条。

③ 关于教育发展基金的有关规定，详见澳门特别行政区第16/2007号行政法规《教育发展基金制度》，以及澳门特别行政区第82/2008号行政长官批示《核准〈教育发展基金财政援助发放规章〉》。

（四）重构教育系统

教育法的核心议题之一是设计一套合理有效的教育系统。澳门原有非高等教育法的组成十分复杂，许多概念都有交叉或从属关系。

《纲要法》为使构成非高等教育体系的各部分之间的关系清晰明了，作了以下重要调整：一是将非高等教育分为“正规教育”和“持续教育”两大类；二是坚持大教育观，重视家庭教育的作用，第一次在澳门的教育基本法中引入家庭教育；三是从终身学习的角度提出“持续教育”概念，以替换原有教育法中的“成人教育”概念，其中持续教育包括回归教育等正规教育以外的各种教育活动；四是重视职业技术教育和职业培训，规定职业技术教育课程既可在专门实施职业技术教育的教育机构开办，也可在提供普通教育的教育机构开办。

（五）调整学制

学制是教育制度的重要组成部分，好的学制是创造优质教育的重要基础。澳门原有学制的特别之处是，除两年的幼儿教育外，还有一年“小学教育预备班”；中学的学制多样，高中既有两年制，也有三年制。

《纲要法》对此进行了重要调整：一是将“小学教育预备班”改为“幼儿教育第三年”，从制度上为避免幼儿教育小学化奠定基础；二是将高中学制统一为三年，同时设有足够的过渡期给学校自行调整，这为澳门高中毕业生前往世界各地高校求学提供了方便。[①]

（六）设立校董会，促进学校管理的多元参与

学校管理的多元参与是优质教育的必要保证。澳门在法律上允许自然人办学[②]，私立学校在非高等教育阶段占绝大多数，学校管理的多元参与须进一步加强。

为此，《纲要法》一方面继续保证私立学校的行政、财政和教学自主以及公

---

① 澳门特别行政区第230/2007号行政长官批示《订定正规教育阶段的学习年限的实施日程》。

② 《中华人民共和国澳门特别行政区基本法》第一百二十一条规定：“社会团体和私人可依法举办各种教育事业”；《纲要法》第三十四条规定，“自然人”和“非公法之法人”均可开办私立教育机构。

立学校的教学自主；另一方面规定所有学校必须设立校董会，并制定校董会章程。这一规定在第11/91/M号法律中是没有的。校董会作为学校决策的最高权力机构，可以使学校的管理与发展建立在广泛的意见之上，为学校管理的多元参与提供制度保证。

（七）设立教育质量保证机制

在以私立学校为主、学校自主权又很大的情况下，适当加强教育质量保障机制的建设是必要的。《纲要法》为此规定，澳门特别行政区教育行政部门对学校进行系统的综合评鉴和专项评鉴，以协助学校教育持续改善和发展，保证学校的教育质量；同时，还规定设立由核心科目组成的标准评核机制，以保证回归教育的质量。[①]

澳门历来没有统一考试，因而学生评核对于保证教育质量至关重要。因此，《纲要法》规定发展专门的学生评核制度，要求对学生的评核以促进学习成功为主要目的，并通过多元评核实施。[②]

（八）改革课程领导制度，建立本地的课程基准

优质教育最终需要有优质的课程与教学。澳门基础教育阶段的课程与教材历来由学校自主决定和选择，给各学校的课程决策提供了足够的空间和自主性，澳门各校的课程因此各有特色。但在这种制度的长期作用下，澳门基础教育质量却缺乏一个起码的基本标准，学校间的教育质量参差不齐。澳门教育行政部门曾于1993/1994学年收集全澳门非高等教育阶段共79所学校（以牌照为准）的课程计划，结果没有任何两所学校的课程是相同的。[③] 原因是澳门基础教育阶段的课程历来由学校自主决定，教材的编写、出版和选用也完全自由，这样学校间的教材、教学内容、教学语言乃至课程设置和课程结构也就各不相同。

为给澳门设立本地课程基准，《纲要法》专设一章对课程和教学作出规范，尤其是建立了新的课程决策与课程领导机制，规定政府须规划“各教育阶段的

---

① 《纲要法》第三十九条、第十五条第四款。

② 《纲要法》第二十五条。

③ 澳门教育暨青年司（现为澳门特别行政区政府教育暨青年局，以下简称教育暨青年局）：《澳门学校特征·课程（1993—1994）》，1994。

课程框架”[①]，规定学生须达到的“基本学力要求”[②]，具体内容由专有法规规定；学校在遵守上述法规的基础上，方可自主发展其校本课程。[③] 这是课程决策与课程领导机制的一次重要转变，改变了过去私立学校享有绝对课程自主权的状况，增强了政府在课程管理领域的影响力。

在过去的10年里，澳门特别行政区政府积极推进课程改革，2014年正式颁布第15/2014号行政法规《本地学制正规教育课程框架》，确定了幼儿、小学、初中和高中4个教育阶段的课程框架。2015年颁布并实施第10/2015号行政法规《本地学制正规教育基本学力要求》、第118/2015号社会文化司司长批示《核准幼儿教育基本学力要求》。2016年颁布第19/2016号社会文化司司长批示《核准小学教育阶段基本学力要求的具体内容》，自2016年9月起在小学一至三年级实施，2017/2018学年将在小学的各年级实施。初中和高中教育阶段的“基本学力要求”于2017年颁布并逐步开始实施。[④] 2019/2020学年，澳门正规教育的15个年级全部实施新的“基本学力要求”。“课程框架”和“基本学力要求”相辅相成，共同构成澳门基础教育阶段的课程基准。

（九）构建教学人员制度

1. 私立学校教学人员制度

教师是迈向优质教育不可或缺的。但澳门的私立学校长期以来没有统一的教学人员制度，严重制约教师队伍建设，影响教育素质的提升。

为此，2006年颁布实施的《纲要法》规定：“私立学校教学人员的工作类

---

① “课程框架”是指由政府所制定的、各教育阶段课程的基本架构，其内容主要包括“课程发展准则、学习领域的划分、教育活动时间的安排，小学教育、初中教育及高中教育阶段尚包括主要科目的设置”，其作用相当于内地的“课程方案”。参见澳门特别行政区第15/2014号行政法规《本地学制正规教育课程框架》第三条。

② 澳门特别行政区第10/2015号行政法规《本地学制正规教育基本学力要求》规定，“基本学力要求”是指“由政府订定的、要求学生在完成各教育阶段的学习后应具备的基本素养，包括基本的知识、技能、能力、情感、态度及价值观”（第三条）；是“管理及评核课程、编写及选用教材、指导及规范教学，以及评估学校教学质量的标准”（第四条）。故“基本学力要求”类似于内地的课程标准，但与课程标准相比，在“内容标准”方面给学校和教材编写者留下了比较大的空间。

③ 《纲要法》第二十二条。

④ 澳门特别行政区第56/2017号社会文化司司长批示《订定初中教育阶段的基本学力要求的具体内容》、第55/2017号社会文化司司长批示《订定高中教育阶段的基本学力要求的具体内容》。

型、职级、考评、工作量、退休保障及相应的权利和义务的制度框架”，由专有法规制定；职级的晋升标准应“兼顾年资、专业发展及考评三方面因素”；私立教育机构的教学人员还按专有法规享有“由公共卫生机构提供的卫生护理”（即免费医疗）。[①] 这些规定力图为教师的专业发展和职业生活提供制度保障。

为落实《纲要法》的上述规定，《非高等教育私立学校教学人员制度框架》于2012年以法律的形式在立法会获得通过。[②] 该框架规范了非高等教育私立学校教学人员的权利和义务、任职要求、职程制度、工作时间、专业发展、薪酬待遇和退休保障等，标志着澳门私立学校教师制度的基本确立，对澳门非高等教育具有历史性的意义。①提高教师的任职要求，保证师资的专业水平。②促进教学人员的专业发展，由澳门特别行政区政府给所有不牟利私立学校的教师发放“专业发展津贴”，同时规定教师平均每年须有30小时或30小时以上的专业发展时数，并将其作为职级晋升的要件之一。③建立专业的学校领导与管理团队，规定校长的学历不得低于其所任职的学校中任教最高教育阶段的教师须具备的学历；学校其他中、高层管理人员的学历亦不得低于其管理的教育阶段的教师须具备的学历。同时，任职校长及学校其他中、高层管理人员，须在就任前完成相关专业进修，以确保具备领导学校发展的专业能力，配合学校行政、教学或财务管理方面的工作；专业进修的相关课程由教育行政机构规划、规定和认可。另外，还规定担任教学领导机关的主管人员须具备师范培训课程资格和第四级或第四级以上的职级。④促进教学人员的自我约束和专业管理，成立“教学人员专业委员会”。⑤建立教学人员职程制度，鼓励教师长期献身教育事业，为此设置了6个职级，规定了进入起点职级的条件，并从服务时间、工作表现评核和专业发展三个方面规定了晋升的条件。此外，还设置了提前晋升的机制，以及“卓越表现教师”荣誉。⑥适当减少教师的授课时数，让他们有更充分的时间参加专业发展以及照顾学生的个别需要。⑦革新过往法律规定，对不同教育阶段的授课时数作出区分。⑧制定合理的薪酬制度，引导学校合理使用公款，确保教学人员的报酬及公积金供款支出达到学校固定收入的70%。⑨规定同一教育阶段不同职级教学人员的工资差幅，最高的一级教师每月的固定薪酬应为最低的六级教师的1.3倍或1.3倍以上，体现了工作经验的价值，鼓励教师长期从事教育事业。⑩规范了校长，学校其他中、高层管理人员以及教师不同的“职务内容”，并以此为基础建立评核制度，每年的评核结果与晋升挂钩。⑪加强教学人员的退休保

① 《纲要法》第四十条。

② 澳门特别行政区第3/2012号法律《非高等教育私立学校教学人员制度框架》。

障，规定学校必须为教学人员设立公积金。⑫优化了教学人员的医疗保障，除全职教学人员免费享有卫生护理外，退休前只要在教育领域工作满25年即可继续享有免费医疗。[①]

随后，在《非高等教育私立学校教学人员制度框架》的实施过程中，先后成立了“教学人员专业委员会”，建立起私立学校教学人员的专业准则、职级审核程序、专业发展津贴发放规章、“卓越表现教师”荣誉的颁授细则，以及教学人员专业发展活动时数的审核准则。[②] 总之，私立学校教学人员制度从职业保障和专业发展两个方面均得以加强，对澳门教师队伍的建设具有里程碑式的意义。

2. 公立学校教学人员制度

在公立学校教学人员制度方面，2006年《纲要法》规定，“公立学校教学人员的工作类型、职级、考评、工作量、薪俸及相应的权利和义务，由专有法规订定”。2010年，公立学校新的教师职程制度得以立法生效，这是公立学校教师职程制度的一次重要变革。[③]

澳门公职人员的职程制度分为“一般职程制度”和“特别职程制度”，公立学校教师的职程制度属于后者，由1987年的第21/87/M号法令对其作出规定，并在1989年作局部修改。[④] 新的职程制度以提升教师的专业素养、促进教师的职业生涯规划和职业保障为目标，制度上的重要改变包括：①提高各教育阶段教师任职资格上的要求，原则上要求具有学士学位或同等学力以及相应的师范培训课程资格；同时，在薪俸点的设计上，体现了教师的专业性以及师范培训的重要性。②设立3个中学教育教师职程以及2个幼儿教育和小学教育教师职程，进入各教育阶段一级教师职程均须具有学士学位及师范培训课程资格。在晋阶条件方面，除服务时间及工作表现评核外，新增专业发展时数的要求，借此提升教师的整体素质。另外，为解决教师长期处于职程顶点的问题，增加了教师职程的职阶

---

① 澳门特别行政区立法会第二常设委员会在审议《非高等教育私立学校教学人员制度框架》后所提交的意见书《第2/Ⅳ/2012号意见书》，2012年。

② 澳门特别行政区第147/2012号社会文化司司长批示《订定教学人员专业委员会的运作方式》；第217/2012号行政长官批示《核准非高等教育私立学校教学人员职级审核的程序》；第76/2012号社会文化司司长批示《核准专业发展津贴发放规章》；第168/2014号社会文化司司长批示《确认“卓越表现教师”荣誉的颁授细则》；第6/2017号社会文化司司长批示《确认教学人员专业准则》；第88/2018号社会文化司司长批示《确认教学人员专业发展活动时数的审核准则》。

③ 澳门特别行政区第12/2010号法律《非高等教育公立学校教师及教学助理员职程制度》。

④ 第21/87/M号法令《重组进入教育司之教师职程》和第86/89/M号法令《订定澳门公职一般及特别职程制度》。

数，以延长教师整个职业生涯的晋升时间。③由于对中、小、幼各教育阶段教师入职的学历要求已趋于相同，对入职条件相同的各教育阶段的教师规定了相同的起薪点。不过，考虑到中学教师与小学教师及幼儿园教师在学识要求层次和需处理的学生问题的复杂性等方面存在一定的差异，同时参考邻近地区教师职程的规定及原有职程的类似安排，法案为中学教师制定的最高薪俸点与小学教师及幼儿园教师的最高薪俸点有所不同，职程内薪俸的增长幅度也有所差别。[①] 新的职程制度有助于提升教师素质，调动教师工作的积极性，促进澳门教育的长远发展。

但是，职程制度只是公立学校教学人员制度的一个方面，公立学校教学人员的评核制度至今仍是空白，其职务内容、工作量及相应的权利和义务也需要作相应的调整，这就须加紧修订第67/99/M号法令《核准〈教育暨青年司教学人员通则〉》。

（十）加强对学生的辅导和援助

优质教育最终体现在学生的成功与发展上，《纲要法》力图从制度上加强对学生的支持。为保障学生生理和心理上的健康成长，要求制定专有法规，加强对学生的心理辅导及其他辅导。[②] 而在家庭经济困难学生方面，将以前提供的“学费津贴”改称“学费援助”，并在学生福利中增加“学习所需的辅助设备津贴”。[③]

同时，在第11/91/M号法律里，曾有关于幼儿教育阶段学生的升级“无须进行知识的评核”的规定。由于在澳门，幼儿教育过早、过多地关注知识教育，以往也存在幼儿因知识掌握达不到要求而被迫留级的现象，这给幼儿的身心发展乃至人生历程产生极大的负面影响。因此，《纲要法》规定，在幼儿教育阶段，除非家长提出申请，否则不得要求学生留级。[④] 这一规定有助于纠正幼儿教育中某些明显有碍儿童身心健康的不良倾向，促进幼儿教育的健康发展。

另外，为减轻家长为子女购买教科书的经济压力、促进学生阅读，澳门特别行政区政府还为正规教育的所有学生发放“书簿津贴”，2018/2019学年幼儿、小学和中学教育阶段每名学生的津贴分别达到2 200澳门元、2 800澳门元和

---

① 澳门特别行政区立法会第二常设委员会《第3/Ⅰ/2010号意见书》。

② 《纲要法》第二十八条。

③ 《纲要法》第三十条。

④ 《纲要法》第七条。

3 300澳门元。[①] 为促进教育公平，近年亦制定专门制度，为在广东省内就读幼儿园、小学以及中学的澳门学生发放学费津贴。[②]

（十一）完善教育咨询组织

咨询组织是澳门教育制度的重要组成部分。澳门回归前的第11/91/M号法律规定设立“教育委员会”，并将其定位为“一个有各方社会力量的参与、合作和思考的机构”，目的是“为教育政策的发展寻求广泛的共识”（第四十八条）[③]。《纲要法》重塑了这个委员会：首先，明确将其定性为“咨询机构”；同时，规定“所有有关教育政策之重要事项”[④] 必须听取教育委员会的意见，教育委员会还“跟进和评核教育政策执行情况”。

另外，为推进课程改革，建立课程审议机制，2006年还设立了“课程改革及发展委员会”。[⑤]

三、澳门教育法变革的主要经验

（一）通过广泛的公开咨询汇集各界意见

澳门被称为“社团社会”，不同类型、不同种族和来自不同领域的社团组织自20世纪50年代以来蓬勃发展，数量超过了7 000个。这些社团代表不同群体的利益，有其各自的影响，其发展呈现出功能性、区域化分布的特征。因此，社会政策的变革，包括教育法规的调整，有必要通过广泛的公开咨询汇聚各界的意

---

① 澳门特别行政区第29/2009号行政法规《书簿津贴制度》，第68/2018号行政长官批示《调整第29/2009号行政法规第四条第一款所定的每一学校年度发给每名学生的书簿津贴金额》。第107/2019号行政长官批示又将幼儿、小学和中学教育阶段每名学生的津贴分别调整为2 300澳门元、2 900澳门元和3 400澳门元。

② 澳门特别行政区第11/2018号行政法规《二零一七/二零一八学校年度广东省学校就读学生学费津贴》。

③ 第15/92/M号法令《订定教育委员会之组成、权限及运作事宜》进一步规定，委员会负责对教育制度改革方面的教育政策问题提意见、建议和解决办法。

④ 这些事项包括：非高等教育范畴的施政方针；政策的制定、跟进及评核；等等。相关的法规草案，参见澳门特别行政区第17/2010号行政法规《非高等教育委员会的组成及运作》第二条。

⑤ 澳门特别行政区第102/2006号行政长官批示《设立课程改革及发展委员会》。

见。这是回归以来澳门教育法规成功实现整体性变革的重要经验。有学者在总结澳门回归前10年立法的经验时说："在医疗和教育方面，试行先公开咨询再构思立法的开放模式，无疑具有多方面的意义和借鉴。"[①] 笔者深表赞同。

澳门回归以来所有重要的教育法规都经历了相当广泛的公开咨询，既有面向专业团体和咨询组织的，也有面向广大社会公众的；而且咨询期间往往先提出初步构思，然后由法规的第一稿到最终定稿经多轮咨询和修改，充分发挥了教育界及公众在教育变革中的作用。以《澳门教育制度》的修订为例。澳门特别行政区政府于2002年在教育委员会成立专责小组，启动对第11/91/M号法律《澳门教育制度》的检讨工作，经过近一年的讨论，于2003年6月提出《持续进步，发展有道——澳门教育制度修改建议》，包括21个重要修订[②]。随后的公众咨询经历了两个阶段：第一阶段自2003年7月1日至2004年2月29日，共有311人（或团体）次发表意见，收录了546条意见；第二阶段自2004年3月1日至2005年8月15日，共有323人（或团体）次发表意见，收录意见532条。两个阶段都在报章上刊登了"重点解说"，并分别为教育社团、青年团体、高等教育机构、教师、家长及学生举办10余场讲解会。收录意见最多的渠道依次为讲座（313条/29.0%）、报刊（302条/28.0%）、邮寄（143条/13.3%）和电话（94条/8.7%）。发表意见数量最多的界别是教育界人士，共发表445条意见，占意见总数的41.3%。立法会议员及团体代表、市民和学生也分别发表10%以上的意见。2004年10月教育委员会还成立专责小组，先后召开16次会议，对自2003年6月以来政府所收集到的各类教学改革意见和2004年3月公布的《〈澳门特别行政区教育制度〉法律草案咨询意见稿》进行了逐条分析，对一些重要问题进行了专题性的深入探讨，并提出了一些初步的修改意见。[③] 进入立法会审议阶段后，相关机构仍提供专门渠道以便市民和各界继续发表意见，法案最终于2006年底在立法会获得通过。

《非高等教育私立学校教学人员制度框架》和《本地学制正规教育课程框架》也经历了类似的公开咨询过程。[④] 面向公众的广泛咨询，一方面，让法律修

---

① 赵向阳：《澳门特区立法十年述评》，澳门：《"一国两制"研究》，2009年，总第1期。作者提出，咨询包括前瞻性咨询、社会性咨询、职能性咨询、行业性咨询和专业咨询。

② 郭晓明：《回归以来澳门教育法重要文献汇编》，澳门：濠江法律学社，2017，第72－78页。

③ 教育暨青年局：《澳门教育制度法律修订报告》，载郭晓明：《回归以来澳门教育法重要文献汇编》，澳门：濠江法律学社，2017，第124－135页。

④ 教育暨青年局：《〈私立学校教学人员制度框架〉工作进展报告》，载郭晓明：《回归以来澳门教育法重要文献汇编》，澳门：濠江法律学社，2017，第301－313页。

订人员准确了解教育界和全社会的想法、最关心的课题，法案的修订一次次更贴近民意和实际；另一方面，各界人士积极参与讨论和发表意见的过程，也是深入讨论、凝聚共识的过程，对于教育法的实施也有实质性的好处。[1]

（二）在继承中积极寻求发展

处理好继承与发展的关系，是澳门教育法变革中十分重要的一个议题。回归以后，推进澳门教育法与教育制度的本地化和非殖民化，是理所当然的。但澳门原有的教育法和教育制度在最初颁布时也有一定的前瞻性，从葡萄牙教育法中继承的某些理念也有其合理性。所以，变革并不是否定一切，而是在原有的基础上为教育在新形势下迎来新的发展创造条件。

以《澳门教育制度》的修订为例，第一份咨询文本的正标题就是“持续进步，发展有道”，此处的“道”，一方面是指要遵循教育发展的“规律”，另一方面也是指要继承原有教育制度中的合理部分，尤其是澳门教育系统长期形成的一些独特长处，可见是以“稳中求变”为基本策略的。如前所述，法案在教育类型、经费投入、学制、免费教育、地区课程、教师制度等方面都提出了根本性的改变。但在很多方面也保留了原有制度的特点，例如在政府与私立学校的关系上，仍基本保留私立学校的行政、财政和教学三方面的“自主权”；在教育的基本原则上，明确规定“所有人不论其国籍、血统、种族、性别、年龄、语言、宗教、政治或思想信仰、文化程度、经济状况或社会条件，均依法享有受教育的权利”；在接受教育与实施教育方面，强调“政府尊重并确保教与学的自由”“不得以任何哲学、美学、政治、意识形态或宗教信仰的方针规范教育内容”。[2]

再如在课程法规方面，积极建立了新的课程决策与课程领导机制，成功设立了具有澳门特点的课程基准；但澳门特别行政区政府所规划的“课程框架”明显不同于内地、香港和台湾地区，只有澳门将幼儿教育纳入正规的课程框架之中，而且全部免费。另外，澳门没有制定各教育阶段各科的“课程标准”，而是独辟蹊径地规定学生须达到的“基本学力要求”，较早实践了以发展学生“核心素养”为目标的课程改革之路。[3] 这是因为澳门以往的课程在学校层面非常自

---

① 郭晓明：《市民社会与课程——澳门课程变革机制的反思》，上海：《全球教育展望》，2009 年第 6 期。

② 《纲要法》第三条。

③ 郭晓明：《核心素养与澳门非高等教育课程框架的改革》，澳门：《澳门研究》，2016 年第 4 期。

主、多元，不可能也没有必要在课程内容和教材方面限定得太死板。可见，继承不是裹足不前，发展也不是建造空中楼阁，教育法的变革必须同时以社会发展的需要和可能为尺度，才能找到合理、有效的路径。

（三）以问题为导向，以研究为基础

回归以后，澳门的教育法规基本都以中文起草，这与 20 世纪 90 年代以葡萄牙文和葡萄牙语法律专家为主起草法规形成鲜明对比。但是，“无论葡萄牙专家抑或本地人员都需要深入研究政府政策和社会情况，充分了解和借鉴包括葡萄牙在内的其他国家和地区法律发展的最新经验。”① 法律的草拟能力涉及法律技术，但更重要的是如何把握教育和社会发展形势，提出恰当的政策方向。因此，法律变革必须以研究为基础。

研究的第一步是提出问题，力求以问题为导向，避免出现“为改而改”的情形。如前所述，《澳门教育制度》修订的第一步就是在 2002 年通过教育委员会设立的专责小组提出教育制度上亟须正视的重要问题②，然后围绕这些问题展开第一轮公开咨询。《非高等教育私立学校教学人员制度框架》的起草也是首先厘清 13 个方面的问题，并以建立一支高素质的教学人员队伍为宗旨提出初步的建议。③ 在此过程中，深入的研究是十分必要的。教育暨青年局在起草私立学校教学人员制度之前，先后委托北京师范大学进行了“澳门校长专业发展”和“教学人员专业发展规划”两个大型专题研究，为法规的起草提供了坚实基础。④《纲要法》也有较深入和全面的理论准备，围绕如何从制度上为优质教育的发展提供制度保障，形成了清晰的思路。⑤ 教育暨青年局委托专业机构先后完成的

---

① 赵向阳：《澳门特区立法十年述评》，澳门：《“一国两制”研究》，2009 年，总第 1 期。

② 教育暨青年局：《持续进步，发展有道——澳门教育制度修改建议》，载郭晓明：《回归以来澳门教育法重要文献汇编》，澳门：濠江法律学社，2017，第 72 – 78 页。

③ 教育暨青年局：《〈私立学校教学人员制度框架〉法规（初步建议）》以及《建立一支高素质的教学人员队伍——〈私立学校教学人员制度框架〉法规（初步建议）重点解说》，载郭晓明：《回归以来澳门教育法重要文献汇编》，澳门：濠江法律学社，2017，第 184 – 201 页。

④ 北京师范大学教育管理学院“教育部小学校长培训中心”课题组：《澳门校长专业发展规划研究》，2008 年。北京师范大学“教师教育研究中心”课题组：《澳门教学人员专业发展状况之研究》，2006 年。王敏：《澳门教师专业发展政策分析与展望》，上海：《全球教育展望》，2009 年第 6 期。郭晓明：《“私框”与教师的专业标准》，澳门：《教师杂志》，2012 年第 4 期（总第 36 期）。

⑤ 苏朝晖、郭晓明：《优质教育的制度保障：澳门教育制度变革的内在价值》，载单文经、林发钦：《澳门人文社会科学研究文选·教育卷》，北京：社会科学文献出版社，2009，第 24 – 47 页。

“澳门非高等教育课程的检视与改革路向”（澳门大学教育学院，2006年）、“家长对教育改革、学校教育及子女成长的意见及期望”（香港中文大学，2006年）、“澳门中小学体育课程及实施现况研究与评鉴”（澳门理工学院，2007年）、“澳门中小学品德与公民教育的专项评鉴”（澳门大学教育学院，2009年）和“澳门中小学生阅读专项评鉴”（香港大学教育学院，2013年）等，则为澳门课程领域一系列法规的起草提供了重要参考。

四、澳门教育法变革展望

（一）关注教育法体系的完整性

教育法的变革必须考虑教育法体系的特点和完整性。好的教育法系统除要制定教育的基本体制外，有必要对所有教育参与者以及所有教育活动所须遵循的规则，从法规和制度的层面予以规范。

澳门的教育法体系具有如下特点：从历史发展上看，葡萄牙文化、教育理念及教育法规的痕迹明显；从法规实施的角度看，以行政执法为主，较少通过司法机关执法；从立法思维的角度看，“实用主义”的思维影响深远，法规体系有明显空白，有待补充和完善。

就澳门教育法规的体系建设而言，首先要注意的一点是高等教育法和非高等教育法及相关法规的协调。在20世纪90年代澳门教育法的讨论和成型过程中，高等教育法虽然在事实上也是相对独立的，但在第11/91/M号法律《澳门教育制度》中毕竟还是提到了高等教育。[①] 而现在的第9/2006号法律《纲要法》，与《高等教育法》是完全分离的，在理论基础、制度设计、思维方式以及表述风格上，两者均缺乏配合。目前，澳门有关“四校联考”的某些争议，就与高等教育和非高等教育的制度衔接有关。可见，对于这一问题，应在教育法体系的层面予以重视。

另外，与其他地区相比，澳门非高等教育法在某些领域明显有待加强，有的甚至是空白。这些领域包括学校的设施与条件、学校事故与赔偿责任、教材制度、受教育权的整体保护、教师惩戒及其救济、学生惩戒及其救济、师资培育与

① 第11/91/M号法律《澳门教育制度》第十二条。同时参考：第11/91/M号法令《关于订定在澳门地区从事高等教育活动的一切公立及私立教育机构的组织和运作》。

专业发展、校长培育与任用。

（二）认真研究政府与私立学校的关系

在政府与私立学校的关系方面，澳葡管治时期葡萄牙语政策对教育政策及教育法的影响很大；与此同时，“办学自主”得到充分体现，成为澳门教育立法的重要精神。《中华人民共和国澳门特别行政区基本法》（以下简称《基本法》）规定，澳门居民有从事教育活动的自由，“社会团体和私人可依法举办各种教育事业”“各类学校均有办学的自主性，依法享有教学自由和学术自由”。可见，澳门的法律十分重视对居民、学校、学生和社会团体的教育自由的保护，教育法的变革必须以上述规定为基础，从制度上进一步落实和保护相关实体的教育自由。

但是，加强监管和向学校问责的呼声也持续加强。[①] 所以，有必要从教育基本法及其下位法规两个层面，认真研究政府与私立学校的关系如何调整。第一个层面主要是如何妥善处理目前私立学校教学、行政和财政三大自主权，有无可能或必要发展类似香港津贴学校与政府的新型关系。而第二个层面则涉及以下法规的修订：第38/93/M号法令《订定从事非高等教育之私立教学机构章程》；第63/93/M号法令《通过及规范非营利私立教育机构会计格式的运用》；第16/2007号行政法规《订定〈教育发展基金制度〉》；第82/2008号行政长官批示《核准〈教育发展基金财政援助发放规章〉》。

政府与私立学校的关系中最重要的是政府投入的经费的监管和使用的有效性问题。私立教育的发展离不开政府的扶持。有研究表明，很多西方国家都实行长期、稳定的私立教育扶持政策。国际比较发现，美国、日本、法国、韩国、澳大利亚、荷兰等私立教育较发达国家对私立教育的扶持政策体现出高针对性、系统化和高实效等特点，尤其各国政府在扶持角色塑造和扶持理念形成上的经验对当下我国构建民办教育扶持体系具有重要借鉴意义。[②]

私立学校公助政策的实施对澳门特别行政区政府和私立学校的关系产生了较大的影响，由于政府需要对公共财政经费进行问责，加强澳门特别行政区政府对私立学校的管理和监督势在必行，这将对私立学校的办学自主权形成很大的挑

① 《论尽》采访组：《教育不是一盘生意》，澳门：《论尽》，2015年第12期。

② 潘奇：《私立教育发展中政府的角色与理念：国际比较的视角》，上海：《教育发展研究》，2013年第21期。

战。在私立学校公助的模式上，澳门采取了免费教育津贴模式对提供免费教育的私立学校进行资助，这可以视为澳门私立学校公助政策更为关注教育公益性问题的重要体现。然而，澳门免费教育津贴模式在政策设计上是有缺陷的。从私立学校公助政策的绩效表现来看，澳门私立学校公助政策由于过于强调免费性和教育的公益价值，在一定程度上削弱了私立学校在教育效率上的表现。无论是对于教育公平还是教育效率的实现，澳门私立学校公助政策都存在着一些潜在的问题。[①]

（三）建立新的教科书制度

澳门的“自由制”教科书制度值得反思，建立一种新的教科书制度是解决澳门教科书问题的关键所在。从政府职能的角度考察，笔者认为，澳门现有的教科书制度的关键问题是政府与市场的关系出现了失衡，独立于政府之外的教科书市场统治着教科书的生产和消费，政府被隔绝于教科书系统之外。澳门特别行政区政府在澳门教科书领域的职能定位应与《基本法》规定的“行政主导”原则相符合，与澳门教育法改革的方向相一致，体现相关法律的要求。澳门特别行政区政府应有限度地介入教科书市场，制定准入标准，提供优质服务和有针对性的扶持，维护公平竞争环境，促进教科书市场的健康成长。

与此相对应，澳门应建立一种新的教科书制度——“有限的认定制”。[②] 这种制度能使澳门的教科书领域实现政府的有限参与，建立政府与民间相结合的教科书认定机制，同时保留学校和教师的教科书选用权，从而既凸显政府的服务职能，为各方的沟通与合作创造可能，同时又有利于教科书市场保持活力并获得积极发展。为保证新教科书制度的实施，应更新澳门特别行政区政府治理教科书市场的手段和工具。

（四）落实《非高等教育发展十年规划（2011—2020年）》，加快系列配套法规的修订

《非高等教育发展十年规划（2011—2020年）》对与《纲要法》关系最为密切且须优先制定的法规，确定了完成的时间表。如前所述，其中的相当部分已经颁布实施。但是，以下这些法规还须加快推进：义务教育法规，特殊教育法规，

---

① 朱鹏：《私校公助：澳门的视点与问题》，上海：华东师范大学博士论文，2009。

② 郭晓明：《论政府对澳门教科书事务的有限介入》，上海：《全球教育展望》，2005 第 7 期。

职业技术教育法规，私立学校通则，持续教育通则，回归教育津贴制度，回归教育标准评核机制，私立学校会计制度，学生评核制度，学校督导制度，正规教育初中及高中教育阶段各学科的基本学力要求，心理辅导、升学及就业辅导制度，非高等教育公立学校教师工作表现评核制度，学生福利制度，校舍兴建和设备规章，回归教育课程，教学人员专业发展制度。

第二章　为了公平：15 年免费教育与小班制

澳门特别行政区成立以来，按照“教育兴澳”“人才建澳”的施政方向，积极发展非高等教育，其中最重要的一项成就就是自 2007/2008 学年开始在亚太地区率先实施 15 年免费教育，努力促进教育公平。这项政策是在澳门回归前的 10 年免费教育的基础上提出的，与澳门回归后教育制度的修订、教育投入的增加以及小班教学的推行紧密相连，研制过程中也曾有过争议，但实施的成效得到了社会公众以及国际性测试的高度肯定。下面对该政策实施的背景、进程和已取得的成效进行探讨。

一、实施 15 年免费教育政策的背景

（一）澳门回归前的 10 年免费教育

澳门 15 年免费教育普及不是一步达成的，实际上是以澳门回归前的 10 年免费教育为基础的。从 1849 年葡萄牙取得澳门的实际管治权至澳门回归前的 150 年里，澳葡政府对教育的投入长期不足，尤其对于占绝大多数的以华人学生为主的私立学校几乎视而不见。据统计，从 1985 年至 1989 年，澳门每年私立学校学生人数占学生总人数的比例分别达到 94.00%、93.99%、94.38%、93.80% 和 93.36%，而同时期政府教育经费中用于资助私立学校的比例却很低，1984/1985 学年仅有 9.00%，1985/1986 学年为 7.50%，1986/1987 学年为 23.96%，1987/1988 学年为 19.13%，1988/1989 学年为 20.00%。[①] 其结果是，以葡萄牙人子弟

① 胡国年：《浅探澳门教育政策与资源问题》，载古鼎仪、马庆堂：《澳门教育——抉择与自由》，澳门：澳门基金会，1994，第 17 页。

为主的、不到7%的学生在公立学校享受12年免费教育，而占93%以上的私立学校学生则主要依靠缴交学费上学。

澳门对私立学校经费的关注始于20世纪70年代。1974年，葡萄牙发生民主革命，成立葡萄牙共和国，承认澳门是中国的领土。1976年，《澳门组织章程》颁布实施，此后政府才逐步关注澳门的私立教育。1977年，立法会通过第11/77/M号法律，宣布开启“对不牟利私立教育事业的扶助”，包括可豁免不牟利学校的各种税款，对不牟利学校给予补助金及对学生给予助学金，这是澳门教育政策的一个重要转变。1978年颁布第33/78/M号训令，规定了对不牟利学校学生发放津贴的细则：根据各校收取学费的比例，小学及幼儿园每班发放1 000～1 500澳门元，中学每班发放2 000～3 000澳门元。1985年发布第199/85/M号批示，宣布对不牟利私立学校教师每月发放400～600澳门元直接津贴。1987年《中葡联合声明》签署后，澳门的教育得到进一步重视，1989年颁布的第6/89/M号训令宣布给每位小学生增加500澳门元资助，这是“减轻澳门居民子弟上学高额教育支出，推进免费义务教育的重要一步”[①]。

但澳门真正实施免费教育是在20世纪90年代。1991年，政府颁布澳门有史以来第一部成文的教育基本法——第11/91/M号法律《澳门教育制度》，宣布实施“十年免费普及教育”，分两期实施：第一期包括小学教育预备班和小学教育，共6年；第二期包括初中教育，共10年；同时规定了“免费”的范围，包括“学费及其他任何与报名、就读与证书方面有关的费用”，还包括给予就读于非公共学校网的学生的“学费津贴”。[②] 1993年，《基本法》颁布，其中第一百二十一条规定政府“依法推行义务教育”，这为免费教育的推行提供了法律基础。

1995年6月26日，澳门总督韦奇立颁布《为普及免费教育订定对非营利性私立教育机构给予之辅助》法令（第29/95/M号法令），宣布自1995/1996学年起，把以往仅局限于公立学校学生的免费教育推广至全体居民，所有加入“公共学校网络”的学校，均推行7年免费教育，包括“小学教育预备班”1年和小学教育6年。[③] 当年，有62%的学校加入了“公共学校网络”。自此，所有就读于此类学校的小学教育预备班和小学6个年级的学生均免缴学费及其他法定的

---

① 冯增俊：《澳门教育概论》，广州：广东教育出版社，1999，第424－425页。

② 第11/91/M号法律《澳门教育制度》第六条。

③ 刘羡冰：《澳门免费教育的回顾与前瞻》，载刘羡冰：《从教议教》，澳门：澳门出版协会，2005，第110－118页。

费用。

1997 年 8 月，政府颁布第 34/97/M 号法令，规定自 1997/1998 学年开始实施“第二阶段之普及倾向免费教育”，即将免费教育扩展至初中教育阶段，免费教育达到 10 年。根据教育暨青年司 1997 年出版的《十年普及免费教育特刊》提供的数据，1997/1998 学年有 67% 的小学教育预备班学生和小学生、68% 的初中学生享受了免费教育。[①]

正如刘羡冰所言，10 年免费教育在澳门的实施，意味着澳门“建立起现代的公共教育制度，居民能享受基础教育的平等权利”，这是“向社会公平迈出一大步，为澳门未来人口文化素质提供重要保证”。[②]

（二）澳门回归后学生人数减少

20 世纪 80 年代至 90 年代初，由于受到移民潮等因素影响，澳门非高等教育阶段学生的就学压力持续加大，当时教育发展的首要任务是扩大教育规模，为儿童提供足够的就学机会。不过，随着人口出生率持续下降，澳门学额紧缺的问题到 90 年代末逐步得到缓解，2001/2002 学年澳门小学毕业生为 8 604 人，初中一年级则可提供 9 701 个学额，能满足所有学生的需求。接下来的数年，学生人数持续减少，正规教育学生人数最多的 2001/2002 学年，澳门非高等教育正规教育范畴各类学生为 96 821 人，2013/2014 学年减少至 68 923 人，12 年减少了近 29%（表 2－1）。最近 5 年，澳门的出生率有所回升，幼儿教育和小学教育的学生人数开始增加，但中学（尤其是高中）的学生人数仍在下降，2018/2019 学年的学生总人数只有 77 999 人。所以，早在 2003 年考虑调整澳门教育制度的时候，澳门特别行政区政府就作出一个重要判断：澳门教育的发展方向正从“以量的发展为主”过渡到“质、量并重”，发展重点要从“量的扩张”转变为“对优质教育的追求”，提升澳门教育的整体质量。[③] 学生人数的减少，为澳门回归后将免费教育由 10 年拓展至 15 年创造了条件。

---

① 冯增俊：《澳门教育概论》，广州：广东教育出版社，1999，第 77 页。

② 刘羡冰：《向社会公平迈出一大步——〈十年普及免费教育特刊〉稿》，载刘羡冰：《从教议教》，澳门：澳门出版协会，2005，第 129 页。

③ 苏朝晖、郭晓明：《优质教育的制度保障：澳门教育制度变革的内在价值》，载单文经、林发钦：《澳门人文社会科学研究文选·教育卷》，北京：社会科学文献出版社，2009，第 28 页。

表 2-1　澳门正规教育学生人数的变化[①]

学年	幼儿园	小学	初中	高中	特教（特教班学生）	合计
1999/2000	16 162	46 483	22 284	10 595	553	96 077
2000/2001	14 847	44 838	23 890	12 243	605	96 423
2001/2002	13 620	43 542	25 149	13 866	644	96 821
2002/2003	12 639	41 205	25 970	15 461	550	95 825
2003/2004	11 874	39 059	26 124	17 233	522	94 812
2004/2005	10 962	36 861	25 543	18 484	530	92 380
2005/2006	10 041	34 707	24 375	19 568	508	89 199
2006/2007	9 301	32 415	23 481	19 619	490	85 306
2007/2008	9 065	30 012	22 264	19 007	475	80 823
2008/2009	9 127	27 483	21 083	18 245	471	76 409
2009/2010	9 776	25 326	20 239	17 983	502	73 826
2010/2011	10 804	23 785	19 171	18 053	551	72 364
2011/2012	11 787	22 646	17 803	17 923	560	70 719
2012/2013	12 669	22 231	16 600	17 321	582	69 403
2013/2014	13 395	22 862	15 399	16 655	612	68 923
2014/2015	14 552	24 252	14 077	16 011	624	69 516
2015/2016	16 789	26 436	13 348	15 397	643	72 613
2016/2017	17 757	28 438	12 860	14 613	707	74 375
2017/2018	18 802	30 169	12 829	13 779	767	76 346
2018/2019	18 626	32 530	13 214	12 808	821	77 999

资料来源：教育暨青年局。

① 幼儿园、小学、初中及高中教育的学生人数包括特殊教育的融合生；高中教育的学生人数包括职业技术教育的学生人数；“特教”栏目的数字只为特教班的学生人数，没有包括融合生人数。

(三) 教育经费快速增长

虽然学生人数近年来呈下降趋势，但澳门特别行政区政府持续加大教育投入，增加教育领域的公共开支。澳门回归以来，随着赌权开放和内地“自由行”政策的实施，澳门经济快速增长；与此同时，澳门特别行政区政府努力从制度上和政策上保证优先发展教育。在制度上，澳门特别行政区政府 2006 年颁布的《纲要法》规定，政府“在编制澳门特别行政区预算时，非高等教育被视为主要优先项目之一”（第四十六条）；同时设立教育发展基金，用于“支援和推动在非高等教育领域内展开各类具发展性的教育计划和活动”（第四十八条）。

在政策方面，2011 年澳门特别行政区政府推出的《非高等教育发展十年规划（2011—2020 年）》规定，“将优先发展教育作为一项长期坚持的重大方针，在经济、社会和城市发展规划中优先安排教育的发展，在政府财政预算中优先保障教育投入”；同时，要求“将非高等教育的开支在政府公共总开支中所占的比例提高到理想水平”，而且“每年的财政预算优先安排非高等教育财政投入具一定的增长比例”。历届政府也为之积极努力，例如，第三任行政长官上任后的首份施政报告——《2010 年财政年度施政报告》，就强调“增加教育经费的投入，加大对非高等教育的支持力度”。《2014 年财政年度施政报告》用了大量篇幅阐述“人才培养长效机制”，而教育被列为“四大民生长效机制”之首。可见，教育发展和人才培养已经成为第三届澳门特别行政区政府施政内容的重中之重。[①] 2016 年，澳门特别行政区政府推出《澳门特别行政区五年发展规划（2016—2020 年）》，提出要“建立正规教育与持续教育相结合、教育素质和创新能力均得到明显提升的教育体系”，因此继续优先发展教育，将“教育职能占政府财政开支的比重到 2020 年有所提升”作为经济社会发展的“主要目标”之一。

在此情况下，澳门教育经费快速增长，非高等教育的公共开支总数从 2002 年的 10.07 亿澳门元，增长至 2017 年的 69.11 亿澳门元，增长了 5.86 倍；学生人均非高等教育公共开支从 10 153 澳门元增加至 88 555 澳门元，增长超过 7.72 倍（表 2 -2）。这为实施 15 年免费教育创造了条件。

---

① 郭晓明：《传承与创新：澳门第三届特别行政区政府教育政策的总结与展望》，澳门：《行政》，2015 年第 2 期。

表 2－2 澳门非高等教育的公共开支和学生人均公共开支[①]

年度	非高等教育公共开支/澳门元	非高等教育公共开支占政府总公共开支百分比/%	学生人均非高等教育公共开支/澳门元	人均公共开支增长率/%
2002	1 007 000 000	9.8	10 153	—
2003	1 083 000 000	8.9	11 022	8.6
2004	1 056 000 000	7.8	11 059	0.3
2005	1 207 000 000	7.7	13 083	18.3
2006	1 539 000 000	8.8	17 454	33.4
2007	1 912 000 000	10.2	22 819	30.7
2008	2 347 000 000	8.9	29 586	29.7
2009	2 763 000 000	8.2	35 794	21.0
2010	2 896 000 000	7.5	38 345	7.1
2011	3 293 000 000	7.3	44 835	16.9
2012	3 739 000 000	7.2	52 064	16.1
2013	4 841 000 000	10.4	68 137	30.9
2014	5 168 000 000	9.0	72 258	6.0
2015	5 887 000 000	9.1	78 967	9.3
2016	6 430 000 000	9.5	84 415	6.9
2017	6 910 718 000	9.2	88 555	4.9

二、政策的提出与讨论

（一）15 年免费教育的提出

回归后的最初几年，澳门特别行政区政府并未提出 15 年免费教育政策，只是在 2001 年修改“普及倾向免费教育津贴制度”时，一并在“学校的义务”中

① 公共开支资料来自澳门特别行政区政府财政局的政府财政统计（适用于国际间比较），会计制度采用国际货币基金组织（IMF）所定的政府财政统计核算体系（GFS），并从 2002 年开始设有非高等教育公共开支项目。

修改了“补充性服务收费”的最高限额（第 9/2001 号行政法规第四条）；2002 年正式制定了《免费教育津贴制度》（第 20/2002 号行政法规），但免费的范围仍只是小学教育预备班、小学教育及初中教育共 10 年，幼儿教育前 2 年和 3 年高中教育未纳入免费教育。

2002 年，澳门特别行政区政府着手检讨整个澳门的教育制度，至 2006 年底在立法会通过《纲要法》（第 9/2006 号法律），规定实施 15 年免费教育：一方面，免费教育“在正规教育范围内实施”（第二十一条），而正规教育包括幼儿教育、小学教育、初中教育和高中教育共 15 年（第六条）；另一方面，免费的内容除了 1991 年的《澳门教育制度》（第 11/91/M 号法律）所规定的“学费”及“其他任何与报名、就读与证书方面有关的费用”之外，还增加了“补充服务费”[①]，进一步减轻了家长的负担。

值得注意的是，按照《纲要法》的规定，免费教育“受益人”的范围仍限于“澳门特别行政区居民”（第二十一条第三款）；换言之，即便是合法于澳门居留的学生，只要不是澳门特别行政区居民，就不能享受免费教育。

（二）有关 15 年免费教育政策的讨论

由于澳门教育制度的修订前后经历了 4 年，2003 年 6 月和 2004 年 3 月分别推出《持续进步，发展有道——澳门教育制度修改建议》和《〈澳门特别行政区教育制度〉法律草案咨询意见稿》两个文本，进行了两个阶段的公开咨询，因此，15 年免费教育政策是在讨论中逐步形成的。在两个阶段的公众咨询中，免费教育都是最受关注的议题之一，先后收到 46 条和 47 条公众意见，讨论的问题主要有以下几个方面：

第一，优先向上延伸至高中教育，还是优先向下延伸至幼儿教育。2003 年的咨询意见文本规定，“免费教育只提供给正规教育的学生，对成人回归教育的中小学学生，将另定资助办法”，这意味着为期 15 年的正规教育均免费。但是，2004 年的法规咨询意见稿则规定：“凡在义务教育阶段就读于免费教育学校网的、属澳门特别行政区居民的学生，均享受免费教育”“非义务教育范围内的学

---

① “补充服务费”是澳门许多学校在 20 世纪 90 年代收取的一类特别费用，通常是指学费、报名费、留位费和证书费以外的一些提供补充性服务而衍生的费用，如冷气费；按照第 20/2002 号行政法规的规定，小学教育预备班及小学教育每学年“补充服务费”的最高限额为 1 160 澳门元，初中为 1 760 澳门元，对部分家长而言是不小的负担。

级是否纳入免费教育范围由澳门特别行政区政府根据整体的社会、经济发展状况决定。”[①] 这样，社会对于实施15年免费教育有了强烈的期待，但当时澳门经济刚起步，政府的财政不一定有能力一步到位推出15年免费教育。因而，就有了优先向上延伸还是优先向下延伸的讨论。

社会的主流意见是先向上延伸，因为高中有3年，普及程度低，家长负担重，幼儿教育则只有前两年还没免费，已基本普及，向上延伸体现政府的积极承担，也有利于提升年青一代的教育程度和竞争力。[②] 但政府考虑到幼儿教育是中小学教育的基础，对学生发展有重要意义，一部分社会人士也担心政府是否有可持续的财政承担能力，因而主张先向下延伸两年。在立法会细节性审议期间，政府继续坚持先向下延伸；但公开承诺“不迟于2009/2010学年全面实施高中免费教育”[③]，并且表示“如果经济发展及财政收入情况允许，不排除在此之前推行高中免费教育”[④]。因此，《纲要法》最后规定“不迟于2009/2010学年在高中全面实施免费教育，具体日程由行政法规订定”（第五十五条）。

第二，免费教育是否要扩大到就读于不加入“免费教育学校系统”的学生。澳门的私立学校回归前就分为“纳入公共学校网络”和“不纳入公共学校网络”两类，前者的学生享有免费教育，后者的学生由政府给其直接发放“学费津贴”（少于人均免费教育津贴）。回归后，新的教育制度在咨询过程中基本延续了这一区别，规定加入“免费教育学校系统”的学生才通过“免费教育津贴”享有免费教育。但是，在咨询过程中，曾有社团建议在法案中规定“公民接受免费教育是一项基本权利”，立法会的专责委员会内也有议员持有此种意见。[⑤] 他们认为免费教育应惠及不同类型学校的学生，政府的政策不符合《经济、社会与文化权利的国际公约》的规定，缩窄了免费教育的范围，迫使私立学校“入网”，扼杀办校多元性，剥夺家长和学生的选校自由；应以“教育券”的方式推

① 郭晓明：《回归以来澳门教育法重要文献汇编》，澳门：濠江法律学社，2017，第98页。

② 澳门特别行政区立法会议员吴国昌在2003年7月13日表示，现在澳门的出生率低，若将免费教育向下调至幼儿园，一方面可减轻家长的负担，另一方面亦可减轻部分因收生不足而出现困难的学校的负担，这是“救学校”的措施，但若将免费教育扩展至高中，则是“救人”的措施。因澳门中学生每年都有一定的流失率，再加上若将来推行（澳门与内地）更紧密的经贸合作，人才的竞争会更激烈，对于一些只有初中文化程度的青年人来说，是不利于竞争的，而这些青年人很多来自“草根”阶层，因此，将免费教育扩展至高中，可减轻“草根”阶层家长的负担，让家庭有困难的青年人能完成高中课程。

③ 澳门特别行政区立法会第一常设委员会《第3/Ⅲ/2006号意见书》。

④ 同注③。

⑤ 同注③。

行免费教育，让家长自主选择学校。[①]

“学券制度”是由美国经济学家米尔顿·弗里德曼（Milton Friedman）提出的，学生凭政府发放的“学券”可跨区选校就读，其目的是促进学校间的竞争。但是，学券制不等于免费教育，政府对学校的收费没有限制，学生可能需缴费上学。同时，澳门面积小，政府没有派位制度，学生历来享有选校自由。而规定不加入“免费教育学校系统”的学校可以收取学费，政府则给就读于这些学校的学生发放“学费津贴”，既可保证教育公平，又可鼓励学校间的竞争，让学校办出特色。因此，免费教育的覆盖面仍旧维持在“免费教育学校系统”内的学生。

第三，有市民和社团建议，免费的内容除学费外，还应包括“补充服务费”。这一建议十分合理，澳门原有的免费教育是一种“倾向性免费教育”，家长要承担“补充服务费”，没有完全免费。《纲要法》吸纳了此建议，明确将其纳入免费的范围，规定免费是指“免缴学费、补充服务费和其他与报名、就读及证书方面有关的费用”[②]。

第四，免费教育是否应包括“回归教育”。回归教育有其特殊性，大多数就读者为成年人，因而不适宜纳入免费教育。但是，政府会为其发展提供条件和资源，并通过专有法规制定相应的制度。[③]

三、实施过程与配套政策

（一）实施过程

澳门特别行政区政府推行 15 年免费教育的态度是十分积极的，第一步是于 2005/2006 学年将免费教育由 10 年延长至 12 年。《纲要法》虽然到 2006 年 12 月才在立法会审议通过，但法律规定幼儿教育第一年、第二年免费教育的实施，以及未加入“免费教育学校系统”学校学生的“学费津贴”的发放，追溯至 2005/2006 学年开始实施（参见《纲要法》第二十一条和第五十五条）。

---

① 澳门特别行政区立法会议员区锦新在 2003 年 7 月 13 日表示，将学校划分为“入网”与“非入网”，令一些学生不能接受免费教育，这是“一个不公平的状况——就读入网学校的学生可免除学费，就读非入网学校的学生只获得部分的学费资助”。他认为实行“学券制度”，是解决因入网与非入网学校所带来不公平现象的比较有效的方法。

② 《纲要法》第二十一条。

③ 澳门特别行政区立法会第一常设委员会：《第 3/Ⅲ/2006 号意见书》。

第二步是将免费教育由 12 年延长至 15 年。2005 年 11 月，澳门特别行政区政府在《2006 年财政年度施政报告》中明确提出，“在幼儿免费教育实施之后，政府将继续朝着实施高中免费教育，最终实现非高等教育全面免费的目标前进”。为此，2006/2007 学年给每位高中生发放 5 000 澳门元津贴，并且承诺会积极研究具体方案，争取不迟于 2009 年全面推行 15 年免费教育。最终，高中教育阶段的免费教育在 2007/2008 学年开始提前实施，澳门成为海峡两岸暨香港、澳门地区中首个提供 15 年免费教育的地区。

从表 2－3 可见，伴随着 15 年免费教育的实施，免费教育津贴的受惠人数和总津贴金额持续增长，尤其是 2005/2006、2006/2007、2007/2008 这 3 个学年，总津贴金额分别增长 13.2%、23.0% 和 48.7%；2013/2014 学年也增长了 25.4%，主要是因为《非高等教育私立学校教学人员制度框架》的实施，大大提高了教师的薪酬待遇。

表 2－3　免费教育津贴的受惠人数和总津贴金额的变化

学年	受惠人数					总津贴金额/万澳门元	总津贴金额的增长率/%
	幼儿园	小学	初中	高中	合计		
1999/2000	40 188		17 221	—	57 409	36 941	—
2000/2001	39 641		19 362	—	59 003	38 412	4.0
2001/2002	3 600	34 791	20 335	—	58 726	39 168	2.0
2002/2003	2 401	32 535	21 262	—	56 198	41 466	5.9
2003/2004	3 232	31 223	21 603	—	56 058	41 596	0.3
2004/2005	3 320	30 680	21 821	—	55 821	42 274	1.6
2005/2006	7 893	28 941	20 610	—	57 444	47 871	13.2
2006/2007	7 217	27 091	19 863	—	54 171	58 893	23.0
2007/2008①	7 027	24 963	18 030	15 441	65 461	87 561	48.7
2008/2009	7 112	22 927	17 208	15 028	62 275	102 037	16.5
2009/2010	7 591	21 034	16 279	14 775	59 679	102 440	0.4

① 2007/2008 学年开始实施 15 年免费教育。

续表

学年	受惠人数					总津贴金额/万澳门元	总津贴金额的增长率/%
	幼儿园	小学	初中	高中	合计		
2010/2011	8 373	19 503	15 330	14 649	57 855	107 929	5.4
2011/2012	9 270	18 493	14 277	14 407	56 447	116 466	7.9
2012/2013	9 985	18 042	13 308	13 871	55 206	123 828	6.3
2013/2014	10 576	18 340	12 213	13 226	54 355	155 252	25.4
2014/2015	11 517	20 490	11 594	13 134	56 735	176 612	13.8
2015/2016	13 333	22 271	10 824	12 492	58 920	200 488	13.5
2016/2017	14 175	24 593	10 803	12 132	61 703	221 253	10.4
2017/2018	15 985	27 238	11 091	11 965	66 279	243 279	10.0

资料来源：教育暨青年局。

除免费教育津贴外，按照《纲要法》的规定，对于就读于未加入“免费教育学校系统”的学校的每个学生，政府直接给其提供“学费津贴”，津贴金额也不断提升（表 2－4）。尤其是 2006/2007 学年，政府在高中尚未实施免费教育时第一次向每位学生发放 5 000 澳门元学费津贴，受惠学生达到 19 940 人。

表 2－4　学费津贴的变化[1]

<table>
<tr><th>学年</th><th>幼儿教育</th><th>小学教育</th><th>初中教育</th><th>高中教育</th></tr>
<tr><td>1999/2000</td><td rowspan="6">—</td><td colspan="2">小学教育预备班、小学教育和初中教育：2 200 元[2]/人</td><td rowspan="7">—</td></tr>
<tr><td>2000/2001</td><td rowspan="2">小学教育预备班和小学教育：2 610 元/人</td><td rowspan="2">3 960 元/人</td></tr>
<tr><td>2001/2002</td></tr>
<tr><td>2002/2003</td><td rowspan="3">小学教育预备班和小学教育：2 900 元/人</td><td rowspan="3">4 300 元/人</td></tr>
<tr><td>2003/2004</td></tr>
<tr><td>2004/2005</td></tr>
<tr><td>2005/2006</td><td colspan="2">3 500 元/人</td><td>5 200 元/人</td></tr>
</table>

① 学费津贴发放给在私立学校修读正规教育各阶段但未受惠于免费教育，且属澳门特别行政区居民的学生。

② 本表中单位“元”均表示“澳门元”。

续表

<table>
<tr><th>学年</th><th>幼儿教育</th><th>小学教育</th><th>初中教育</th><th>高中教育</th></tr>
<tr><td>2006/2007</td><td colspan="2">5 000 元/人</td><td>7 500 元/人</td><td>5 000 元/人</td></tr>
<tr><td>2007/2008</td><td colspan="2">7 000 元/人</td><td colspan="2">9 000 元/人</td></tr>
<tr><td>2008/2009</td><td colspan="2">9 000 元/人</td><td colspan="2">11 000 元/人</td></tr>
<tr><td>2009/2010</td><td colspan="2">10 000 元/人</td><td colspan="2">12 000 元/人</td></tr>
<tr><td>2010/2011</td><td colspan="2">11 000 元/人</td><td colspan="2">13 000 元/人</td></tr>
<tr><td>2011/2012</td><td>12 000 元/人</td><td>13 000 元/人</td><td colspan="2">14 000 元/人</td></tr>
<tr><td>2012/2013</td><td>14 000 元/人</td><td>16 000 元/人</td><td colspan="2">17 000 元/人</td></tr>
<tr><td>2013/2014</td><td>15 800 元/人</td><td>17 600 元/人</td><td colspan="2">19 600 元/人</td></tr>
<tr><td>2014/2015</td><td>16 700 元/人</td><td>18 600 元/人</td><td colspan="2">20 700 元/人</td></tr>
<tr><td>2015/2016</td><td>17 800 元/人</td><td>19 800 元/人</td><td colspan="2">22 000 元/人</td></tr>
<tr><td>2016/2017</td><td>18 400 元/人</td><td>20 500 元/人</td><td colspan="2">22 800 元/人</td></tr>
<tr><td>2017/2018</td><td>18 490 元/人</td><td>20 600 元/人</td><td colspan="2">22 950 元/人</td></tr>
<tr><td>2018/2019</td><td>19 140 元/人</td><td>21 320 元/人</td><td colspan="2">23 800 元/人</td></tr>
</table>

资料来源：教育暨青年局。

（二）配套政策

澳门推行免费教育的一个特色是与班级学生人数的控制挂钩，早在 1995/1996 学年实施 7 年免费教育的时候，就要求学校将每班学生的人数控制在 45 人以内，以此作为学校加入“公共学校网络”的义务；同时规定超过 45 人的班级，学生的津贴金额须依比例递减，46 ～ 55 人、56 ～ 65 人和 66 人或以上班级的递减率分别为 40% 、60% 和 100% 。[①]

回归以后，上述配套政策得以延续。从表 2 – 5 可见，从 2003/2004 学年开始，对小学教育预备班至小学四年级实施包班津贴政策，每班人数 35 ～ 45 人即可获得一个班的津贴。这一政策逐年往上延，2005/2006 学年和 2007/2008 学年还分别在幼儿教育的前 2 年和高中阶段实施；2007/2008 学年进一步限制每班人数，减少至25 ～ 35人；到 2018/2019 学年这一政策已覆盖了免费教育的 15 个年

① 第 29/95/M 号法令附件。

级。上述政策有力地推动了澳门小班化的实施。

表 2－5 回归后免费教育津贴及班级人数限额的变化

<table>
<tr><th>学年</th><th>幼儿园</th><th>小学教育</th><th>初中教育</th><th>高中教育</th></tr>
<tr><td>1999/2000</td><td rowspan="6">—</td><td>小学教育预备班和小学教育：5 800 元①/人</td><td rowspan="3">8 800 元/人</td><td rowspan="7">—</td></tr>
<tr><td>2000/2001</td><td rowspan="2">小学教育预备班（35～45人的班级）：
261 000 元/班②
小学教育：5 800 元/人</td></tr>
<tr><td>2001/2002</td></tr>
<tr><td>2002/2003</td><td>小学教育预备班至小学三年级（35～45 人的班级）：
274 500 元/班
小学四年级至六年级：
6 100 元/人</td><td rowspan="3">9 200 元/人</td></tr>
<tr><td>2003/2004</td><td>小学教育预备班至小学四年级（35～45 人的班级）：
274 500 元/班
小学五年级至六年级：
6 100 元/人</td></tr>
<tr><td>2004/2005</td><td>小学教育预备班至小学五年级（35～45 人的班级）：
274 500 元/班
小学六年级：
6 100 元/人</td></tr>
<tr><td>2005/2006</td><td>幼儿园一年级至二年级（35～45 人的班级）：315 700 元/班</td><td>小学教育预备班至小学六年级（35～45 人的班级）：免费教育津贴 295 000 元/班 + 补充服务费津贴 20 700 元/班</td><td>35～45 人的班级：免费教育津贴 9 900 元/人 + 补充服务费津贴 29 700 元/班</td></tr>
</table>

① 本表中单位“元”均表示“澳门元”。

② 按班发放免费教育津贴的方式于 2000/2001 学年下学期在小学教育预备班推行。

续表

学年	幼儿园	小学教育	初中教育	高中教育
2006/2007	幼儿园一年级（25～45人的班级）①、幼儿园二年级至小学六年级（35～45人的班级）：370 200元/班		初中一年级（35～45人的班级）：558 450元/班 初中二年级至三年级（35～45人的班级）：免费教育津贴10 650元/人＋补充服务费津贴79 200元/班	—
2007/2008	幼儿园一年级（25～35人的班级）、幼儿园二年级（25～45人的班级）、幼儿园三年级至小学六年级（35～45人的班级）：400 000元/班		35～45人的班级：600 000元/班	35～45人的班级：700 000元/班
2008/2009	幼儿园一年级至二年级（25～35人的班级）、幼儿园三年级（25～45人的班级）、小学教育（35～45人的班级）：500 000元/班		35～45人的班级：680 000元/班	35～45人的班级：790 000元/班
2009/2010	幼儿教育（25～35人的班级）、小学一年级（25～45人的班级）、小学二年级至六年级（35～45人的班级）：510 000元/班		35～45人的班级：690 000元/班	35～45人的班级：800 000元/班
2010/2011	幼儿教育至小学三年级（25～35人的班级）、小学四年级至六年级（35～45人的班级）：540 000元/班		35～45人的班级：730 000元/班	35～45人的班级：840 000元/班
2011/2012	25～35人的班级：570 000元/班	25～35人的班级：600 000元/班	35～45人的班级：770 000元/班	35～45人的班级：870 000元/班
2012/2013	25～35人的班级：605 000元/班	25～35人的班级：640 000元/班	初中一年级（25～35人的班级）、初中二年级至三年级（35～45人的班级）：820 000元/班	35～45人的班级：930 000元/班

① 2006/2007学年的学生人数为25～45人的幼儿教育第一年的班级，可继续以此人数的上下限运作，直至小学六年级完结为止。

续表

学年	幼儿园	小学教育	初中教育	高中教育
2013/2014	25～35 人的班级：755 000 元/班	25～35 人的班级：807 000 元/班	初中一年级至二年级（25～35 人的班级）、初中三年级（35～45 人的班级）：1 008 000 元/班	35～45 人的班级：1 143 000 元/班
2014/2015	25～35 人的班级：810 000 元/班	25～35 人的班级：895 000 元/班	25～35 人的班级：1 090 000 元/班	35～45 人的班级：1 240 000 元/班
2015/2016	25～35 人的班级：880 100 元/班	25～35 人的班级：971 000 元/班	25～35 人的班级：1 180 000 元/班	高中一年级（25～35 人的班级）、高中二年级至三年级（35～45 人的班级）：1 342 300 元/班
2016/2017	25～35 人的班级：913 600 元/班	25～35 人的班级：1 007 900 元/班	25～35 人的班级：1 226 000 元/班	高中一年级至二年级（25～35 人的班级）、高中三年级（35～45 人的班级）：1 394 600 元/班
2017/2018	25～35 人的班级：918 200 元/班	25～35 人的班级：1 012 900 元/班	25～35 人的班级：1 234 600 元/班	25～35 人的班级：1 404 400 元/班
2018/2019	25～35 人的班级：954 900 元/班	25～35 人的班级：1 053 400 元/班	25～35 人的班级：1 286 500 元/班	25～35 人的班级：1 463 400 元/班

资料来源：教育暨青年局。

四、实施成效

15 年免费教育实施以来，不仅为澳门非高等教育的发展提供了强有力的财政支持，减轻了家长的经济负担，有效促进了教育平等，提升了澳门特别行政区居民的教育预期，而且完善了学校系统，对澳门优质教育的发展提供了有力保障。正如澳门特别行政区 2007 年 11 月 13 日发布的《2008 年财政年度施政报告》所言："免费教育从有序推行到全面实现，使特区下一代全面享有接受教育的权利，从根本上加固了整体社会发展的知识文化基础。"[①]

（一）免费教育覆盖率显著提高

免费教育覆盖率是衡量免费教育发展的一项重要指标。自 2007/2008 学年实施 15 年免费教育以来，澳门的免费教育覆盖率显著提高（表 2－6）。一方面，加入"免费教育学校系统"的学校越来越多，《澳门特别行政区五年发展规划（2016—2020 年）》提出，"到 2020 年，15 年免费教育的学校和学生数目覆盖率都达八成以上"[②]。实际上，学校（校部）覆盖率的免费教育校部比率在 2017/2018 学年已达到 93.8%，与 2007/2008 学年相比增加了 8.2%；另外，"免费教育学校系统"学校的吸引力大为加强，免费教育学生比率在澳门刚回归的 1999/2000 学年仅为 61.7%，2017/2018 学年则已提升到 90.6%，大大超过"五年规划"所确定的目标，澳门学生完成正规教育的保障大大加强。

表 2－6　免费教育学校和学生覆盖率的变化

学年	学校（校部）覆盖率		学生覆盖率	
	校部数	免教校部比率/%[③]	学生人数	免教学生比率/%
1999/2000	98	84.5	61 027	61.7
2000/2001	99	85.3	61 627	61.9
2001/2002	100	86.2	62 265	62.3

① 澳门特别行政区政府：《2008 年财政年度施政报告》，第 7 页。另见梁淑雯：《澳门特别行政区教育政策述评》，澳门：《"一国两制"研究》，2014 年第 3 期（总第 21 期）。

② 澳门特别行政区政府：《澳门特别行政区五年发展规划（2016—2020 年）》，2016 年 9 月，第 54 页。

③ 指提供免费教育学校系统的学校和年级的学生总数的百分比。

续表

学年	学校（校部）覆盖率		学生覆盖率	
	校部数	免教校部比率/%	学生人数	免教学生比率/%
2002/2003	101	86.3	61 079	61.6
2003/2004	103	84.4	59 253	60.3
2004/2005	101	85.6	58 475	61.2
2005/2006	99	85.3	55 135	61.8
2006/2007	96	85.0	73 084	85.7
2007/2008	95	85.6	68 829	85.2
2008/2009	94	86.2	64 810	84.8
2009/2010	94	86.2	62 045	84.0
2010/2011	94	87.0	60 406	83.5
2011/2012	92	86.8	58 798	83.1
2012/2013	93	86.9	57 432	82.8
2013/2014	94	87.0	56 700	82.3
2014/2015	96	88.1	58 407	84.0
2015/2016	96	88.1	61 121	84.2
2016/2017	96	88.9	64 300	86.5
2017/2018	105	93.8	69 150	90.6
2018/2019	105	93.8	70 691	90.6

资料来源：教育暨青年局。

（二）推动班级规模小班化，为教育优质化创造条件

减少每班学生人数是迈向优质教育的重要前提。如前所述，1995 年澳葡政府第一次推出免费教育时就对学校的每班学生人数作出限制，当时的目标是不超过 45 人。但是，到回归之初的 1999/2000 学年，澳门幼儿园、小学、初中和高中平均每班的学生人数分别达 37.9 人、45.2 人、45.3 人和 39.2 人。

随着 2003/2004 学年免费教育每班学生人数 35 人可享受包班津贴政策的实施，特别是自 2007/2008 学年开始，每班学生人数 25 ～ 35 人可享受包班津贴政

策的逐步推行，小班化的进程明显加快。到2018/2019学年，澳门幼儿园、小学、初中和高中平均每班的学生人数，已分别减少至28.5人、29.3人、27.2人和25.6人（表2-7）。这无疑为减轻教师的工作负担，让其更多地关注学生的个别差异，甚至为推动整个学校课程和教学方式的改革创造了良好条件。

表2-7 正规教育平均每班学生人数的变化①

学年	幼儿园	小学	中学		
			中学整体水平	初中	高中
1999/2000	37.9	45.2	43.1	45.3	39.2
2000/2001	37.0	42.6	43.2	45.0	40.1
2001/2002	35.0	41.8	43.4	45.1	40.5
2002/2003	33.2	39.5	43.2	44.9	40.8
2003/2004	32.3	37.3	43.0	44.3	41.2
2004/2005	30.8	36.6	42.5	43.6	41.1
2005/2006	29.7	35.6	41.6	42.3	40.8
2006/2007	27.0	34.2	39.6	39.8	39.5
2007/2008	25.9	32.6	37.8	37.9	37.8
2008/2009	25.0	31.0	35.3	35.5	35.0
2009/2010	24.9	29.7	34.5	34.7	34.3
2010/2011	25.7	28.9	33.9	34.4	33.5
2011/2012	26.3	27.6	33.0	33.7	32.4
2012/2013	26.8	27.1	32.4	32.5	32.3
2013/2014	26.7	27.1	31.2	30.6	31.8
2014/2015	27.4	27.9	29.6	28.3	30.9
2015/2016	28.6	28.7	28.6	28.2	28.9
2016/2017	28.8	28.8	27.6	27.8	27.5
2017/2018	29.2	29.1	26.8	27.5	26.1
2018/2019	28.5	29.3	26.4	27.2	25.6

资料来源：教育暨青年局。

① 从2007/2008学年起至2017/2018学年，资料范围由包括正规教育和回归教育更改为只包括正规教育，数据的参照日期由相关学年的12月31日更改为11月26日；从2018/2019学年起参照日期更改为10月26日。

（三）有效推动幼儿教育和高中教育的普及

早在 1989 年澳门回归前的过渡期刚开始的时候，澳门学者就针对当时教育的不平等强烈呼吁："必须实现澳门居民不分性别、国籍、宗教和阶级，受教育的机会人人平等"[①]。这实际上是对普及教育的呼唤，也是文明社会和可持续发展的要求。而要实现这一目标，最重要的保障就是实施尽可能广泛的免费教育。

由表 2－8 可见，在 20 世纪 90 年代小学 7 年免费教育及随后包括初中的 10 年免费教育的推动下，澳门回归时（1999/2000 学年）小学的毛入学率已超过了 100%，初中的毛入学率近乎达到 100%，但幼儿园的毛入学率仅有 88.2%，高中甚至只有 54.4%。澳门回归后，随着 15 年免费教育向下和向上的延伸，2017/2018 学年这两个教育阶段的毛入学率分别迅速提升至 88.7% 和 92.5%[②]，高中教育基本普及，这是一个十分重要的成绩。

表 2－8　各教育阶段学生毛入学率的变化[③]（%）

学年	幼儿园	小学	初中	高中
1999/2000	88.2	103.7	99.5	54.4
2000/2001	89.2	102.7	100.3	61.4
2001/2002	91.2	105.8	103.7	63.7
2002/2003	93.0	104.7	109.2	67.6
2003/2004	97.3	104.6	114.4	72.5
2004/2005	97.8	104.6	115.5	74.3
2005/2006	97.0	105.8	113.4	79.9
2006/2007	91.3	101.0	109.4	80.9
2007/2008	94.3	100.9	104.1	76.9
2008/2009	94.1	101.8	103.3	76.7

① 刘羡冰：《澳门教育改革的路向》，载黄汉强：《澳门教育改革》，澳门：东亚大学澳门研究中心，1991。

② 澳门有一部分家庭经济条件比较好的学生，初中或高中阶段就选择赴欧美或澳大利亚留学，因此澳门学生的实际入学率更高。

③ 毛入学率是指各教育阶段的学生人数占该教育阶段相应学龄居住人口的比例。

续表

学年	幼儿园	小学	初中	高中
2009/2010	92.2	100.9	103.8	78.5
2010/2011	90.8	102.1	108.9	81.7
2011/2012	92.1	99.3	110.6	87.4
2012/2013	96.0	99.7	112.2	88.4
2013/2014	100.7	100.7	114.1	92.5
2014/2015	102.5	99.8	109.1	94.7
2015/2016	97.0	101.3	106.8	93.9
2016/2017	92.0	105.3	102.1	93.7
2017/2018	88.7	105.1	105.2	92.5

资料来源：教育暨青年局。

与此同时，免费教育范围的扩大提升了市民对教育的期待，这尤其表现在"预计受教育年数"（EYS）[①]的变化上。1999/2000学年，澳门3～17岁年龄组和6～17岁年龄组的预计受教育年数分别为12.7年和10.3年，2017/2018学年则分别提升到了14.2年和11.5年（表2－9）。因此，在免费教育实施后，出现了期待澳门不分社会阶级均受同等教育的呼声。

表2－9 澳门预计受教育年数的变化（单位：年）

学年	3～17岁年龄组预计受教育年数	6～17岁年龄组预计受教育年数
1999/2000	12.7	10.3
2000/2001	12.8	10.3
2001/2002	13.0	10.5
2002/2003	13.1	10.6
2003/2004	13.4	10.6
2004/2005	13.4	10.7
2005/2006	13.5	10.7

① 指某年龄组各年龄居民人口净入学率的总和。

续表

学年	3～17 岁年龄组预计受教育年数	6～17 岁年龄组预计受教育年数
2006/2007	13.0	10.4
2007/2008	13.1	10.4
2008/2009	13.1	10.4
2009/2010	13.1	10.4
2010/2011	13.4	10.7
2011/2012	13.4	10.7
2012/2013	13.7	10.8
2013/2014	14.1	11.1
2014/2015	14.2	11.1
2015/2016	14.1	11.2
2016/2017	14.2	11.4
2017/2018	14.2	11.5

资料来源：教育暨青年局。

（四）提高教育质量，促进教育公平

长久以来，公立学校与私立学校教育资源分配不公的情况为人所诟病。澳门回归以来，15 年免费教育的实施从保障受教育权入手，在制度上保障了弱势家庭也得以享有来自公共部门的教育资源，贫困的学生也可公平地在免费教育网络中选取其自愿就读的学校，“这对长期接受不公平教育资源的澳门居民来说，无疑是巨大的改变”[①]。

在普及免费教育并不断加大教育投入的双重推动下，澳门的教育素质得到整体提升。自 2003 年参与经济合作与发展组织（OECD）举办的 PISA 测试（“学生能力国际评估计划”）以来，澳门 15 岁学生在阅读素养、数学素养和科学素养三个方面均有良好表现。以 PISA 2015 为例，在参与的 72 个国家/地区中，澳

① 陈荣政等：《澳门义务教育政策之研究》（研究报告），2012，第 16 页。

门学生的平均表现均位居前列，其中数学素养得分544分，排名第3；科学素养得分529分，排名第6；阅读素养得分509分，排名第12。而且在过去的10余年里，澳门学生这三方面的表现均呈稳步提升的态势（表2－10）。

表2－10 澳门15岁学生在PISA测试中的表现

	数学素养	科学素养	阅读素养	问题解决能力①
澳门 PISA 2003（数学素养为主）				
测试成绩平均分②	527（500）	525（500）	498（494）	书面：532（500）
测试国家/地区（40个）排名	9	7	15	6（40国家/地区）
澳门 PISA 2006（科学素养为主）				
测试成绩平均分②	525（498）	511（500）	492（492）	—
测试国家/地区（57个）排名	8	17	21	—
澳门 PISA 2009（阅读素养为主）				
测试成绩平均分②	525（496）	511（501）	487（493）	—
测试国家/地区（65个）排名	12	18	28	—
澳门 PISA 2012（数学素养为主）				
测试成绩平均分②	538（494）	521（501）	509（496）	数码：540（500）
测试国家/地区（65个）排名③	6～8	9～19	12～22	4（44国家/地区）
澳门 PISA 2015（科学素养为主）				
测试成绩平均分②	544（490）	529（493）	509（493）	协作式：534（500）
测试国家/地区（72个）排名	3	6	12	8（52国家/地区）

数据来源：经济合作与发展组织。

不仅如此，自2003年以来的历次PISA测试中，澳门在教育公平方面的表现在所有参与的国家和地区中都是最好的。以PISA 2015为例，在72个参加的国

① 澳门于PISA 2003参与了书面测试（个人）问题解决能力的评量；于PISA 2012参与了数码测试（个人）问题解决能力的评量；于PISA 2015参与了数码测试（个人与他人）协作式问题解决能力的评量。

② 为澳门参与测试成绩的平均分；括号内显示OECD成员的平均分，以资比较。

③ 在大型的国际抽样测试中，由于需要考虑抽样及测量误差，PISA 2012没有准确计算实际的排名位置。因此，澳门学生在PISA 2012的数学素养、科学素养、阅读素养中的最佳排名，分别为第6位、第9位、第12位。

家/地区中，社会经济地位对学生在科学、阅读和数学方面的表现都有相当大的影响，其中“经合组织国家”社会经济地位弱势学生的 PISA 科学平均得分为 452 分，而优势学生的平均得分为 540 分，这个 88 分的差距相当于整整 3 年的学校教育。而澳门学生“社会经济坡度对素养影响强度较低”“低表现生所占比例小”“学业抗逆生所占比例较大”“学生之间的素养表现差距比大多数国家/经济体小”，表明澳门的基础教育系统既有较高的教育质量，又兼备教育公平[①]；类似的国家及地区仅有加拿大、丹麦、爱沙尼亚和中国香港。[②] 在 PISA 2012 的测试中，澳门教育系统也被认为是世界上既有高教育质量又兼备教育公平的 8 个教育系统之一。同时，澳门也是近年在数学、科学和阅读三个方面的素养均有进步的 11 个地方之一。

五、总结与反思

实施免费教育，是保障受教育者的受教育权和迈向优质教育的重要前提与保证。《纲要法》2006 年历史性地宣布实施 15 年免费教育，澳门免费教育的范围由原有的 10 年拓展到正规教育的所有年级；同时，将“补充服务费”列入免费之列，原有的“倾向性免费教育”提升至真正的“免费”。这在澳门教育发展的历史上是一个极其重要的里程碑，让澳门教育走上了公共化、普及化和法制化的道路。

尤其是“免费教育津贴”与“学费津贴”相结合的独特制度，在资源分配上既体现了平等原则，又照顾到差异原则和补偿原则；在维护学生公平的学习机会的同时，也照顾了家长的选择权。就教育系统的完善而言，在私立学校占绝对主体的背景下，既从整体上确保了学校系统的公共性和所有学生受教育的权利，又为学校的差异化发展留出了空间，允许学校间的竞争，为非高等教育向优质化发展提供了重要保障。

当然，澳门的免费教育还有一些问题值得反思。首先，在澳门就读的非澳门居民学生至今未能享有免费教育。事实上，1995 年颁布的《为普及免费教育订定对非营利性私立教育机构给予之辅助》（第 29/95/M 号法令）第二条规定，

---

① 张国祥、薛宝嫦、麦瑞琪等：《澳门 PISA 2015 研究计划报告：从国际比较的观点评核 15 岁学生的科学、阅读和数学素养表现》，澳门：澳门大学教育测量与评价研究中心，2016，第 67 页。

② OECD, *PISA* 2015 *Results* (*Volume* 1): *Excellence and Equity in Education*, Paris: OECD Publishing, 2016: 202.

“持有居民身份证或临时逗留证之入读官立教育机构或非营利性私立教育机构之学生”均为免费教育之受益人。换言之，即便是非澳门居民学生，只要是合法在澳门居留，同样享有免费教育。但是，2002 年颁布的《免费教育津贴制度》（第 20/2002 号行政法规），将免费教育的受益人范围收窄，仅限于“持有居民身份证且就读于已加入公共学校网络的不牟利私立教育机构的学生”，这是一个明显的退步，值得关注。

其次，要恰当处理好学费津贴与免费教育津贴的关系。如前所述，立法会 2006 年在讨论《纲要法》时，就有个别成员对法案未能规定“接受免费教育是澳门居民的一项基本权利”持保留意见，并主张“免费教育应包括非免费教育系统学校就读学生的直接资助，其金额应与免费教育系统学校学生所获资助一致”①。这种观点值得商榷，因为政府要优先发展免费教育，所有非“免费教育学校系统”的学费津贴有必要区别对待。但是，“学费津贴”应占人均“免费教育津贴”的多大比例呢？2007 年之后的几年，该比例一度超过 70%，引起一些“免费教育学校”的非议。近年，这一比例不断下降，学费津贴多年的调升幅度都低于免费教育津贴。以 2014/2015 学年学生人均受惠津贴为例，非“入网”私立学校学生 15 年（从幼儿教育第一年至高中三年级）人均累计受惠的津贴为 285 900 澳门元，而“入网”私立学校学生人均累计受惠的免费教育津贴则为 464 619 澳门元，前者仅为后者的 61. 5%。这种政策趋势不可继续维持，今后须从维护平等的受教育权的高度，把握学费津贴的地位。

另外，有研究者采用澳门 PISA 2006 科学素养调查学生、家长和学校的数据，探索澳门基础教育可能存在的教育不公平现象，结果表明澳门基础教育的教育公平还有待进一步完善。② 还有学者指出，15 年免费教育虽然对澳门教育素质的提升和教育公平都有历史性的推动作用，但学校资源环境的差异、学生家长选校考虑和学校招生政策等因素仍可能影响澳门基础教育的公平。③ 总之，澳门的免费教育已取得重要成就，但须进一步努力加以完善。

---

① 澳门特别行政区立法会第一常设委员会《第 3/Ⅲ/2006 号意见书》。

② 陈敬濂：《澳门基础教育公平问题——PISA 2006 数据分析研究》，台北：政大出版社，2015。

③ 黄素君：《从教育公平的视阈检视澳门免费教育的现状和发展》，载郝雨凡、吴志良、林广志：《澳门经济社会发展报告（2010—2011）》，北京：社会科学文献出版社，2011，第 224 - 238 页。

第三章　取得先机：“爱国爱澳”教育的创造性实践

改革开放40多年来，我国取得的重要成就之一就是对香港和澳门恢复行使主权，并成功实施“一国两制”。实践和事实证明，加强“爱国爱澳”教育，增强青少年的国家意识，是全面实施《基本法》和保证“一国两制”事业行稳致远的根本条件。澳门回归祖国以来，澳门特别行政区政府积极开展“爱国爱澳”教育和国家认同教育，有计划地加强青少年对国家和澳门的归属感，取得了良好成效，受到了广泛认可，积累了独特的经验。同时，面对新时代的要求，也须在一些重点领域进一步寻求突破。

一、回归与“爱国爱澳”核心价值的传承

澳门“回归”祖国是历史的重要一刻，意味着澳门新的宪法秩序的确立，中国对澳门恢复行使主权，葡萄牙管治澳门的历史结束。“一国两制”在澳门的实施，不仅标志着国家在澳门的主权和治权的统一，同时也意味着“澳人治澳”、高度自治这一新型社会运作机制开始发挥作用。“一国两制”的基本政策之一就是“坚持爱国者为主体的‘港人治港’‘澳人治澳’”[①]。按照《基本法》的规定，澳门特别行政区行政机关、立法机关和司法机关中的主要职位必须由永久性居民中的中国公民担任。这就要求增强澳门居民的国家意识和爱国精神，发展壮大“爱国爱澳”力量，尤其是加强青年人才的培养。[②] 2004年12月，胡锦涛在庆祝澳门回归祖国5周年大会上的讲话中要求，“要重视和加强参政议政人

① 习近平：《决胜全面建成小康社会 夺取新时代中国特色社会主义伟大胜利——在中国共产党第十九次全国代表大会上的报告》，北京：人民出版社，2017。

② 冷铁勋：《爱国爱澳与年轻一代的培养使用》（连载），澳门：《澳门日报》，2018年6月6日，第E05版；2018年6月13日，第E06版。

才的培养，确保‘爱国爱澳’力量后继有人，始终保持朝气和活力”[①]；2009年12月，他在庆祝澳门回归祖国10周年大会上的讲话中又强调，“要高度重视和加强‘爱国爱澳’优秀年轻人才培养，使澳门同胞素有的‘爱国爱澳’传统薪火相传、发扬光大，使‘一国两制’事业后继有人”[②]。2014年12月，习近平在庆祝澳门回归祖国15周年大会上的讲话中，在提到加强青少年教育培养时明确指出：“要实现‘爱国爱澳’光荣传统代代相传，保证‘一国两制’事业后继有人，就要加强对青少年的教育培养。要高度重视和关心爱护青年一代，为他们成长、成才、成功创造良好条件。”[③] 总之，“一国两制”是澳门回归之后的核心价值之一，而“爱国爱澳”是确立这一核心价值的基础。[④]

长期以来，澳门有“爱国爱澳”的优良传统，尤其在1966年的“一二·三”事件以后，澳门被称为“半个解放区”。但是，在身份认同方面，有研究表明，1999年澳门回归时澳门居民对身为中国人而感到自豪的比例达到74.1%，但对身为澳门人感到自豪的比例却只有38.8%；2005年，认同自己是中国人的占61.3%，认同自己是澳门人的为57.7%，认同自己既是中国人又是澳门人的（“双重认同”）只有20.2%。因此，当时有学者认为，“澳门人‘爱国’（认同中国）的程度，并没有澳门一些人想象的那么高”，如果将“双重认同”等同于“爱国爱澳”，情况则更不容乐观。[⑤]

可见，“爱国爱澳”是澳门回归以后的重要课题，须将这种朴素的民族情感，提升为得到广泛认同的核心价值，不断发扬光大；同时，要将“爱国爱澳”的情感，转化为学生日常的恒久行为和自觉习惯。

---

① 胡锦涛：《在庆祝澳门回归祖国5周年大会暨澳门特别行政区第二届政府就职典礼上的讲话》，2004年12月20日。

② 胡锦涛：《在庆祝澳门回归祖国10周年大会暨澳门特别行政区第三届政府就职典礼上的讲话》，2009年12月20日。

③ 习近平：《贯彻“一国两制”明天更美好——在庆祝澳门回归15周年大会暨澳门特别行政区第四届政府就职典礼上的讲话》，澳门：《澳门时报》，2014年12月20日，第2版。

④ 骆伟建：《“一国两制”应该成为特别行政区的核心价值》，载骆伟建：《“一国两制”与澳门特别行政区基本法的实施》，广州：广东人民出版社，2009，第1页。

⑤ 余振、娄胜华、陈卓华：《澳门华人政治文化纵向研究》，香港：三联书店，2011，第61-64页。

二、“爱国爱澳”教育的重要举措与进展

（一）从制度和规划层面奠定坚实基础

“爱国爱澳”和国家认同教育要取得好的成效，必须从制度和规划入手，突出重视学校的课程与教材建设，有效保证宪法和基本法教育，创造性地规划和落实有针对性的教师培训，并在一系列具体活动中加深学生对国家的认识和情感，实现认知、情感和行为的统一。为更有效地推动《基本法》和“爱国爱澳”的教育，澳门特别行政区政府从法规和政策的层面先后展开大量的建设工作，主要包括以下几个方面。

1.《纲要法》将“爱国爱澳”教育纳入教育总目标

为更有效地推动《基本法》和“爱国爱澳”的教育，澳门特别行政区政府于2002年启动《澳门教育制度》（第11/91/M号法律）的修订，经2003—2004年两个阶段广泛咨询意见，最终于2006年底制定并通过《纲要法》（第9/2006号法律）。《纲要法》在教育总目标中明确规定，非高等教育各环节须“致力培养及促进受教育者爱国爱澳、厚德尽善、遵纪守法的品格，使其有理想、有文化及具备适应时代需求的知识和技能，并养成其健康的生活方式和强健体魄”，尤其应“培养其对国家和澳门的责任感，使其能恰当地行使公民权利，积极履行公民义务”。《纲要法》的通过及实施，为“爱国爱澳”教育的推动提供了坚实的法治基础。

2.推出《非高等教育阶段“爱国爱澳”教育实施纲要》①

在制定《纲要法》的同时，澳门特别行政区政府教育暨青年局（以下简称“教育暨青年局”）于2004年推出《非高等教育阶段“爱国爱澳”教育实施纲要》。这份政策文件为学校、相关组织及团体提供实施“爱国爱澳”教育的参考；同时，教育界依据《非高等教育阶段“爱国爱澳”教育实施纲要》的核心，可积极开发多种形式的“爱国爱澳”教育的课程与教学资源，并广泛开展澳门学校、教师、学生等与周边地区进行以“爱国爱澳”教育为核心的交流访问。

① 参见本书附录。

这份政策文件为学校、相关组织及团体提供实施“爱国爱澳”教育的参考。

3. 制定及实施《非高等教育范畴德育政策》[①]

“爱国爱澳”教育作为德育工作的核心要素，有必要让更多与非高等教育范畴息息相关的持份者（指利益相关者、利益关系人）提供意见，共同参与和实践。为此，澳门特别行政区教育委员会（现为“非高等教育委员会”）于2006年设立“德育工作咨询小组”，2008年9月通过并公布实施《非高等教育范畴德育政策》。该政策为包括“爱国爱澳”教育在内的品德与公民教育工作提出了系统的政策目标和全面的保障措施。

4. 制定《非高等教育范畴语文教育政策》[②]，加强推广普通话

为贯彻澳门《基本法》，明确澳门语文教育政策方向，澳门特别行政区政府在2008年制定了《非高等教育范畴语文教育政策》，明确中、葡、英三语在澳门的地位，强调优先重视“两文”（中文、葡萄牙文）、“三语”（粤语、普通话、葡萄牙语）的教学，要求以中文为教学语言的学校的学生在中学毕业时能讲流利的普通话，致力培养中葡双语精英人才，构建推广普通话、葡萄牙语和英语的有效机制，完善语文教育的相关法规，为学校、教师、学生、市民及其他机构的语文教育提供足够的资源，营造良好的语言环境。

5. 将“爱国爱澳”教育列为《非高等教育发展十年规划（2011—2020年）》和《澳门特别行政区青年政策（2012—2020）》[③] 的重点内容

为推动“爱国爱澳”教育，保障其持续性与发展性，澳门特别行政区政府2011年颁布的《非高等教育发展十年规划（2011—2020年）》和2012年颁布的《澳门特别行政区青年政策（2012—2020）》，均将“爱国爱澳”教育列为重要的目标，并提出相应的措施有序地予以落实。

（二）成立“德育中心”，统筹和推动“爱国爱澳”教育

为推动澳门品德与公民教育的发展，提升学生品德与公民教育水平，教育暨

① 参见本书附录。
② 同注①。
③ 同注①。

青年局于2005年成立"德育中心"，除了推动个人品格及道德与公民教育外，最重要的使命就是推动"爱国爱澳"教育工作。德育中心在政策的制定和具体工作的落实过程中均发挥着统筹和推动的作用，定期策划开展各类不同形式的培训、交流等，加强参与者的"爱国爱澳"精神和品德修养，同时亦开展德育组织及机制的建设，与学校和社区保持密切合作。

德育中心最重要的贡献，是在2006年至2019年调动澳门各界和北京人民教育出版社的力量，分两个阶段编写和出版了涵盖小学、初中和高中3个教育阶段的《品德与公民》教材，2008年开始推出试用本，2019年修订本全部出齐。该教材按照澳门本地的"基本学力要求"编写，极大地推动了澳门新时期品德与公民教育的发展。[①]

（三）加强品德与公民教育的课程与教材建设

《基本法》和"爱国爱澳"教育的关键，是须落实到学校的课程和各教育阶段的教材中。澳门特别行政区政府成立后加强了相关课程与教材的建设。

1. 促使品德与公民科和历史科成为学生的必修课程

澳门的中小学课程自20世纪90年代开始须遵守第38/94/M号、第39/94/M号以及第46/97/M号法令的规定。依上述法令，品德教育方面，学校选择开设品德教育、公民教育和宗教三者之一即可；历史课程在小学阶段属必修课，中学阶段学校则有较大的自由度，尤其高中的历史只属于选修课。

澳门回归后，澳门特别行政区政府积极推动课程改革，按照2014年颁布的《本地学制正规教育课程框架》[②]，无论在小学还是初中和高中，与"品德与公民"和"历史"有关的科目都是必修的[③]。这一规定在小学教育阶段从2016/2017学年开始逐步实施，初中和高中从2017/2018学年开始实施，至2019/2020学年全面覆盖15年免费教育的所有年级。

2. 颁布品德与公民、历史、常识等科目的"基本学力要求"

为落实《本地学制正规教育课程框架》，澳门特别行政区政府于2015年颁

---

① 人民教育出版社、教育暨青年局：《品德与公民（修订本）》（小学、初中、高中），北京：人民教育出版社，2017—2019。

② 澳门特别行政区第15/2014号行政法规《本地学制正规教育课程框架》。

③ 小学和中学与历史有关的科目分别是常识、社会与人文。

布了《本地学制正规教育基本学力要求》，2016、2017 年又先后颁布了小学、初中和高中教育阶段的“基本学力要求”。[①]“品德与公民基本学力要求”按学生成长需要及年龄层特质，制定了不同层次的品德素养和公民素养要求；在课程目标方面提出学生要认识和关注祖国及澳门的人和事，以达到培养其关心国事澳门事的意识、“爱国爱澳”的情感，文本亦列出应有素养之具体表现，为学校开展“爱国爱澳”教育指明基本方向。此外，亦强调“爱国爱澳”教育在其他各学科中的渗透，尤其是在语文、历史、地理、社会等科目中的渗透，重视相关科目和各种教育活动的配合。

在小学“常识基本学力要求”中，与历史有关的教育内容涵盖了世界的文明古国、中国古代四大发明、中国重要的历史朝代、澳门历史城区、澳门回归等。初中和高中“社会与人文基本学力要求”在历史方面亦规定须覆盖世界、中国和澳门的历史教育内容。2018 年还颁布了初中和高中历史科单独的“基本学力要求”[②]，为学校独立开设历史科提供条件。

3. 加强本地教材建设

澳门过去多采用邻近地区的教材，这些教材以澳门以外地区的课程标准或课程大纲为依据编写，未能配合澳门教育及课程发展的需要，也未为澳门本地教师在课程研发上提供足够的支持。为此，澳门特别行政区政府持续投入资源，优先开发具本地特色、符合学生发展需要的本地教材或教学资源，为学校课程与教师教学提供支持。

第一，编写《品德与公民》教材。该教材委托人民教育出版社根据澳门的“基本学力要求”编写，包括小学、初中和高中3 个教育阶段，试用版从2008 年起先后出版并提供给学校使用。该教材依据澳门的课程框架以及澳门的学校与学生的特点编写，将《基本法》和“爱国爱澳”教育编排在各教育阶段的教材内，为教师开展“爱国爱澳”教育提供了丰富的教学资源。该教材自出版以来，选用的学校数逐年上升，至2018/2019 学年，选用的小学、初中和高中分别达 68% 、65% 和 52% （表 3 - 1），参考的小学、初中和高中分别达 20% 、26% 和 32% ；2019/2020 学年，两类学校加在一起在小学、初中和高中阶段均达到了 100% 。

---

① 澳门特别行政区第 19/2016 号社会文化司司长批示《核准小学教育阶段的基本学力要求的具体内容》；第 56/2017 号社会文化司司长批示《订定初中教育阶段的基本学力要求的具体内容》；第 55/2017 号社会文化司司长批示《订定高中教育阶段的基本学力要求的具体内容》。

② 澳门特别行政区第 69/2018 号社会文化司司长批示附件。

表 3－1 正规教育领域选用本地教材的学校数及其比例①

教材	学年	小学	初中	高中
《品德与公民》	2012/2013	35（56%）	21（49%）	16（39%）
	2013/2014	37（62%）	23（53%）	18（44%）
	2014/2015	38（63%）	24（56%）	21（51%）
	2015/2016	38（63%）	24（56%）	21（51%）
	2016/2017	42（70%）	23（52%）	19（46%）
	2017/2018	43（73%）	28（65%）	21（51%）
	2018/2019②	40（68%）	28（65%）	22（52%）
中学《历史》	2018/2019	—	24（56%）	26（63%）
《澳门地理》（初中补充教材）	2016/2017	—	13（30%）	—
	2017/2018	—	17（40%）	—
《书写我城——澳门文学补充教材（初中篇）》	2016/2017	—	3（7%）	—
	2017/2018	—	4（9%）	—

资料来源：教育暨青年局。

《品德与公民》教材非常关注学生身份认同的构建，在对"中国人""澳门人"和"世界公民"等身份认同问题的理解和相应的处理上，均有明显的进步。③ 还有研究指出，该教材将爱国教育与公民教育互相渗透，着力"培养具有爱国意识的中国公民"。教材对国家层次的内容描述虽然着墨不多，但主题鲜明，以族裔文化认同强化了国家认同，凸显了国家的形象。"在国家层次上，教科书着力重构国民身份，培养具有爱国意识的中国公民。教科书以文化认同和族群认同为传达国家认同的主要途径，借此重构公民的国民身份，深化国民的爱国意识；在塑造国民身份时，以直接鲜明的表达形式呈现了'我是中国人'的身

① 括号内为占澳门学校比例。

② 除完全使用教材外，还有一部分学校参考《品德与公民》教材，选用其中的部分内容，两类学校加在一起，2019/2020 学年小学、初中和高中阶段均达到 100%。

③ 郭晓明：《教材中的身份认同——以澳门小学〈品德与公民〉教材为例》，载石鸥：《教科书评论 2014》，北京：首都师范大学出版社，2015，第 134－153 页。

份论述。”[①]

第二，编写中学《历史》教材。教育暨青年局与人民教育出版社合作编写初中和高中《历史》教材，以帮助学校更有效地落实历史教育。初中一年级及高中（必修）共4册试行版《历史》教材，于2018/2019学年供学校选用；其余年级教材亦在2019/2020学年供学校选用。该教材在内容上强化了澳门史和中国近、现代史，但在澳门史与中国历史的关系上改变澳门过去为澳门史编写独立教材的做法，将澳门史融入中国史；在中国近、现代史的内容方面，虽然比澳门过去的通行教材更加强化近、现代史，但没有与内地的历史教材看齐，而是照顾澳门学校过去比较重视中国古代史的特点，初中和高中采用双循环，均适当加强近、现代史。[②]

第三，编写小学《常识》教材。2016年，教育暨青年局已委托澳门科学技术协进会编写澳门小学《常识》教材，教材以澳门小学常识科的基本学力要求为依据，其中包括澳门及中国的相关历史内容，于2019/2020学年起供学校选用。

第四，为加强学生对澳门地理环境的认识，加深学生对澳门与祖国之间密不可分的联系的了解，澳门特别行政区政府于2015年10月出版了《澳门地理》，作为初中地理补充教材，截至2017年8月，40%的学校选用了该教材。

第五，编写澳门普通话教材。教育暨青年局与国家语言文字应用管理司合作编写。另外，为鼓励教育工作者向学生传授中华民族文化传统的知识，提升学生对中华民族文化传统的兴趣，教育暨青年局委托本地学术机构编写“中华民族文化传统教育系列”网上多媒体资源以及教学辅助数据，并以演示文档的方式上传至教育暨青年局网页，供教育工作者及公众浏览使用。

（四）配合国家相关立法，推动升挂国旗，开展国歌教育

国旗和国歌代表一个民族及其历史文化，具有独特的象征意义，也是爱国主义教育的重要元素；同时，《中华人民共和国宪法》（以下简称《宪法》）和《基本法》共同构成澳门的宪制基础，有必要让澳门年青一代同时了解。因此，澳门特别行政区政府努力推动相关工作，近年取得明显成效。

---

① 黄素君、黄乐源、谢均才：《公民身份与意识初探：澳门小学〈品德与公民〉教科书分析》，香港：《教育学报》，2018年第2期，第67－86页。

② 郭晓明：《澳门中学历史课程与教材的变革》，北京：《港澳研究》，2018年第4期。

在升、挂国旗方面，澳门特别行政区政府已于2019年以行政法规的形式规定，将升国旗仪式"纳入本地学制正规教育的中小学学校，每周举行一次升旗仪式"，只有"遇恶劣天气"或"不具备条件举行升旗仪式者"除外。[①] 这就有效落实了《中华人民共和国国旗法》的有关规定。[②]

事实上，经过多年的努力，澳门中学、小学及幼儿园于2018年已基本实现升、挂国旗，参加升旗仪式全覆盖（表3－2）。教育发展基金于2017/2018学年的"学校发展计划"资助中设立装设国旗、区旗、校旗及旗杆的专项资助，鼓励及推动学校在校内升、挂国旗、区旗、校旗，以及在特别行政区政府成立纪念日、校庆日等重要日子升、挂国旗，培养学生的"爱国爱澳"情怀。

同时，澳门高等院校至2018年也均已有升、挂及展示国旗的安排，大部分高校还会于毕业礼、国庆、澳门特别行政区成立纪念日等重要日子举行升旗仪式。特别行政区政府还组织澳门青年、大专学生和教职人员体验升旗仪式，以提升其国家归属感和民族自豪感。高等教育局2018年4月14日就曾组织高校学生参观军事展览馆，并体验升旗仪式，约78人参加。澳门大学于2018年5月4日成立国旗队，队员由本科生、硕士生及博士生组成。

表3－2 非高等教育范畴正规教育学校升、挂国旗情况

学年	正规教育校（部）总数	上课日悬挂国旗的校（部）数（及占总体比例）	每周或重要日子举行升旗仪式的校（部）数（及占总体比例）	国庆、回归纪念日举行升旗仪式的校（部）数（及占总体比例）
2015/2016	109	62（56.8%）	51（46.8%）	31（28.4%）
2016/2017	108	65（60.2%）	48（44.4%）	39（36.1%）
2017/2018	112	67（59.8%）	52（46.4%）	40（35.7%）
2018/2019	112	71（63.4%）	65（58.0%）	36（32.1%）

资料来源：教育暨青年局。

在国歌教育方面，《中华人民共和国国歌法》已列入澳门《基本法》附件三，澳门特别行政区已于2019年初颁布专门法律，规定"将国歌纳入本地学制

① 澳门特别行政区第5/2019号行政法规《关于使用国旗、国徽、区旗、区徽及奏唱国歌的具体规定》第五条。

② 《中华人民共和国国旗法》第十三条规定："全日制中学小学，除假期外，每周举行一次升旗仪式。"

正规教育的中小学教育，组织学生学唱国歌，教育学生了解国歌的历史和精神内涵，遵守国歌奏唱礼仪”①。目前，澳门《品德与公民》的基本学力要求已明确规定，小学阶段须让学生认识国旗、国徽，理解其基本含义，会唱国歌。另外，早在2000年，教育暨青年局已出版了名为《国旗、国徽、国歌、区旗、区徽》的教材供学校参考，该教材于2018年得以修订。此外，2018年4月，教育暨青年局与中国人民解放军驻澳门部队合作，首次举办澳门非高等教育教职员“细说国旗·国歌情活动”，总共约170人参与。

在《宪法》和《基本法》教育方面，澳门特别行政区政府已颁布的《品德与公民》基本学力要求以及近年推出的相关教材，均已将《宪法》和《基本法》列为重要内容，为《宪法》和《基本法》教育提供了制度保障。高校也逐步强化了《宪法》与《基本法》教育，澳门大学已将相关内容列入必修课。此外，澳门特别行政区政府还连同教育界举办各类活动推广《基本法》。教育暨青年局2018年2月举办的“庆祝澳门特别行政区基本法颁布25周年学界青年大汇演”，就有54所中小学校、11个团体以及青年义工等共500多名青年学生参与，有11家本地及内地媒体（包括中央电视台）到场采访。演出结合戏剧、舞蹈、音乐、武术、民间技艺等手法，由老、青、少三代澳门人以“接力讲故事”的方式反映《基本法》的颁布和实施对澳门发展所起到的重要作用，共吸引3 000余人次到场欣赏，超过15 000人次通过网络媒体浏览。

（五）在教师培训中加强国情教育及“爱国爱澳”教育

学校和教师是推动、落实“爱国爱澳”教育的关键，因而加强学校的德育工作机制建设，提升相关教师的专业素养，显得尤为重要。

1. 推动学校设立德育工作小组

澳门回归以来，教育暨青年局按照“非高等教育德育政策”的要求，积极推动学校设立“德育工作小组”，基本覆盖了所有学校。该小组一方面要负责落实特别行政区政府的相关政策、要求，组织学生参加系列德育活动；另一方面要制定学校的德育工作计划，统领全校德育工作，在学校树立“人人都是德育工作者”的理念，充分发挥学校教育工作者言传身教的作用，有计划地加强学校领

① 澳门特别行政区第1/2019号法律《修改第5/1999号法律〈国旗、国徽及国歌的使用及保护〉》第四条。

导、班主任、各科教师以及学生辅导员、余暇活动人员等各类专职人员对国情的了解，深化中华文化的传承，提升"爱国爱澳"教育的自觉性和能力。

为支持学校"德育工作小组"的工作，交流各校的经验，教育暨青年局持续举办"育人路上 总有你我"品德教育系列活动、"价值观教育进修课程"、"学校性教育经验交流会"，建立"博彩领域青年服务交流平台"，对提升德育工作的成效起到了积极作用。[①]

2. 开展国情教育教师培训

教师要面向学生进行国情教育，首先自己要全面、客观地了解国情。因此，澳门特别行政区政府自2011/2012学年起实施"国情教育教师培训计划"，以储备具有国情及区情认知基础的教学人员，为更好地落实"爱国爱澳"教育提供支撑。该培训课程分为5个部分：（1）"一国两制"与《基本法》专题：通过国家对特别行政区提出的政治构思和有关澳门的宪制性法律，认识澳门实行"澳人治澳"、高度自治的基础原则，深入了解"一国两制"的构想，"一国两制"提出的背景、内容、特征及意义；（2）澳门政治发展专题：介绍"一国两制"下中央政府与澳门的关系、"一国两制"在澳门的成功实践及澳门特别行政区政府的组成和选举制度等；（3）澳门社会文化专题：介绍澳门中西方文化交融和发展背景下的多元文化特色，探讨传统文化的定位和中华文化的当今意义；（4）澳门经济民生专题：介绍回归后赌权的开放及澳门的经济成就和民生议题，特别就国家对澳门"一中心、一平台"定位、粤澳及泛珠三角地区合作带来的影响，探讨经济适度多元发展和人才建澳的新经济战略格局；（5）澳门历史专题：介绍从新石器时代到开埠以来，尤其是澳葡管治到澳门回归祖国这段历史中的重要事件，阐述澳门历史发展与祖国之间的紧密联系。该计划从2011/2012学年到2017/2018学年，累计参加的人数已达到1 151人（表3－3）。

表3－3　历年参加"国情教育教师培训计划"的人数

学年	参加人数
2011/2012	90
2012/2013	107
2013/2014	158

① 教育暨青年局：《2009教育暨青年局年刊》，澳门：教育暨青年局，2009，第47页。

续表

学年	参加人数
2014/2015	124
2015/2016	127
2016/2017	224
2017/2018	321
合计	1 151

资料来源：教育暨青年局。

3. 骨干教师培训

“骨干教师培训”计划是2003年国家副主席访澳时提出的支持澳门基础教育教师培训的重要项目之一，其中中国语文、品德与公民、历史等作为“爱国爱澳”教育的主要学科，为推动“爱国爱澳”教育发挥了很大的作用。“中、小学品德与公民科骨干教师培训”课程包括在澳门的理论研习和到内地观摩考察两部分，第一期就有22名中学品德与公民科教学人员和16名小学品德与公民科教学人员参加。

为进一步推进和强化学校《基本法》的教育、教学工作，自2010/2011学年起，澳门举办了两期“品德与公民科骨干教师《基本法》研习计划”，共54名教师参加。

4. 校本教师培训

为提升教学人员对澳门非高等教育、中华文化传承以及《基本法》的认识，教育暨青年局努力通过教育发展基金，推动校本化的以“爱国爱澳”为主题的教师培训，配合学校的课程需要，开展有关“爱国爱澳”的培训项目。

另外，自2015/2016学年开始，教育暨青年局还邀请大学学者与该局人员一起，到所有公立、私立学校举办教育政策及中华文化分享会，其中汉字与中华文化传承、“澳门《基本法》与国情教育”也是该分享会的主要内容，2015—2018年共走访59所私立学校和10所公立学校，参加分享分的人数达5 568人。其他相关培训，包括赴山东曲阜的教师培训活动、于北京举办的“澳门中小学教师外交参访活动”，均反应良好。

（六）以系列活动强化"爱国爱澳"意识，增强学生的民族自豪感和认同感

为了加强"爱国爱澳"教育，丰富年青一代对国家的认识，增强他们对祖国的归属感和民族自豪感，澳门特别行政区政府充分发挥学校、社团以及全社会其他各方面的作用，长期举办丰富多彩的教育营、军事夏令营、国情研习班和国情教育系列活动，让青少年频繁深入内地，在行动中观察和体验祖国的发展变化，与内地师生和社会各界亲密接触，了解祖国的历史文化和自然景观，取得良好成效。以 2015/2016 学年为例，参加"爱国爱澳"教育和《基本法》教育活动的师生达到 3. 3 万多人次。

1. "认识祖国、爱我中华"学习之旅资助计划

此计划由教育发展基金资助私立学校组织学生到内地、香港及澳门等地进行文化、历史、地理、科普及环保等课题的专题研习，或体验奥运会、世博会等国家所举办的各类盛事及相关活动，以加深其对中华优秀传统文化的认识，领悟中华文明的博大精深，感悟中华民族近代历史，体会国家发展所取得的巨大成就。该计划自 2004/2005 学年推出以来，深受教育界欢迎，至 2018/2019 学年有近 6. 2 万名师生获资助参与。2017/2018 学年，几乎所有学校（82 个校部）均参与了该计划，共 5 301 人次受益。2015 年，教育暨青年局还推出"认识祖国、爱我中华"学习之旅优秀方案奖励计划，来自 28 个校部的 59 名导师参加，29 份方案获奖；同时举办"认识祖国、爱我中华"学习之旅图片展，48 个校部参与。

2. 澳门学界"五四"升国旗仪式

澳门特别行政区政府每年在"五四"组织澳门学界进行升国旗仪式，以加强青年学生对国家的归属感和责任感，提升他们的"爱国爱澳"情怀。历次参与"五四"升国旗仪式的人数共 11 500 人次（表 3 – 4），首支"澳门学界升旗队"于 2019 年在"五四"升旗仪式上亮相，并举行宣誓仪式。驻澳部队和教育暨青年局还于 2019 年 5 月在氹仔军营合办"国旗手培训日营"，共有 30 个校部约 262 名学生参加。

表 3-4 历年参与“五四”升国旗仪式的人数

年份	2011	2012	2013	2014	2015	2016	2017	2018	2019	总计
人数	1 100	1 200	1 100	1 100	1 000	1 000	1 300	1 700	2 000	11 500

资料来源：教育暨青年局。

3. 国情教育培训课程

该课程自 2005 年起由教育暨青年局与教育部港澳台办公室合办，每年暑假举行，为期 10 余天，内容分为区情专题讲座、本地参观和内地考察 3 部分。先邀请澳门教育机构开办专题讲座和研习，并组织学生参观国家驻澳行政机构，然后前往内地国情教育基地，与内地师生接触和交流，以加强学生对内地及澳门的政治、经济、文化、教育、外交等领域的了解，培养学生的“爱国爱澳”情怀。至 2018 年，累计已有超过 2 500 名学生参与，2017 年共有 28 所学校 101 名学生参加，课程内容包括本地参观及前往上海参观学习。

4. 澳门青少年国情研习班

为了加深澳门高中毕业生对国家的认识及了解，使其熟悉国家的最新发展情况，更好地思考自己的学习方向，澳门特别行政区政府自 2010/2011 学年开始与中央人民政府驻澳门特别行政区联络办公室合作推出此活动，每年组织 45 名学生前往北京等地进行学习交流，内容包括参与当地相关历史、文化和社会的研习，并参观国家的重要机构及有历史意义的景点。

5. 国防教育营

国防教育营于 2007/2008 学年开始举办，面向全澳门初中二年级学生，为期 6 日 5 夜，训练内容包括基本国防教育、基本步操及体能训练，目的是通过严谨、服从、团队精神及国防知识的训练，提升学生的求生技能及生活自理能力，磨炼学生的意志，增强学生的纪律性，培养学生的“爱国爱澳”精神。此教育营由澳门童军总会承办，于 2008/ 2009 学年推广至全澳门。

6. 澳门青年学生军事夏令营

此夏令营由澳门特别行政区政府和中国人民解放军驻澳门部队合办，教育暨青年局承办，自 2005 年起持续成功举办。活动在驻澳部队综合训练场或澳门营区举行，目的是让澳门青年学生有机会亲身体验军人的生活，增强国家观念和国防意识，从训练中增强自我认识、提高自信和建立团队精神。内容包括自动步枪操作、实弹射击、紧急集合、格斗基本功、野营拉练、野炊、卫生救护等军事训练项目，还有不同主题的授课交流、参观军事设施、开展文艺活动及评比竞赛等，营期最初为7天。澳门青年学生军事夏令营已成为澳门中学生暑期活动的品牌项目，至2019年共有14 403名高中学生参加。同时，自2013年起持续将“军事型”交流活动作为夏令营的后续活动，为历届营员提供交流互动的平台，强化其“爱国爱澳”的情操，至2018年共有600人次参加此活动。

7.“国旗下的说话”体验营

自2005年开始推出此活动，目的是加强澳门青少年的“爱国爱澳”教育，让青少年学习有关国旗知识、升旗礼仪和规范等，体验军营生活、纪律训练和体能锻炼，内容包括军姿训练、队列的基础训练、步伐训练、升旗方队、升旗及降旗训练等。自2016年起，由教育暨青年局与中国人民解放军驻澳门部队合办，并更名为“国旗下的说话——国旗手训练营”，当年就有139名青年学生完成培训。

8.推广外交知识系列活动

“澳门青少年外交知识竞赛”于2010年首次举办，2011年发展为外交知识系列活动，由澳门特别行政区政府及外交部驻澳门特别行政区特派员公署主办，教育暨青年局承办，对象为澳门中、小学生及老师，通过一系列的外交知识活动，加深青年学生对外交知识的认识，拓展其国际视野，增强其民族意识及对国家的归属感。活动包括外交知识竞赛的推广赛、初赛和总决赛，初赛以笔试形式进行，总决赛以现场问答形式进行。另外，还组织获奖学生成立后续参访团，举办外交图片展、青年外交官进校园、小学生参观外交部驻澳公署及巡校展览等活动。举办机构还与外交学院合作，推出《外交知识读本》，为学生学习和参加有关活动提供有力支持。

在2018年第九届澳门青少年外交知识竞赛中，共有33所中学超过1万名学生参与了推广赛，165名学生参加初赛，8个学校代表队参加最后的总决赛。2019年4月，澳门特别行政区政府和外交部驻澳门特别行政区特派员公署组织在2018年竞赛中获奖的11所中学、56名师生赴北京、上海参观访问，旁听外交部例行记者会，与发言人真诚对话，在与中国人民外交学会座谈中听取民间外交的精彩故事，了解中美经贸关系、朝鲜半岛局势、“一带一路”建设等情况。

9.《宪法》《基本法》与澳门特别行政区法律推广活动

自1995年开始，教育暨青年局、法务局、民政总署与澳门《基本法》推广协会每年合办《基本法》与澳门特别行政区法律问答比赛，参赛对象为全澳门中学学生及13～29岁青年。比赛内容除《基本法》外，也包括《宪法》及澳门特别行政区的法规，例如《打击毒品犯罪法》及《打击计算机犯罪法》等与青年人息息相关的法律。为了加深青少年对《基本法》的认识，教育暨青年局每年均邀请中学及青年团体参加此比赛。2016年有学生组14队及青年组33队共231人参加。2018年共有61支队伍、305名青年学生参赛。2019年，《基本法》推广协会、法务局、市政署和教育暨青年局联合举办“我与《宪法》和《基本法》演讲比赛”，共有20所学校的40名学生参加；前期校内进行的相同主题的写作活动，共有3 000多名学生参加（表3－5）。

自2016年起，法务局、教育暨青年局、劳工事务局、治安警察局、司法警察局、文化局及社会工作局以跨部门合办形式，举行“普法新TEEN地”青少年法律推广月。2018年共组织了14项普法专题活动，包括讲座、网上法律问答游戏、写作奖励计划及大湾区体验活动等，共有37 744人次参与。

表3－5 《基本法》颁布周年教育系列活动参与人数

活动名称	2012/2013	2013/2014	2014/2015	2015/2016	2016/2017	2017/2018	2018/2019
《基本法》摊位游戏设计比赛	110	230	239	210	222	—	—
基本法创意填色比赛	628	957	1 470	1 300	3 700	—	—
《基本法》报章游戏	4 300	4 300	4 900	4 900	4 900	3 100	—
园游会	2 800	2 000	2 100	1 800	1 400	—	—
学术研讨会	300	300	300	300	300	400	—
校园推广《基本法》计划比赛	—	51	42	87	111	120	—
《基本法》硬笔书法比赛	—	3 274	2 728	2 300	4 500	—	—
《基本法》与法律问答比赛	240	230	250	231	324	305	—
《基本法》工作坊	—	—	—	—	34	—	—
我与《宪法》和《基本法》演讲比赛	—	—	—	—	—	—	40

资料来源：教育暨青年局。

另外，澳门高校近年也逐步强化《宪法》与《基本法》教育和国情教育。2018年澳门大学、澳门理工学院和澳门旅游学院均成立了“国旗队”或“升旗队”，并到中国人民解放军驻澳门部队军营进行体验及训练。自2019/2020学年开始，大多数学校把《宪法》和《基本法》列为全校学士学位课程的必修课。

10. 京澳小学生交流营

京澳小学生交流营自2000年起在北京和澳门两地交替举行，每年安排澳门小学五年级、六年级学生与北京小学生进行交流活动，目的是促进两地小学生文化交流，通过共同参与活动，提供机会让两地小学生就文化、艺术及个人成长等方面进行交流。截至2018年底，此活动共举办了19次，澳门共有约850名小学生参加。2018年交流营在澳门举行，教育暨青年局组织了来自澳门37所小学的50名小学生与来自北京的43名小学生进行交流，其内容包括参观澳门大学横琴校区、澳门的学校、世界文化遗产景点、澳门博物馆，品尝澳门特色美食，体验葡萄牙土风舞以及组织两地学生进行才艺表演等，让来自北京的学生从多角度了解和感受澳门特有的中西文化。

11. 青年生活体验实践计划

青年生活体验实践计划源于2005年起开展的“星火燎原——青年小老师计划”，当时主要是组织青年学生赴内地进行义教活动。2015年，为了让青年人从生活体验中加强自我认识，并发掘个人潜能，培育青年坚毅意志，让其懂得珍惜和感恩，成为积极助人的社会公民，该计划由单一的义教服务扩展为系列活动，内容包括关怀篇（访贫问苦）、农耕体验篇（亲手种植）和义教活动篇（赴内地偏远地区义教），计划名称亦更改为“青年生活体验实践计划”，每年组织70～90名青年参与该活动，并在活动后举办分享会，交流参与活动的感受和收获。2018年，70多名16～29岁的澳门青年，通过前期的团队训练营、义工服务及培训课程，提升了团队合作精神。2019年的活动包括“粤港澳大湾区学习篇”“贵州从江义教篇”及“江西井冈山关怀篇”。

12. 暑期北京语言文化之旅

为了积极推动普通话学习及更深入地了解中华文化，教育暨青年局自2007年起，每年组织澳门中学生赴北京修读为期4周的暑期语言文化课程，包括普通话学习、文化课程及参观活动。除了普通话语音及口语训练，也加深学生对中国传统文化艺术的认识，让学生亲身感受古代与现代的中华文化。

13. 京港澳学生交流夏令营

京港澳学生交流夏令营是北京市教育委员会、澳门教育暨青年局及香港教育局联合主办的年度活动，自2005年开始举办，至2018年澳门累计有1 174名学生参与，已成为京港澳学生交流的品牌项目。该活动让三地青少年学生一起交流学习，建立友谊，亲身感受祖国多年来创造的经济奇迹及取得的举世瞩目的辉煌成就，加深青少年学生对祖国悠久历史文化的认识。活动为“爱国爱澳”教育创设平台，对培养青少年热爱祖国的情怀，增强其对国家、民族的归属感、自豪感和历史使命感起到积极作用。

14. 参加全国性的比赛

参加全国性的比赛是增进学生的国家意识、促进澳门学生与内地青年交流的有效途径。2002年，教育暨青年局开始组织澳门学生参加全国中学生运动会（2014年改为全国学生运动会）。学生通过这一平台既能展示澳门学生的风采以及“一国两制”在澳门的成功实践，又能与全国各地的学生进行交流，了解当地文化，加深对国家的认识。2017年第十三届全国学生运动会在杭州市举行，澳门学界组成140人的体育代表团，参加了田径、游泳、足球、乒乓球、武术及羽毛球共6个项目的比赛。

教育暨青年局由2004/2005学年开始组织学界代表队参加全国性的科普比赛，以提升学界代表队的创新能力、动手实践能力，并加深学生对国家的认识。2019年，教育暨青年局组织学界代表队共18名师生参加在澳门举行的“第34届全国青少年科技创新大赛”，获得“中国科协主席奖”1个、一等奖5个、二等奖4个以及专项奖25个。同年，澳门代表参加全国科普讲解大赛，亦有良好表现。

15. 学生艺术教育普及计划

为了让澳门中学生每年均有学习表演艺术的机会，提升中学生对表演艺术和中国传统文化的认知和欣赏能力，教育暨青年局自2004/2005学年开始开展“中学生普及艺术教育计划”。该计划选取适合中学生欣赏的表演艺术，安排初中一年级学生欣赏中国传统木偶剧、初中三年级学生欣赏中国音乐、高中二年级学生欣赏舞蹈、高中三年级学生欣赏中国戏曲。2015/2016学年起该计划改名为“学生艺术教育普及计划”，新增小学生“视觉艺术”项目，带领小学六年级学生走进艺术博物馆，欣赏中国传统视觉艺术，感受中华民族深厚的文化底蕴。

16. “追梦·飞翔”青年领袖培育计划

教育暨青年局与中华全国青年联合会合作，自 2005 年和 2007 年起分别举办“澳门青年社团领导才能培训班”和开展“澳门、内地青年交流计划”，以提高澳门青年社团领导层的领导才能，加深其对国情、国策的认识。2015 年，两项计划提升为“追梦·飞翔”青年领袖培育计划，培育对象为 18 ～45 岁的青年社团的领导层或骨干成员，内容包括在澳门的基础培训，以及赴内地进行的进阶培训及延续跟进。2015—2019 年，参与此项计划的青年领袖共 941 人次，该计划在发掘及培育青年的领导能力、加强青年领袖人才培养的基础建设、为澳门未来发展储备人才方面，发挥了品牌效应和平台作用。

17. 青年社团年度资助计划

为了让澳门青少年有更多机会参与各类有益身心的活动，并鼓励青年社团配合政府的有关政策，积极参与社会事务、开展各类青少年服务，教育暨青年局自 2001 年开始推行“青年社团年度资助计划”，并自 2005 年起将举办爱国活动作为优先资助条件之一。多年来，该计划资助众多青年团体组织举办了 12 405 项活动，如表 3 –6 所示。

表 3 –6　青年社团年度活动资助计划历年资助情况①

年度	获资助的社团数	获资助的项目数	获批金额/万澳门元
2001	95	—	289
2002	91	912	291
2003	104	900	335
2004	88	673	335
2005	88	712	460
2006	83	703	558
2007	87	814	741
2008	83	916	859

① 表中资助对象为已在教育暨青年局登记的青年社团，该项目的金额为获批金额。

续表

年度	获资助的社团数	获资助的项目数	获批金额/万澳门元
2009	94	896	899
2010	98	813	899
2011	98	836	899
2012	92	693	940
2013	91	608	847
2014	95	609	947
2015	86	594	998
2016	85	508	936
2017	78	486	798
2018	87	511	848
2019①	68	221	406
总计	—	12 405	13 285

资料来源：教育暨青年局。

18. 中国寻根之旅夏令营

为增进海外华裔青少年对中华文化的兴趣及了解，加强澳门青少年学生与海外华裔青少年的联谊交流，自 2010 年起国务院侨务办公室举办海外华裔及港澳台地区青少年“中国寻根之旅”夏令营，澳门每年均组织约 20 所学校近 50 名中学生参加。2015 年的活动不仅包括参与由中国音乐学院安排的中国民族器乐课程及欣赏专场音乐会，还包括到北京八达岭长城、故宫博物院、卢沟桥抗日战争纪念馆等著名景点参观游览。该夏令营除了提升学生的演奏技巧外，还通过参观加深了青少年对祖国的认识。

19. 组织青年学生参与和助力“一带一路”建设

为参与和助力“一带一路”建设，教育暨青年局除了组织“澳门中学生

① 资料数据截至 2019 年 5 月。

'一带一路'交流计划"，通过教育发展基金及"青年社团年度资助计划"，把组织"一带一路"主题考察交流活动列为优先资助项目外，还推出新措施。一是支持澳门青年社团与"一带一路"沿线青年组织缔结合作关系。教育暨青年局2016年推出"携手同行·共建未来"青年社团结盟计划，促成澳门青年社团与"一带一路"沿线青年组织签署12份合作协议。二是搭建互动交流的平台，2017年组织外地就读的澳门青年前往"一带一路"国内重要节点地区青海省进行"结伴成长"学习交流活动。三是举办"'一带一路'主题图片展"，于2016年11月至2017年9月在45所学校及教育暨青年局的10个教育及青年活动中心展出。

2018年10月，特别行政区政府在澳门举办"奋斗青春、放飞梦想——共建粤港澳大湾区青年论坛"系列活动，邀请粤港澳大湾区各兄弟城市逾1 000位政府代表和青年代表聚首澳门，共商大湾区青年发展新机遇，其间还发布了《澳门青年投身大湾区建设倡议》，并举办粤港澳大湾区青年领袖圆桌会议、大湾区青年篮球赛等活动。①

20. 推出"长法律知识 承中华文化"系列青年讲座

《澳门特别行政区五年发展规划（2016—2020年）》提出巩固和弘扬"爱国爱澳"核心价值，加强国情学习，增进对祖国的认同感。为此，教育暨青年局在2017年和2018年推出"长法律知识 承中华文化"系列青年讲座活动，聘请知名学者直接面向澳门青年社团讲解，加深青年社群对《基本法》和中华优秀传统文化的认识，内容包括在"一国两制""澳人治澳"背景下的国家观念和身份认同、从汉字领略中华文化的博大精深等。

21. 推出"传承中华文化"资助计划

为弘扬中国国粹，推动中国传统文化的传承，让澳门学生学习及加深对中国深厚的文化底蕴的了解，培养爱国情怀，澳门特别行政区政府自2013/2014学年起通过教育发展基金在学校发展计划资助申请中设立"传承中华文化"的专项措施，鼓励学校按校本的特色，通过组织余暇活动，开展与传承中华文化相关的活动，推动学生认识及欣赏中华传统艺术和文化，提升学生的爱国情怀及对中华文化的学习兴趣。过去6个学年各校开展相关活动数达到796项，参与学生达20.5万多人次，如表3－7所示。

---

① 《"共建粤港澳大湾区青年论坛"昨举行》，澳门：《澳门日报》，2018年10月14日，第A01版。

表 3－7 “传承中华文化”资助计划

学年	2013/2014	2014/2015	2015/2016	2016/2017	2017/2018	2018/2019	合计
获资助校（部）数	28	26	34	58	62	67	275
资助项目数	117	118	145	135	134	147	796
获资助学生人数	8 966	8 643	13 683	58 205	59 606	56 783	205 886

资料来源：教育暨青年局。

22. 组织学生认识国情、体验学习的交流活动

教育暨青年局与教育部港澳台办公室合作，近年持续举办“粤澳青少年国情体验活动”，促进粤澳青少年的交流。2017 年共有 29 所学校、75 名初中生参与该交流活动，学生们还参观了广州市、中山市及东莞市，包括孙中山故居纪念馆、虎门炮台等。2019 年共组织 26 所学校、69 名初中生赴肇庆市、佛山市及中山市进行参观交流。

2017 年，教育暨青年局分别开展了创新素养学生培训计划、“超人气学园之终‘集’一班”交流计划、澳门高中生赴武汉学习交流计划、澳门高中生赴珠海市及中山市交流计划等；组织约 155 名中学生前往深圳市、福州市、江苏省、武汉市、珠海市及中山市等地进行交流学习，让学生加深对国情的认识，增进对当地关于创业创新、职业技术教育、内地升学发展及文化创意等多方面的认识。2019 年组织 24 名澳门青年前往粤港澳大湾区中的东莞、佛山、肇庆及中山 4 个城市进行参访交流与学习；2019 年“澳门高中学生赴大湾区交流计划”活动，组织来自 23 所中学的 35 名高中生赴广州市及江门市参访交流；2019 年的“创新素养学生培训计划”以“感受智慧城市，激发创新潜能”为主题，组织来自 25 所学校的 30 名高中生赴北京市交流学习。

23. 教育电视制作推广《基本法》和“爱国爱澳”教育节目

教育电视《动感教菁》栏目持续制作多元化节目内容，以推广《基本法》和“爱国爱澳”教育。通过“生活教育”系列短剧，以情景喜剧的形式，推广《基本法》和其他生活信息；信息短片方面，持续拍摄与推广《基本法》有关的活动，如“《基本法》与法律问答比赛”“《基本法》园游会”等，让市民和青年了解《基本法》；不定期制作爱国教育短片，如“感受军旅生活”“与青年有约 · 中国航天日”等。“山水有相逢”系列，通过故事介绍中国传统绘画艺术的

发展、流派、工具及技巧，弘扬中华文化。"游走澳门街"系列，介绍澳门珍贵的世界文化遗产和中葡文化交融的故事等，使市民和青少年对澳门各区的特色有更多的认识，提升其爱澳情怀。

24. 实施"千人计划"

"千人计划"是澳门特别行政区政府2016年推出的青年人才培养重要项目，目的是培养和发掘澳门的优秀青少年，为推动澳门的发展储备人才。项目以澳门的中学生、大专学生以及青年人为对象，以"千人计划、百团出行"的3年计划为总体规划，培养目标人数为3 000人。组织学员前往内地进行多元化的交流和学习活动，让澳门的青少年开阔视野、提升综合素质、增强国家意识，并传承"爱国爱澳"精神，推动青少年积极融入国家发展大局。由澳门特别行政区政府行政长官办公室总负责，澳门基金会为执行单位，并请教育部及中华全国青年联合会协调支持"千人计划"在内地的相关工作。

2016—2018年为"千人计划"的第一阶段。3年间成效显著，累计组织112个交流团共3 317名澳门青年分别赴内地16个省、市进行学习交流。[①] 澳门特别行政区政府在以往工作的基础上，2019年启动第二阶段"千人计划"，上半年已经有14个交流团逾400名青少年前往内地各省、市交流，并深入挖掘交流内涵。

2017年4月，澳门特别行政区政府为进一步加强青年工作，在"千人计划"的基础上成立"千人汇"，目的是"汇"集参与"千人计划"的学员，搭建后续交流平台，让澳门的有志青年进一步加深认识、彼此交流、共同学习、互补长短；同时，希望通过搭建多元的平台，为澳门青年提供更多参与社会事务、锻炼自身能力的机会。澳门特别行政区政府在随后组织的区域合作会议上，安排"千人汇"成员随团考察，同时邀请"千人汇"成员出席政府举办的重要讲座和大型活动，列席青年事务委员会、非高等教育委员会等政府咨询组织的会议。

澳门青年、学生近年参与主要"爱国爱澳"活动的情况如表3-8所示。

---

① 《澳门"千人计划"青少年培养项目活动章程》（中学组），2019年1月。

表3-8　澳门青年、学生近年参与主要“爱国爱澳”活动的情况

活动名称		各学年学生参与人数或学校数						
		2012/2013学年	2013/2014学年	2014/2015学年	2015/2016学年	2016/2017学年	2017/2018学年	2018/2019学年
国情教育培训课程	地点	贵州	成都	青岛	西安	上海	福建	—
	学校数	27	27	30	31	28	32	—
	人数	69	71	106	103	101	99	—
京港澳学生交流夏令营	地点	北京	香港、澳门	北京	香港、澳门	北京	香港、澳门	—
	澳门师生人数	65	56	100	72	67	67	—
	三地总人数	383	277	631	361	363	358	—
“认识祖国、爱我中华”学习之旅资助计划	校（部）数	74	76	76	73	77	82	74
	师生人数	4 151	4 333	4 250	4 335	4 741	5 301	4 622
参与学生数								
全澳学界五四升旗仪式		1 100	1 100	1 000	1 000	1 300	1 700	—
小飞鹰“爱国爱澳”教育营资助计划		2 675	2 821	2 198	—	—	—	—
国防教育营		3 679	3 528	3 123	2 595	2 807	3 361	3 726
澳门青年学生军事夏令营		111	114	105	118	120	130	130
推广外交知识系列活动		28 205	27 805	36 152	8 917	9 534	8 829	—
澳门青少年国情研习班		45	45	45	45	45	45	45
澳门、内地青年交流计划		—	20	20	—	—	—	—
“追梦·飞翔”青年领袖培育计划		—	—	220	230	200	131	160
“结伴成长”学习交流团		—	23	70	66	60	50	50
五一劳动节“中国人民解放军驻澳门部队氹仔军营开放日”中学生专场		—	—	1 128	1 853	2 305	2 500	2 350

续表

活动名称	各学年学生参与人数或学校数						
	2012/2013学年	2013/2014学年	2014/2015学年	2015/2016学年	2016/2017学年	2017/2018学年	2018/2019学年
六一国际儿童节——小学生与中国人民解放军驻澳门部队互动活动	1 800	1 200	800	800	786	722	730
国旗下的说话——国旗手训练营①	60	57	31	139	156	303	262
庆祝澳门回归祖国15周年学界大汇演	—	—	2 600	—	—	—	—
2015年海外华裔及港澳台地区青少年“中国寻根之旅”夏令营活动	—	—	45	—	—	—	—
京澳小学生交流营	50	50	50	50	47	50	50
“普法新TEEN地”青少年法律推广月	—	—	—	—	24 188	26 006	37 744
“梦想启航”中学学生会领袖培训计划——中国梦学习之旅	—	—	—	—	40	40	40
庆祝《基本法》颁布25周年学界青年大汇演	—	—	—	—	—	3 000	—

资料来源：教育暨青年局。

（七）学生的“爱国爱澳”意识和国民身份认同感明显加强

澳门回归20年来，政府、教育界和全社会共同持续推行的一系列措施发挥了重要作用，不少调研的结果证明，澳门学生的“爱国爱澳”意识和国民身份

① 活动原为“国旗下的说话体验营”，自2016年起更改活动名称为“国旗下的说话——国旗手训练营”，2019年在上述计划的基础上拓展相关系列活动，并成立学界升旗队，故更改活动名称为“国旗下的说话系列活动2019——国旗手培训日营”。

认同感总体呈现明显加强的趋势。澳门大学中国历史文化中心 2017 年的调查表明，澳门中、小学学生对国家历史文化的认知比较正面，认知指数的平均值为 74.8 分，小学生和初中生分别为 78.0 分和 71.0 分；对本地历史文化的认知相对国家历史文化而言较低，认知指数的平均值为 67.3 分，小学生和初中生分别为 70.9 分和 63.0 分。总体而言，对国家历史文化的认知好于对澳门本地历史文化的认知；小学生在两个方面的表现都明显比初中生好。①

与邻近地区相比，在对国家和民族的认同方面，澳门学生的情况要好很多。2014 年的一项调查表明，澳门青少年的国家认同综合得分总体处于中等偏上水平，平均值为 62.77 分；而香港青少年的国家认同综合得分总体处于中等水平，平均值为 53.53 分。② 在另一项研究中，面对问题“在考虑你的身份时，你认为你自己是澳门人（香港人/台湾人）多些，还是中国人多些呢?”时，台湾受访者的“中国人”身份认同最低，香港次之，澳门最高；选“两者皆是”的，则以香港最高，台湾及澳门次之。③ 港澳台身份认同的分布状况如表 3 -9 所示。

表 3 -9　港澳台身份认同的分布状况

地区	本地人/%	中国人/%	两者皆是/%	两者皆非/%	受访人数
澳门	37.5	41.1	20.2	1.2	2 040
香港	29.7	14.9	54.1	1.3	983
台湾	56.7	5.7	36.3	1.3	1 186

当然，在回归后的 20 年里，学生身份认同的情况出现过反复，前 10 年提升得很快，澳门中华教育会的一项研究表明，澳门高中生对于作为“中国人”和作为“澳门人”的自豪感从 1999 年到 2008 年均有大幅提升，认同比例达到 75% 左右（表 3 -10）。④

---

① 澳门大学中国历史文化中心：《澳门中小学生国家历史文化认知指数 2017 年度调查报告》，澳门：澳门大学，2018。

② 涂敏霞、王建佶、萧婉玲，等：《港澳青少年国家认同研究》，广州：《青年探索》，2014 年第 2 期。

③ 郑宏泰、黄绍伦：《身份认同：台、港、澳的比较》，北京：《当代中国研究》，2008 年第 2 期。

④ 澳门中华教育会教育科学研究组：《回归后澳门中学生政治次文化的延续与变化》，载《澳门人文社会科学研究文选（2008—2011）》编委会：《澳门人文社会科学研究文选（2008—2011）》，北京：社会科学文献出版社，2013，第 50 -74 页。两次调查中，第一次学生的样本来自同样 4 所学校，第二次则增加了第二组样本，来自另外 4 所学校。

表 3-10　澳门高中生的身份认同比较（%）

	1999 年调查	2008 年调查	
	第一组百分比	第一组百分比	（第一组 + 第二组）百分比
问题一：您会不会以身为中国人感到自豪？			
会	59.2	72.6	74.6
不会	15.4	27.4	25.4
说不清（没意见）	25.4	—	—
样本数（人）	1 045	844	1 646
问题二：您会不会以身为澳门人感到自豪？			
会	30.6	76.5	74.1
不会	30.2	23.5	25.9
说不清（没意见）	39.2	—	—
样本数（人）	1 042	852	1 661

但是，另一项研究表明，到 2011 年，澳门学生对"我是澳门人"的身份认同程度虽较往年有所下降，尤其表示"十分同意"的比例从 2009 年的 66.8% 下降到 56.0%，不过依然有近 90% 的学生认同澳门人身份，保持较高比例。值得注意的是，对"我是中国人"这一表述，2014 年的调查数据出现大幅下滑：选择"十分同意"和"同意"的百分比，由 2007 年和 2009 年的 90% 以上减少到 2011 年的 81.6%，2014 年迅速降至 55.1%，其中 2014 年选择"十分同意"的百分比仅为 22.1%，是 2009 年数据 66.2% 的 1/3；选择"不同意"和"十分不同意"的百分比，则从 2009 年的 1.5% 大幅增加至 2011 年的 11.3%，2014 年增加至 11.9%。当然，到 2017 年，选择"同意"和"十分同意""我是中国人"的比例已回升至 72.4%，选择"不同意"和"十分不同意"的比例则下降到 5.4%（表 3-11）。这说明澳门的国民身份认同教育仍然是有效的。

表 3－11　2007—2017 年澳门中学生身份认同情况的变化（%）

年份	问题	答案（人数占比）				
		十分同意	同意	一般	不同意	十分不同意
2007	我是澳门人	66.4	25.3	6.2	1.0	1.1
	我是中国人	65.8	27.4	5.8	0.7	0.3
2009	我是澳门人	66.8	24.4	8.1	0.4	0.3
	我是中国人	66.2	24.4	7.9	0.8	0.7
2011	我是澳门人	56.0	33.6	9.3	0.6	0.5
	我是中国人	38.7	42.9	7.1	10.4	0.9
2014	我是澳门人	59.1	29.5	10.3	0.4	0.7
	我是中国人	22.1	33.0	33.0	5.9	6.0
2017	我是澳门人	53.6	34.4	10.6	0.8	0.6
	我是中国人	42.4	30.0	22.2	2.9	2.5

三、澳门的创造性经验

澳门的“爱国爱澳”教育之所以能顺利开展，并取得比较理想的成效，与澳门特别行政区政府和社会各界的创造性实践有关。

（一）强化政府的主导作用

政府、学校与社会是影响品德与公民教育的 3 个重要力量，理想的状况是三方各有分工，但又密切配合。回归以前，澳葡政府对于占绝大多数的私立学校长期不闻不问，20 世纪 90 年代进入回归前的后过渡期，政府才在初中“道德与公民教育”的课程大纲中加入有关《基本法》《宪法》以及中、葡、澳的关系的零散内容[①]，且对广大私立学校没有任何约束力。政府以一种“去政治化（de－politicized）的折中方式”，以“个人及社会发展”淡化公民教育中的身份属性，

① 参见政府当时制定的初中及高中的《道德与公民教育大纲》，载教育暨青年局网页，2019 年 8 月 13 日查阅。

止步于公民教育改革的初步阶段。[①] 所以，回归前“爱国爱澳”教育主要在澳门居民开办的社团学校自发进行，政府的作用微乎其微，澳葡政府甚至在政策上采取有意忽视的态度。

回归以后，在“一国两制”的新时代，为了重建“一国”的概念，澳门特别行政区政府将“爱国爱澳”教育作为核心的教育政策，开始在爱国教育和公民教育领域发挥主导作用。这首先体现在政策的宣示上，澳门特别行政区政府成立后的第一份施政报告就明确提出：“爱国主义和公民意识应在整个教育领域内得到足够的重视和切实的推行”；“严守《基本法》，坚定维护‘一国两制’‘澳人治澳’和高度自治。在这个基础上，进一步将澳门人‘爱国爱澳’的优良传统发扬光大”。[②] 此后的20年，政府每年的施政报告都延续了这一政策方向。2011年的《非高等教育发展十年规划（2011—2020年）》和2012年的《澳门特别行政区青年政策（2012—2020）》则将“爱国爱澳”教育纳入政府的中长期政策。

其次，体现在“爱国爱澳”的制度建设上。回归以来，澳门特别行政区政府主导了一系列相关制度的讨论、制定和推行，其中2004年的《非高等教育阶段“爱国爱澳”教育实施纲要》和2008年的《非高等教育范畴德育政策》，是澳门有史以来“爱国爱澳”教育的开创性文件。2014年及随后推出的各教育阶段“课程框架”和“基本学力要求”，则从制度上保证了“爱国爱澳”教育成为所有学生必修、必考的内容。2008年开始发行的《品德与公民》教材，则第一次为“爱国爱澳”教育建立起一个完整、科学的教学系统，让其彻底落实在所有学校的课堂教学中。

最后，体现在经费的投入上。如前所述，澳门特别行政区政府一方面直接投入大量经费举办了一大批具有品牌效应的“爱国爱澳”教育活动；另一方面，为青年社团和学校提供大量定期的资助，帮助其举办各类有关活动。所以，在澳门形成了以政府为主导、社会相关力量齐心协力地配合“爱国爱澳”教育的机制。澳门特别行政区政府内不同的机构，如民政总署、法务局、廉政公署、社会工作局，乃至澳门妇女联合总会、澳门街坊会联合总会、澳门中华新青年协会，以及一些宗教团体等也都提供各种和品德与公民教育有关的教育活动，为中小学校推动品德与公民教育提供了多元途经，既丰富了品德与公民教育的内涵，也增

① 黄素君、黄乐源、谢均才：《公民身份与意识初探：澳门小学〈品德与公民〉教科书分析》，香港：《教育学报》，2018年第2期。

② 何厚铧：《中华人民共和国澳门特别行政区政府二零零零年财政年度施政报告》，2000年3月9日。

加了学校落实品德与公民教育的机会，发挥了相辅相成的作用。[①]

（二）以制度为根本保障

回归以后，品德与公民教育的一个重要任务就是去殖民化。“去殖民化”必须从制度入手，首先要做“减法”，即去除殖民统治时期体现殖民化的政策和教育内容。正因为如此，澳门从2002年开始从整体上检讨澳葡政府在1991年制定的教育制度，2006年颁布了与“一国两制”相适应的全新教育制度。其中，去殖民化最重要的内容之一，即在学制上取消了葡萄牙和英国学制，统一采用既与内地一致、又具有良好国际衔接能力的“3－6－3－3学制”[②]。同时将免费教育由10年增加到15年，而且适用于所有加入免费教育学校系统的学校，在经费投入上彻底改变了澳葡政府时代长期歧视爱国学校和社团学校的局面。

“去殖民化”更重要的一个方面是要做“加法”，就是要从制度上增强对“爱国爱澳”教育的保障，以免“因人废事”或“时过境迁”。例如，2006年的《纲要法》将培养“爱国爱澳”的品格列为所有教育阶段的总目标，这就是“加法”，为“爱国爱澳”教育确立了一个坚不可摧的地位，即便葡萄牙文学校，也须遵循；教会学校以往可能只开设宗教课，现在也必须通过“品德与公民”和历史课落实“爱国爱澳”方面的基本学力要求。

总之，举办形式多样、生动活泼的“爱国爱澳”教育活动固然重要，但制度是最根本的保障。开展“爱国爱澳”教育要从基本的教育制度入手，同时落实到学校的正规教育和课程制度中，保障相应的教材。

（三）抓紧学校这一关键环节

在实施义务教育的情况下，学校是唯一面向全体适龄儿童和青少年系统地进行“爱国爱澳”教育的场所，因此应该充分发挥这一主阵地的作用。2018年澳门实现升、挂国旗全覆盖，表明“爱国爱澳”教育在学校获得了良好的局面。这一成效的取得，与以德育为先的政策和政府推动学校成立“德育工作小组”

---

① 澳门大学教育学院品德与公民教育专题评鉴研究小组：《澳门中小学品德与公民教育的专项评鉴报告》，教育暨青年局委托，2009。

② 这从制度上为澳门高中毕业生赴内地升学创造了条件。以往所有英文学校中学都是5年学制，很难与内地的学制衔接。香港的高中也已改为3年学制，但晚于澳门。

的做法是分不开的。要发挥学校这一主阵地的作用，还有两点很关键：

一是要保障相关课程的设置，并开足课时，将"爱国爱澳"教育落实于课堂教学。2017 年的一项调查表明，中学生"同意"和"十分同意""我是中国人"的比例从 2014 年的 55.1% 回升至 72.4%；与此同时，认识祖国的首要途径亦有改变，"课堂/书本"途径由 2014 年的 32.4% 提高至 60.6%，超过"互联网"途径（59.7%）跃居第一。[①] 由此可见课堂教学的重要性。

二是要注意教师的作用。对澳门而言，首先要提升教师的专业素养，澳门中学的品德与公民课教师几乎没有科班出身的，一大批"兼教"该科的教师无论在知识结构上还是在教学技能上都无法保证有效的教学；历史课教师的专业"对口"率也低于其他科目。所以，2003 年起实施的"骨干教师培训"计划中的语文、公民、历史等项目，对推动"爱国爱澳"教育发挥了很大的作用；与《基本法》有关的培训以及围绕新教材的培训，也起到了补救性的作用。另外，港澳地区不少教师对于内地的历史、文化和最新发展可能并不十分了解，而"爱国爱澳"教育成功的前提之一，恰恰是要求教育者自身在情感上的认同与投入，所以，澳门近年组织的"国情教育教师培训计划"和"澳门中小学教师外交参访活动"等，在这方面起到了作用。

（四）行动是最好的教育

对于港澳来说，爱国教育和身份认同教育最重要的一点，就是要打破港澳与内地的隔膜。所以，走出课堂，跨入内地，亲近国家，与内地的居民多交往，在行动中达到理性认知与内心情感的统一，这是最好、最有效的教育。回归以来，澳门不遗余力地为各年龄阶段的青少年举办了大量"爱国爱澳"系列活动，既有在澳门举办的，也有赴内地和其他地区交流的；既有学校组织的，也有由政府和社团负责的；既有走访交流，也有专题化的培训。正是这些频繁的交流、访问，让澳门的年青一代从整体上消除了对内地的陌生感，认同国家的发展和进步。

在 2017 年的一项面向中学生的调查中，当被问到"了解内地的最好途径"（多选题，最多选 3 项）时，除了有 57.5% 的学生选择"互联网/新媒体"之外，有 32.5% 的学生选择"参加赴内地的交流活动"，有 26.5% 的学生选择"到内地探

① 澳门中华学生联合总会、澳门青年研究协会：《澳门中学生国民身份认同调查研究报告 2017》，2017。

亲、旅游”，其他选择还有“电视/电台”（28%）、“学校教科书”（16.4%）、“课外书/报纸/杂志”（14.4%）、“亲人/朋友”（12.6%）。[①] 可见，访问交流是重要的教育途径。

（五）实施具有包容性的国家认同教育和爱国教育

在“一国两制”的背景下，爱国教育必须既讲“一国”，也肯定“两制”。不能简单地用内地的标准要求澳门，也不能将内地习惯的教育模式直接套用在澳门身上。爱国教育必须具有包容性，包容澳门历史和现实环境的特殊性，肯定澳门居民在政治权利、个人生活方式、社会运作机制以及情感归属等方面的差别和某些合理关切。

首先，具有包容性的爱国教育要有澳门的标准。回归以来，无论是小学、初中还是高中，澳门在品德与公民、历史、中文以及小学常识等科目都制定了自己的“基本学力要求”，相关教材也以其为依据编写。这些标准不违背“一国”的原则，但在具体要求上不同于内地的课程标准。以品德与公民为例，国家认同涉及“文化中国”与“政治中国”两个方面，澳门的课程标准与内地一样强调“同宗同源”和对“文化中国”的认同，但在“政治中国”的认同方面基于“两制”的考虑，作了灵活处理。内地《品德与社会课程标准》要求小学高年级学生“知道新中国成立和改革开放以来取得的成就，加深对社会主义祖国和中国共产党的热爱之情”。[②] 澳门小学《品德与公民基本学力要求》在相关部分的要求是“关心国家的发展、变化以及所面临的挑战”“知道中国发展的重大成就，并为此感到自豪”。[③] 回归以来，澳门的爱国教育之所以开展得比较顺利，重要的原因之一就是充分考虑了澳门的实际情况，按照澳门自身的标准进行。

其次，要考虑澳门社会和教育环境的特殊性。在澳门的教育领域中，参与者的文化和政治背景与内地明显不同。就学校而言，“既要照顾倾向于爱国的社团学校和公立学校，又要争取为数不少的教会学校、葡萄牙文学校和国际学校”，

---

① 澳门中华学生联合总会、澳门青年研究协会：《澳门中华学生对内地情况的认知调查报告2017》，2017。

② 中华人民共和国教育部：《义务教育品德与社会课程标准（2011年版）》，北京：北京师范大学出版社，2012，第15页。

③ 澳门特别行政区第19/2016号社会文化司司长批示《核准小学教育阶段基本学力要求的具体内容》附件八《小学教育阶段品德与公民基本学力要求》。

而这些学校的校长、教师在国家认同方面的立场往往很不相同。[①] 所以，澳门特别行政区政府一方面要求所有学校落实爱国教育，同时继续允许教会学校开设宗教课，在中学历史教材中不回避宗教在澳门历史上的特殊地位以及葡裔社群对澳门史某些议题的合理关切[②]，在升、挂国旗方面给葡萄牙文学校和国际学校留出一定的弹性处理空间。这些措施为"爱国爱澳"教育赢得了更广泛的支持。但另一方面，如果条件允许，澳门对爱国教育某些方面的要求可能高于内地。例如，国家在《中华人民共和国国歌法》和《中华人民共和国国旗法》中只要求将相关教育活动纳入中小学，而澳门由于早在回归初期幼儿教育就已完全普及，2005 年起幼儿教育还被纳入免费教育，所以特别行政区政府多年来一直鼓励学校从幼儿教育阶段开始，就定期组织学生参加升国旗、奏唱国歌的活动，并为其举办此类活动创造条件。

再次，具有包容性的国家认同教育和爱国教育要避免绝对主义和单向思维。以身份认同为例，认同的关键在于求同存异。既要争取"求大同"，也要允许"存小异"，有时甚至是"存大异"。例如，在对待资本主义和宗教的态度上，在对民主选举、宪政体制和三权分立的认识与感情上，就有必要"存大异"。认同不是单向的"同化"，对国家和民族的认同不应单纯地理解为港澳对内地的单向认同，而要同时体现内地对港澳居民的文化心理、已有的社会运行机制，乃至居民的政治权利关切和管治需要的理解。所以，在国家认同教育过程中，也不能"只谈成就，不谈缺失"，要中肯公平、实事求是，让学生全面掌握事理。只有实事求是、开诚布公，身份认同才会是深刻的、持久的和道德的。一切粉饰太平的做法，只会适得其反。[③]

最后，对于不同类型的学校和不同背景的学生，也要采用不同的方式方法，有不同的要求。在澳门，除去一些教会学校、国际学校等，大部分社团学校和公立学校都会选用人教版教材。"爱国爱澳"教育应当"注意形式上的灵活多样，区分不同的受众对象，施以不同的方式"[④]。那些经常参加"爱国爱澳"教育活动的，不妨继续高调进行；但对于另一部分并不经常参加"爱国爱澳"教育活

---

① 郭晓明：《行政吸纳政治：回归祖国以来澳门本地教材开发中的政治冲突与出路》，长沙：《湖南师范大学教育科学学报》，2018 年第 2 期。

② 郭晓明：《澳门中学历史课程与教材的变革》，北京：《港澳研究》，2018 年第 4 期。

③ 郭晓明：《教材中的身份认同——以澳门小学〈品德与公民〉教材为例》，载石鸥：《教科书评论 2014》，北京：首都师范大学出版社，2015，第 134－153 页。

④ 永逸：《爱国爱澳教育的形式也不可以"一刀切"》，澳门：《新华澳报》，2019 年 8 月 22 日，第 1 版。

动者，以及从中国台湾地区及海外接受高等教育归来、崇尚“西式民主”模式者，就要采取较为灵活的方式，必须喜闻乐见、润物无声。总之，“爱国爱澳”教育工作应以灵活变通的思维推行。

四、未来之路

（一）进一步加强制度建设

制度是实施“一国两制”的根本保障。国务院在2014年的《“一国两制”在香港特别行政区的实践》白皮书中指出，要“继续完善与香港《基本法》实施相关的制度和机制”[①]。2018年习近平在会见香港、澳门各界庆祝国家改革开放40周年访问团时，也要求港澳按照与“一国两制”相适应的新要求，完善“特别行政区同《宪法》和《基本法》实施相关的制度和机制”，提高管治能力和水平。[②]

如前所述，回归20年来，澳门在落实“爱国爱澳”教育的制度建设方面取得了积极进展，从教育基本制度、课程领导与设置、教材以及教育中长期规划和青年政策等方面，为“爱国爱澳”教育提供了良好保障。但实践是不断发展的，制度建设须与时俱进。例如，如何保证《本地学制正规教育课程框架》中有关中小学品德与公民和中学历史“必修必考”的规定在学校真正落实呢？在没有统一考试的情况下，政府如何检视相关科目的“基本学力要求”是否真正得到遵守呢？这要求特别行政区政府教育部门在行政上建立起相应的机制。再如，澳门的教科书制度是完全自由的，任何教科书都可以使用，政府有何机制保证所有被选用的教材都符合“爱国爱澳”的原则要求呢？这须检讨澳门的教科书制度。《中华人民共和国国歌法》和《中华人民共和国国旗法》有关要求的落实，也有类似的问题。

另外，建议设立机制，发挥人大代表和政协委员在“爱国爱澳”教育中的作用。澳门特别行政区全国政协委员过去积极响应中央号召，重视加强青少年的

---

① 中华人民共和国国务院新闻办公室：《“一国两制”在香港特别行政区的实践》，北京：人民出版社，2014。

② 习近平：《会见香港、澳门各界庆祝国家改革开放40周年访问团时的讲话》，北京：《人民日报》，2018年11月13日，第2版。

教育培养，取得良好成效。目前，澳门特别行政区政府正在推动实施“千人计划”，教育暨青年局及高等教育领域每年也开展各类丰富多彩的青少年赴内地的交流及考察活动，而民间社团也积极举办相关活动，因此，可以有计划地安排人大代表、政协委员随团参与，甚至担任顾问或领队，与青少年在面对面的亲切交往中进行“爱国爱澳”教育，培养青少年的爱国情怀。另外，每年“两会”后可以安排澳门特别行政区全国人大代表和全国政协委员走进校园，与青年学生交流，让他们认识到在“一国两制”下澳门居民参与国家治理、当家作主的事实。

（二）强化港澳教育和青年工作与内地的联系

在“一国两制”的实施过程中，“一国”是“两制”的前提和基础。按照《基本法》的规定，教育和青年工作虽然主要是特别行政区自治范围内的事务，但仍然要加强与内地的联系。回归以来，澳门在这方面取得了成功的经验。例如，澳门特别行政区政府于2012年与教育部签署《教育交流与合作协议》，在教育部的支持下，教育暨青年局与内地教育机构一直保持着密切的合作关系，每年组织教师培训、教育行政人员培训以及学生赴内地的国情教育活动，合作项目包括骨干教师培训计划、内地优秀教师来澳门交流计划、全国青少年科技创新大赛、明天小小科学家奖励活动、全国中小学信息技术创新与实践活动、全国学生运动会、特殊教育教学人员赴内地交流学习、国情教育培训课程、修订《品德与公民》教材等。与此类似的还有《粤澳教育交流与合作协议》（2008年）、与四川省教育厅签署的《教育合作备忘录》（2010年）、《深澳教育合作协议》（2008年）以及与深圳市南山区人民政府签署的《关于加强教育交流与合作的协议》（2013年）。

另外，姐妹学校的缔结也为促进澳门与内地教育的交流与合作、增进两地教育工作者及学生的参与和联系、促进学生对国家的认识和归属感，发挥了重要作用，以后要进一步加强。

（三）重视互联网和邻近地区对澳门学生的影响

全球化和现代信息科技的飞速发展极大地压缩了地球的空间和时间，加之澳门高度开放的特点，澳门的“爱国爱澳”教育不可能独善其身。有调查显示，“互联网/新媒体”是澳门中学生认识内地、获取内地信息的主要途径，也被视为最佳途径。[①] 因此，必须重视和加强互联网和新媒体的建设和运用，利用大数据加强分析，针对年轻人群的特点，以有趣的内容和多元的形式向澳门学生提供内地信息。时下流行的社交平台、自媒体、短视频平台、直播平台均可作为载体，也可以与传统意义上的纸媒和电视台、电台相结合，与教科书和课堂教学相结合。

另外，香港和澳门在“一国两制”的实践中肩负着相同的使命，也面临着类似的问题，而且地域相近、人员联系密切。有调查发现，澳门高中生普遍认为澳门社会比较保守，香港社会议题对澳门影响较大。近 40% 的高中生认为“国外发生的政治事件或社会运动会让澳门年青一代关心相关议题”；香港所发生的政治事件或社会运动比台湾地区对澳门的影响更大。[②] 可见，未来必须留意香港和台湾地区政治和社会运动对澳门的影响。

（四）继续优化品德与公民教育教师的专业发展

教师是“爱国爱澳”教育成功的关键。2009 年的调查资料显示，澳门中小学负责品德与公民教育相关科目教学工作的教师，约占全部教师人数的 1/4；然而，“由于品德与公民教育在高等教育机构中没有完全对应的科系，因此任教的师资中多属在本身专业以外兼教的情况”[③]，这一情况到目前为止并未改变。因此，首先要按照品德与公民科教师职前培训的要求，加强对这部分教师的培训，尤其是对从事中学教育的教师的培训。

同时，也要分别针对不同教育阶段的特点，为班主任及其他相关教学人员提供有关“一国两制”，《宪法》和《基本法》，国旗、国徽和国歌的历史与精神内涵，以及相关法律规范的系统培训，使其在知识的理解和教育教学的方法上有所精进，能通过组织教育活动，培养学生“爱国爱澳”的品格和家国情怀。

---

① 澳门中华学生联合总会、澳门青年研究协会：《澳门中学生对内地情况的认知调查报告 2017》，2017。

② 陈志峰、岑耀昌、李守球：《澳门高中生公民素养研究：社会参与视角》，广州：《华南师范大学学报（社科版）》，2019 年第 6 期。

③ 澳门大学教育学院品德与公民教育专题评鉴研究小组：《澳门中小学品德与公民教育的专项评鉴报告》，教育暨青年局委托，2009。

（五）关注教会学校的品德与公民教育

澳门是一个各种宗教和谐共处的城市，各种不同的宗教团体办学成为澳门教育的特色。有研究发现，"宗教背景学校和非宗教背景学校设置品德与公民教育科目的名称不尽相同"，前者多开设宗教、修身、圣经等名称与性质的学科，后者则较多开设公民、道德及公民教育等名称与性质的学科。[①] 虽然按照 2014 年颁布的《本地学制正规教育课程框架》的规定，这并不违法，但对于完整落实相关科目的"基本学力要求"显然是有影响的，教育行政部门应有机制予以监管。

长期以来，澳门教会学校的高中毕业生去台湾地区升读大学的比较多，学校也往往提前以台湾地区的高中课本作教材。回归后，在澳门特别行政区政府加强"爱国爱澳"教育的背景下，此情况有所改变，但社团学校与教会学校的差别仍是十分明显的。因此，有观点认为，政府举办各种青少年的"爱国爱澳"教育大型活动，不仅仅要"锦上添花"，继续组织本来就倾向"爱国爱澳"的学生参与，更应"雪中送炭"，邀请更多教会学校的学生参与。后者比前者更重要，实际效果更显著。[②]

另外，在组织学生赴内地交流的各项活动中，各校的名额分配普遍偏向"好学生"[③]，但最需要关注的往往是平常表现普通的学生，对他们也要"雪中送炭"。

（六）重视学生的社会参与和政治法律与经济类的内容

有研究发现，回归前，澳门的品德与公民教育以提升公民意识为主，强调培养"批判"、尊重"多元"、传承"文化"等公民素质；回归后，则明显强调培养澳门学生成为国家与特别行政区公民的重要性。不过，澳门中小学生在个人修养和较为静态的行为如"个人遵守权威的教导""个人对自己负责""个人对团体的归属感""个人遵守团体的规则"等方面的表现得分较高。然而，在与社会现状、公共事务等有关，且较为主动的行为如"发表意见""参加活动""参与

---

① 澳门大学教育学院品德与公民教育专题评鉴研究小组：《澳门中小学品德与公民教育的专项评鉴报告》，教育暨青年局委托，2009。

② 永逸：《爱国爱澳教育既要锦上添花更须雪中送炭》，澳门：《新华澳报》，2019 年 8 月 13 日，第 1 版。

③ 澳门中华教育会：《澳门特别行政区中小学国情国史教育及爱国爱澳教育推行情况研究》，2018。

工作”“宣扬文化”等方面的表现，则得分较低。无论就自己评定自己的角度，或者是评定其他同学的角度，都表明澳门“中小学生在个人修养和较为静态的行为等方面的表现，比在一些社会参与、公共事务和较为动态的行为等方面的表现，要来得比较好一些”。[①] 所以，培养学生积极参与社会和行动的能力，是未来要注意的方向。

另外，一项对澳门中小学校所教授的品德与公民课程内容的分析表明，在这些课程中，道德价值类的内容较多，其次为中外文化类的内容，而政治法律类及经济社会类的内容较少，如表 3 - 12 所示。[②]

表 3 - 12 澳门初中一年级至初中三年级三类型课题的推动情况

课题类型	相关课题	次数	百分比/%
道德价值类课题	宗教	15	39. 5
	环保	29	76. 3
	生活伦理与道德规范	35	92. 1
	个人、学校、家庭	34	89. 5
	总计	113	74. 5
中外文化类课题	澳门的历史/文化	21	55. 3
	中国国家认同感	25	65. 8
	中国的政治/社会/文化	20	52. 6
	多元文化/社会/世界	16	42. 1
	葡萄牙文化/西方文化	9	23. 7
	重大的全球性问题	22	57. 9
	当今大事和时事	25	65. 8
	战争与和平	17	44. 7
	总计	155	51. 1

① 澳门大学教育学院品德与公民教育专题评鉴研究小组：《澳门中小学品德与公民教育的专项评鉴报告》，教育暨青年局委托，2009。

② 澳门大学教育学院品德与公民教育专题评鉴研究小组：《澳门中小学品德与公民教育的专项评鉴报告》，教育暨青年局委托，2009。

续表

课题类型	相关课题	次数	百分比/%
政治法律类课题	澳门特别行政区的政治制度	15	39.5
	澳门特别行政区《基本法》/政府架构	19	50.0
	中国的政府架构	11	28.9
	国际组织的功能/国际公约	6	15.8
	民主/法治/政治制度	17	44.7
	社会主义/资本主义	11	28.9
	人的权利与自由	22	57.9
	总计	101	37.9

这项研究是在2009年完成的，当时新的《品德与公民基本学力要求》还没有普遍实施，但2017年的一项调研也证明了类似的情况（表3－13）：澳门中学生对内地的了解程度，表示"了解"和"非常了解"的比例最低的，分别是法律（11.0%）、军事（16.4%）、政治（17.1%）和经济（22.7%）。[①] 而港澳近年的现实演变证明，这方面的教育恰恰是十分重要的。因此，今后在相关科目"基本学力要求"和教材的修订中要予以加强，学校的教学大纲和课时安排也要予以重视。

表3－13　澳门中学生对内地各方面情况的了解程度（%）

类别	非常了解	了解	一般	不太了解	非常不了解
政治	2.9	14.2	52.2	23.5	7.2
法律	1.6	9.4	49.0	30.7	9.3
军事	3.2	13.2	46.5	26.5	10.6
经济	3.7	19.0	51.6	19.2	6.5
科技	4.1	22.9	53.8	13.8	5.4
文化	7.5	34.3	45.1	8.9	4.2
风俗	6.9	31.1	46.0	11.9	4.1

① 澳门中华学生联合总会、澳门青年研究协会：《澳门中学生对内地情况的认知调查报告2017》，2017。

续表

类别	非常了解	了解	一般	不太了解	非常不了解
历史	10. 2	36. 5	40. 2	8. 9	4. 2
地理	7. 5	31. 9	42. 3	13. 8	4. 5

也许正因如此，有学者在谈到如何培养和巩固“爱国爱澳”的青少年队伍时，建议针对青少年的思想特点进行国情教育，除了让他们了解中国历史和文化、中华人民共和国的建设成就之外，还要关注“中华人民共和国的制度和国家的治理能力”，增加对国家实行的制度以及国家治理能力和现代化管理水平的了解和认识，树立制度自信。[①] 对此，笔者深以为然。

① 骆伟建：《对爱国爱澳人才培养的一点思考》，澳门：《澳门日报》，2018 年 5 月 30 日，第 E05 版。

第四章　夯实基础：学校管理团队和教师队伍建设的巨大进步

任何教育改革都须有教师来落实，任何优质教育都须有优质的教师来支撑。正因为如此，进入21世纪以来，提升教师专业水平已成为各国教师政策最优先的目标。在澳门回归以来的教育改革及教育发展中，澳门特别行政区政府和学校都十分关注校长和教师队伍建设。从法律的角度看，2006年颁布的《纲要法》对原来的第11/91/M号法律《澳门教育制度》的有关方面进行了重要调整，对教学人员的专业发展提出了一系列新的规定。2010年颁布实施的澳门特别行政区第12/2010号法律《非高等教育公立学校教师及教学助理员职程制度》，以及2012年推出的澳门特别行政区第3/2012号法律《非高等教育私立学校教学人员制度框架》则为澳门建立起系统的教师制度。

而在教师队伍建设的具体政策及措施方面，澳门特别行政区政府既重视教师的职业保障，又将教师的专业发展作为关键环节。回归初期主要关注校长培训，要求教师参加政府围绕创思教学等主题组织的培训，2004年开始关注骨干教师培训，2005年实施“校本培训资助计划”，到2007/2008学年则进一步实施“脱产进修”和“休教进修”等新政策。[①] 2010年和2014年先后优化了公立、私立学校教师的职业保障，尤其推出私立学校教师的职级制度，并与教师的评核制度和专业发展时数挂钩，推出教师专业发展时数的审核准则，还成立了教学人员专业委员会。这些措施有效促进了校长和教师队伍建设。

一、回归初期的主要问题

与其他地区相比，澳门教师和学校管理团队的重要特点之一，就是长期缺乏政府关注，没有建立起一套基本的制度，不论是在入职前的学历和师范培训上，

---

① 王敏：《澳门教师专业发展政策分析与展望》，上海：《全球教育展望》，2009年第6期。

还是在入职后的专业晋升、在职培训和职业保障上，都缺乏明确的规范，任由学校处理。因此，教师和学校管理团队均存在一些十分突出的问题。

（一）校长年龄偏大，专业素养待提升，未建立正式的任用、培养和评核机制

校长在学校的发展中具有举足轻重的地位。虽然校长需要具有一定的经验，但也需要建立新旧更替的机制。世界各国都有严格的校长资格制度和退出制度，年龄过大的校长已不能敏锐地察觉学校外部环境的变化，且已无力采取及时的应对策略促进学校的可持续发展，更无力积极参加各类培训，及时提高自身的专业水平。因此，多数国家的校长在 65 岁之前均已退休，以保障校长任职的基本素质。

回归以前，澳门并没有建立相应的制度。公立学校的校长因公职人员的最高任职年龄的限制而不能超过 65 周岁，但私立学校完全没有规范。2008 年的一项研究发现，在填答问卷的校长中，年龄最小的 30 岁，年龄最大的 80 岁，平均年龄 54.8 岁，明显偏大。从国际水平来看，中小学校长的年龄集中在 30 ～ 45 岁之间，50 岁以上的校长比例较小。而澳门校长的平均年龄为 55 岁，40 岁以下的校长只占总数的 4% ，50 岁以下的校长只占总数的 38% ，50 ～ 70 岁的校长占总数的 55% ，70 岁以上的校长占总数的 7% 。尤其是仍有 7 位 70 岁以上的校长工作在中小学学校管理的第一线，这样的情况在世界其他国家和地区是极为罕见的。[①] 因此，澳门校长队伍中年轻的校长人数不足，校长队伍急需更新年龄结构，以及加大 40 岁以下的校长的比例。

在校长的专业素养方面，2008 年的一项研究参照素质结构的理论标准，对澳门的校长进行了素质现状分析，认为“澳门校长在专业素质的 14 个维度都达到了平均水平以上；其中在 6 个方面有突出的表现，这 6 个方面分别是校园文化建设、根据外部环境进行管理、校内管理制度建设、学校组织建设、战略管理、设施管理；澳门校长在 6 个微观管理方面素质欠缺，这 6 个方面分别是课程领导、教师人事管理、绩效管理、学生管理、资金管理和教学管理，在 14 个专业

---

① 有受访者明确表示：“我觉得澳门现在校长的年龄比较大，六十多、七十多的都在当校长，九十多岁的也在当校长，八十多岁当校长的都还有几位，你都根本不可想象的。这么繁重的工作任务，我五十来岁还吃不消呢，就感觉压力非常大，怎么七十多岁、八十多岁还能管住一个学校，我就不相信。”北京师范大学“教育部小学校长培训中心”课题组：《澳门校长专业发展规划研究结题报告书》，2008，第 32 - 33 页。

素质维度中，近一半的水平相对低的专业素质将直接影响澳门校长的办学水平”“澳门校长的基本素质还停留在校长的自然成长的状态，专业发展还处于原生态的水平，校长接受的影响其专业发展的外部干预几乎没有”。而在个人专业发展需求方面，澳门校长排在前5位的是“资金管理、教学管理、校内管理制度建设、学生管理和公共关系管理”。[①]

另外，当时未建立正式的校长和学校管理团队的任用、培养和评核机制。澳门校长任职条件的法律规定简单，未提及对校长专业素质的具体要求。有的校长是教师出身，有的是神职人员，甚至有些校长身兼多职，需要处理学校之外的其他工作，这种情况已经影响了学校的正常运作。因此，校长资格、任用和评核制度的缺失，是澳门校长专业发展的第一个障碍，澳门须基于校长的专业标准建立相应的制度，既包括任职资格制度，也包括评核和晋升制度。

（二）教师任职资格要求偏低，未全员接受师范培训

20世纪90年代，澳门教师的任职资格由第15/96/M号法令《订定有关纳入公共学校网络之私立教育机构所实际担任职务之教学人员通则》规管。该法令第二条（教学人员）规定：①担任幼儿教育及小学预备班之教学职务，“须具备幼稚园教师课程之学历或具备被认为等同之资格”；②担任小学教育之教学职务，“须具备小学教师培训课程之学历或具备被认为等同之资格”；③担任中学教育之教学职务，“须具备中学教师培训课程之学士学位或专科学位，或具备其他领域之学士学位或专科学位，又或其他被认为等同之资格”。从中可见，幼儿园和小学教师无须具备高等教育学历，而中学教师则无须接受师范培训，学历也仅要求专科。这直接导致澳门教师的整体学历水平和接受过师范培训的比例均明显偏低。据统计，在澳门刚刚回归的1999/2000学年，拥有学士、高等专科学位的教师仅占51.3%，大专毕业（包括文凭及副学士学位）的占24.4%，中学学历或中学以下学历的占比则高达22.4%；具备师范学历的幼儿园教师、小学教师和中学教师的比例，分别为96.3%、87.5%和62.7%，小学和中学教师有师范学历的比例明显低于其他地区。

---

① 北京师范大学“教育部小学校长培训中心”课题组：《澳门校长专业发展规划研究结题报告书》，澳门特别行政区政府教育暨青年局委托，2008。

（三）教师任课时数多，私立学校教师职业保障不充分

《订定有关纳入公共学校网络之私立教育机构所实际担任职务之教学人员通则》规定，澳门私立学校教学人员之工作时数一般为每周三十六小时，包括上课时数及非上课时数（第六条）；上课时数“一般为每周 800 至 1 200 分钟”（第七条）。第 67/99/M 号法令《核准〈教育暨青年司教学人员通则〉》规定，公立学校教师“每周须工作三十六小时”（第二十三条），“学前教育及小学教育预备班教学人员之授课时数为每周二十八至三十小时”，小学教学人员授课时数为“每周二十四小时”，中学教学人员授课时数为“每周二十二小时”，特殊教育及特殊教学之教学人员如属专门在该教学类别内任教，则“授课时数为每周二十小时”（第二十四条）。澳门教师平均每周任教节数的变化如表 4-1 所示。

表 4-1　教师平均每周任教节数①的变化

学年	幼儿园教师	小学教师	中学教师
1999/2000	27. 6	22. 9	20. 3
2000/2001	27. 2	22. 7	20. 4
2001/2002	27. 6	22. 7	20. 3
2002/2003	28. 1	22. 6	20. 3
2003/2004	28. 1	23. 0	20. 2
2004/2005	28. 2	22. 7	20. 1
2005/2006	28. 5	22. 6	19. 8
2006/2007	27. 4	21. 9	19. 8
2007/2008	26. 5	20. 3	19. 4
2008/2009	26. 0	19. 6	18. 5
2009/2010	24. 9	19. 2	18. 3
2010/2011	24. 4	18. 6	17. 4
2011/2012	23. 4	17. 8	16. 7
2012/2013	20. 9	16. 6	15. 0
2013/2014	20. 6	16. 5	14. 8
2014/2015	20. 5	16. 3	14. 6

① 指教师授课时间的节数，但不包括豁免授课时间（抛节）的节数。

续表

学年	幼儿园教师	小学教师	中学教师
2015/2016	20.8	16.5	14.5
2016/2017	21.1	16.2	14.4
2017/2018	20.8	16.2	14.3
2018/2019	20.9	16.2	14.3

因此，2006 年的一项调查结果表明①：澳门教师“工作时间长（日均工作时间为9.47 小时），工作负荷比较重；教师忙于上课、批改作业的时间最多，用于专业发展的时间比较少”。中学教师表现出很大的职业特征压力（意指教师职业性质带来的压力，如工作时间长、教学负担重、教学复杂性）和教学因素压力（主要指教学中遇到的困难带来的压力，如学生差异大、缺乏学习兴趣等），但是他们的学生问题压力、学校与社会环境压力很小；公立学校教师表现出很多的职业特征压力、学校与社会环境压力、教学因素压力和学生问题压力。

由于工作时间长、工作量大，教师用于专业发展的时间比较少。澳门教师花时间最多的是上课与批改作业，而关注备课、课后自我反思、专业学习与交流的时间相对较少，工作负荷的时间安排反映出教师相对被动的教学行为，缺少主动研究教学与主动追求专业发展的自由时间的支持。

与此同时，不同职业生涯发展阶段教师的专业发展呈动态变化的特点。在专业发展的教龄曲线中，出现两个明显的转折点，即 3 ～5 年与 11 ～15 年教龄段的教师，其专业热情、投入度明显下降，出现教师倦怠的倾向，其专业知识、专业能力、专业自主发展意识都需要进一步加强。

（四）私立学校教师的职程制度和专业发展制度未能建立

1991 年颁布实施的第 11/91/M 号法律《澳门教育制度》第十章第五十三条 i）款规定，为落实该法律，将颁布“教师章程和职程”。为此，教育委员会在不同时期先后成立了 3 个相关的专责小组，以跟进相关事宜。② 1992 年 6 月至 1994 年 5 月，以李天庆委员为召集人的专责小组共召开了 8 次会议，对相关法规草案

① 朱旭东、李琼：《澳门教师专业发展与规划研究》，北京：北京师范大学出版社，2011。该书以北京师范大学教师教育研究中心课题组受澳门特别行政区政府教育暨青年局委托而开展的“澳门教学人员专业发展状况之研究”的结题报告为基础，完成于 2006 年。

② 郭晓明：《回归以来澳门教育法重要文献汇编》，澳门：濠江法律学社，2017，第 181 – 183 页。

进行商讨；李天庆退休后，教育委员会推选唐志坚委员及孔智刚委员为相关专责小组第一及第二召集人，继续就相关事宜进行讨论。在1994年7月28日教育委员会全体大会的讨论中，教育暨青年司司长引述政务司的意见，指出可把上述章程和职程分成两部分，即一部分为教师的权利和义务，另一部分为晋升、薪俸等事项。1995年3月，唐志坚委员召集相关专责小组先后召开了5次会议，完成了有关教学人员章程的审议工作，并于1995年4月把相关法规草案交教育委员会全体大会审议。其后，第15/96/M号法令《订定有关纳入公共学校网络之私立教育机构所实际担任职务之教学人员通则》于1996年颁布。

1996年6月21日，教育委员会全体会议上成立“教师职程的专责小组”，并由刘羡冰委员担任召集人。经过4次会议，该小组于1998年2月向教育委员会提交意见书，指出当时未是订立一个能适合全澳门私立学校教学人员的职程的适当时机，为保障教师权益，健全纳入免费教育网的私立教育机构使用公帑的监管机制，专责小组建议在免费教育法规中补充以下两个方面的内容：（1）纳入免费教育网的私立中、小学，由教育机构所支付的教职员工薪金福利总支出不应少于政府所给予的免费教育津贴的75%；（2）教职员工入职前，有对该任职学校薪酬制度的知情权。教育机构应向教职员工公布每学年员工薪金福利所占之比例。

以上意见在1998年4月28日的教育委员会全体会议上讨论，有委员表示应订立一个教学人员职程法案，亦有委员不同意这两条条文只适用于加入免费教育网的学校。对于意见书上的建议，教育委员会未达成共识。其后，该专责小组又举行了5次会议，并于1999年3月向教育委员会提交意见书，除重申以上两项意见外，建议通过调整教师直接津贴的发放方式以体现教师职程框架，并对不同职级的教学人员给予不同金额的津贴。教育委员会常设委员会于1999年4月14日就上述意见书进行了讨论。在同年4月27日的教育委员会全体会议上，教育暨青年司司长向委员汇报在常设委员会听取到的意见，认为调整教师直接津贴决不可视为教师职程的中介阶段，两者为根本性不同的东西。经讨论后，教育委员会全体大会决定把相关问题交回专责小组讨论。

该专责小组于1999年5月召开3次会议，然后于同年5月底再向教育委员会提交报告书，确认需要订立教师职程，专责小组同时要求教育委员会给予更长时间，以便完善教师职程的内容。1年后，该专责小组于2000年6月重新召开会议商讨相关事宜，至2001年7月共举行了12次会议。其间，为收集教师对确立教师职程的意见，该专责小组于2001年2月向澳门教师发出问卷，进行“教学人员职程意见调查”。调查的结果于2001年7月20日在教育委员会上汇报，经讨论后，教育委员会全体会议同意把教学人员职程的有关工作纳入澳门教育制度的检讨工作中。

以上历史表明，从1991年《澳门教育制度》法律实施到回归初期的10余年里，私立学校教师的职程制度和专业发展制度一直未能建立，师资队伍建设缺乏法律制度的支撑。

二、政策背景的迅速改变

（一）法律制度的调整

在澳葡政府管治时期，很长一段时间内，澳门都缺乏规范教师专业发展的相应的法律制度。直至20世纪80年代末，在澳门教育界及各方努力下，政府开始着手制定相关法律，经征求民意和反复磋商后，于1991年8月29日颁布了第11/91/M号法律《澳门教育制度》。该法律在历史上第一次为澳门教师确立了专业地位及职业保障，对教师培训的种类和方式亦提出要求，并从职业培训的范畴确定了教师专业发展的权利和义务。

为了提升教师及教育工作者的社会地位及专业水平，澳葡政府于1996年3月25日又颁布了第15/96/M号法令《订定有关纳入公共学校网络之私立教育机构所实际担任职务之教学人员通则》，对教师职业上的权利和义务以及学历和专业资格作了进一步规定。其后，又于1997年9月20日颁布了第41/97/M号法令《制定培训幼稚园及中小学教师之法律制度，以及订定有关之协调、行政及辅助制度》，对教师培训的种类及其相应的培训目标、课程、评核、受训要求、培训机构及受训人员的权利和义务等方面作了较具体的规范。上述法令及《澳门教育制度》的制定，为澳门教师的发展建立了基本的法律制度保障。

自1991年《澳门教育制度》实施至今，其间经历了中华人民共和国对澳门恢复行使主权，澳门特别行政区政府成立，澳门的政治、经济及社会的各个方面都发生了巨大变化。为回应社会变革及世界教育发展趋势对澳门教育与教师素质等提出的要求，澳门特别行政区政府着手进行澳门教育制度的检讨和修订，并于2006年12月26日颁布了《纲要法》。该法律除了对非高等教育目标、经费、学制、课程、学校发展等方面作了新的规定之外，对师资方面的规范也根据澳门教师教育发展的需要作了相应的调整。

与《澳门教育制度》相比，《纲要法》在教师发展方面一个新的变化就是，不再局限于职业培训的层面，而是提出了专业发展的理念，特别强调教师专业发展的重要性，并明确规定“专业发展是教学人员的权利和义务，教学人员应为其专业持续发展作出规划”。这一规定从制度上确保了教师应有的发展权益，同时也赋予教师专业发展的责任，体现了权责统一的制度理念，为教师主动寻求专业发展奠定了制度基础。

《纲要法》还将“脱产进修”“校本培训”等概念和理念首次纳入法律制度层面。并且，为了促进教师的专业发展，又明确规定政府要为其提供条件和资源、资助校本培训、建立教师津贴制度。上述法律规范使得澳门教师专业发展制度进一步发展和完善，为教师专业发展政策的制定提供了法律制度保障。

（二）优质教育的需要

对优质教育的追求已成为许多国家和地区教育改革的重要主题。当“量”的扩张已经达到一定程度的时候，教育的发展便趋向以“质”的提升为主。澳门非高等教育的发展亦由“以量的发展为主”过渡到“质、量并重”的阶段。

过去很长一段时间，澳门各校学额多处于紧张状态。20 世纪 80 年代末至 90 年代，为解决移民潮问题，非高等教育的发展重点在于“量”的增加。直至 2001/2002 学年，学额需求已趋缓，基本能够满足升初中一年级的需要。到了 2004/2005 学年，当年的学童已基本完成基础教育，加上澳门出生率持续下降，各校又纷纷建立分校及扩大招生，小学、初中的学额紧张状态已得到缓和，甚至出现了学额过剩的现象，而高中学额亦将面临过剩问题。[①]

学额紧缺问题得到了解决，澳门特别行政区政府又加大力度发展义务教育和免费教育。《纲要法》明确规定对 5 ～ 15 岁的儿童实施义务教育，免费教育从 2006/2007 学年开始向下延伸至幼儿教育第一年、第二年，由原来的 10 年延长为 12 年。随后，澳门特别行政区政府又宣布自 2007/2008 学年开始实施高中免费教育。至此，澳门实现了 15 年的免费基础教育，这为澳门教育水平及市民整体素质的提升奠定了基础。

确保儿童应有的受教育权利和平等的受教育机会，是优质教育的前提。因为优质教育首先是要关注每一位儿童，为其潜能的充分发展提供机会和条件。当然，优质教育并不只是一种普及教育，其更重要的内涵是教育质量的提升。当非高等教育的发展已达到相当规模的时候，对优质教育的追求便成为澳门教育发展

① 《基础教育学额踏入过剩期》，澳门：《澳门日报》，2005 年 3 月 17 日。

的核心目标。澳门特别行政区政府通过加大对教育的资助以及各种教育改革举措，特别是加强教师培训，持续提升教师的专业素质，借以实现澳门教育的高质量发展。

正如联合国教科文组织总干事于2005年10月5日在“世界教师日”联合致辞中所说的，“没有合格的教师就无法提供优质的教育”，再好的教育理念与教育改革，没有高素质的教师，终将成为“乌托邦”式的幻想。可见，教师专业素养的提高是实现优质教育的关键因素。因此，制定既符合澳门现实发展需要又富有前瞻性的澳门教师专业发展政策便显得尤为重要。

（三）课程改革的推进

澳门现在规范非高等教育课程的法规是自1994年起陆续颁布的。社会的急速发展和教育条件的持续改善，已使课程法规中的部分条文显得不合时宜；同时，新颁布的《纲要法》在课程方面作了许多新的调整和规定，明确提出政府要制定各教育阶段的课程框架和学生须达到的基本学力要求，且公立学校和本地学制的私立学校在遵循澳门特别行政区课程框架和基本学力要求的前提下，可自主发展其校本课程。为了回应社会变革诉求及世界教育发展的趋势，落实新教育制度，提升澳门非高等教育质量，澳门特别行政区政府于2005年开始着手进行“澳门非高等教育课程检视与改革路向”研究，并在此基础上制定了澳门非高等教育课程改革及发展的整体规划，以“共建优质教育，促进全人发展”为目的，推动了新一轮的课程改革。

任何教育上的改革要取得最后成功，都需要有一支高素质且具有活力的教师队伍作支持。无论要落实政府制定的课程框架和基本学力要求，还是要开发校本课程，都需要教师的直接参与。教师是课程改革的实践者，是教育活动的组织者，教师的专业素养直接关系到课程改革的成效。

教师并不是课程改革的机械执行者，政府制定的地区课程框架与基本学力要求落实、转化为学校课程，也不是一个简单的执行过程，它需要广大教师对相关理念及要求的真正理解和内化，需要校本化和个性化的再创造。学校课程的规划与实施能否有效体现学校的办学理念和特色，也与教师能否支持和积极参与有关。与传统的课程观中把教师看成课程方案忠实的执行者有所不同，新课程观视教师为课程的开发者、实践者、创造者。教师若要胜任这一新的角色，更好地履行自己的责任和义务，就必须转变传统的教育观念及课程理念，不断更新自己的专业知识与技能，培养和提高课程开发能力，积极主动寻求专业发展。为此，澳门特别行政区政府需制定贴切的教师专业发展政策，有效配合课程改革，推动澳门非高等教育持续发展。

（四）小班教学的实施

21 世纪初，由于对学额需求的逐步缓和，加之对优质教育的追求，澳门特别行政区政府于 2000/2001 学年下学期开始在小学教育预备班试行包班津贴，即每班 35 名学生亦可获得与 45 名学生同样的免费教育津贴，以鼓励学校减少班级人数，为减轻教师负担、提高教学质量创造条件，此为小班教学之始。接下来，小班教学于 2001/2002 学年正式推行，到 2005/2006 学年，已开展至小学六年级，并以追溯方式延伸至幼儿教育阶段。自 2006/2007 学年开始，澳门特别行政区政府又把相关措施向初中延伸。随着澳门人口出生率的持续下降、学额需求的渐趋过剩，加之免费教育已上下延伸为 15 年，澳门特别行政区政府决定自 2007/2008 学年，从幼儿教育第一年开始，每班学额降低为 25 人即可获得 100% 的包班津贴，并逐年推高一个年级，依次延伸至幼儿教育及小学教育的其他学级，尽量减少每班学生人数。这就是澳门积极实施小班教学的历程。

澳门近年实行小班制的班级数统计资料见表 4－2～表 4－4。

表 4－2 澳门各学年实行小班制的班级数及比例

学年	幼儿教育		小学教育		中学教育	
	实施班级数	占全澳门班级数的百分比/%	实施班级数	占全澳门班级数的百分比/%	实施班级数	占全澳门班级数的百分比/%
2001/2002	66	45	—		—	
2002/2003	143	38	168	16		
2003/2004	116	32	202	19		
2004/2005	128	36	233	23		
2005/2006	150	45	292	30		
2006/2007	230	67	410	43	52	24

资料来源：教育暨青年局。

表4-3　澳门各学年实行小班制的范围和班级人数

学年	实行年级	每班人数
2000/2001	小学教育预备班于下学期推行	35～45人
2001/2002	小学教育预备班	35～45人
2002/2003	小学教育预备班至小学三年级	35～45人
2003/2004	小学教育预备班至小学四年级	35～45人
2004/2005	小学教育预备班至小学五年级	35～45人
2005/2006	幼儿教育第一年至小学六年级	35～45人
2006/2007	幼儿教育第一年至初中一年级	25～45人（幼儿教育第一年） 35～45人（幼儿教育第二年至初中一年级）
2007/2008	幼儿教育第一年至初中二年级	25～35人（幼儿教育第一年） 25～45人（幼儿教育第二年） 35～45人（幼儿教育第三年至初中二年级）

表4-4　正规教育教学人员数的变化

学年	幼儿园	小学	中学	特教	校长和中、高层管理人员①	合计
1999/2000	531	1 475	1 385	83	266	3 740
2000/2001	494	1 509	1 511	83	272	3 869
2001/2002	472	1 506	1 619	89	242	3 928
2002/2003	461	1 507	1 663	89	231	3 951
2003/2004	459	1 534	1 871	85	232	4 181
2004/2005	454	1 513	1 968	88	252	4 275
2005/2006	444	1 526	2 041	84	268	4 363
2006/2007	477	1 525	2 094	86	263	4 445

① 2011/2012学年及2011/2012学年之前是指“非担课老师”；2012/2013学年及2012/2013学年之后修订为“校长和中、高层管理人员”。

续表

学年	幼儿园	小学	中学	特教	校长和中、高层管理人员	合计
2007/2008	501	1 590	2 177	81	261	4 610
2008/2009	519	1 585	2 294	79	234	4 711
2009/2010	570	1 577	2 355	81	248	4 831
2010/2011	648	1 602	2 523	84	247	5 104
2011/2012	706	1 606	2 480	91	251	5 134
2012/2013	765	1 622	2 587	96	347	5 417
2013/2014	835	1 669	2 626	109	345	5 584
2014/2015	916	1 722	2 629	112	352	5 731
2015/2016	1 038	1 908	2 696	124	373	6 139
2016/2017	1 212	2 105	2 710	133	379	6 539
2017/2018	1 297	2 235	2 727	138	387	6 784
2018/2019	1 320	2 402	2 684	142	404	6 952

由以上统计资料可见，小班教学的发展非常迅速，至2006/2007学年，幼儿教育阶段实施小班制的班级数已占全澳门班级数的67%，小学教育阶段也超过40%，并且中学首年实施就已达到24%。小班教学发展如此迅速，必然会对教师及其专业发展，以及相关政策的制定产生较大影响。

小班教学的实施使师生比大多呈持续下降的趋势（表4－5），对教师的专业发展既提供了条件，同时也提出了新的要求。

表4－5 1999/2000学年至2006/2007学年澳门师生比统计

学年	师生比/%				
	幼儿园	小学	中学	特教	总体
1999/2000	30.4	31.4	24.1	6.7	25.7
2000/2001	30.1	29.5	24.3	7.3	25.0
2001/2002	28.9	28.7	24.4	7.2	24.7
2002/2003	27.4	27.2	25.2	6.2	24.3
2003/2004	25.9	25.4	23.2	6.1	22.7

续表

学年	师生比/%				
	幼儿园	小学	中学	特教	总体
2004/2005	24.1	24.4	22.6	6.0	21.7
2005/2006	22.6	22.8	21.7	6.0	20.5
2006/2007	19.5	21.3	20.7	5.7	19.5

资料来源：根据教育暨青年局《教育数字概览（2006/2007 教育数字、2005/2006 教育概要）》整理。

（五）师资学历水平的提高

1996 年的第 15/96/M 号法令，规定了私立教育机构教学人员的学历及专业资格。1997 年的第 41/97/M 号法令，制定了非高等教育机构教学人员培训的法律制度。上述法令颁布以后，在政府、相关社团、教育培训机构及学校的共同努力下，澳门教学人员的学历逐步得到提升，特别是具有学士学位和硕士学位的人数有明显增加，详见表 4－6。

表 4－6　澳门教师学历与教师培训情况

学历（位）	1996/1997 学年			1999/2000 学年			2004/2005 学年		
	有师训	无师训	小计	有师训	无师训	小计	有师训	无师训	小计
博士学位	1	1	2	1	0	1	2	0	2
硕士学位	28	11	39	51	25	76	157	62	219
学士学位	714	400	1 114	1 135	517	1 652	1 875	634	2 509
专科	313	39	352	317	32	349	608	88	696
文凭	614	68	682	835	76	911	539	47	586
副学士学位	0	6	6	1	4	5	1	0	1
未具以上学历	676	696	1 372	482	370	852	265	121	386
总计	2 346	1 221	3 567	2 822	1 024	3 846	3 447	952	4 399
百分率[①]/%	65.8	34.2	100.0	73.4	26.6	100.0	78.4	21.6	100.0

资料来源：教育暨青年局。

① 以各学年各教育程度或领域教师总数为基数计算。

（六）青年教师的增加

由于种种原因，近年澳门的青年教师比例不断增加。据统计，2006/2007 学年，21～40 岁的教师共计 3 024 人，占教师总数的 66.1%（图 4－1），教师工作年资在 4 年或 4 年以下的占 34%，年资在 9 年或 9 年以下的占 55%（表 4－7）。年资浅的教师为学校带来活力，也给教育教学提出新的挑战，这是制定教师专业发展政策必须注意到的新课题。

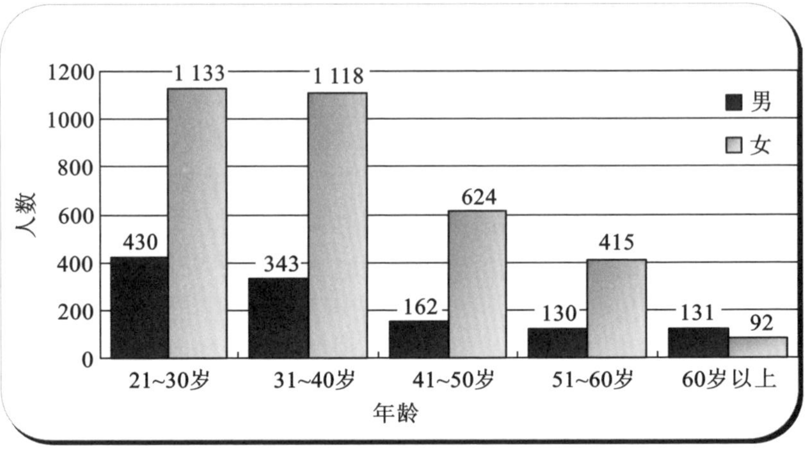

图 4－1　2006/2007 学年澳门教师人数分布图（按性别与年龄划分）

表 4－7　2006/2007 学年澳门教师年资分布情况表

年资	幼儿教育	小学教育	中学教育	特殊教育	非担课	总计	总计百分比/%
4 年或 4 年以下	122	428	919	21	48	1 538	34
5～9 年	66	208	664	13	21	972	21
10～14 年	108	284	292	23	36	743	16
15～19 年	88	249	142	15	52	546	12
20～24 年	41	129	94	9	37	310	7
25 年或 25 年以上	52	234	99	5	79	469	10
总计	477	1 532	2 210	86	273	4 578	100

三、教学人员专业政策的发展脉络

（一）提升教师的学历，鼓励教师接受师范教育训练

教师的专业发展涉及职前培训和在职的专业提升两个方面。1996年颁布实施的第15/96/M号法令《订定有关纳入公共学校网络之私立教育机构所实际担任职务之教学人员通则》，从职前培训上为教师的专业发展提供了重要的法律基础。因为该法令的第二条第二款规定了担任教学职务须具备的学历或资格："a）为担任幼儿教育及小学预备班之教学职务，须具备幼稚园教师课程之学历或具备被认为等同之资格；b）为担任小学教育之教学职务，须具备小学教师培训课程之学历或具备被认为等同之资格；c）为担任中学教育之教学职务，须具备中学教师培训课程之学士学位或专科学位，或具备其他领域之学士学位或专科学位，又或其他被认为等同之资格。"这是澳门有史以来为私立教育机构教学人员入职资格定下的第一个基准。由于在澳门非高等教育范畴内，私立教育机构占绝大多数，因此，第15/96/M号法令的制定，对澳门教师专业水平的提高起到了重要作用。

1997年颁布实施的第41/97/M号法令《制定培训幼稚园及中小学教师之法律制度，以及订定有关之协调、行政及辅助制度》就职前培训、在职培训、延续培训、专门培训在培训目标、培训课程、培训机构、受训要求及成绩等方面为教师培训确立了法律依据。长期以来，无论是政府还是其他教育机构或团体组织的教师培训，该法令均对其起着重要的规范和指导作用。

为鼓励教师提升学历和接受师范教育训练，政府专门持续资助教师修读多所高等教育机构的在职教师培训课程，如澳门大学的学前教育和小学教育高等专科学位课程、学士学位补充课程及学位后教育文凭课程，澳门理工学院开办的体育暨运动教育专业、音乐教育专业及视觉艺术教育专业课程，华南师范大学在澳门开办的教育专业、英文教育专业、数学教育专业、幼儿心理及教育专业的课程等。

有数据显示，1996年颁布实施第15/96/M号法令以来，澳门教师的学历提升和接受师范教育训练的情况都有很大改善。

（二）结合课程与教学改革开展教师培训

自我国恢复对澳门行使主权以来，随着教育改革的不断推进，以及学校和家长对教育教学质量的持续关注，澳门特别行政区政府推出了一系列旨在促进教师入职后专业发展的政策和措施。在这一方面，最引人注目的是结合课程与教学改革而展开的培训。

澳门特别行政区政府成立后的最初几年，主要是落实1994年以来的课程改革措施，特别是与澳门大学教育学院合作进行的“幼儿教育课程发展计划”以及与北京师范大学合作并在协作学校进行的“数学课程实验计划”。在教学改革方面，“创思教学”得到一贯的重视。上述课程与教学改革都把带动相关教师的专业成长作为重要目标。如在2002年的施政方针中，政府提出推广创思教学模式以及进行相应的师资培训；2003年提出通过正规或非正规的培训，让各个教育阶段的教师具备多方面的知识和能力；2004年提出鼓励和推动校内、跨校以及澳门与邻近地区之间的教学示范交流、教师之间的观摩和研讨；2005年提出优化各类教师培训课程，加强教学人员之间学科教学经验的交流，鼓励教学创新，为教学人员提供更丰富、多元的网络资源和相关服务。

上述教师培训分为在职培训、延续培训和专门培训，其中，暑期延续培训是教师培训的重要一环，参与人数众多。这些培训的方式有课程、讲座、研讨会、交流会、专题短讲、简报会和工作坊等，范畴包括通识教育、中学教育、小学教育、幼儿教育、成人教育、特殊教育及其他方面，培训的导师则来自内地、香港、台湾、澳门本地以及其他一些地区。

（三）实施校本培训

1999—2004年，基于在短期内尽快促进教师专业发展的考虑，澳门特别行政区政府在相关政策上往往以自己为主导。为了加强培训的针对性，并调动学校的积极性，澳门的教师培训政策在2004/2005学年发生了改变，澳门特别行政区政府于该学年首度推出“校本培训资助计划”，目的是鼓励学校按其宗旨、特色，并根据学校发展需要制订最合适的校内人员培训计划，借以促进学校的发展，提升教学人员的专业素质及学校的教育质量。该计划于2004年共批给29所学校共计180项申请，总金额超过200万澳门元。

此后，澳门特别行政区政府持续实施“校本培训资助计划”，2006/2007学年的“校本培训资助计划”资助项目共 241 项，资助金额达 4 568 587 澳门元①，与 2004/2005 学年的资助额比较，有近 73% 的增幅。

（四）实施“脱产进修”和“休教进修”计划

从 2007/2008 学年起，澳门特别行政区政府在公立学校和不牟利私立学校的所有教学人员中推行“脱产进修”和“休教进修”两项计划，这是澳门教学人员专业发展政策的一个重要变化。

脱产进修是《纲要法》提出的教学人员在职培训的一种新的专业发展方式（该法第四十二条第四款规定：“脱产进修是在职培训的方式之一”）。脱产进修计划是对这一规定的落实。该计划通过学校安排校内有关人员在脱产的情况下进修，以提升学校教学效能和促进优质教育的发展。进修期限为连续脱产两周至半年；或于每周固定时间内脱产，但为期不超过一个学年。脱产进修计划由学校向教育暨青年局提出申请。教育暨青年局负责评审，并发放津贴给学校。

休教进修计划资助教学人员完全离开工作岗位半年到一学年，免除一切教学任务，以便其参与培训、自主学习、进行教学科研等专业发展活动。该计划希望参与的教学人员通过掌握最新的专业发展信息、总结和梳理过往的教学心得，以创造出更多更优秀的教学典范，并推动学校各类课程与教学的改革，促进优质教育的发展。在澳门连续或累积任教满 10 年或 10 年以上的教学人员，都可通过所任教的学校提出申请。获甄选学校须认可该人员于休教进修期间的年资，并有义务安排完成休教进修的人员在接下来的一个学年内恢复职务。获津贴的教学人员则须在休教进修结束后在澳门本地学校工作至少 3 年。

“脱产进修”和“休教进修”计划的开展情况如表 4 – 8 所示。修读教育课程及师范培训课程学费资助情况如表 4 – 9 所示。

表 4 – 8　“脱产进修”和“休教进修”计划的开展情况

学年	“脱产进修”计划		“休教进修”计划		合计	
	受惠人数	津贴金额/万澳门元	受惠人数	津贴金额/万澳门元	受惠人数	津贴金额/万澳门元
2007/2008	2	11	2	28	4	39

① 资料来源：教育暨青年局。

续表

学年	“脱产进修”计划		“休教进修”计划		合计	
	受惠人数	津贴金额/万澳门元	受惠人数	津贴金额/万澳门元	受惠人数	津贴金额/万澳门元
2008/2009	1	7	—	—	1	7
2009/2010	97	106	1	10	98	116
2010/2011	37	41	1	15	38	56
2011/2012	19	10	—	—	19	10
2012/2013	14	19	—	—	14	19
2013/2014	21	19	1	23	22	42
2014/2015	6	4	—	—	6	4
2015/2016	90	71	2	50	92	121
2016/2017	81	34	1	26	82	60
2017/2018	7	7	—	—	7	7
2018/2019	46	44	1	29	47	73

注：2014/2015 学年的“休教进修”计划中，有 1 位教师的申请获教育暨青年局批准但没有实施，原因是该教师以个人理由提出取消申请。

表 4-9 修读教育课程及师范培训课程学费资助情况

年度		学位后文凭/证书课程			小、幼师范补充课程	教育学士学位补充课程	总计
		中学	小学	幼儿园			
2013	申请人数	257	—	—	—	—	257
	获资助人数	185	—	—	—	—	185
	资助金额/万澳门元	287.0	—	—	—	—	287.0
2014	申请人数	182	—	—	—	—	182
	获资助人数	122	—	—	—	—	122
	资助金额/万澳门元	185.0	—	—	—	—	185.0

续表

年度		学位后文凭/证书课程			小、幼师范补充课程	教育学士学位补充课程	总计
		中学	小学	幼儿园			
2015[①]	申请人数	163	198	167	65	13	606
	获资助人数	80	43	53	49	4	229
	资助金额/万澳门元	124.4	55.4	40.3	28.2	4.0	252.3
2016	申请人数	196	304	246	188	13	947
	获资助人数	89	87	51	137	5	369
	资助金额/万澳门元	142.3	93.6	69.7	64.2	5.2	375.0
2017	申请人数	184	334	356	65	—	939
	获资助人数	64	113	107	49	—	333
	资助金额/万澳门元	107.7	162.9	157.3	36.8	—	464.7
2018	申请人数	169	366	327	71	13	946
	获资助人数	52	92	99	41	5	289
	资助金额/万澳门元	88.3	161.0	120.4	35.0	4.0	408.7

（五）骨干教师培训计划

重视各教育阶段不同学科领域骨干教师的培训，对推动澳门学校教学素质的持续提升，并配合课程与教学的发展，形成多元的、持续的教师专业发展模式，都具有重要意义。各学科领域的骨干教师团队，既能在其所在学校推动学科的改进，带动相关领域教师的专业成长，又能通过组织经验分享、交流及教学演示等活动，在学校之间发挥积极作用，从而提升整体教学素质。

① 由2015年起将教育学士学位补充课程，以及获教育暨青年局认可的中学、小学及幼儿教育的学位后教育课程、师范培训课程及师范培训补充课程/学科纳入资助范围。

近年来，澳门特别行政区政府把加强骨干教师培训作为促进教师专业发展政策的一个重要方面加以推进。其中，中文、数学、英语的骨干教师培训已经开展多年，幼儿园骨干教师培训也已有序展开。参与培训的学员大多是校内相关学科的科组长，或是在该学科内较资深及最具影响力的教师。完成培训的骨干教师，今后须负责构思、组织和带领校内相关领域的教师进行教学改进，并推动校际相关领域教学水平的整体提升。

澳门特别行政区政府于2008年开始对正在进行的上述骨干教师培训的成效进行检验，并思考和规划其他学科的推行时间及方式。

澳门骨干教师培训计划开展情况如表4－10所示。

表4－10　骨干教师培训计划开展情况

承办机构	教育阶段/学科领域	开办年度	人数	
			小计	合计
北京师范大学	中学语文科	2004	60	90
		2005	30	
	小学语文科	2004	60	90
		2005	30	
	中学数学科	2006	28	58
		2007	30	
	小学数学科	2006	30	55
		2007	25	
	中学地理科	2008	18	43
		2009	25	
	中学科学科	2008	20	49
		2009	29	
	小学自然科学领域	2008	24	46
		2009	22	
	中学历史科	2010	28	51
		2011	23	

续表

承办机构	教育阶段/学科领域	开办年度	人数	
			小计	合计
北京师范大学	小学历史科	2010	9	16
		2011	7	
	中学品德与公民科	2010	22	36
		2012	14	
	小学品德与公民科	2010	16	26
		2012	10	
	中学视觉艺术科	2011	11	25
		2012	14	
	小学视觉艺术科	2011	10	16
		2012	6	
	中学信息科技科	2013	18	31
		2014	13	
	小学信息科技科	2013	13	13
	中学体育科	2013	18	34
		2014	16	
	小学体育科	2013	25	35
		2014	10	
南京师范大学	幼儿教育	2007	16	39
		2008	23	
总数				753

（六）构建教学人员制度

如前所述，缺少系统的制度保障是澳门师资队伍建设的一个重要障碍，因此回归以后澳门特别行政区政府将教学人员制度建设作为教育改革的一个重点，努力予以突破。首先是修改公立学校教师的职程制度，2010 年澳门特别行政区第

12/2010 号法律《非高等教育公立学校教师及教学助理员职程制度》生效，这是公立学校教师职程制度的一次重要变革。新的职程制度提高了各教育阶段教师的任职资格要求，在薪俸点的设计上体现了教师的专业性以及师范培训的重要性；在晋阶条件方面，除服务时间及工作表现评核外，新增专业发展时数的要求；增加了教师职程的职级数，以延长教师整个职业生涯的晋升时间；参考邻近地区的经验，中学教师制定的最高薪俸点与小学及幼儿园教师的最高薪俸点有所不同，职程内薪俸的增长幅度也有所差别。

在私立学校教学人员制度方面，澳门特别行政区第 3/2012 号法律《非高等教育私立学校教学人员制度框架》于 2012 年 3 月在立法会获得通过，该法规范了非高等教育私立学校教学人员的权利和义务、任职要求、职程制度、工作时间、专业发展、薪酬待遇和退休保障等，标志着澳门私立学校教师制度的基本确立。随后，成立了教学人员专业委员会，建立起私立学校教学人员的专业准则、职级审核的程序、专业发展津贴发放规章、“卓越表现教师”荣誉的颁授细则以及教学人员专业发展活动时数的审核准则。总之，私立学校教学人员制度从职业保障和专业发展两个方面均得到加强，对澳门教师队伍建设具有里程碑式的意义。

四、教学人员政策的成效

（一）教师的学历和接受师范培训的比例明显提升

从 1999/2000 学年至 2018/2019 学年，拥有博士、硕士学位的教师比例由 1.9% 提升至 17.0%，拥有学士、高等专科学位的教师比例由 51.3% 提升至 78.8%，大专毕业（包括文凭及副学士学位）的教师比例由 24.4% 下降到 2.8%，中学学历或中学以下学历的比例则由 22.4% 降至 1.4%；具备师范学历的幼儿园教师、小学教师和中学教师的比例分别由 96.3%、87.5% 和 62.7% 提升至 99.4%、98.9% 和 92.8%。

澳门教师的学历和接受师范培训的比例变化见表 4－11、表 4－12。

表 4－11　澳门正规教育教师学历的变化

学年	博士、硕士学位人数[1]（及占总体比例）	学士、高等专科学位人数（及占总体比例）	大专毕业人数[2]（及占总体比例）	中学或中学以下学历人数（及占总体比例）	总计
1999/2000	72（1.9%）	1 917（51.3%）	912（24.4%）	839（22.4%）	3 740（100.0%）
2000/2001	67（1.7%）	2 128（55.0%）	921（23.8%）	753（19.5%）	3 869（100.0%）
2001/2002	81（2.1%）	2 472（62.9%）	782（19.9%）	593（15.1%）	3 928（100.0%）
2002/2003	98（2.5%）	2 650（67.1%）	685（17.3%）	518（13.1%）	3 951（100.0%）
2003/2004	147（3.5%）	2 971（71.1%）	620（14.8%）	443（10.6%）	4 181（100.0%）
2004/2005	211（4.9%）	3 094（72.4%）	585（13.7%）	385（9.0%）	4 275（100.0%）
2005/2006	278（6.4%）	3 242（74.3%）	529（12.1%）	314（7.2%）	4 363（100.0%）
2006/2007	316（7.1%）	3 323（74.8%）	513（11.5%）	293（6.6%）	4 445（100.0%）
2007/2008	393（8.5%）	3 406（73.9%）	517（11.2%）	294（6.4%）	4 610（100.0%）
2008/2009	424（9.0%）	3 518（74.7%）	489（10.4%）	280（5.9%）	4 711（100.0%）
2009/2010	460（9.5%）	3 646（75.5%）	463（9.6%）	262（5.4%）	4 831（100.0%）
2010/2011	518（10.2%）	3 867（75.8%）	456（8.9%）	261（5.1%）	5 102（100.0%）
2011/2012	557（10.9%）	3 892（75.8%）	432（8.4%）	253（4.9%）	5 134（100.0%）
2012/2013	727（13.4%）	4 066（75.1%）	385（7.1%）	239（4.4%）	5 417（100.0%）
2013/2014	787（14.1%）	4 218（75.5%）	352（6.3%）	227（4.1%）	5 584（100.0%）
2014/2015	850（14.8%）	4 346（75.9%）	334（5.8%）	201（3.5%）	5 731（100.0%）
2015/2016	950（15.5%）	4 732（77.1%）	280（4.5%）	177（2.9%）	6 139（100.0%）
2016/2017	1 034（15.8%）	5 100（78.0%）	256（3.9%）	149（2.3%）	6 539（100.0%）
2017/2018	1 118（16.5%）	5 324（78.5%）	215（3.2%）	127（1.8%）	6 784（100.0%）
2018/2019	1 185（17.0%）	5 476（78.8%）	193（2.8%）	98（1.4%）	6 952（100.0%）

资料来源：教育暨青年局。1999/2000 学年至 2006/2007 学年为日校数字。

---

① 包括研究生毕业人数。

② 包括文凭及副学士学位人数。

表 4－12 澳门具师范学历教师比例变化

学年	幼儿园教师		小学教师		中学教师	
	教师总数	具师范学历教师人数（及比例）	教师总数	具师范学历教师人数（及比例）	教师总数	具师范学历教师人数（及比例）
1999/2000	534	514（96.3%）	1 522	1 332（87.5%）	1 511	948（62.7%）
2000/2001	498	484（97.2%）	1 551	1 392（89.7%）	1 650	1 048（63.5%）
2001/2002	472	463（98.1%）	1 556	1 410（90.6%）	1 774	1 120（63.1%）
2002/2003	467	459（98.3%）	1 570	1 427（90.9%）	1 866	1 233（66.1%）
2003/2004	457	450（98.5%）	1 560	1 430（91.7%）	2 025	1 348（66.6%）
2004/2005	463	451（97.4%）	1 543	1 413（91.6%）	2 127	1 466（68.9%）
2005/2006	442	434（98.2%）	1 554	1 401（90.2%）	2 196	1 513（68.9%）
2006/2007	489	474（96.9%）	1 566	1 409（90.0%）	2 244	1 595（71.1%）
2007/2008	501	485（96.8%）	1 590	1 369（86.1%）	2 177	1 548（71.1%）
2008/2009	519	500（96.3%）	1 585	1 363（86.0%）	2 294	1 639（71.4%）
2009/2010	570	539（94.6%）	1 577	1 336（84.7%）	2 355	1 676（71.2%）
2010/2011	648	597（92.1%）	1 602	1 375（85.8%）	2 523	1 819（72.1%）
2011/2012	706	658（93.2%）	1 606	1 412（87.9%）	2 480	1 843（74.3%）
2012/2013	765	722（94.4%）	1 622	1 430（88.2%）	2 587	1 990（76.9%）
2013/2014	835	769（92.1%）	1 669	1 472（88.2%）	2 626	2 147（81.8%）
2014/2015	916	898（98.0%）	1 722	1 656（96.2%）	2 629	2 297（87.4%）
2015/2016	1 038	1 029（99.1%）	1 908	1 862（97.6%）	2 696	2 404（89.2%）
2016/2017	1 212	1 204（99.3%）	2 105	2 067（98.2%）	2 710	2 457（90.7%）
2017/2018	1 297	1 290（99.5%）	2 235	2 202（98.5%）	2 727	2 491（91.3%）
2018/2019	1 320	1 312（99.4%）	2 402	2 376（98.9%）	2 684	2 490（92.8%）

注：2006/2007 学年及 2006/2007 学年以前的数据参照日期为相关学年的 12 月 31 日，其中的数据为相关学年的全部教师资料；2007/2008 学年及 2007/2008 学年以后的数据参照日期为相关学年的 11 月 26 日，其中的数据为相关学年的正规教育教师资料。

资料来源：教育暨青年局。

（二）私立学校教师的收入明显提高

2012 年《非高等教育私立学校教学人员制度框架》的实施，大大提升了私立学校教学人员的薪酬和职业保障水平，教师年收入中位数由 2001/2002 学年的 154 598 澳门元，提升到 2017/2018 学年的 441 144 澳门元，如表 4－13 所示。

表 4－13　私立学校教师年收入中位数的变化[①]

学年	幼儿园教师	小学教师	中学教师	特教教师	整体	
					中位数	年增长率/%
2001/2002	136 680	140 084	181 508	116 524	154 598	—
2002/2003	138 328	140 513	182 516	119 928	156 792	1.4
2003/2004	138 292	142 640	180 270	119 705	155 910	-0.6
2004/2005	141 790	144 770	183 295	121 060	159 704	2.4
2005/2006	150 837	153 612	189 189	126 463	169 650	6.2
2006/2007	150 798	158 520	195 266	131 381	175 067	3.2
2007/2008	160 885	170 661	208 971	142 960	189 840	8.4
2008/2009	195 860	203 968	242 068	167 925	222 526	17.2
2009/2010	202 709	210 848	248 937	181 811	228 520	2.7
2010/2011	210 312	221 890	258 940	194 900	239 330	4.7
2011/2012[②]	231 570	244 818	279 483	219 130	260 127	8.7
2012/2013	265 368	284 142	313 102	281 610	299 857	15.3
2013/2014	300 540	322 660	352 322	301 606	339 482	13.2
2014/2015	331 879	367 760	399 331	306 671	381 260	12.3
2015/2016	361 900	396 552	435 472	350 062	412 795	8.3
2016/2017	373 735	410 237	458 450	378 221	428 426	3.8
2017/2018	382 672	421 500	469 560	400 000	441 144	3.0

① 年收入包括教学人员的学校年薪（包括月基本工资、每月固定收取的津贴、额外报酬和奖金）、专业发展津贴及年资奖金。

② 随着《非高等教育私立学校教学人员制度框架》的颁布，专业发展津贴于 2012 年 4 月 1 日起开始计算，并在 2012 年 8 月发放。

（三）私立学校教师每周的授课时数明显减少

2012 年《非高等教育私立学校教学人员制度框架》实施后，私立学校教学人员的授课时数大大减少了，幼儿园教师、小学教师和中学教师平均每周任教节数分别从 1999/2000 学年的 27.6 节、22.9 节和 20.3 节，下降到 2018/2019 学年的 20.9 节、16.2 节和 14.3 节，如表 4－14 所示。

表 4－14　教师平均每周任教节数①的变化（单位：节）

学年	幼儿园教师	小学教师	中学教师
1999/2000	27.6	22.9	20.3
2000/2001	27.2	22.7	20.4
2001/2002	27.6	22.7	20.3
2002/2003	28.1	22.6	20.3
2003/2004	28.1	23.0	20.2
2004/2005	28.2	22.7	20.1
2005/2006	28.5	22.6	19.8
2006/2007	27.4	21.9	19.8
2007/2008	26.5	20.3	19.4
2008/2009	26.0	19.6	18.5
2009/2010	24.9	19.2	18.3
2010/2011	24.4	18.6	17.4
2011/2012	23.4	17.8	16.7
2012/2013	20.9	16.6	15.0
2013/2014	20.6	16.5	14.8
2014/2015	20.5	16.3	14.6

① 指教师授课时间的节数，但不包括豁免授课时间（抛节）的节数。

续表

学年	幼儿园教师	小学教师	中学教师
2015/2016	20.8	16.5	14.5
2016/2017	21.1	16.2	14.4
2017/2018	20.8	16.2	14.3
2018/2019	20.9	16.2	14.3

(四) 有效促进了教师的专业发展

由于2010年和2014年先后优化了公立、私立学校教师的职业保障，尤其推出私立学校教师的职级制度，并把教师的工作表现评核和专业发展时数与其挂钩，还成立了教学人员专业委员会，制定了教师专业发展时数的审核准则，因而教师参与专业发展越来越普遍而且积极性日益提高。

教师的专业发展情况如表4－15～表4－18所示。

表4－15　教师培训的开展情况[①]

学年	受培训人次	学年	受培训人次
2003/2004	10 016	2011/2012	14 196
2004/2005	14 241	2012/2013	17 850
2005/2006	15 249	2013/2014	17 070
2006/2007	11 562	2014/2015	17 375
2007/2008	17 964	2015/2016	18 740
2008/2009	23 950	2016/2017	15 019
2009/2010	31 021	2017/2018	14 854
2010/2011	11 956	2018/2019[②]	17 256

① 由教育暨青年局开展的教师培训，从2010/2011学年起不包括教育暨青年局资助学校开展的校本培训。

② 资料截至2019年5月。

表 4－16 私立学校教师各职级人数变化[①]

学年	第一级	第二级	第三级	第四级	第五级	第六级	合计
2011/2012[②]	866 （17%）	708 （14%）	1 343 （26%）	1 424 （27%）	784 （15%）	39 （1%）	5 164 （100%）
2012/2013	797 （15%）	691 （13%）	1 302 （25%）	1 325 （25%）	908 （18%）	224 （4%）	5 247 （100%）
2013/2014	786 （15%）	702 （13%）	1 266 （23%）	1 248 （23%）	1 041 （19%）	372 （7%）	5 415 （100%）
2014/2015	881 （16%）	802 （15%）	1 329 （24%）	1 171 （21%）	966 （17%）	403 （7%）	5 552 （100%）
2015/2016	924 （15%）	923 （15%）	1 368 （23%）	1 163 （20%）	1 286 （22%）	282 （5%）	5 946 （100%）
2016/2017	968 （15%）	1 059 （17%）	1 314 （21%）	1 159 （18%）	1 620 （25%）	241 （4%）	6 361 （100%）
2017/2018	1 007 （15%）	1 118 （17%）	1 331 （20%）	1 121 （17%）	1 823 （28%）	195 （3%）	6 595 （100%）
2018/2019	1 048 （15%）	1 186 （18%）	1 285 （19%）	1 306 （19%）	1 760 （26%）	170 （3%）	6 755 （100%）

注：括号内为占该学年人数的百分比。

表 4－17 2018/2019 学年私立学校各职级教师参与专业发展活动情况

类别	第一级	第二级	第三级	第四级	第五级	第六级	合计
总人数及占比	1 048 （100%）	1 186 （100%）	1 285 （100%）	1 306 （100%）	1 760 （100%）	170 （100%）	6 755 （100%）
小于 15 小时的人数及占比	763 （73%）	847 （71%）	929 （72%）	872 （67%）	1 089 （62%）	134 （78%）	4 634 （69%）
15～30 小时的人数及占比	169 （16%）	222 （19%）	241 （19%）	281 （21%）	342 （19%）	18 （11%）	1 273 （19%）
大于等于 30 小时的人数及占比	116 （11%）	117 （10%）	115 （9%）	153 （12%）	329 （19%）	18 （11%）	848 （12%）

注：括号内为占总人数的百分比。

① 数字包括正规教育及回归教育各职级教师的人数。

② 数字为 2012 年 4 月起转入各职级的人数。

表 4－18　2017/2018 学年私立学校各职级教师工作表现评核情况

评语	第一级		第二级		第三级		第四级		第五级		第六级		合计	
	人数	比例/%	人数	比例/%	人数	比例/%	人数	比例/%	人数	比例/%	人数	比例/%	人数	比例/%
优异	278	27.6	299	26.7	269	20.2	182	16.2	171	9.4	23	11.8	1 222	18.5
十分满意	513	50.9	628	56.2	761	57.2	613	54.7	934	51.2	97	49.8	3 546	53.8
满意	208	20.7	187	16.7	292	21.9	320	28.6	701	38.5	71	36.4	1 779	27.0
不大满意	—	—	1	0.1	3	0.2	—	—	4	0.2	2	1.0	10	0.2
不满意	—	—	—	—	1	0.1	—	—	—	—	—	—	1	0
没有资料	2	0.2	—	—	—	—	—	—	—	—	—	—	2	0
无须评核	6	0.6	3	0.3	5	0.4	6	0.5	13	0.7	2	1.0	35	0.5
合计	1 007	100	1 118	100	1 331	100	1 121	100	1 823	100	195	100	6 595	100

五、教师的专业标准

澳门特别行政区第 3/2012 号法律《非高等教育私立学校教学人员制度框架》的通过和实施，之所以能促进澳门师资队伍建设，最根本的一点就在于该法不仅关注教学人员工作条件的完善，而且通过制度建设努力促进教师的专业素养的提升。既然要将教师视为一个专业，就不可避免地要涉及专业标准问题。下面介绍若干国家和地区教师的专业标准，希望澳门教师从中体察教师专业化的基本框架和关键要求，同时就《非高等教育私立学校教学人员制度框架》与教师专业标准的关联稍作分析。①

（一）各地教师专业标准的框架与内容

100 多年来，在教师的专业化的发展过程中，制定教师的专业标准一直与其相伴。早在 1870 年，美国师范学校协会（American Normal School Association）就制定了允许进入教师教育培养计划的标准和一个两年的师范学校课程计划。可

① 郭晓明：《“私框”与教师的专业标准》，澳门：《教师杂志》，2012 年第 4 期（总第 36 期）。“私框”为《非高等教育私立学校教学人员制度框架》的简称。

以说，教师的专业化要体现在教师的专业标准上，并通过教师专业标准来实现。教师的专业标准不仅与专业认证联系在一起，而且是教师的职前培养以及在职培训的根本依据。当然，不同国家和地区在这方面有各自的经验，也表现出不尽相同的取向。了解它们的经验，对我们理解教师的专业标准会有一定的帮助。

1. 中国内地的教师标准

受传统儒学的影响，中国对教师的要求很高，教师不仅要做“经师”，而且要做“人师”；不仅要“授业”，而且要“传道”“解惑”；不仅要培养身边的学生，而且肩负着教化百姓的社会责任。但是，教师专业化的标准始终不清晰。直到 1995 年《教师资格条例》颁布实行，制定教师专业标准的讨论才持续展开。

（1）最新的教师专业标准。

2011 年 12 月 12 日，中华人民共和国教育部研究制定了《幼儿园教师专业标准（试行）》《小学教师专业标准（试行）》和《中学教师专业标准（试行）》，在全国范围内公开征求意见。三个标准是国家对幼儿园、小学和中学合格教师专业素质的基本要求，表 4 – 19 是中学教师专业标准的基本框架及主要内容。

表 4 – 19　中学教师专业标准的基本框架及主要内容

维度	领域	基本要求
专业理念与师德	1. 职业理解与认识	（1）贯彻党和国家教育方针政策，遵守教育法律法规 （2）理解中学教育工作的意义，热爱中学教育事业，具有职业理想和敬业精神 （3）认同中学教师的专业性和独特性，注重自身专业发展 （4）具有良好职业道德修养，为人师表 （5）具有团队合作精神，积极开展协作与交流
	2. 对学生的态度与行为	（1）关爱中学生，重视中学生身心健康发展，保护中学生生命安全 （2）尊重中学生独立人格，维护中学生合法权益，平等对待每一个中学生。不讽刺、挖苦、歧视中学生，不体罚或变相体罚中学生 （3）尊重个体差异，主动了解和满足中学生的不同需要 （4）信任中学生，积极创造条件，促进中学生的自主发展

续表

维度	领域	基本要求
专业理念与师德	3. 教育教学的态度与行为	（1）树立育人为本、德育为先的理念，将中学生的知识学习、能力发展与品德养成相结合，重视中学生的全面发展 （2）尊重教育规律和中学生身心发展规律，为每一个中学生提供适合的教育 （3）激发中学生的求知欲和好奇心，培养中学生学习兴趣和爱好，营造自由探索、勇于创新的氛围 （4）引导中学生自主学习、自强自立，培养良好的思维习惯和适应社会的能力
	4. 个人修养与行为	（1）富有爱心、责任心、耐心和细心 （2）乐观向上、热情开朗，有亲和力 （3）善于自我调节情绪，保持平和心态 （4）勤于学习，不断进取 （5）衣着整洁得体，语言规范健康，举止文明礼貌
专业知识	5. 教育知识	（1）掌握中学教育的基本原理和主要方法 （2）掌握班集体建设与班级管理的策略与方法 （3）了解中学生身心发展的一般规律与特点 （4）了解中学生世界观、人生观、价值观形成的过程及其教育方法 （5）了解中学生思维能力与创新能力发展的过程与特点 （6）了解中学生群体文化特点与行为方式
	6. 学科知识	（1）理解所教学科的知识体系、基本思想与方法 （2）掌握所教学科内容的基本知识、基本原理与技能 （3）了解所教学科与其他学科的联系 （4）了解所教学科与社会实践的联系
	7. 学科教学知识	（1）掌握所教学科课程标准 （2）掌握所教学科课程资源开发的主要方法与策略 （3）了解中学生在学习具体学科内容时的认知特点 （4）掌握针对具体学科内容进行教学的方法与策略
	8. 通识性知识	（1）具有相应的自然科学和人文社会科学知识 （2）了解中国教育基本情况 （3）具有相应的艺术欣赏与表现知识 （4）具有适应教育内容、教学手段和方法现代化的信息技术知识

续表

维度	领域	基本要求
专业能力	9. 教学设计	（1）科学设计教学目标和教学计划 （2）合理利用教学资源和方法设计教学过程 （3）引导和帮助中学生设计个性化的学习计划
	10. 教学实施	（1）营造良好的学习环境与氛围，激发与保护中学生的学习兴趣 （2）通过启发式、探究式、讨论式、参与式等多种方式，有效实施教学 （3）有效调控教学过程 （4）引导中学生独立思考和主动探究，发展学生创新能力 （5）将现代教育技术手段渗透、应用到教学中
	11. 班级管理与教育活动	（1）建立良好的师生关系，帮助中学生建立良好的同伴关系 （2）注重结合学科教学进行育人活动 （3）根据中学生世界观、人生观、价值观形成的特点，有针对性地组织开展德育活动 （4）针对中学生青春期生理和心理发展特点，有针对性地组织开展有益于身心健康发展的教育活动 （5）指导学生理想、心理、学业等多方面发展 （6）有效管理和开展班级活动 （7）妥善应对突发事件
	12. 教育教学评价	（1）利用评价工具，掌握多元评价方法，多视角、全过程评价学生发展 （2）引导学生进行自我评价 （3）自我评价教育教学效果，及时调整和改进教育教学工作
	13. 沟通与合作	（1）了解中学生，平等地与中学生进行沟通交流 （2）与同事合作交流，分享经验和资源，共同发展 （3）与家长进行有效沟通合作，共同促进中学生发展 （4）协助中学与社区建立合作互助的良好关系
	14. 反思与发展	（1）主动收集分析相关信息，不断进行反思，改进教育教学工作 （2）针对教育教学工作中的现实需要与问题，进行探索和研究 （3）制定专业发展规划，不断提高自身专业素质

上述标准不仅是教师开展教育教学活动的基本规范，是引领教师专业发展的基本准则；同时也是教师培养、准入、培训、考核等工作的重要依据，是制定教师教育课程方案、开发教材与课程资源、开展教学与评价以及认定教师资格的重要依据。

（2）相应的教师教育课程标准。

为全面提高教师培养质量，建设高素质专业化教师队伍，中华人民共和国教育部于 2011 年 10 月颁布了《教师教育课程标准（试行）》，要求创新教师教育课程理念，强化实践环节，加强师德修养和教育教学能力训练；优化教师教育课程结构，学科理论与教育实践紧密结合，教育实践课程不少于一个学期；改革课程教学内容，及时吸收儿童研究、学习科学、心理科学、信息技术的新成果，将优秀中小学教学案例作为教师教育课程的重要内容，提升师范生信息素养和利用信息技术促进教学的能力。表 4－20 是对中学教师职前教育的课程设置的规定以及学分要求。

表 4－20　对中学教师职前教育的课程设置的规定以及学分要求

<table>
<tr><th rowspan="2">学习领域</th><th rowspan="2">建议模块</th><th colspan="2">学分要求</th></tr>
<tr><th>3 年制专科</th><th>4 年制本科</th></tr>
<tr><td>1. 儿童发展与学习</td><td>儿童发展；中学生认知与学习等</td><td rowspan="5">最低必修学分：8 学分</td><td rowspan="5">最低必修学分：10 学分</td></tr>
<tr><td>2. 中学教育基础</td><td>教育哲学；课程设计与评价；有效教学；学校教育发展；班级管理等</td></tr>
<tr><td>3. 中学学科教育与活动指导</td><td>中学学科课程标准与教材研究；中学学科教学设计；中学综合实践活动等</td></tr>
<tr><td>4. 心理健康与道德教育</td><td>中学生心理辅导；中学生品德发展与道德教育等</td></tr>
<tr><td>5. 职业道德与专业发展</td><td>教师职业道德；教师专业发展；教育研究方法；教师语言；现代教育技术应用等</td></tr>
<tr><td>6. 教育实践</td><td>教育见习；教育实习</td><td>18 周</td><td>18 周</td></tr>
<tr><td colspan="2">教师教育课程最低总学分数（含选修课程）</td><td>12 学分 + 18 周</td><td>14 学分 + 18 周</td></tr>
</table>

注：1 学分相当于学生在教师指导下进行课程学习 18 课时，并经考核合格。

2. 美国的教师专业标准

美国于1987年成立了“全国教学专业标准委员会”（National Board for Professional Teaching Standards，NBPTS），其任务是建立一套严格的教师专业标准，以此作为建立教师评鉴及证照核发制度的基础。NBPTS在2002年提出第一份政策声明——《教师应该知道什么及能够做什么》，并提出5项重要建议，作为建立教师专业标准和发展教师专业内涵的基础（表4－21）。

表4－21　美国“全国教学专业标准委员会”专业教学标准

标准	内涵
1. 教师对于其教学及学习者具有责任感	（1）教师了解个体差异，并运用不同方式教学 （2）教师了解如何使学习者学习与发展 （3）教师公平地对待每一个学习者 （4）教师帮助学习者扩展其认知能力与发挥其潜能
2. 教师了解教学主题并知道如何将内容教授给学生	（1）教师了解学科知识，能加以组织并与其他学科有效整合 （2）教师具有传达主题内容的能力 （3）教师具有多元化的教学方式
3. 教师应有管理及监督学习者的责任感	（1）教师运用多元的教学方式达成学习目标 （2）教师采取团体教学方式，并针对不同需求的学习者运用不同的教学方式 （3）教师定期评鉴学习过程 （4）教师致力于教学目标的达成
4. 教师针对教学实务进行系统化的思考并从经验中不断学习	（1）教师运用不同方式作判断 （2）教师通过专业研习及学术研究精进教学实务
5. 教师也是学习社群的一员	（1）教师与学校其他专业教师合作，促进学校效能 （2）教师与家长互相合作 （3）教师有效运用社区资源

资料来源：高熏芳、杨欣燕（2005：144）。

3. 加拿大的教师专业标准

加拿大的大多数学校都由政府赞助，因而教育费用与质量都维持着相当高的水平。加拿大的教育制度结合了欧洲教育与美国教育的优点，强调教育的质量、便利性、普及化、多元化、研究化及绩效化。以加拿大阿尔伯塔省（Alberta）为例，它强调教师应扮演协助学生学习的重要角色，并制定了10项教学质量标准：① 教师能充分运用教育学知识和特质；② 教师了解其工作的法规、道德及伦理的架构；③ 教师了解其主要的学科知识；④ 教师了解多样教学的方式；⑤教师参与一系列研习活动；⑥ 教师创造并维持有助于学习的环境；⑦ 教师将课程内容和主题转化成有意义的学习活动；⑧ 教师运用多元的科技帮助学习者；⑨ 教师搜集并使用关于学习者需求及学习过程所需的数据；⑩ 教师是终身学习者。

4. 澳大利亚的教师专业标准

澳大利亚昆士兰州（Queensland）政府在2005年提出教师专业标准（Professional Standards for Teachers：Guidelines for Professional Practice），当中提及12项标准：① 为个人和团体提供灵活、弹性的课程结构与创新性的学习经验；② 促进语言、读写能力以及计算能力的发展；③ 建构对于智力发展具有挑战性的学习经验；④ 发展更广阔的学习经验；⑤ 建构具参与性的学习经验；⑥ 整合信息与沟通技术促进学生学习；⑦ 评估并报告学生的学习状况；⑧ 支持年轻人的社会参与与发展；⑨ 创造一个安全且具支持性的学习环境；⑩ 能与学校以外的其他社群团体建立并维持良好的互动关系；⑪致力于专业团队的发展；⑫致力于专业实践。

（二）《非高等教育私立学校教学人员制度框架》对教师专业标准的关注

《非高等教育私立学校教学人员制度框架》虽然没有为澳门的教学人员制定一个明晰的专业标准，却从多个方面关注了教学人员的专业标准和专业表现。

1. 关注教学人员的任职资格

第一，《非高等教育私立学校教学人员制度框架》适当提升了教师的入职资格。这就涉及教学人员的职前培训，是对教学人员专业标准的重要保证。世界各地的经验表明，要建设一支高素质的师资队伍，必须重视入职前的严格培训。《非高等教育私立学校教学人员制度框架》根据澳门的实际情况和未来教育发展需要，适当提升教学人员的入职资格。这包括了学历和师范培训两个方面：在学历方面，规定小学及幼儿园教师至少须具备高等专科学位或以上学历，中学教师须具备学士学位或同等学力；同时强调师范培训对教师工作的重要性，规定小学及幼儿园教师必须具有师范培训，中学教师必须具备师范培训方可晋升。上述规定有助于提升教学人员任职前的专业水平，有助于建立教师的专业认证机制。

第二，《非高等教育私立学校教学人员制度框架》也关注了校长和学校其他中、高层管理人员的专业资格，有助于提升澳门私立学校校长以及整个领导与管理团队的专业素质。《非高等教育私立学校教学人员制度框架》规定“校长的学历，不得低于其所任职的学校中任教最高教育阶段的教师须具备的学历”，学校其他中、高层管理人员的学历“不得低于其管理的教育阶段的教师须具备的学历”；同时，任职校长及任职学校其他中、高层管理人员“须在就任前完成相关专业进修，以确保该等人员具备学校领导与发展的专业能力，配合其行政管理、教学管理及财务管理各方面的工作”。

2. 规范各类教学人员的职务内容

与原有的私立学校教学人员通则（第15/96/M号法令）不同，《非高等教育私立学校教学人员制度框架》详细规范了各类教学人员的职务内容，包括校长和学校其他中、高层管理人员及教师的职务内容。

校长的职务内容包括：制定学校的教育规划及确保完成其目标；构思、领导及指引学校的教育活动；建立和完善学校的各项规章制度；领导学校发展规划并监督其实施；统筹、监察及促进学校的行政、训育或辅导、教学等各领导机关的工作；确保学校依法运作，有效地规划和运用各项教育资源，尤其是财政及人力资源；确保学校文件的保存，尤其是学生的注册和报名记录、学校教职员的聘任合同以及财务管理的记录；促进学校和家庭及所在社区的互动与合作。

学校其他中、高层管理人员方面，副校长的职务内容包括：协助校长领导及管理学校；担任校长分配的职务及工作；校长因不在、出缺或因故不能视事时，按学校的规定代行校长职务。行政领导机关的主管人员的职务内容包括：规划及统筹行政管理、财务管理、人事管理、设备设施管理以及对外关系管理的工作；制定相关管理的规章制度，并监督其执行。训育或辅导领导机关的主管人员的职务内容包括：制定学生训育、辅导的规章以及学校品德与公民教育的规划，并监督其执行；统筹、规划及推行训育、辅导以及学生发展的活动。教学领导机关的主管人员的职务内容包括：制定课程、教学、学生评核的标准及管理规章，并监督其执行；提升教学效能；统筹课程发展、教学、学生评核以及学术科研有关的规划及活动，并监察其执行。

教师的职务包括教学职务、非教学职务以及个人专业发展三个大的方面。其中，教学职务内容有以下几点：①制定课程与教学计划，包括编写教学大纲、学年教学计划以及为有特殊需要的学生制定个别化教育计划；根据学生的需要订定教学目标及有利于达到既定教学目标的教学活动及授课计划；计划及组织学生参加各类教育活动。②实施课堂教学，包括按授课计划备齐所需的教学资源，运用教学技巧，向学生传授知识及技能，激发学生主动学习，促进课堂互动，协助学生发展多元能力；运用多元方式评估学生的学习成效，辅助有困难的学生；使学生掌握有效的学习方法，培养学生的学习能力。③执行课堂管理，包括确保学生在安全的教学环境中进行学习活动；营造互助、团结的班级气氛；促进学生主动遵守纪律。④实施学生评核，包括参与评核会议，就学生评核工作提供意见；运用多元评核，评估学生的学习表现，为不同能力的学生提供深化或补救的教学辅助。非教学职务内容包括参与学校行政、教学管理、辅导及班务工作；关注及促进学生个人及群体的身心健康成长；给予学生心理、升学及就业方面的辅导；参与并推动家校合作和学校与外界的联系，以促进学校发展。个人专业发展内容包括参与专业交流活动、发展教育专业能力的活动；进行教育研究。

上述规定虽未使用“专业标准”一词，但实际上已经把三类教学人员的专业范围与责任以及他们各自应有的专业表现，进行了清晰和比较全面的概括，并具有法律的约束力。它既可作为教学人员评核、培训的依据，也是教学人员提升专业素养的方向及要求，在很大程度上将发挥专业标准的作用。

3. 从职级和晋升制度方面促进教学人员的专业发展

《非高等教育私立学校教学人员制度框架》为教学人员设置了6个职级，规定了进入起点职级的条件，并从服务时间、工作表现评核和专业发展三个方面规定了晋升的条件。职程制度的建立肯定了教师职业的专业性以及工作经验的价值，响应了教育界多年来的要求，有利于教师及早制定自己的生涯规划，并吸引教师长期从事教育事业。

更重要的是，《非高等教育私立学校教学人员制度框架》明确将教学人员任职以后的专业发展和工作表现评核作为职级晋升的两大要件，详细规定了每一个职级晋升所需的专业发展时数（平均每年30个小时），并要求每年对教学人员的工作表现进行评核。上述规定将从职程制度方面促进教学人员的专业发展。

4. 设立“教学人员专业委员会”

《非高等教育私立学校教学人员制度框架》吸收其他国家和地区的经验，规定设立“教学人员专业委员会”。该委员会的职权包括制定教学人员专业准则以及教学人员专业发展活动时数的审核准则，评审“卓越表现教师”，并就教学人员的提前晋升以及学生或家长的各种相关申诉向教育暨青年局提供意见。未来所有教学人员均须遵守其制定的专业准则。教学人员专业委员会的运作，有助于提升教学人员的专业地位，逐步建立非高等教育领域教学人员的自我约束和专业管理机制，解决教育实际中所产生的相关专业问题，有助于让教师养成良好的专业素养，具备能得到社会认可的专业表现。

六、政策展望

（一）完善教师专业发展政策的理念

分析教师专业发展政策的目标之一是为政策规划提供思路，而政策规划既要关注具体政策问题，也要体现政策的长远性、整体性和具体政策之间的协调性，因而理念的清晰与合理是十分必要的。

1. 重视教师专业发展体制的完善

要从整体上反思澳门的教师专业发展政策，首先要关注的就是体制层面的问题，而这一点恰恰是我们在视野上有所欠缺的。

研究表明，教育体制是教育机构与教育规范的结合体或统一体，特定的教育实施机构与一定的规范相结合，就形成了具体的教育体制。根据对教育体制的这种理解，教师专业发展体制包括两个方面：一是服务于教师专业发展的组织系统，特别是政府和民间的教师培训机构；二是与教师专业发展有关的规范和制度，例如法规和政府指引、教师专业组织制定的专业标准等。前者是教师专业发展的组织保障，后者则是教师专业发展的制度保证。澳门的教师专业发展政策，应该同时关注到这两个方面，否则政策就是不完整的。例如，如果培训机构（组织系统）不完整，教师专业发展就可能存在结构性的问题，甚至无法落实；而如若缺乏相关的规范和制度，教师的专业发展就将失去方向和动力，其质量也无法获得根本保障。

澳门在教师专业发展体制上须思考如下问题：① 如何处理好政府与学校在教师专业发展领域的关系；② 教师专业发展的组织系统是否完整，现有的培训系统能否为教师提供足够数量和类别的课程及培训活动；③ 如何激发教师本人在组织系统中的作用；④ 教师专业发展制度是否已经完善，如何修订现有教师专业发展专有法规；⑤ 除教师的入职要求外，政府是否有必要制定教师的专业发展标准，并为学校的教师专业发展提供指引。

2. 引入教师生涯发展的视角

教师专业发展的主体是教师，因而无论在相关政策的制定还是执行上，都应充分研究教师，尊重教师的特点，从他们的需要出发，考虑教师的工作环境、状态及可能性，特别是教师的职业倦怠与压力。

在这个方面，尤其要引入教师生涯发展的视角，不能认为所有教师的专业发展需要都是一样的。澳门现有的教师专业发展政策，从政策目标上看是比较笼统的，对所有类型和年资各异的教师几乎作一致化处理，这在一定程度上限制了政策的作用。

研究表明，教师作为一种职业，其职业生涯要经历不同的发展阶段。Huberman 等于 1988 年通过对 160 位教师的研究发现，教师在整个职业生涯中一般经历入职时期、稳定时期、实验与多样化时期或再评价时期、宁静与疏远时期或保守时期、不投入时期 5 个阶段。Fessler 和 Christensen 于 1992 年提出的教师职业生涯周期模型则将教师的职业生涯划分为以下 8 个发展阶段：职前期、职初期、能力建构期、热情与成长期、职业挫折期、职业稳定期、职业消退期、职业离岗期。

教师专业发展政策有必要认真分析和反映处于不同发展阶段的教师的特点和要求。

3. 保证教师专业发展政策与其他相关政策的互动与协调

教师专业发展的目的除了促进教师自身的成长外，更重要的是要改善教育教学质量，所以，有成效的教师专业发展在目的、标准、内容乃至方式和时机上，都不是自我导向的，而应与课程和教学的变革以及学校的整体改进紧密相连。这就意味着教师专业发展政策也不应是孤立的，不论在政策的制定还是政策的落实方面，都应放宽眼界，与其他相关政策相配合。这些政策主要包括：课程政策、教师专业晋升制度、教师津贴及资助政策、教学评核制度、小班教学政策。

（二）完善教师专业发展政策的具体建议

1. 加强并调整政府组织的教师培训

《纲要法》第四十二条第五款规定：“教育行政当局可自行组织或与其他实体合作组织培训，也可资助学校举办校本培训。”澳门特别行政区政府近年最重要的教师专业发展政策之一，就是推行校本培训。虽然在鼓励和推动学校规划校本教师培训活动的同时，教育暨青年局也继续提供了各种不同主题和形式的专业发展活动，供教学人员参与，但是，过去教育界一直反映，由特别行政区政府直接举办的教师培训活动要继续加强。

有关澳门教师专业发展活动效能的一项研究显示，与其他培训活动相比，教师更愿意参加政府主办的专业发展活动。其中的原因，除了政府举办的专业发展活动近年已积累了一定的经验和基础外，更重要的也许还在于，政府举办的培训活动的价值是其他机构举办的培训活动所不可替代的，这类由政府统筹安排的活动，不仅能节省资源，而且反映了许多学校的共同需求。

所以，无论是从提高培训效益上看，还是就现实需求而言，政府都应在进一步推进校本培训的同时，强化自身所举办的培训。

当然，政府举办的培训在方向和侧重点上须作出调整。其中，尤其要关注的是教师专业发展中的一些共通性问题的解决，必须与政府所要推行的重要政策相呼应。例如，现在尤其要关注以下领域的培训：① 学校的课程领导；② 教学人员的课程发展；③ 小班教学与小班化教育；④ 多元化的教学及评鉴；⑤ 学校效能与学校领导人员的深化培训；⑥ 重要学科的教学改革与学科骨干教师培训；⑦ 学校教学文化的改变。

2. 教师专业发展政策充分体现教师发展的差异性和针对性

有关澳门教师专业发展与培训的研究表明，澳门不同职业阶段、不同学历、不同任教科目甚至不同类型学校的教师，在专业发展需求和专业发展状况上都呈现出不同的特点。所以，教师专业发展政策应充分考虑教师发展的差异性，通过提高政策的针对性来使政策变得更加直接和有效，这是有关澳门教师的专业发展政策今后最有改善空间的一个方面。

具体而言，教师专业发展政策首先要关注不同职业生涯发展阶段教师的专业发展所呈现的动态变化的特点。在专业发展活动的效能方面，新入职 1 ～2 年的教师与 25 年或 25 年以上有资深教学经验的教师的专业发展活动效能最低，教师专业发展项目应关注他们的专业发展。3 ～ 5 年与 11 ～ 15 年教龄段的教师，其专业热情、投入度明显下降，出现两次职业倦怠的倾向，其专业知识、专业能力、专业自主发展的意识都需要进一步提升。

其次，要关注不同学历背景教师的专业发展需求。值得注意的是，副学士学位与本科学历的教师在专业发展的很多方面都低于大专或大专以下学历以及研究生学历的教师。为此，教师专业发展项目应适应不同学历层次的发展要求，特别是适应大学本科及本科以上高学历层次的需要。

最后，加入免费教育学校网的私立学校教师在专业发展方面值得特别关注，教师专业发展项目应结合不同学校性质的教师的专业发展需求。

3. 研究并明确应重点关注的专业发展领域

根据有关研究，澳门教师目前及将来最需要研习的内容，按其需要程度由高到低依次为有效沟通技巧、学科知识、学科教学法知识、学生心理辅导、资讯教育技术、通识知识、课堂管理策略、儿童心理发展、教育革新理念、教育教学研究方法、学生学习理论和班级事务管理等。教师专业发展活动应重点关注上述领域，特别是教师最需要的前 4 个方面的研习内容，重视教师教育教学能力的提升，为教师提供能够满足其专业发展需要的培训内容。

第五章　抓住关键：课程改革的进展与展望

自回归以来，澳门特别行政区政府努力推进教育变革，其中最重要的一个方面是课程改革。经过20年的努力，澳门在深入研究的基础上，以课程改革规划作推进，已成功建立起新的课程领导体制，改革了各教育阶段的课程结构，推出了各领域和学科的课程基准，同时在本地教材建设方面取得重要进展，至2019/2020学年，新课程已覆盖从幼儿教育至高中15年免费教育的所有年级。在此，我们有必要从分析澳门原有课程的问题入手，总结20年来课程改革的方向、成就和经验，并探讨未来课程改革应注意的主要问题。

一、新时代呼唤新课程

回归以前，澳葡政府在课程领域主要关注为数不多的公立学校，广大私立学校由于办学实体、办学理念、学制不同，课程和教材完全由学校自主决定。政府第一次整体关注学校课程始于20世纪90年代初，特别是1991年通过的《澳门教育制度》[①] 第一次从教育目标、教学语言和学校教学自主等方面为学校课程的发展提供了基本清晰的背景，也促使政府开始改变政策，主动介入课程问题，因此有了澳门历史上第一次由政府推动的课程改革。

1994年，澳葡政府颁布了幼儿教育、小学教育预备班、小学教育课程组织法令[②]，以及初中教育课程组织法令[③]。1997年，又颁布了高中课程编制法令[④]。1994年9月，教育行政部门又正式筹组“课程改革工作小组”，该小组在1994—1999年期间为幼儿教育、小学教育预备班、小学、初中及高中开发了全套的课

---

① 第11/91/M号法律《澳门教育制度》。参见方炳隆、高德祖：《澳门学校课程改革与学校优质教育》，载澳门大学教育学院、澳门教育暨青年司：《“优质教育：传统与创新”国际教育研讨会论文集》。

② 第38/94/M号法令《规定幼儿教育、小学教育预备班及小学教育之教育程度课程组织之指导性框架》。

③ 第39/94/M号法令《规定初中教育课程组织之指导性框架》。

④ 第46/97/M号法令《订定高中教育课程编排之指导性框架》。

程大纲，包括教学计划。该套课程大纲在公立学校和部分私立学校试行，成为公立学校教学的依据，为公立学校的课程发展提供了重要的指导和帮助，对于私立学校的课程与教学也具有参考价值。这标志着澳门基础教育课程基本制度的建立，对于完善澳门课程发展的制度系统、促进学校课程的改进具有重要的意义和价值。

这一时期的课程改革在澳门课程发展史上的意义是里程碑式的，但也留给人们一些值得思考的问题。由于第 11/91/M 号法律《澳门教育制度》明确规定“官立学校和私立学校均享有教学自主权”，且“教学自主系通过教学组织及运作以及课程发展而行使”，而 1994 年和 1997 年颁布的幼儿教育至高中教育的 3 个课程法令亦属“指导性框架”，以“不影响私立教育机构在行政与教学自主范围内之本身权限”[①] 为原则，随后开发的课程大纲也“不影响私立教育机构制定本身之大纲”[②]，可见，学校在法律上即被赋予了毋庸置疑的课程自主权，政府在课程领导方面的作用受到很大限制，特别是私立学校的课程与教学并未得到必要的质量保障。

1999 年 12 月，澳门回归祖国，进入“一国两制”、“澳人治澳”、高度自治的新时代。随着政治、经济、文化等方面的快速改变，澳门原有的学校课程体系很难再适应社会发展的一系列要求。[③]

（一）提升教育质量和年青一代的竞争力

一方面，回归之后随着博彩业的开放，澳门的经济快速发展，澳门特别行政区政府因此持续加大教育投入，自 2007/2008 学年起在华人地区率先实施 15 年免费教育。与此同时，由于人口出生率的下降，澳门学生总人数迅速减少了将近 1/3，澳门特别行政区政府力推小班制，至 2006/2007 学年，幼儿教育阶段实施小班制的班级数已占班级总数的 67%，小学教育阶段也超过 40%，并且初中首年实施就已达到 24%。小班制的有效推行以及班师比和师生比的持续优化，为师生更多、更好地互动与沟通，提高教与学的效能创造了条件，从而为优质教育的发展奠定了基础。澳门非高等教育的发展已经步入了一个新的阶段，由“量

---

① 第 38/94/M 号法令《规定幼儿教育、小学教育预备班及小学教育之教育程度课程组织之指导性框架》。

② 同注①。

③ 苏朝晖、梁励、王敏：《澳门课程改革的背景、进展与展望》，上海：《全球教育展望》，2009 年第 5 期。

的扩张”过渡到“对优质教育的追求”。[①] 但是，提升教育质量的关键还在于有优质的课程与教学。长期以来，澳门非高等教育各自为政，许多学校连基本的课程设置和教学水准都无法保证，这对教育质量的提升造成极大阻碍。

另一方面，作为一个微型经济体和以旅游、博彩业为主的自由港，澳门经济与全球联系逐渐加强以及全球性的竞争日益激烈，已经成为一个不可逆转的事实。全球化既带来难得的发展机遇，也带来前所未有的挑战与竞争，澳门就业市场上外来劳动力在许多企业占据了较高比例的中、高管理层职位。这表明澳门劳动人口的竞争能力亟待提高。

以上两个方面，都要求澳门特别行政区政府研制和发展一套新的课程体系，为澳门非高等教育质量的整体提升提供制度上的保障，不仅要培养学生开放的态度和敢于竞争的精神，而且要让学生掌握系统的、扎实的、符合时代发展需要的知识和技能，更要培养学生良好的创新能力。

（二）提升年青一代的公民意识和对国家的认同

“回归”无论对于社会还是对于澳门的每一个居民来说，都是一个根本性的改变。回归以来，澳门愈来愈强调要建立一个民主的、自由的公民社会，因此在社会的整体治理思路上，愈来愈要求市民具备做一个“好公民”的必备素养。正如美国学者奥恩斯坦所说，民选的、负责任的政府必须“捍卫公共善”以“反对财阀权力的狭隘特定利益”。[②] 而要实现这一点，就要普遍而全面地提升所有市民作为公民的意识与素养，在民主、法治的制度环境里，整体提高澳门市民的公民意识、公民责任感和理性精神，这是澳门教育应关注的重要议题。

公民意识是公民对自身的政治地位和法律地位、应履行权利和应承担义务的自我认识，体现了社会成员对自己基本社会身份的认同，也是公民支配自己社会行为所依据的基本价值观念。公民意识具体体现为公民的权利意识、参与意识、监督意识、责任意识、规则意识（主要表现为法律意识）。基于这些核心意识，公民素养还包括平等与独立的人格以及在公共生活中的自主能力和理性精神。约翰·罗尔斯把理性作为公民的美德，认为理性是形成平等合作和互惠的个人条

---

① 苏朝晖、郭晓明：《优质教育的制度保障：澳门教育制度变革的内在价值》，载澳门大学教育学院编：《“华人社会的教育发展”学术研讨会论文集》，2007。

② Allan C. Ornstein，Francis P. Hunkins：《课程发展与设计》，方德隆译，台北：台湾培生教育出版股份有限公司，2004，第147页。

件，“理性的社会既不是一个圣徒的社会，也不是一个以自我为中心的社会”。理性表现了“人的自我负责精神”和“自我治理能力”，只有理性的人，才具有对“个人生活和公共生活的洞察力和明智地处理社会事务和个人事务的能力”，在面对分歧和冲突的时候，“不是用权势、权威、威胁、诱惑和暴力胁迫他人服从”，而是“通过平等的辩论、商讨、协调、交流、倾听、妥协等理性方式”解决问题。[①]

从澳门 2001 年和 2005 年立法会选举的一些情况看，澳门市民的公民意识及公民理性有待加强。而从对澳门 13 ～ 29 岁青年参与立法会选举的意愿所进行的一项调查看，仅有 40% 的受访青年表示有登记成为选民的意愿，且只有 30% 的受访者表示会参与立法会选举投票；明确表示不会登记成为选民的近 20% ，不会参与立法会投票选举的也超过 20% ；参与选举投票的意愿并不强烈、尚在犹豫之中的人数亦超过 45% 。2006 年澳门青年指标方面的研究也表明，澳门青年参政议政尚有较大的改善空间，政府及学校应通过相关政策及活动促进学生和社会青年积极参与社会活动，学会承担责任；澳门青年参与社会活动的总体比例不高，在公民教育中应获得关注。[②] 可见，澳门青年的公民意识尚待提高。

另外，世界虽已进入全球化时代，但民族国家的价值依然须予以重视。由于澳门的特殊历史，强化年青一代对国家和民族的高度认同，尤为必要。让青年人增强对国家的认同感，不仅可以让他们更好地理解“一国两制”“澳人治澳”和高度自治，也有助于其更好地了解和认识内地的制度，以主人翁的心态去参与和推动国家的发展。所以，学校课程应致力增进年青一代对中国国情和澳门区情的了解，培养他们的民族归属感、对祖国和澳门的认同感，以及整体国家的观念。而这一切，是回归前澳葡政府所推行的课程所不曾考虑到的。

（三）引导学生思考和追求更美好的生活

整体提升澳门居民的生活质量，是回归以来澳门社会的普遍追求，也是澳门各项事业进一步发展的根基。有意见认为，“社会各界对教育问题都有普遍的共识，就是生活素质的提升，必须从教育开始”[③]。所以，优质的生活需要优质的

---

① 约翰·罗尔斯：《政治自由主义》，万俊人译，南京：译林出版社，2000，第 56 页。

② 苏朝晖、梁励、王敏：《澳门课程改革的背景、取向与展望》，上海：《全球教育展望》，2009 年第 5 期。

③ 《生活素质提升从教育开始》，澳门：《澳门日报》，2005 年 4 月 29 日。

教育，这既是广大居民的期盼，也是政府应努力达成的目标。在人的物质欲望日益膨胀、人文精神渐趋萎缩的今天，学校的教育和课程有必要引导学生思考何谓美好生活，让他们抱有对自然的谦卑、对精神生活的向往、对多元文化价值的肯定，以及对追求真理和社会公正的坚持。在以旅游、博彩业为主导产业的澳门，这一点显得尤为重要。赌权开放推动了澳门经济的迅速增长，也使教育工作面临着一些新的挑战，如轮班工作的双职工家长及投身博彩行业青年人的增加、中学生兼职渐趋普遍等，令教育工作环境日趋复杂；赌博、毒品、色情及暴力等不良影响对年青一代的价值观和人生观造成冲击；等等。信息科技和网络的广泛使用、新来澳门定居人士的增多、家庭结构的改变以及父母陪伴子女时间的减少，令年青一代的成长环境日趋复杂。

另外，澳门作为一个多元文化的社会，中华文化在这里有着悠久的历史，同时西方文化特别是葡萄牙文化在澳门的存在也已历400余年。在全球联系日益加强的背景下，澳门的对外交流日益频繁和广泛。澳门的教育一方面应进一步继承和弘扬中华民族传统的伦理美德，另一方面应拓宽视野，吸纳和借鉴其他地域的优秀文化。这一切都要求教育与时俱进，在课程上予以回应。

二、确立课程改革新取向

澳门课程发展与改革的历史，以及教育发展的内、外部环境，为思考澳门课程改革的方向奠定了基础。课程改革的最终目标是要促进人的发展、培养未来所需要的人才，所以有必要厘清澳门年青一代素质上的优势与弱项。而就课程领域而言，制度的调整与建设是澳门现阶段课程改革与发展所必须关注的课题，在这一方面，澳门有必要调整课程领导体制，建立自己的课程基准和教材认定制度，加强对校本课程开发的支持，促进教师课程质量的提升。

（一）促进学生的全人发展

课程改革与发展必须基于对教育的价值和宗旨的思考。美国课程学者奥恩斯坦在其2004年出版的课程名著——《课程发展与设计》中，专设一章讨论了课程领域的一些重要议题与未来趋势，其中首先被提出的一个命题就是要“重新发明教育”。在一个急剧变革的时代里，必须回答未来的教育到底应是怎样的，而其中的关键就在于，未来社会的人到底应该是怎样的。

澳门的教育总体来说延续了华人地区的教育传统，比较重视基本知识、基本技能的学习以及学生品德的发展。在 2006 年经济合作与发展组织（OECD）的“学生能力国际评估计划”（PISA）测试中，澳门 15 岁学生的数学素养、科学素养、阅读素养，在参加的 50 多个国家和地区中，分别排在第 8、第 17、第 21 位。但澳门学生的素养也存在一些弱项，社会的发展又对年青一代提出了新的要求。在遵循《纲要法》所制定的教育总目标的前提下，课程改革与发展旨在帮助每一位学生发展其潜能、建立正面的价值观，促进其在德、智、体、美、群等方面的全面发展，使之学会学习、学会生存，成为具有责任感、批判意识、创新精神和终身学习能力的公民。

为此，学校应为学生提供终身学习所需要的经验，关注学生的不同需要，通过全方位而又灵活的课程设计，促进学生的知识水平和能力水平的整体提升。课程还应关注每一位学生，培养其有益的兴趣，引导他们过有意义的生活，学会学习、学会生存。学校应为学生提供全面而均衡的课程，为其未来的生活、就业和终身学习奠定基础，通过课程改革，推动优质教育的建构，促进学生的全人发展。

根据澳门学生现实和未来发展的需要，非高等教育课程尤其应培养学生的阅读与语言能力、运用数学思维与方法的能力、运用信息科技的能力、沟通与协作能力、批判思考与创新能力。同时，应关注品德与公民教育，促使学生建立正面的价值观，培养学生良好品德及抗诱惑、抗挫折的能力，培养他们的公民意识和社会公德，促进其公民品格的提升；应特别关注学生的健康发展，包括身体健康和心理健康以及良好的社会适应能力，促使其养成健康的生活方式。非高等教育课程还应重视艺术教育，通过艺术课程和多种形式的审美教育活动，培养学生的创意思维，持续提升学生的审美素养。①

（二）建立课程决策新机制

从课程政策的角度看，阻碍澳门课程发展的关键问题之一，是课程决策与课程变革的机制问题。1994 年以来的课程实践表明，这一问题并没有得到解决，甚至未得到应有的重视。这就是澳门以往的课程改革往往停留于以法规形式颁布的课程文件，而不能普遍转化为学校的课程实践的内在根源，也是学校与政府在课程变革的动力和步骤上总存在差别的根源。课程改革的重要部分是课程体制和

---

① 苏朝晖、梁励、王敏：《澳门课程改革的背景、取向与展望》，上海：《全球教育展望》，2009 年第 5 期。

课程决策机制的改革，尤其是政府与学校的关系的调整。

澳门的总体情况是，学校拥有相当大的自主性，从法律的层面看，虽然政府制定了各教育阶段的课程组织法令，但这些法令须以“不影响私立教育机构在行政与教学自主范围内之本身权限”为前提，公立、私立学校都享有教学自主权，且这种“自主”是“通过教学组织及运作以及课程发展而行使”的，可见，法律赋予了学校毋庸置疑的课程自主权，私立学校可以自主制定课程大纲，教材的选用在所有学校都不受任何限制，政府对学校的课程难以起到积极的引导作用。这种决策权力分配不平衡的课程决策机制，既不符合世界范围内课程决策权分配的均衡化发展方向（政府与学校之间的平衡、中央与地方之间的平衡），也有碍地区课程的必要统整及协调。[①]

世界各地的课程领导愈来愈强调政府与学校之间以及中央与地方之间的平衡，即便是一向将课程决策权完全交给学校和地方教育行政机构的英国、美国等，也在最近几十年里不断强调并实施其“国家课程”。英国于1988年就以立法的形式推行了多达9科的“国家课程”，影响深远[②]；在美国，“国家正趋向一个全国一致、以实作表现为主流的课程政策观”[③]，联邦政府的影响力也迅速上升，联邦政府通过国家标准对州政府和地方政府施加压力，州政府和地方政府也在推动全国一致性课程标准上发挥着越来越重要的作用。[④]

澳门须建立一种新的课程领导与决策机制，从政府与学校、官方与民间的关系上看，这种机制的特点就是要加强政府在课程决策与领导上的影响力。决策权不同于信息权和建议权，教育部门和其他社会团体、社会组织以及个人对课程都有建议权或咨询权，但课程决策主体在澳门可能主要是学校和政府。

从总体上看，澳门的课程决策机制应赋予政府以制定地区课程框架以及学生经过学习在身心素养上所须达到的水平的权力，学校在遵守最基本的地区课程框架和相关基本学力要求的情况下，应拥有本校课程的最后决策权，包括制订自己的课程计划、课程大纲，选择教科书，开发校本课程等。教育行政部门应尊重学

---

① 郭晓明：《市民社会与课程：澳门课程变革机制的理论反思》，载台北教育大学课程与教学研究所编：《课程理论与课程改革——第九届“两岸三地课程理论研讨会”论文集》（下册），2007。

② 蔡清田：《课程政策决定——以国家教育改革法案为依据的课程决策》，台北：五南图书出版公司，2003。

③ Richard F. Elmore，Susan H. Fuhrman：《学校课程的决定——1994年美国视导与课程发展学会（ASCD）年鉴》，陈佩正、基隆河畔策略联盟等译，台北：心理出版社，2005，第2－3、31页。

④ ［美］戴维·T. 康利：《谁在管理我们的学校——变化中的角色和责任》，侯定凯译，上海：华东师范大学出版社，2005，第2页。

校的教学自主权。

（三）确保教育基准

澳门非高等教育阶段的课程和教材历来由学校自主决定或选择，学校与学校之间在教材、教学内容、教学语言乃至课程设置和课程结构上都各有不同。据统计，1993/1994 学年澳门非高等教育阶段所有学校中的 79 所学校的课程计划中，没有一所学校的课程与别的学校完全相同。[①]

毫无疑问，这种课程管理制度有其合理的一面，尤其是能给学校以足够的空间创造性地开发具有个性的课程，使学校办出特色，[②] 但它也令澳门非高等教育的质量缺乏基本的标准，学校间的教育质量参差不齐。从长远看，这不利于澳门社会的发展。教育肩负着为社会培养人才的重任，课程政策的制定与实施须积极响应澳门政治、经济、文化和社会发展的多方面需求，并体现时代性、前瞻性，具有国际视野。教育应为本地的发展服务，一个地区应该有自己的基本教育标准，澳门的教育应继续发挥自己的优势，特别是让所有学校办出自己的特色，但也应根据与本地区社会发展需要相配合的教育改革方向，研究并设定地区课程基准。[③]

也许有人并不赞成设立这样的课程基准，原因是澳门的学校是如此多样，而保留学校的自主性和创造性又是如此重要。但课程基准的设立并不必然与此矛盾，当然这取决于课程基准的恰当性，恰当的课程基准可以包容学校的多样性，就像包容学生的多样性一样，并保留学校的自主性。美国人支持建立“国家课程”标准的主要理据，也许是值得澳门思考的：其一，他们认为“国家教育标准确保我国具有多元文化与不断流动的民众，都能够具备民主运作所需要的知识与价值”；其二，“全国的合作成果将会比各自制定独立的标准与评量系统更有效率”；其三，“设定具有挑战性的国家标准，可以鼓励州与地方政府提升它们在教育上的期许”；其四，“一套适合每一个孩童的国家标准，将是实现全国教

---

① 郭晓明：《市民社会与课程：澳门课程变革机制的理论反思》，载台北教育大学课程与教学研究所编：《课程理论与课程改革——第九届“两岸三地课程理论研讨会”论文集》（下册），2007。

② 冯增俊：《澳门教育概论》，广州：广东教育出版社，1999，第 288 页。

③ 郭晓明：《澳门课程变革的背景与可能路径》，澳门：《行政》，2004 年第 4 期。另见冯增俊：《澳门教育概论》，广州：广东教育出版社，1999，第 288 页；方炳隆、高德祖：《澳门学校课程改革与学校优质教育》，澳门大学教育学院、澳门教育暨青年司：《“优质教育：传统与创新”国际教育研讨会论文集》，澳门：澳门大学教育研究中心，1999，第 28 – 29 页。

育机会均等的一个契机”；其五，“这个标准可以通过一套清楚、普遍、具挑战性的目标与判准，分配不充足的资源，改善学校与老师的专业养成与素养”。[①]

在澳门，学校长期以来使用大量的外地教材，而政府课程法规对学校课程计划的影响又相对较弱，因此课程本地化一直是澳门教育界的一项重要诉求。而课程本地化首先是课程框架和课程标准的本地化，课程内容的本地化和教材的本地化都是在其之后的问题，澳门特别行政区政府不可能直接干预具体的课程内容和教材，所以研制地区课程框架和类似于课程标准的课程文件，应成为澳门课程改革的基础和关键。

值得注意的是，这里的地区课程基准应是最基本的，它只规定澳门各学段课程的“底线”，而不是“上限”，因而设置地区课程框架和基本学力要求不是要统一澳门的课程和教材，而是要确立澳门教育的基本水平。学校在遵守本地课程基准的前提下，应允许其自主开发校本课程，选择教材和教学方法。

当然，既然是地区的课程基准，那就是地区内的所有学校都必须遵守的，无论公立学校还是私立学校，教学自主权的行使都必须以遵守此课程基准为前提。这一点不同于 1994—1999 年教育行政部门推出的中学、小学和幼儿教育的课程框架及课程大纲。

（四）建立协调、互动的参与机制

从历史上看，政府及其行政活动都产生于市民的公共生活，因而公共行政的最基本的精神，就是“公共性”，即市民和各种类型的社会组织的广泛而充分的参与，这应是所有现代公共行政所必须遵守的基本准则。[②]

澳门历来被视为一个“社团社会”，任何政策的制定和实施要取得成功，就必须立足于市民和社会组织的共识。在“政府与市民社会”的框架下展开广泛的讨论与交流，应在肯定课程持份者（市民、学校、办学实体、政府等）课程需求的多样性及合理性的基础上，充分关注各利益群体的不同诉求，扩大课程讨论的空间，在课程领域多元权利主体间达成课程共识，从而推进课程变革。有效且合理的课程改革机制必须立足于政府和市民两个方面的良性互动，包括澳门市

---

① Richard F. Elmore, Susan H. Fuhrman：《学校课程的决定——1994 年美国视导与课程发展学会（ASCD）年鉴》，陈佩正、基隆河畔策略联盟等译，台北：心理出版社，2005，第 2－3、31 页。

② ［美］乔治·弗雷德里克森：《公共行政的精神》，张成福等译，北京：中国人民大学出版社，2003。

民的广泛参与以及经公共领域深入讨论而凝聚的共识。唯有如此，方可为澳门优质课程的发展真正提供制度上的保证。

在澳门，政府的课程决策往往以法规的形式体现，而在法规的起草、咨询和审议过程中，具有广泛代表性的“教育委员会”、教育社团、教育工作者、新闻媒体、社会大众及其他有影响力人士等，都有机会参与。澳门凝聚各种改革力量，建立了一个上下协调、多方互动的广泛参与机制。所以应该说，澳门政府层面的课程决策是有一定的民主参与机制的。

但是，澳门特别行政区政府的课程决策机制在某些方面也需调整。其中包括要进一步调整课程规划部门，改善决策支持系统，加强课程决策机构与咨询机构之间的沟通及协作；在制定各教育阶段课程框架与基本学力要求文件的过程中须与各方加强联系、通力合作，吸纳周边地区及国际课程领域的专家、学者、学术研究机构和团体以及其他组织的学术力量，聘请课程改革与发展工作顾问，借鉴海内外的经验和教训，吸收有价值的意见和建议；充分调动校长、教师、学生、家长、商家以及各种专业组织、社会团体、媒体的积极性，共同参与非高等教育课程改革与发展工作。

三、20 年来的重要进展

澳门特别行政区政府近年来一直将课程改革作为施政的重点方向，配合教育投入的增加以及教育条件的完善，进行了课程改革的系统研究，制定了课程改革与发展的整体规划，成功建立起新的课程领导体制。

（一）确立新的课程领导体制

澳门需要建立一种新的课程领导体制与课程决策机制，这主要是通过新的法规的制定而实现的。其中最关键的一步是在 2006 年颁布和实施第 9/2006 号法律《纲要法》，该法从法律层面明确了政府和学校共同负责课程决策的新的课程领导体制，规定政府须规划“各教育阶段的课程框架”，制定学生须达到的“基本学力要求”，具体内容由专有法规制定；学校“在遵循澳门特别行政区课程框架和基本学力要求的前提下，可自主发展其校本课程”[①]。这是对课程决策与课程领导机制的一次重要转变，改变了过去私立学校享有绝对课程自主权的状况，增

① 《纲要法》第二十二条。

加了政府在课程管理领域的影响力。另外，澳门特别行政区政府通过第102/2006号行政长官批示，成立了“课程改革及发展委员会”①。该委员会隶属于社会文化司司长，基本职责是推动课程研究，协助制定各教育阶段课程组织总框架并制定落实的策略与标准，同时就课程发展与教育机构合作；工作过程中可邀请教育界和专业人士参与。课程改革及发展委员会的成立为澳门的课程改革及发展建立了专业领导组织系统。

新的《纲要法》及上述行政长官批示，确立了新的课程领导体制及课程决策机制，其基本方向是赋予政府制定地区课程基准的权力，学校在遵守这一课程基准的前提下，拥有本校课程的领导权和决策权，包括制定本校的课程计划、学力要求、课程大纲，选择或改编教材，开发校本课程等。课程决策的主体包括政府和学校，也有教育界和专业人士的参与。

（二）建构课程改革的有效运作机制

为持续推动课程改革，澳门特别行政区政府凝聚各种改革力量，建构了一个上下协调、多方互动的广泛参与及有效运作机制。

澳门特别行政区政府于2005年底开始启动对非高等教育课程的检讨工作，并在此基础上制定了澳门课程改革的总体规划——《共建优质教育，促进全人发展——澳门特别行政区非高等教育课程改革与发展蓝图》，秉承特别行政区政府教育改革的整体思路，以“共建优质教育，促进全人发展”为根本目的，推动澳门新一轮课程改革工作的持续开展。这份蓝图制定了课程改革与发展的宗旨、主导原则以及应特别关注的领域，规划了课程改革与发展工作进程，提出了相应的发展策略和关键措施，为澳门非高等教育课程的整体架构及发展确立了基本方向。

受地域及高等教育发展规模的限制，澳门在课程研究及课程开发方面的人力资源相对缺乏，未能满足课程改革及发展工作的需要。同时，为了更好地学习和借鉴其他地区的课程改革经验，澳门特别行政区政府分别在澳门、内地、香港及台湾等地聘请了教育和课程领域以及学科领域的知名学者、专家担任课程改革顾问，为澳门非高等教育课程改革的整体规划、课程框架与基本学力要求的研制以及课程指引的编写等工作提供专业意见和建议，为有效推动课程改革提供了广泛、深厚的专业技术支持。

---

① 澳门特别行政区第102/2006号行政长官批示《设立〈课程改革及发展委员会〉》。

为落实《纲要法》中有关课程的规定，澳门特别行政区政府又组织澳门具较高教育理论修养和相关专业水平的教育专家、学者，以及有丰富的教育实践经验、一定的教育理论及专业水平的教育一线工作者共同成立了各学习领域或科目的“基本学力要求”研制小组，逐步开展各教育阶段相关基本学力要求的研制工作。

（三）改革课程结构

世界各国课程改革的具体目标不尽相同，但改革的焦点之一都是课程结构的调整，因为设置什么样的课程，决定了向年青一代进行什么样的教育。过去，澳门正规教育的课程框架由第 38/94/M 号法令、第 39/94/M 号法令和第 46/97/M 号法令 3 个法规规范组成[①]，澳门特别行政区政府于 2014 年正式颁布第 15/2014 号行政法规《本地学制正规教育课程框架》，对幼儿园、小学、初中和高中 4 个教育阶段的课程结构作出了较大的调整[②]。

1. 设立学习领域，保障学习经验的完整性

学习领域是一个比科目更广泛的概念，一个学习领域往往由若干相关科目构成，它把知识领域中基本的和相关联的概念联系在一起。学习领域的设置反映了现代科学在分化的基础上走向新的综合的趋势，有利于保证学生学习经验的均衡性及其全人发展，并促进课程的整合。在科目之上设置“学习领域”，有利于整体规划课程内容，保障学生有机会获得多元、均衡的学习经验，促进其全人发展，提高学生的综合素养。因此，这一做法已成为发达国家和地区课程改革的主流方向。[③]

学习领域的设置应力求体现各教育阶段的连续性和一贯性，但不同教育阶段也可以根据各自的特点和需要，安排自己的学习领域。《本地学制正规教育课程框架》在借鉴其他国家和地区经验的基础上，结合澳门的实际情况，在幼儿教育阶段设立五大学习领域，包括健康与体育，语言，个人、社会与人

---

① 第 38/94/M 号法令《规定幼儿教育、小学教育预备班及小学教育之教育程度课程组织之指导性框架》、第 39/94/M 号法令《规定初中教育课程组织之指导性框架》、第 46/97/M 号法令《订定高中教育课程编排之指导性框架》。

② 苏朝晖、梁励、王敏：《澳门课程改革的背景、取向与展望》，上海：《全球教育展望》，2009 年第 5 期。

③ 王敏：《〈课框〉与课程结构的改革》，澳门：《教师杂志》，2013 年第 41 期，第 2－13 页。

文，数学与科学，艺术，各领域之下不再设科目，倡导跨领域的、综合的单元主题教学，避免小学化倾向。在小学至高中教育阶段，设立六大学习领域，包括语言与文学，数学，个人、社会与人文，科学与科技，体育与健康，艺术，并在每个学习领域之下设置1个或多个科目，加强相关科目之间的联系，促进课程整合。学校应保障学生修读的科目能够涉猎每一个学习领域，帮助学生建立广泛的知识基础，并充分挖掘学生的潜能，确保其未来发展有多样的和更大的选择空间。

2. 加强品德与公民教育、体育和艺术教育

过去，澳门部分学校仅重视与升学考试相关的科目，挤占品德与公民、体育、艺术等科目的课时，品德与公民教育缺位，体育运动时间严重不足，艺术教育得不到应有的重视，大部分学校甚至在高中教育阶段都不开设艺术课程，影响学生的身心健康、人格完善、竞争力及持续发展能力。

《本地学制正规教育课程框架》遵循国际课程改革的主流方向，从整体培养核心素养出发，关注课程的均衡性，一方面继续重视语文、数学等基础性科目，确保其必要课时，夯实传统基础学力；另一方面，加强对品德与公民教育、体育、艺术教育的重视，将它们纳入小学至高中各教育阶段的必修科目中，并规定了必要的课时下限。尤其针对澳门学生体育锻炼时间不足、身体健康存在忧患的状况，明确规定学校要确保每名学生每周参加体育运动的时间至少达到150分钟，其中包括每周至少2节体育课（表5－1～表5－4）。

上述课程设置的调整直接响应了前述核心素养的要求，有助于引导学校有计划地、系统性地开展公民素质教育，增进学生健康和体质，并培养其审美能力和创造力，为学生的终身学习和发展奠定了基础。

3. 重视文、理平衡，全面提升学生的科学和人文素养

长期以来，澳门大部分学校在高中教育阶段便文、理分科，且文、理不兼修。这种课程结构上的偏失，必然对学生的素质产生影响。相关研究显示，过早的专业分化限制人才长远发展，教育实践也证明，通识教育对于提升学生思维质量、解决问题的能力、创造力和融入社会的能力，以及对其以后的专业学习和成长，都具有极为重要的作用。正因如此，在初中及高中教育阶段，重视文理兼修已成为国际课程改革的主流趋势，一些发达国家直至高等教育阶段仍把通识教育作为基础课或必修课。

表 5－1　原课程法令与现行《本地学制正规教育课程框架》的每周课时比较

教育阶段	原课程法令[①] 每周课时/节数的规定	《课程框架》[②] 每周课时规定	每周课时上限的下调
幼儿园	幼儿园一年级至幼儿园二年级： 805～900 分钟/23～36 节 （每节 25～35 分钟） 幼儿园三年级： 805～1 190 分钟/23～34 节 （每节 30～40 分钟）	不得多于 900 分钟	下调 290 分钟， 即约 9.7 节 （按每节 30 分钟计）
小学	小学一年级至 小学四年级：28～38 节 小学五年级至 小学六年级：30～40 节 （每节 35～45 分钟）	1 080～1 400 分钟， 即 27～35 节 （按每节 40 分钟计）	下调 200 分钟 即 5 节 （按每节 40 分钟计）
初中	1 480～1 850 分钟/36～45 节 （每节 35～50 分钟）	1 120～1 600 分钟， 即 28～40 节 （按每节 40 分钟计）	下调 200 分钟， 即 5 节 （按每节 40 分钟计）
高中	1 400～1 800 分钟/35～45 节 （每节 40 或 45 分钟）	1 200～1 720 分钟， 即 30～43 节 （按每节 40 分钟计）	下调 80 分钟， 即 2 节 （按每节 40 分钟计）

表 5－2　澳门与内地、香港、台湾地区的小学、初中、高中教育阶段总课时比较[③]

地区	教育阶段总课时/分钟		
	小学	初中	高中
内地	240 800	140 080	116 640 或以上
香港	285 120	165 240	132 000～156 000 或以上
台湾	230 400～253 440	155 520～170 100	189 000
澳门	224 640～291 200	115 360～164 800	111 600～159 960

① 第 38/94/M 号、第 39/94/M 号、第 46/97/M 号的课程组织法令。

② 澳门特别行政区第 15/2014 号行政法规《本地学制正规教育课程框架》。

③ 澳门的小学、初中、高中教育阶段的总课时，下限均为四地中最低；澳门的小学、初中、高中教育阶段的总课时，基本与香港、台湾地区相同。

表 5－3 澳门与内地、香港、台湾地区的中国语文、英语、数学的科目课时比较

中国语文			
地区	教育阶段总课时/分钟		
	小学	初中	高中
内地	48 160 ～52 976	28 016 ～30 818	6 480 ～11 340（必修 + 选修性必修）
香港	71 280 ～85 560	28 080 ～34 680	没有具体规定①
台湾	46 080	24 300	18 000
澳门	49 920 ～83 200	20 600 ～37 080	18 600 ～26 040
英语			
地区	教育阶段总课时/分钟		
	小学	初中	高中
内地	14 448 ～19 264	8 405 ～11 206	4 860 ～11 340（必修 + 选修性必修）
香港	48 480 ～59 880	28 080 ～34 680	没有具体规定
台湾	8 640	14 580	16 200
澳门	41 600 ～58 240	20 600 ～37 080	18 600 ～26 040
数学			
地区	教育阶段总课时/分钟		
	小学	初中	高中
内地	31 304 ～36 120	18 210 ～21 012	6 480 ～11 340（必修 + 选修性必修）
香港	34 200 ～42 720	19 860 ～24 780	没有具体规定
台湾	34 560	19 440	14 400
澳门	33 280 ～49 920	20 600 ～28 840	14 880 ～26 040

① 香港高中教育阶段，中国语文、英语、数学、通识 4 个核心科目的总课时为 67 500 ～82 500 分钟。

表 5－4　澳门与内地、香港、台湾地区小学、初中、高中教育阶段的课程要求条目数的比较[①]

<table>
<tr><th colspan="3" rowspan="2">教育阶段及科目</th><th colspan="4">课程要求条目数/条</th></tr>
<tr><th>澳门</th><th>内地</th><th>台湾</th><th>香港</th></tr>
<tr><td rowspan="9">小学</td><td colspan="2">中文（教学语文）</td><td>149</td><td>89</td><td>220</td><td>41</td></tr>
<tr><td colspan="2">英文（第二语文）</td><td>91</td><td>93</td><td>105</td><td>141</td></tr>
<tr><td colspan="2">数学</td><td>103</td><td>117</td><td>67</td><td>67</td></tr>
<tr><td colspan="2">品德与公民</td><td>152</td><td>95（道德与法治/社会）</td><td>30（生活课程）</td><td rowspan="2">192（常识科）</td></tr>
<tr><td colspan="2">常识</td><td>114</td><td>150（科学）</td><td>83（社会＋自然科学）</td></tr>
<tr><td colspan="2">信息科技</td><td>58</td><td>—</td><td>—</td><td>66</td></tr>
<tr><td colspan="2">体育与健康</td><td>53</td><td>49</td><td>113</td><td>51</td></tr>
<tr><td rowspan="2">艺术</td><td>视觉艺术</td><td>40</td><td>57</td><td>16</td><td>20</td></tr>
<tr><td>音乐</td><td>36</td><td>75</td><td>20</td><td>36</td></tr>
<tr><td rowspan="10">初中</td><td colspan="2">中文（教学语文）</td><td>116</td><td>44</td><td>70</td><td>41</td></tr>
<tr><td colspan="2">英文（第二语文）</td><td>62</td><td>151</td><td>82</td><td>94</td></tr>
<tr><td colspan="2">数学</td><td>136</td><td>159</td><td>47</td><td>32</td></tr>
<tr><td colspan="2">品德与公民</td><td>96</td><td>54（道德与法治）</td><td rowspan="2">246（社会）</td><td rowspan="2">65（个人、社会及人文）</td></tr>
<tr><td colspan="2">社会与人文</td><td>108</td><td>84</td></tr>
<tr><td colspan="2">自然科学</td><td>122</td><td>258</td><td>246</td><td>384</td></tr>
<tr><td colspan="2">信息科技</td><td>32</td><td>—</td><td>27</td><td>69</td></tr>
<tr><td colspan="2">体育与健康</td><td>39</td><td>15</td><td>50</td><td>23</td></tr>
<tr><td rowspan="2">艺术</td><td>视觉艺术</td><td>43</td><td>24</td><td>11</td><td>20</td></tr>
<tr><td>音乐</td><td>19</td><td>41</td><td>11</td><td>40</td></tr>
</table>

① 内地条目数指内地课程标准文件内的“内容要求”条目数；台湾条目数指台湾课程纲要文件内的“学习表现”“学习内容”条目数；香港条目数指香港课程指引的“学习重点”“学习范畴目标”条目数。

续表

<table>
<tr><th colspan="3" rowspan="2">教育阶段及科目</th><th colspan="4">课程要求条目数/条</th></tr>
<tr><th>澳门</th><th>内地</th><th>台湾</th><th>香港</th></tr>
<tr><td rowspan="10">高中</td><td colspan="2">中文（教学语文）</td><td>160</td><td>136</td><td>65</td><td>41</td></tr>
<tr><td colspan="2">英文（第二语文）</td><td>68</td><td>75</td><td>95</td><td>92</td></tr>
<tr><td colspan="2">数学</td><td>143</td><td>91</td><td>44</td><td>28</td></tr>
<tr><td colspan="2">品德与公民</td><td>62</td><td>64
（思想政治）</td><td rowspan="2">276
（社会）</td><td>108
（伦理与宗教）</td></tr>
<tr><td colspan="2">社会与人文</td><td>37</td><td>92
（历史＋地理）</td><td>157
（历史＋地理）</td></tr>
<tr><td colspan="2">自然科学</td><td>42</td><td>82</td><td>183</td><td>91</td></tr>
<tr><td colspan="2">信息科技</td><td>26</td><td>30</td><td>31</td><td>24</td></tr>
<tr><td colspan="2">体育与健康</td><td>40</td><td>25</td><td>27</td><td>21</td></tr>
<tr><td rowspan="2">艺术</td><td>视觉艺术</td><td>28</td><td>10</td><td>12</td><td>20</td></tr>
<tr><td>音乐</td><td>13</td><td>43</td><td>13</td><td>33</td></tr>
</table>

《本地学制正规教育课程框架》规定高中教育阶段不能过早文、理分科，学生必须学习一定课时的“个人、社会与人文”和“科学与科技”两大领域的科目及课程内容。此举有利于整体提升学生的人文素养和科学素养，解决以往高中阶段课程的结构性缺失问题。

4. 加强中学课程的选择性，促进学生多样化发展

除了重视基础的必修课程以外，强调中学教育阶段尤其是高中课程结构的选择性，是国际上基础教育课程改革的重要特征。而澳门长期以来大多数中学均以必修课为主，高中教育阶段虽然也开设选修课，但仍多为必修科目；选修课程种类不多，可供学生选择的空间有限；课程设置以升学取向为主，职业准备教育及生涯规划教育不足。这在一定程度上限制了学生的个性化发展，难以满足学生的多种兴趣爱好及多样化发展的需求。

为此，《本地学制正规教育课程框架》从既保障学生基础学力的获得，又满足其个性化的学习需求出发，尤其关注高中教育阶段需兼顾升学和就业的双重需要，重视提升学生的生涯规划能力，合理安排必修课和选修课的比例，在保障基础必修课的基本课时的前提下，适当增加选修课课时，推动学校在中学教育阶段

尽可能为学生开设多样化的选修科目，尤其在高中教育阶段增设培养学生就业能力的技能导向类科目，不仅允许学生根据其升学或就业的不同取向选修相关的某一类别科目，而且为学生能够根据自己的兴趣、专长及未来发展需要选修不同类别的科目提供机会。

5. 增设活动课程，加强课程整合

澳门以往在课程设置上多偏重于学科课程和分科课程，活动课程及综合课程并未得到应有的重视。活动课程以学生的兴趣和需要为出发点，强调在活动中学习、与社会生活的联系，重视培养学生的动手能力、探索问题及综合运用知识解决问题的能力。而综合课程则打破了传统的学科间的界限，主张将若干相关联的学科整合成一门更广泛的共同领域的课程，以便于培养学生对事物的整体认知能力，整合不仅减少了课程门类，还有利于减轻学生的学业负担。因此，在当代课程改革的实践中，活动课程和综合课程普遍受到世界各国教育界的重视。

澳门原有的课程法规也规定学校设置“辅助课程活动”，2006 年颁布的《纲要法》将其改为“余暇活动”，使之成为各教育阶段课程框架必须予以关注的课程类型。根据这一要求，《本地学制正规教育课程框架》将“余暇活动”纳入小学、初中和高中教育阶段的课程计划之内，使之与学科课程相互配合，发展学生的潜能、兴趣和专长，培养学生多方面的能力，促进其个性的发展及完善。同时，加强课程整合，幼儿教育 3 个年级的课程强调内容的综合性，主张设计跨学习领域的、综合性的学习主题及单元；在小学教育阶段设置跨学习领域的“常识”；在中学教育阶段设置跨学科领域的“社会与人文”及“自然科学”等综合性科目；小学至高中教育阶段还可设置综合的艺术课程。这些措施旨在培养学生整体把握问题的能力，培养学生思考和批判的意识。

（四）建立本地的课程基准

课程发展除须保证课程结构的合理外，还须关注各领域课程及各科目的课程基准。为此，澳门特别行政区政府制定了学生须达到的“基本学力要求”，2015 年颁布《本地学制正规教育基本学力要求》[①]，并核准《幼儿教育基本学力要

① 澳门特别行政区第 10/2015 号行政法规《本地学制正规教育基本学力要求》。

求》[①]。2016 年颁布《小学教育阶段基本学力要求》[②]，自 2016 年 9 月起在小学一年级至三年级实施，2017/2018 学年在小学的各年级实施。初中和高中教育阶段的“基本学力要求”于 2017 年颁布并逐步开始实施。[③] 至 2019/2020 学年，澳门正规教育的 15 个年级已全部实施新的“基本学力要求”。

按照《本地学制正规教育基本学力要求》的规定，“基本学力要求”是指“由政府订定的、要求学生在完成各教育阶段的学习后应具备的基本素养，包括基本的知识、技能、能力、情感、态度及价值观”（第三条）；是“管理及评核课程、编写及选用教材、指导及规范教学，以及评估学校教学质量的标准”（第四条）。故“基本学力要求”类似于内地的“课程标准”，但在“内容标准”方面给学校和教材编写者留下了比较大的空间。

（五）加强教材建设

从教育实践的角度看，无论在哪个国家和地区，教材都是课程领域一个不可忽视的方面。在澳门，教科书越来越成为制约课程发展的一个重要因素。一方面，澳门的教科书制度是一种典型的“自由制”，政府对教科书没有任何限制，只要学校愿意，任何教科书都可使用，这种制度在保证教科书多样化的同时，也令教材质量良莠不齐；另一方面，澳门被认为是一个“依赖型”的教材市场，由于人口少、市场小，澳门一直以来没有一套自己的教材，而是直接使用外地的教材，故有了“依赖性”。随着“课程框架”和“基本学力要求”的先后实施，澳门特别行政区政府第一次系统性地开展了本地教材的编写和出版工作。

其中，最重要的是《品德与公民》，该教材由教育暨青年局和人民教育出版社编写、出版，包括小学、初中和高中 3 个阶段。该教材自 2007 年开始编写，小学的试用版于 2008 年 9 月出版，修订版于 2016 年 9 月出版；初中和高中的试用版分别于 2009 年和 2010 年出版，修订版分别于 2018 年和 2019 年出版，全套教材选用和参考选用的学校在 2018/2019 学年已达到 100%[④]。该教材是澳门开展新一轮课程改革以来推出的第一套按照新的基本学力要求编写的教材，也是影

---

① 澳门特别行政区第 118/2015 号社会文化司司长批示《核准幼儿教育基本学力要求》。

② 澳门特别行政区第 19/2016 号社会文化司司长批示《核准小学教育阶段基本学力要求的具体内容》。

③ 澳门特别行政区第 56/2017 号社会文化司司长批示《订定初中教育阶段的基本学力要求的具体内容》、第 55/2017 号社会文化司司长批示《订定高中教育阶段的基本学力要求的具体内容》。

④ 参考本书第三章表 3 - 1。

响面最广、推广最成功的教材。

其次，是中学《历史》教材的编写。该教材也是由教育暨青年局与人民教育出版社合作编写和出版的，包括初中、高中共6个年级，完全按照澳门法定的基本学力要求编写，对加强中学历史教育尤其是中国近代史和当代史的教育具有重要意义[①]。2018年9月该教材的初中一年级和高中一年级部分供学校选用，2019年秋整套教材全部出齐。

此外，教育暨青年局还与人民教育出版社合作编写出版了《澳门地理》（初中补充教材），与澳门笔会合作出版了《书写我城——澳门文学补充教材（初中篇）》。与此同时，分别委托广东教育出版社和澳门科学技术协进会编写《中国语文》（小学、初中和高中）以及小学《常识》教材（表5－5）。

表5－5　澳门近年编写的本地教材

教材名称	编写及出版者	进展情况
《品德与公民》	人民教育出版社 教育暨青年局	小学试用版于2008年9月出版，修订版于2016年9月出版；初中和高中的试用版分别于2009年和2010年出版，修订版分别于2018年、2019年出版
中学《历史》	人民教育出版社 教育暨青年局	2019年全套推出
《澳门地理》 （初中补充教材）	人民教育出版社 教育暨青年局	2015年已出版
《书写我城—— 澳门文学补充 教材（初中篇）》	澳门笔会 教育暨青年局	2014年已出版
《中国语文》	广东教育出版社 教育暨青年局	包括小学、初中及高中，2019年开始陆续出版
小学《常识》	澳门科学技术协进会 教育暨青年局	2019年起逐步出版

① 郭晓明：《澳门中学历史课程与教材的变革》，北京：《港澳研究》，2018年第4期。

四、走在自己的道路上

（一）课程观念：以素养为先

课程改革与发展必须立足于对教育的价值和宗旨的思考。在一个急剧变革的时代，必须回答未来的教育到底应该怎样，而其中的关键就在于未来社会的人到底应该是怎样的。面对信息技术革命对人类生活方式产生的深刻影响，在世界经济、政治全面趋于全球化的背景下，为了应对知识经济、全球化和信息化时代所带来的“大变局”，一些重要的国家和国际组织所提出的21世纪核心素养，普遍强调学生的国际视野、语言与沟通、创新与创造力、团队合作、社会参与以及自我规划等素养。

澳门的教育延续了华人地区的教育传统，过去比较重视基本知识、基本技能以及品德发展。在2003年以来参与的经济合作与发展组织（OECD）的“学生能力国际评估计划”（PISA）的历次测试中，澳门15岁学生的数学素养、科学素养、阅读素养都有不俗的表现。在遵循《纲要法》所制定的教育总目标的前提下，课程改革与发展旨在帮助每一位学生发展其潜能，培养具有责任感、批判意识、创新精神和终身学习能力的公民。

为此，学校应为学生提供终身学习所需要的经验，关注学生的不同需要，通过全方位而又灵活的课程设计，促进学生的知识水平和能力水平整体提升。课程的改革与发展还应关注每一位学生，为其未来的生活、就业和终身学习奠定全面而扎实的基础。早在2009年完成的《共建优质教育，促进全人发展——澳门特别行政区非高等教育课程改革与发展蓝图》中，澳门就运用“素养”的理念，提出所有教育阶段均需重视的六种“关键能力”和三大“核心品格”（表5-6）。①

---

① 教育暨青年局：《共建优质教育，促进全人发展——澳门特别行政区非高等教育课程改革与发展蓝图》，2009。

表 5-6　澳门的核心素养框架

维度	项目	说明
关键能力	A. 阅读与语言能力 B. 运用数学思维与方法的能力 C. 运用信息科技的能力 D. 沟通与协作能力 E. 批判思考与创新能力 F. 解决问题的能力	—
核心品格	A. 品德与公民素养	关注品德与公民教育，促使学生建立正面的价值观，培养学生良好品德及抵抗诱惑、战胜挫折的能力，培养他们的公民意识和社会公德心，促进其公民品格的提升
	B. 健康	基于澳门现实存在的问题和学生发展的需要，应特别关注学生的健康发展，包括身体健康和心理健康以及良好的社会适应能力，使其养成健康的生活方式
核心品格	C. 审美素养	重视艺术教育，通过艺术课程和多种形式的审美教育活动，培养学生的创意思维，持续提升学生的审美素养

很明显，“核心素养”在澳门被理解为“关键素养”，而在确定这些素养的时候，重点关注以下几个方面的因素[①]：

一是要增强澳门年青一代在未来的竞争能力。经济上日益加强的全球联系以及全球性的竞争已不可逆转，这既是机遇，也带来了前所未有的挑战。澳门几百年来一直是中国与西方交往的重要窗口与桥梁，澳门作为一个微型经济体和自由港，其旅游、博彩业高度依赖境外游客、外来投资和外来劳动力，在此背景下，澳门劳动人口的竞争能力亟待提高。学校课程须让学生掌握系统、扎实且符合个人和时代发展需要的知识和技能，要培养学生开放的态度、恰当的思维方式和良好的创新能力，尤其要培养学生良好的语言素养和沟通能力。

二是重视地区发展的特殊要求。虽然世界已进入全球化时代，但民族和国家仍然是重要的政治和社会元素。自回归以来，澳门进入了一个新时代，“一国两

① 郭晓明：《核心素养与澳门非高等教育课程框架的改革》，澳门：《澳门研究》，2016 年第 4 期。

制”“澳人治澳”的伟大事业要求青年人深入了解中国国情和澳门区情，学校课程应培养其国家观念、民族归属感以及对祖国和澳门的认同感。同时，澳门是一个民主和法治的社会，在社会的整体治理思路上，愈来愈要求市民具备作为一个“好公民”的必备意识与良好素养，包括公民的权利意识、参与意识、监督意识、责任意识、规则意识（主要表现为法律意识），还包括平等与独立的人格以及在公共生活中的自主能力和理性精神。此外，澳门的经济以旅游、博彩业为主，轮班工作的双职工家长及投身博彩行业的青年人数日益增多，中学生兼职渐趋普遍，教育工作环境日趋复杂。赌博、毒品、色情及暴力等不良影响对年青一代的价值观和人生观造成冲击，流动人口比例上升、新来澳门定居人士的增多、家庭结构的改变等，令年青一代的成长环境日趋复杂，学生个人的品德素养时刻面临挑战。

三是考虑澳门的课程传统和学生的特点。长期以来，澳门虽然是东西方文化交汇之地，但在教育上相对保守，政府的统整和引领力度不够，学校各自为政，其运作的专业度和课程观念都与世界水平存在差距。例如，在高中教育阶段，许多学校至今没有艺术教育课程，给学生的整体素养提升和创新能力发展都带来不利影响；课程的可选择性也不强，限制了学生潜能的发挥；体育课程也因场地和设施等原因而不受重视，学生的体质和健康尤其值得关注。

四是顺应时代发展的要求。在全球联系日益加强的背景下，澳门正努力建设“世界旅游休闲中心”和“中国与葡萄牙语国家商贸合作服务平台”，服务业是澳门的主导产业，学生的语言能力、阅读素养、在异质社会和文化环境下的沟通能力都至关重要。此外，知识经济和信息科技的迅猛发展不仅改变了个人的生活方式，而且对社会的政治、经济和运作机制带来全方位的影响，学生的信息素养、创新思考的意识以及运用新方法解决问题的能力亟待加强。

总之，澳门的核心素养框架既反映了澳门教育的特点和社会的未来发展需要，也考虑到了在知识经济和信息科技迅猛发展的情况下全球化时代年青一代须具有的核心竞争力。与内地和台湾正在推行的课程改革不同，澳门将 21 世纪学生须具备的核心素养理解为“关键素养”，在从核心素养走向课程的模式上，选择以渗透的方式将核心素养融合于课程当中。当然，要真正培养学生的核心素养，各教育阶段学生须达到的“基本学力要求”也十分重要，各科目都要以核心素养框架为指导，发挥各自的优势，重视培养学生的阅读素养和信息科技素养，重视学生的沟通及合作能力，加强品德与公民教育，并提升学生的思考和批判能力。

（二）课改视野：国际化与本土需求相结合

澳门是一个开放度和国际化程度很高的城市，政府与联合国教科文组织（UNESCO）以及经济合作与发展组织（OECD）在教育领域保持密切联系，尤其回归以后澳门连续参加了“学生能力国际评估计划”（PISA）等国际性学生测试，学生中学毕业后也赴世界各地深造，所以，澳门的课程改革必须具有国际视野，积极关注国际趋势并作出适当响应。但与此同时，澳门的课程改革必须立足于本地的发展需要，了解澳门过去的传统与历史，观照澳门社会发展的现实，从而找到本地的课程发展需要和可能性。

20 年来，澳门课程改革的重要经验就是在关注国际化的同时，尤其注重对本地课程的深入研究。例如，当内地、台湾和香港都在以“课程标准”规范各自的课程内容时，澳门敏锐地引入“学力要求”这一概念，从学生发展的角度出发，重点关注学生须达到的“素养”而非课程的具体内容。这让澳门特别行政区政府设置的课程具有很大的包容度，给各校本来就很多元的课程找到了新的发挥空间；更重要的是，在华人地区最先引入“核心素养”的思路，是国际化与本土需求结合的典范。

再如，对于香港、澳门而言，中文教育既是文化教育，又应是身份自觉的过程，但其中一些问题由来已久、难有定论：如何看待粤语的地位？是否要用普通话教中文？在坚持教繁体字的同时，是否应肯定简体字的价值，将认识简体字作为课程的基本要求？如何对待香港、澳门方言里许多特有的习惯用语？如何规范学生的书面表达？这些问题往往涉及澳门方言发展的特殊语境，须从文化传承的角度认真梳理中文在不同发展时期所形成的传统。近百余年来，汉语经历了多次重要变革，澳门又深受粤方言的影响，故澳门的中文教育力图打通汉语的古典传统、五四新文化运动所带来的传统、粤语自身的传统以及澳门地域文化中所具有的传统，建立有别于内地、香港和台湾且符合时代发展需要的澳门自身的传统，强调加强文言文教育，挖掘澳门本地优秀文学作品的教育价值，重视粤语作为口头沟通语言的作用，加强汉语拼音和普通话的学习，并发展符合澳门本地需要的教材。[①]

幼儿教育阶段的课程改革也是如此。世界各地幼儿教育课程都转向以活动化的综合主题学习为主，但澳门过去大多数幼儿园课程在整体上都比较传统，分科

---

① 郭晓明：《探寻澳门中文教育自身的传统》，澳门：《行政》，2015 年第 4 期。

明显，学校的课程发展能力也有限，所以澳门幼儿教育课程改革一方面将防止“小学化”倾向作为核心目标，以5个学习领域来规范课程内容，另一方面，在“基本学力要求”层面，知识性的要求依然贴近学校现实，略高于其他地区，这是实事求是的做法。[①]

所以，课程改革的关键不在于有多新，而在于是否能让本地的课程变得更好。

（三）推行策略：实施“课程发展先导计划”

课程改革涉及学校设施管理和师资专业能力的整体变革，而且从政府设置的课程到学校可实施的课程须进行转化和再设计，对澳门的大多数学校而言，这是一个较大的挑战。为此，在推行课程改革的策略上，澳门特别行政区政府采取了循序渐进的方式，从幼儿园到小学、初中和高中，先后于2011/2012学年至2016/2017学年逐步实施“课程发展先导计划”。

推行“课程发展先导计划”的主要目的是选择一部分学校实行新的“课程框架”和“基本学力要求”，为其他学校整体实施新课程提供具体案例及可操作的经验。澳门特别行政区政府向参与计划的公立和私立学校提供专门的财政和学术支持，包括安排内地优秀教师（内师）驻校，并按需要组织专家团队到校提供培训及指导。鼓励学校成立专项小组，成员包括1名协调员以及相关科目的主任/组长和各年级代表老师，设计及落实符合《本地学制正规教育课程框架》的校历表、课程计划表、学生上课及作息时间表，以及符合“基本学力要求”的各年级教学计划/进度，设计课堂教学具体案例，并进行教研活动，面向其他学校举行分享会，分享实施经验与成果。各教育阶段“课程发展先导计划”的具体情况见表5－7。

① 郭晓明：《澳门幼儿教育课程变革：背景、进展与问题》，澳门：《澳门研究》，2015年第2期。

表 5-7　“课程发展先导计划”的具体情况①

内容	幼儿园	小学	初中	高中
参与学校数	7	8	11	4
参与班级数	51～60	68～160	146～157	79～80
分享会次数	22	13	5	4
完成教案数	329	336	292	74

（四）配套措施：重视教师培训

教师是影响课程改革和课程发展的关键因素，尤其在澳门，过去教师较多关注教学而较少参与课程发展，因此澳门特别行政政府尤其关注对学校和教师的专业支持。一方面，编写与“基本学力要求”相配套的“课程指引”，为学校和教师将政府颁布的“课程框架”和“基本学力要求”更好地转化为学校课程提供建议和指导；加强课程网站的建设，丰富网上的课程资源，为教师提供更有效的帮助；充分发挥教育资源中心的作用，为教师的专业发展提供更多、更有效的帮助；鼓励校本发展，确保学校教学的自主性，提升学校的课程领导水平及课程开发能力，开发校本课程。在实施“课程发展先导计划”的过程中，适当减少参与课程研制教师的工作量，同时亦调整教师的非教学工作，为教师能有更多的时间充实自己、专注于教育教学工作创造条件。

另一方面，配合课程改革，加强有针对性的教师培训，提升教师的专业素养，促使其养成良好的课程意识，培养教师的课程研发能力。澳门特别行政区政府与高等教育培训机构合作，为教师提供了一系列专业培训，包括配合“基本

① 幼儿教育阶段 2011/2012 学年参与先导计划的学校有 7 所：郑观应公立学校、培道中学（南湾分校）、澳门坊众学校、濠江中学附属幼儿园、教业中学附属小学暨幼儿园分校、青洲小学、海星中学，2012/2013 学年和 2013/2014 学年海星中学退出。小学阶段在 2012/2013 学年和 2013/2014 学年以中文科、数学科为重心，参与学校有 8 所：郑观应公立学校、培道中学（南湾分校）、澳门坊众学校、濠江中学附属小学、培正中学、圣保禄学校、青洲小学、教业中学（分校），2014/2015 学年和 2015/2016 学年小学阶段以英文科、常识科为发展重心，培道中学（南湾分校）退出。初中阶段以中文科、数学科为重心，在 2014/2015 学年参与的学校有 11 所：高美士中葡学校、劳工子弟学校（中学部）、濠江中学、广大中学、培正中学、圣玫瑰学校、粤华中文中学、澳门坊众学校、培华中学、澳门工联职业技术中学、教业中学，2015/2016 学年圣玫瑰学校退出。高中教育阶段 2015/2016 学年和 2016/2017 学年以中文科、数学科为发展重心，参与的学校有 4 所：濠江中学、粤华中文中学、培道中学、教业中学。

学力要求”举办的骨干教师培训、分教育阶段的课程发展研习班等，培训内容涉及课程开发、校本课程发展、教与学、评估等方面（表5－8）。此外，鼓励学校建立教研组织，开展校本教研活动；引进教育、教学专家，协助学校和教师完善学校课程，为教师提供更具体、更适合的专业指导；充分发扬学校优良的教学传统，结合新的课程改革理念，鼓励教师在实践中学习；成立教师专业发展群体，推动学校教研文化建设。

表5－8　配合“基本学力要求”举办的教师培训[①]

教育阶段/科目		培训课程名称	参与人数
幼儿教育		幼儿教育骨干教师研习计划	32
		幼儿教育课程发展研习班	94
		幼儿课程发展研习班（葡萄牙文班）	15
小学	中文	小学中国语文科骨干教师研习计划	28
		小学中文科课程发展研习班	124
	葡萄牙文	评估实践：有意义的学习	21
		小学葡萄牙文基本学力要求（教学语文）研习班	20
		小学葡萄牙文基本学力要求（非教学语文）研习班	25
	英文	小学英文科骨干教师研习计划	34
		小学英文科课程发展研习班	158
	数学	小学数学科骨干教师研习计划	39
	品德与公民	品德与公民科骨干教师《基本法》研习计划	13
	常识	小学常识（科学）骨干教师研习计划	32
		小学常识课程发展研习班	80
	信息科技	小学信息科技课程发展研习班	155
	体育与健康	小学体育与健康课程发展研习班	193
	视觉艺术	小学视觉艺术科课程发展研习班	118
	音乐	小学音乐科课程发展研习班	65

① 目的在于加强学校骨干教师或学科带头人对基本学力要求内容的理解，提升其将基本学力要求转化为学校课程及课堂教学的能力。

续表

教育阶段/科目		培训课程名称	参与人数
中学	中文	中学中国语文科骨干教师研习计划	33
		中学中文科课程发展研习班	59
	葡萄牙文	初中、高中葡萄牙文课程发展讲座	14
	英文	中学英文科课程发展研习班	135
	品德与公民	品德与公民科骨干教师《基本法》研习计划	42
	自然科学	中学自然科学课程发展研习班	320
	信息科技	初中、高中信息科技课程发展研习班	90
	体育与健康	初中、高中体育与健康课程发展研习班	87
	视觉艺术	中学视觉艺术课程发展研习班	65
	音乐	中学音乐课程发展研习班	57
中、小学	葡萄牙文	基本学力要求：培养口语技能	10
		基本学力要求：培养写作技能	8
		葡萄牙语教与学：作为第二语言的有效策略	24
		作为第二语言的葡萄牙语教学：参考水平 A1—A2 和 B1—B2	16

五、期望未来

总体上说，澳门回归祖国20年来，澳门特别行政区政府以非高等教育制度的变革为基础，调整了课程领导体制，推出了新的课程框架和基本学力要求，本地教材的建设也取得突破性进展，新课程覆盖从幼儿园至高中整个15年免费教育，这标志着回归以来澳门的第一轮课程改革基本完成。但是，如何将“政府的课程”转化为“学校的课程”，进而落实为“教师和学生的教学”，将成为未来一个时期澳门课程改革的关键。未来须关注教科书制度，并把握好政府介入课程领域的力度。

（一）将政府的课程转化为学校的课程

美国学者古德莱德（J. I. Goodlad）曾提出“五种课程”的理论，即按照课程从构建到实施的过程看，课程可以分为5种：理想的课程、正式的课程、理解的课程、实施的课程、获得的课程。如前所述，澳门特别行政区政府已经推出了新的课程框架和基本学力要求，很明显，这只是政府规范的所谓的“正式的课程”而已，这些“正式的课程”只有被进一步转化为被学校和教师所理解并付诸实施以及最后被学生真正学习的课程，才能真正促进学生的发展。为此，须做好以下两个方面的工作。

一是要加强学校课程领导能力建设。从20世纪90年代的情况看，澳门的地区课程并未使全部学校遵守，许多学校表面上都有自己的课程以及校本化课程的研发传统，但实际上学校的课程规划、领导以及研制的能力，都不足以将“政府的课程”转化为“学校的课程”，“校本”有余而“课程规划”不足，因而“政府的课程”有被“虚置”的危险。澳门特别行政区政府一方面要遵守学校“教学自主”的原则，另一方面又要加强对学校课程的领导，这是一个两难困境。保持课程框架的弹性是必要的，但必须意识到其中潜在的危险，在给予学校决定课程内容、教材等议题的灵活性的同时，应加强对学校的评核机制和标准的影响，尤其要提升学校课程领导与课程开发的能力。

二是要研制“课程指引”，构建从政府课程到学校课程的“桥梁”。“课程指引”应包括两个层面：其一，“课程改革指引”。它与课程改革蓝图和各阶段的课程框架配套，旨在向学校和社会更全面、更深入地阐述澳门课程改革的理念、规划、政策，以及课程改革对学校、社区及其他社会组织的要求。课程改革指引类似于香港的《学会学习——课程发展路向》和内地的《〈基础教育课程改革纲要〉解读》，其主要内容应包括澳门课程的历史与问题、澳门课程改革的核心理念、澳门课程管理体制的调整、澳门课程改革中长期规划、各教育阶段的课程框架和基本学力要求、课程改革的跟进机制、教与学的配合等。该课程改革指引的相关内容伴随课程改革的各个阶段渐次形成，所以开发课程改革指引的过程也就是厘清澳门课程改革思路的过程，课程改革指引将给学校的课程改革提供有效指导，是宣传和指导课程改革实施的必要文献。毫无疑问，课程改革指引是澳门课程改革推进机制的重要组成部分。其二，落实基本学力要求。由于基本学力要求是一个新事物，大多数学校都没有将其转化为学校课程及课堂教学的经验，故未来课程改革工作的重点应转向帮助学校落实这些基本要求。按学习领域或科目编制与基本学力要求相配套的课程指引，为学校的课程规划、课程实施、课程评核乃至教师专业发展提供建议和指导，确保各教育阶段课程框架与基本学力要求的落实。这部分课程指引的内容主要包括课程基本理念分析、课程目标解读、基本学力要求制定的依据、结构框架及设计思路、对基本学力要求具体内容的理解、主要应涉猎的课程内容或学习主题建议、课程实施建议、评核建议、教学案例等。

（二）建立教材认定制度

在澳门，教科书问题一直为人们所关注，20 世纪 80 年代以来，实践界的呼吁和理论界的探讨从未间断，但是教科书问题似乎愈来愈成为制约澳门教育发展的重要因素：教科书多样化的背后隐藏着的是教科书质量的良莠不齐，“依赖型教材”[①] 则使澳门课程本地化的进程遭遇实质性阻碍。在这个问题上，澳门首先应关注教科书制度的改进，同时要将教材问题与课程资源的建设联系起来考虑。

人们以为澳门没有教科书制度，因为政府对教科书没有任何限制，只要学校愿意，什么教科书都可以在澳门使用。实际上，这是一种典型的“自由制”教科书制度，只是这种制度不是经政府明确制定的，而是自发形成的。建立恰当的、新的教科书制度，是解决澳门教科书问题的关键所在。由于“自由制”教科书制度在澳门已有很长一段历史，而且澳门自身的教材开发能力有限，需要外来教材的自由竞争给教科书市场提供活力，所以总的来看，不能将澳门的教科书控制得太严格。但同样重要的是，澳门不能对教科书没有任何质量要求，至少有明显质量问题的教科书应被拒绝。同时，为促进澳门课程的本地化、提升教科书质量，给各出版商的教材开发提供一定的引导也是非常必要的。所以，澳门的教科书制度宜采用比较自由的“认定制”。[②]

这一制度的主要特点是：教育行政部门设立具有广泛代表性和较好专业水平的委员会，以较宽松的标准对教科书进行认定，只有经认定被列入政府公布的教科书目录的教科书方可在澳门的学校使用。对于那些设计上能与澳门地区课程框架和基本学力要求相配合或较好地体现澳门特点的教材，教育行政部门优先认

---

① 方炳隆：《澳门地区教科书选用制度》，台北师范学院：《迈上课程新纪元（三）：教科书制度研讨会资料集》，2000。

② 郭晓明：《政府职能与澳门教科书制度的变革》，香港中文大学教育学院：《课程发展、教师专业发展与学校更新——第七届两岸三地课程理论研讨会论文集》，2004 。

定，以引导教材的本地化。为此，教育行政部门应加强与学校和教师的沟通，多给予其指引，这也是学校和教师选择和使用教材的现实要求。

还值得指出的是，教材实际上是一种教育资源，教材问题应与教育资源的建设问题结合起来考虑。澳门一直缺乏真正适合本地区使用的本地化教材，这成为1994 年以来本地课程大纲实施受阻的重要原因。澳门近年已开发了一些本地化的教材，政府应进一步制定机制，鼓励教师把自己最优秀的教学设计贡献出来。同时，颁布选用教科书和开发校本教材的指引，定期制定、发布适合本地区使用的教材推荐目录。鼓励有关教育或研究机构、社会团体、出版机构有序开发配合基本学力要求的本地教材。继续尊重教学自主性，鼓励学校充分挖掘和利用各种课程资源，促进校本课程发展，带动教材的本地化。

（三）把握好政府介入学校课程的力度

过去的20 年里，内地和台湾等邻近地区的课程领导都走在“分权”的道路上，澳门则在努力加强政府对课程领域的影响力，无论是2006 年《纲要法》对于课程领导体制的调整，还是“课程框架”和“基本学力要求”的颁布实施、课程改革与发展委员会的成立、政府主导的多项本地教材编写计划的实施，都是政府加强其课程影响力的体现。

但正如部分学者所指出的，“澳门一直具有教会、葡萄牙人与华人共负兴学责任的传统，而且在课程事务上早已形成多元并进的特色”[①]，所以，在课程领导方面，一定要把握好政府介入学校课程的力度。总体而言，澳门目前仍给学校的课程自主留出了较大的空间：其一，“非本地学制”的私立学校可以选择不跟随政府颁布的“课程框架”和“基本学力要求”；其二，“基本学力要求”对于课程内容的规范远低于内地和台湾的课程标准，也低于香港的课程大纲要求；其三，学校完全自主选用教材，教科书的编写和出版也不受任何限制；其四，澳门没有统一的考试制度，学校在教学上有较大的发挥空间。但也要看到，2014 年以来“课程框架”和“基本学力要求”在各教育阶段的陆续实施，已给学校带来很大改变和压力。未来，教育行政部门须在两个方面把握好发力的度。一是在检视学校是否遵守“基本学力要求”的时候，目前只适宜从“书面课程”（如学校所制定的“学力要求”文件、课程大纲和学校所选用的教科书）入手，而不

① 单文经、黄素君、宋明娟：《三十年来澳门地区课程政策的理论反思》，重庆：《西南大学学报（社会科学版）》，2009 年第4 期。

应深入课堂教学和考试层面。二是在教科书制度上，编写和出版仍然要继续放开，不宜实行审定制，以确保教材的多样性。

总之，课程改革是澳门过去非高等教育改革的重要组成部分，对于提高教育质量、促进学校教育与社会发展的衔接发挥了重要作用。尤其是新的课程领导体制的建立，在澳门的课程发展史上具有里程碑式的意义。

第六章　行政吸纳政治：本地教材开发的政治分析

观察香港和澳门这两个特别行政区回归以来的课程与教材发展，很容易让人产生一个困惑：为何香港似乎总是充满争议，而澳门的情况则显得比较平稳？依笔者的亲身经历和观察，课程与教材变革过程及机制的差异，是重要的原因。

在过去20年的时间里，香港和澳门的“一国两制”实践既面临相同的课题，也表现出不同的形态，人们希望澳门更好、更坚实地探索出自己的路。或许在课程与教材领域，澳门已经找到了自己走向成功的某些经验。在这里，我们不妨从课程政治学的角度来作个分析，看看澳门回归以来在本地教材开发过程中不同利益相关者的政治谱系和它们之间的冲突，以及特别行政区政府是如何通过行政的手段达成“共治（synarchy）”的愿景的。

很明显，我们的分析要深入教材开发过程的内部，故有以下几个特点先予以说明：其一，教材是在特定的时空中被构建出来并供特定的学生群体使用的，只要有国家和民族存在，课程与教材体现某种权力的意志、意识形态的色彩以及社会阶层的要求就是合理的、不可避免的，甚至是必要的，因此下文不会如过去某些课程社会学的研究那样仅仅停留于指责教材与意识形态或政治权力的关联性，而是要从政策实践的角度回答我们需要的是何种政治，如何才能避免政治冲突、保证课程变革平稳发展等问题。其二，澳门是一个“社团社会”，而且教材的出版和选用既不指定也无审定，全凭学校决定，在此情况下，教材开发须走向多元权力主体的平等参与和协商、“共契”[①]。同时，澳门又是“一国两制”之下的特别行政区，因此，澳门教材开发的制度和社会运行环境与内地和许多其他地区都有所不同。

---

① 郭晓明：《市民社会与课程——澳门课程变革机制的反思》，上海：《全球教育展望》，2009年第6期。

一、澳门教材场域参与者的政治谱系与冲突

教材开发是一个特殊的场域，正如迈克尔·W. 阿普尔所说，它所涉及的，首先不是技术问题，而是伦理性和政治性问题。“教育并非一个价值中立的事业，就教育制度的本质而言，无论教育工作者是否意识得到，他们已经被卷入了一项政治活动。”[①] 而政治活动，尤其是涉及意识形态的活动，总是与合法性、权力冲突以及论辩（argument）有关。[②]

在澳门这个特殊的地区里，许多本地教材的开发[③]都会涉及政治和意识形态问题，尤其是《品德与公民》《历史》《中国语文（小学、初中、高中）》和《常识》一类的教材，因此，在开发过程中备受市民和社会各界的关注，甚至可能引起许多批评和争议[④]。即便在教材研发团队内部，也常常存在立场的区分和争论。其原因是多方面的，不论参与者是否清楚地意识到，政治立场以及意识形态的差异显然是重要原因之一。

强世功教授曾对香港的文化和政治有过深入的考察和理论分析，在《中国香港：文化与政治的视野》一书的后记中，他提出 4 种分析香港问题的视角：一是“从内地看香港”，这显然是北京的观点，将香港问题首先作为中国的问题，在“一国”的框架下分析“两制”的差异、各自的诉求及其统一；二是“从西方看香港”，这是西方国家特别是英国、美国某些人和某些政治势力的观点，将香港问题作为国际性的问题，甚至认为英国因香港的特殊历史，特别是在香港回归前与中国政府签署有《关于香港问题的联合声明》而对香港一直负有某种法定的义务，他们希望通过香港而从中国获得自己想要得到的利益；三是“从香港看香港”，这代表了相当一部分香港市民的心态，他们不太关心香港以外的事情，而是就香港论香港，仅强调香港自身的利益、稳定、社会制度和价值观；四是“从香港看中国”，如传统的民主派，希望通过香港改变中国内地的现

---

① ［美］迈克尔·W. 阿普尔：《意识形态与课程》，黄忠敬译，上海：华东师范大学出版社，2001，第 1 页。

② ［美］迈克尔·W. 阿普尔：《意识形态与课程》，黄忠敬译，上海：华东师范大学出版社，2001，第 21 页。

③ 澳门本地教材开发的有关内容详见本书第 140 – 141 页。

④ 2016 年，澳门特别行政区政府委托澳门科学技术协进会编写小学《常识》教材，引起新澳门学社及部分人士的强烈质疑，除批评有利益输送之嫌外，也涉及教材的价值取向问题。

状，谋求国家的新发展。[①] 当然，某些政治力量可能同时拥有多个视角，既“从香港看香港”，也“从西方看香港”。

借用强世功教授的这一观点，澳门教材市场中参与者的政治谱系可用图6－1加以分析。很明显，政治谱系的不同会带来视角的不同，对澳门的理解和各种教材争辩中的立场自然就有不同。“从中国看澳门”是将澳门当作中国的一部分，并从中国的整体利益出发来看待澳门，这一观点符合“一国两制”的要求。在历史、文化、主权和法治等一系列问题上，持这种视角者首先从“一国”的角度出发，强调澳门与国家的紧密联系、内在的共同根基以及发展的共同利益；同时也不否认澳门的多元性、独特性、本土价值和合理的利益关切。他们包括在澳门发挥作用的政府机构，参与澳门教材开发的内地出版机构和学者，建制派媒体和议员，传统爱国社团及其学校，公立学校，与公立大学相同背景的社团、学校、媒体、议员及学者。

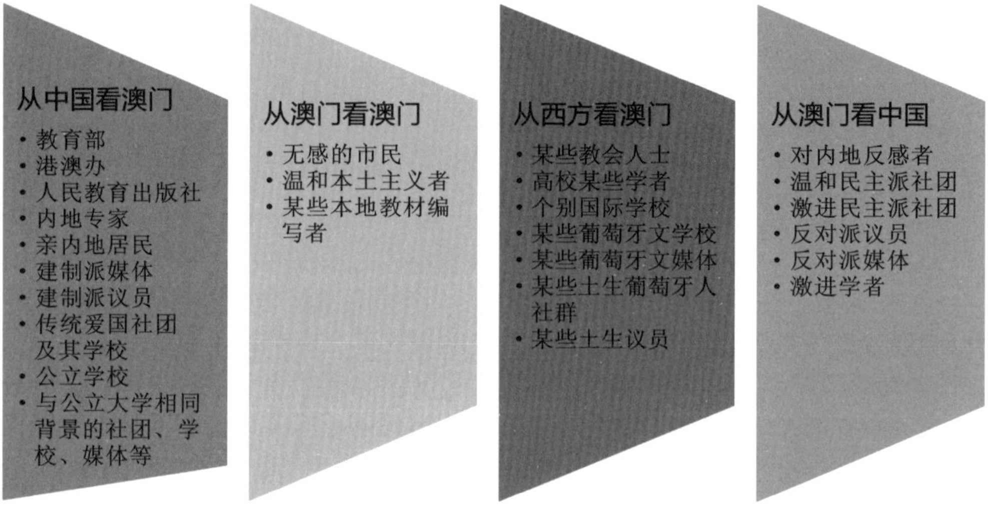

图6－1 澳门教材市场参与者的政治谱系

其他几种视角则有很大不同。“从西方看澳门”大多是外来人士的观点，他们居住于澳门，但并不一定是中国公民。他们有全球化的视野，甚至有海外生活的经验，因此他们习惯以一个外来者的眼光、心态来看待澳门。与中国的利益和发展相比，他们首先关心的，是自己的利益（如受教育的权利、自由和价值观）

① 强世功：《中国香港：文化与政治的视野》，香港：牛津大学出版社，2008，第191页。

是否受损。如果其中的某些人或势力，不幸肩负着某种特殊的政治使命，那就不免戴着有色眼镜，在有些时候甚至利用澳门或试图将澳门改造成制约中国的工具。与其相适应的，就是“从澳门看中国”的视角。由于各种相同或不同的原因，他们往往对内地没有好感，持有不同的价值观，有的承认“一国”，但有的在文化上尤其是在政治上并不认同“一国”，甚至希望通过澳门改变中国。与香港相比，这两类人在澳门的比例当然要小一些。

另一种态度就是“从澳门看澳门”。这类市民习惯于生活在澳门这个狭小但似乎也充满温馨的“安乐窝”，目不斜视，不太关心中国，也不会从切身的利益上去真正关心这个世界。当然，如果他们重视本土，那也是保护性的、低抗争的，并不想刻意去“隔断”什么，更无意去改变澳门以外的什么。

在澳门这个政治谱系里，应该说，“从中国看澳门”是主流，不存在非常激烈的冲突。但不得不看到，差异是存在的，而且每种视角在具体的教材讨论中能见到自己的代表和利益关切者。今天，在港澳发展的新形势下，由于对“一国两制”理解的不同，“从中国看澳门”这一视角的内部也开始发生微妙的变化，尤其是在“一国”与“两制”的关系，以及“中央的全面管治”与“港澳的高度自治”边界的把握上。正因如此，在澳门本地教材的开发过程中，不同谱系之间以及谱系内部的冲突，就值得我们重视，须通过适当的渠道和机制予以化解。

以《品德与公民》和中学《历史》教材为例，教材由教育暨青年局委托人民教育出版社开发（图6－2），二者联合相关力量，按照“从中国看澳门”的原则编写和审定教材，并在其中起主导作用。但是，其周围环境的影响因素是多样和复杂的。就学校而言，既要照顾倾向于爱国的社团学校和公立学校，又要争取让为数不少的教会学校、葡萄牙文学校和国际学校使用。就整个社会环境而言，媒体的立场千差万别，不同社团则自成立那一刻开始就有自己的立场定位，立法会议员更代表着不同的政治群体，可是他们都喜欢时不时对学校的教材指指点点。

最直接的例子，是历史课程如何看待澳门史与中国史的关系。我们主张从中国史看待澳门史，强调澳门史与中国史的关系，突出秦汉以来尤其是明清以来澳门与中国的固有联系。“从澳门看澳门”者没有什么特别的要求，只要“有”澳门史就行，完整不完整、是否与中国史有关，他们可能并没有特定的立场。而“从西方看澳门”者则不同，他们往往将澳门史和中国史都仅视为东亚史的一部分。“从澳门看中国”者，则会非常强调澳门拥有自己的历史，希望更多地突出澳门自身历史的独特性和完整性。

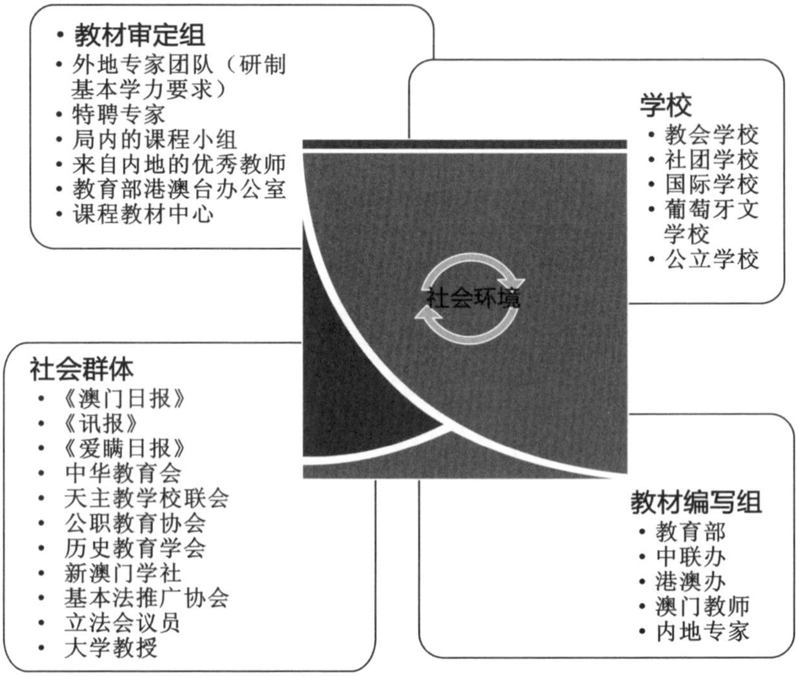

图 6－2 澳门《品德与公民》和中学《历史》教材开发的社会环境

再如，同样是澳门立法会的议员，但对待历史和公民教育以及相关教材和师资问题的立场，往往反映出不同的政治谱系。澳门回归 15 周年后不久，有议员即在“书面质询”中向澳门特别行政区政府提出，习近平在庆祝澳门回归 15 周年大会上的讲话中提到要把中国历史文化和国情教育摆在青少年教育的突出位置，让青少年更多领略中华文明的博大精深，更多感悟近代以来中华民族救亡图存、发奋图强的光辉历程。然而澳门目前各校历史教材不一，授课的老师亦不一定是历史学专业毕业的。由此问澳门特别行政区政府对此的回应。很明显，这是“从中国看澳门”，要求加强甚至统一中国近现代史的教育，反映的是国家的意志。而几乎同时，另一位议员同样在“书面质询”中指出，澳门特别行政区政府一贯强调“爱国爱澳”，但澳门历史在教育上近乎空白，众多影响澳门重要历史进程的事件也很少提到，由此提问澳门特别行政区政府是否会有意填补这方面的空白。其所强调的显然是澳门本地的历史。还有议员质询澳门特别行政区政府是否会采取有效措施，改善澳门市民尤其是青年人的公民和政治教育、讨论和交流方面的素质。因为公民和政治教育能让青年人获得积极地、批判地、有良知地、自主地和负责任地履行公民义务所需的最基本知识。该议员所关心的不是历史教育，而是青年人参与政治的热情，这是服务于他的选举利益和政治立场的。

二、行政吸纳政治：化解冲突的内在机制

如何化解因政治谱系的不同而在教材开发中可能出现的矛盾乃至纷争呢？澳门奉行“小政府”、低干预和尊重多元的行政哲学，因而单靠政府的力量是不够的。多年前笔者曾指出，在市民社会的背景下，澳门必须建立一种将政府与民间、学校和社会整合起来的课程决策机制。这种机制的关键是同时重视“自上而下”和“自下而上”两种力量的作用，并在二者之间形成良性互动。从政府与学校、官方与民间的关系上看，这种机制应是一种允许多元主体参与的、体现权力共享的机制。[①] 对于教材领域来说，这种机制就是“行政吸纳政治”。

1. 何谓“行政吸纳政治”

“行政吸纳政治”是著名社会学家和人类学家金耀基先生于20世纪70年代在剖析香港的“政治模式”时提出的一个著名论断。其主要目的是要解释香港政府在治理香港的过程中，为何在长期以来没有民主和政党政治的情况下，仍能使香港保有“高度的、持续的‘政治安定’”。

他认为，根本原因就在于“政府把社会中精英或精英团体（elite group）所代表的政治力量吸收进行政决策结构，因而获得某一层次的‘精英整合’（elite integration），此一过程，赋予了统治权力以合法性，从而，一个松弛的但整合的政治社会得以建立起来”。[②] 这种吸纳，既包括港英政府在“立法局”（Legislative Council）和“行政局”（Executive Council）通过委任华人精英作为“非官守议员”而实现的吸纳，也包括公务员体系对华人精英的吸纳，以及“市政局”（Urban Council）对“草根”阶层的吸纳。

行政吸纳政治实际上就是行政的政治化，亦即通过行政的过程，吸收和包容政治社群的利益和要求。金耀基的这一论述，忽视了回归前香港最大的政治就是英国的殖民式统治，这一“政治”是无论如何也“吸纳”不了的；而且他所说的“政治”是整个香港政府的统治，显然不同于本文所讨论的澳门本地教材开

---

① 郭晓明：《市民社会与课程——澳门课程变革机制的反思》，上海：《全球教育展望》，2009年第6期。

② 金耀基：《行政吸纳政治——香港的政治模式》，载金耀基：《中国政治与文化（增订版）》，香港：牛津大学出版社，2013，第229－254页。

发中的政治。但是，他让我们看到，通过行政的运作，有意识地将不同政治谱系的人吸收到教材开发的全过程中来，的确可以起到化解政治纷争的作用。

2. 关键：行政决策结构的改变

行政吸纳政治的关键是要改变行政决策的结构，这包括两个方面：一是行政决策的过程；二是决策过程参与者的代表性。澳门近年在本地教材的开发中形成了一套独特的决策机制，为化解政治纷争提供了可能。

（1）政府主导。

在行政吸纳政治的过程中，行政须起主导作用。一方面，这符合澳门《基本法》为澳门特别行政区所确定的政治体制——行政主导原则；另一方面，澳门是一个人口规模很小、人力资源和专业力量也非常有限的地区，发展本地教材基本无利可图，因此过去的经验也表明，单靠民间的力量几乎不可能开发出高水平的本地教材。

回归以后，澳门的本地教材开发基本由教育暨青年局根据课程改革整体安排主动立项、全程推动，并提供全部的经费支持。政府主导令澳门本地教材的开发具备了相近的宏观运作框架，可通过有效的策略达到既定的目的。

（2）多元参与。

值得注意的是，行政主导主要体现在教材的立项、编审人员的选择和组织、经费的保障以及教材的推广等方面，而教材编写过程中专业事项的决定以及种种政治纷争的弥合，则必须通过多元参与来达成。以《品德与公民》和中学《历史》教材的编写为例（图6－3），多元参与首先体现在“编写组”成员的构成上：既有受托机构——人民教育出版社的编辑和内地专家，也有澳门本地一线的教师和澳门教育行政机构的专业人员，这有助于弥合内地与澳门在历史认识和价值观上的分歧。

其次，体现在“审定组”的人员构成上。审定组主要由澳门教育行政机构组建，一开始就考虑了各种政治谱系的利益主体的代表性和有效参与：既有技术专家，又有基层教师和德育工作基层人员；既有政府的代表，又有教育界人士和专家学者；在学校的代表方面，既有传统的社团学校，也有公立学校和教会学校，而且校长、主任和教师兼顾，可站在学校的不同层面提出意见（表6－1）。这保证了教材开发的每一步都让多元的取向有充分的对话。

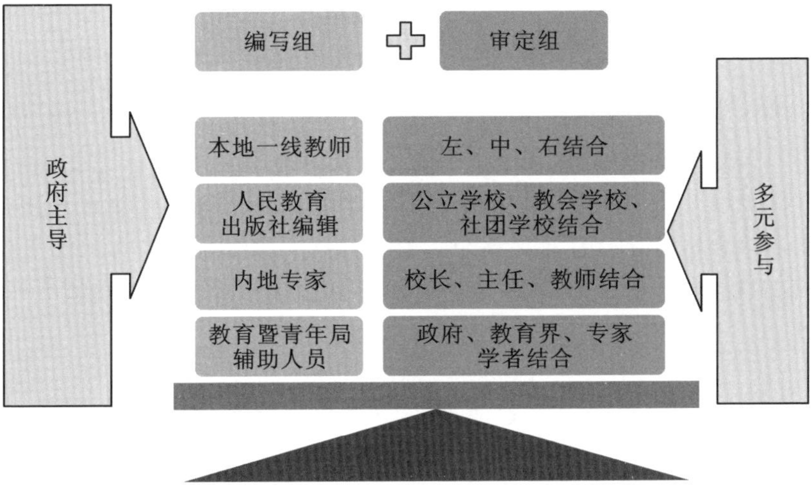

图6－3 澳门《品德与公民》和中学《历史》教材开发的行政决策结构

表6－1 小学《品德与公民》评审委员的构成①

来源		人数
教育行政部门	技术专家	4
	德育工作主管	1
	行政辅助人员	2
学校	社团学校代表	3（其中校长1人、主任1人）
	教会学校代表	4（其中主任3人）
	公立学校代表	2
社会	大学教授	1

（3）编审合一。

行政决策结构改变的另一方面是“编审合一”。世界各地对教材实施审定的国家或地区，不论是在人员的安排上还是在时间的分配上，编、审往往是分离的，但在澳门的本地教材开发过程中，“编写组”和“审定组”一开始就是同时

① 初中《品德与公民》教材评审组的人员构成与此类似。

工作的，从教材的大纲、样章、初稿、修订稿到最后定稿，从文字到排版，从学生用书到教师用书，每个环节审定组都深度参与，不断提出修改意见。

这样，编、审既在职责上明确分工，又在工作过程中交错叠加、密切配合。“编审合一”这一独特的安排，让持不同立场者和不同利益群体从一开始就有了足够的参与空间，有助于他们相互了解各自的关切与立场，融合不同的政治诉求，必要时妥协，意见整合的效果也就实现了叠加。同时，编写团队和审定团队也能尽早交换意见，尤其是让代表澳门多元参与的审定团队及早参与，在一次次与编写组面对面的“商谈”中在认知上达成共识，也在情感上加深亲切感，觉得教材是“自己的孩子”，这些都有助于教材的开发。

3. 妥协：行政吸纳政治的内在机制

就行政吸纳政治的内在机制而言，最终可归结为妥协，并经妥协达成不同立场和观点的融合，让教材成为“大家的孩子”。妥协是解决冲突的有效方式，因为妥协“浸透着平等、宽容、合作、尊重的公共理性精神”，是“公共理性的智慧表达”。[①] 因此，在运作良好的、民主的、重视多元参与的社会，学校课程和教材作为社会政策的产物之一，往往是妥协的结果，参与各方虽各有遗憾，却能达成最大的共识。可以说，妥协是民主政治的灵魂。当然，妥协的形式和途径是多样的。

（1）引入（对方的关切点）。

正如意大利著名的马克思主义者葛兰西（Antonio Gramsci）所言：“意识形态抗争的目的不在于扫除敌对者的文化系统，而是重新连接他的组成元素，并把它们组成新的意识形态矩阵。”国家权力是通过复杂的协调和结盟形成的，是赢取被统治者积极同意（positive consent）的过程。[②] 可见，一方的胜利不可能是全面的胜利，妥协的关键是求同存异。存异，就是保留自己不太关心、不太认同但不违背己方原则、可以勉强接受，而对方又极力坚持的立场、观点或内容，甚至主动引入其他利益方的关切点。

可见，“存异”是妥协的重要形式，是对他人的包容和关切，是“将心比心”。比如在中学《历史》教材中，教会学校特别关心教材对宗教的态度，因此

---

① 刘丽群：《教科书内容的选择与形成——知识准入课程中的国家介入》，长沙：湖南师范大学出版社，2013，第157页。

② 黄庭康：《比较霸权：战后新加坡及（中国）香港的华文学校政治》，李宗义译，台北：群学出版有限公司，2008，第22、24－26页；［意］安东尼奥·葛兰西：《狱中札记》，葆煦译，北京：人民出版社，1983。

教材一定不能以内地的观点来对待宗教议题，恰恰要积极肯定宗教在澳门历史上的作用。与此类似的是，澳门的历史教材须加强对澳门史的关注，关注葡萄牙人的议事会和总督等。

（2）放弃（自己的坚持）。

如果“引入”是加法，“放弃”则是减法。放弃就是当自己原本熟悉和坚持的某些认识、观点或内容，不容易得到其他参与者的认同，甚至遭受非议和反对的时候，在一定程度上调整自己的立场，放弃某些非原则性的部分。这是妥协的另一个侧面，或另一种方式。教材在行文表述上就须懂得“放弃”，尽量使用“中性词语”，避免感情色彩单一、政治倾向片面的词语或描述。

（3）改造和重组（多方的观点）。

还有一种妥协，是兼顾各方的观点，利用新的资源，对有关内容进行重组和改造，最终找到大家都可基本接受的方案。例如内地的教材编写者一般不太了解澳门与抗战的关系，但实际上澳门有不少青年人加入东江纵队，叶挺出任新四军军长前就住在澳门，谱写《黄河大合唱》的冼星海也出生于澳门，而且抗战深刻地改变了澳门的人口和社会结构，甚至后来很长一段时间内，澳门居民对这些普遍表示关注。经过深入讨论，妥协的结果就是，中学《历史》教材中抗日战争的历史变成了有澳门居民参与的历史。再例如，澳门以前不太重视中国近代史和现代史的教育，因此大家都觉得须加强。但是否能像内地的教材一样，初中三年级全部安排近现代史呢？显然，澳门的教师甚至家长都不一定赞成，至少觉得难以适应。最后的结果，就是重新对教材的结构进行改造，形成一个新的体系，这是一种新的妥协。

三、其他相关问题

以上分析的目的是试图从政治上回答，为何澳门回归以来的教育改革如此深入而广泛，却总能平稳推进，尤其在教材方面没有引起那么广泛的社会争议。在此，重申行政吸纳政治的局限性是必要的，它只能解决多元参与问题。按照《基本法》的规定，澳门特别行政区政治体制的特点是“行政主导”，行政长官对特别行政区和中央负责。在教材领域，多元参与的程度以及行政吸纳政治的过程和方式，都是由行政主导的。

在“一国两制”的背景下，教育权在国家和特别行政区间的分配，是有待进一步探讨的问题。《基本法》第一百二十一条规定，“澳门特别行政区政府自行制定教育政策，包括教育体制和管理、教学语言、经费分配、考试制度、承认学历和学位等政策，推动教育的发展”。换言之，澳门特别行政区政府已获许可管理特别行政区的教育事务，“制定教育政策”和“推动教育的发展”均为“高度自治”范围以内的事。但是澳门作为一个国家的特别行政区，青年人作为国民的一分子，国家的教育权体现在哪里？地方的教育权有无限度？二者的边界何在呢？这对教材领域也是有影响的。

第七章　文化的空间：传统文化教育的现实与想象

一、传统文化与中国人身份

文化具有时代性，也具有民族性。自近代西方列强一次次入侵中国，令中华民族遭受灭顶之灾以来，中华文化就一直处在“中西之争”和“古今之争”相交织的漩涡之中。[①] 在高度现代化和全球化席卷世界的背景下，强调中国传统文化教育，表明了我们的文化态度：在“中”与“西”的关系上，肯定中华民族文化的价值；在“古”与“今”的关系上，肯定中国传统文化的生命力。这一态度的现实意义在于，通过教育延续中华民族的文化血脉，强化国民的文化认同，从而在纷繁复杂的当今世界，为民族振兴提供基础和动力。

正如张岱年先生所言：“文化是人类在处理人和世界关系中所采取的精神活动和实践活动的方式及其所创造出来的物质和精神成果的总和，是活动方式和活动成果的辩证统一。”文化既是一个名词，也是一个动词，在中国古代是指“文治与教化”，而“教化”就是以“人文”“化成天下”，所以，“文化不仅是一种在人本身自然和身外自然的基础上不断创造的过程，而且是一种对人本身的自然和身外自然不断加以改造，使人不断从动物状态中提升出来的过程”[②]。这意味着，“中国传统文化教育”就是以中国传统的文化成果“化育”国人的过程。张岱年先生在20世纪80年代就指出：“作为一个中国人，就是要有民族自尊心、自信心。而培养民族自尊自信，需要了解优秀的民族文化传统。”“一个对本民

---

① 甘阳：《古今中西之争》，北京：生活·读书·新知三联书店，2006，第29－66页。

② 张岱年、程宜山：《中国文化精神》，北京：北京大学出版社，2015，第2－3页。

族的历史与文化知之甚少的人，在精神上便缺乏一种归属感；一个对自己的传统不懂得继承发扬的民族，便无法自立于世界民族之林。”[①]

长期以来，港澳地区的文化以中华文化为主流，又东西交融、多元共生。澳门有其特有的地理和人文环境，尤其是以华人为主的人口结构、鸦片战争前明清王朝对澳门的有效管治，以及与珠江三角洲以至岭南地区和福建地区密切的经济和社会关系，因此，澳门的文化一直以中国传统文化为底色。与此同时，400多年来，澳门是中西文化交汇的重要窗口和枢纽，葡萄牙文化与中华文化长期共存，“土生葡人”社群逐步产生并持续发挥作用，天主教教区的建立以及海港文化的开放性，令澳门文化呈现出东西交融、多元汇聚的特点。[②] 在世界不断走向全球化、澳门社会加速走向多元和开放的背景下，在实施“一国两制”的创造性实践中，澳门教育的根本任务就是促进青年一代对中华文化的认同，并通过对中华文化的认同，养成对“中国人身份”的认同，从而让中华文化的影响不断加强，让教育的文化传承功能得以充分显现。

二、中国传统文化教育的定位

20世纪以来，尤其在清末民初，人们对于“国学”或中国传统文化的地位和内容的认识，存在许多分歧[③]；在其后的100余年里，人们提倡中国传统文化教育的背景和意图也有明显分界。因此，今天讨论澳门的中国传统文化教育的内容，也须从澳门的时代语境出发。

中华人民共和国教育部2014年印发的《完善中华优秀传统文化教育指导纲要》指出，中华优秀传统文化是“中华民族语言习惯、文化传统、思想观念、情感认同的集中体现，凝聚着中华民族普遍认同和广泛接受的道德规范、思想品格和价值取向”[④]。加强对青少年学生的中华优秀传统文化教育，要以弘扬“爱

---

① 张岱年：《谈谈中国传统文化》，载《中国文史百科》，杭州：浙江人民出版社，1998。

② 吴志良、郑德华：《中国地域文化通览（澳门卷）》，北京：中华书局，2014，第17－26页。

③ “国学”的名分都是在“西学”的冲击下慢慢形成的，对于“国学”的地位及内容的认识，不仅存在“国粹派”与新文化派的对立，同时也有南、北地域间的差异。参见罗志田：《国家与学术：清季民初关于“国学”的思想论争》，北京：生活·读书·新知三联书店，2003；桑兵：《晚清民国的国学研究》，上海：上海古籍出版社，2001。

④ 中华人民共和国教育部：《完善中华优秀传统文化教育指导纲要》，2014年3月26日。

国主义精神”为核心，以“家国情怀教育”[①]“社会关爱教育”[②]和“人格修养教育”[③]为重点，着力完善青少年学生的“道德品质”，培育青少年学生的“理想人格”，提升青少年学生的“政治素养”。当然，在不同的学习阶段，须依学生的年龄差异和学习规律有序推进：小学低年级“以培育学生对中华优秀传统文化的亲切感为重点，开展启蒙教育，培养学生热爱中华优秀传统文化的感情”[④]；小学高年级“以提高学生对中华优秀传统文化的感受力为重点，开展认知教育，了解中华优秀传统文化的丰富多彩”[⑤]；初中阶段“以增强学生对中华优秀传统文化的理解力为重点，提高对中华优秀传统文化的认同度，引导学生认识我国统一多民族国家的文化传统和基本国情”[⑥]；高中阶段“以增强学生对中华优秀传统文化的理性认识为重点，引导学生感悟中华优秀传统文化的精神内涵，增强学

---

① 以“天下兴亡、匹夫有责”为重点，主要内容是“引导青少年学生深刻认识中国梦是每个人的梦，以祖国的繁荣为最大的光荣，以国家的衰落为最大的耻辱，增强国家认同，培养爱国情感，树立民族自信，形成为实现中华民族伟大复兴的中国梦而不懈努力的共同理想追求，培养青少年学生做有自信、懂自尊、能自强的中国人”。

② 以“仁爱共济、立己达人”为重点，主要内容是“引导青少年学生正确处理个人与他人、个人与社会、个人与自然的关系，学会心存善念、理解他人、尊老爱幼、扶残济困、关心社会、尊重自然，培育集体主义精神和生态文明意识，形成乐于奉献、热心公益慈善的良好风尚，培养青少年学生做高素养、讲文明、有爱心的中国人”。

③ 以“正心笃志、崇德弘毅”为重点，主要内容是“引导青少年学生明辨是非、遵纪守法、坚韧豁达、奋发向上，自觉弘扬中华民族优秀道德思想，形成良好的道德品质和行为习惯，培养青少年学生做知荣辱、守诚信、敢创新的中国人”。

④ 具体要求包括认识常用汉字，学习独立识字，初步感受汉字的形体美；诵读浅近的古诗，获得初步的情感体验，感受语言的优美；了解一些爱国志士的故事，知道中华民族重要传统节日，了解家乡的生活习俗，明白自己是中华民族的一员；初步了解传统礼仪，学会待人接物的基本礼节；初步感受经典的民间艺术。引导学生孝敬父母、尊敬师长、友爱同学、礼貌待人，养成勤俭节约、吃苦耐劳、言行一致的生活习惯和行为规范，培育热爱家乡、热爱生活、亲近自然的情感。

⑤ 具体要求包括熟练书写正楷字，理解汉字的文化含义，体会汉字优美的结构艺术；诵读古代诗文经典篇目，理解作品大意，体会其意境和情感；了解中华民族历代仁人志士为国家富强、民族团结作出的牺牲和贡献；知道重要传统节日的文化内涵和家乡生活习俗变迁；感受各民族艺术的丰富表现形式和特点，尝试运用喜爱的艺术形式表达情感；培养学生对传统体育活动的兴趣爱好。引导学生学会理解他人，懂得感恩，逐步提高辨别是非、善恶、美丑的能力，开始树立人生理想和远大志向，热爱祖国河山、悠久历史和宝贵文化。

⑥ 具体要求包括临摹名家书法，体会书法的美感与意境；诵读古代诗词，初步了解古诗词格律，阅读浅易文言文，注重积累、感悟和运用，提高欣赏品位；知道中国历史的重要史实和发展的基本线索，理解国家统一和民族团结的重要性，认识中华文明的历史价值和现实意义；欣赏传统音乐、戏剧、美术等艺术作品，感受其中表达的情感和思想；参加传统礼仪和节庆活动，了解传统习俗的文化内涵。引导学生尊重各民族传统文化习俗，珍视各民族共同创造的中华优秀文明成果，培养作为中华民族一员的归属感和自豪感。

生对中华优秀传统文化的自信心”[①]。

不难看出，《完善中华优秀传统文化教育指导纲要》是经国家教育体制改革领导小组审议同意，为贯彻落实党的十八届三中全会关于完善中华优秀传统文化教育的精神而制定的。因此，它比较关心中国传统文化教育的政治功能，将其视为深化中国特色社会主义教育和“中国梦”宣传教育的重要组成部分，以及培育和践行社会主义核心价值观的重要基础。其内在的时空坐标和文化语境，是改革开放以来中国经济所取得的巨大成就，与“家国情怀消退、处世原则功利化、道德修养低俗化”等现象形成反差。[②]

在澳门，中国传统文化教育主要应着眼于传统文化的传承以及澳门文化的未来发展，同时要帮助青年一代构建恰当的身份认同。因此，其首要的目的是要达成费孝通先生所说的“文化自觉”，即对1840年鸦片战争以前[③]的中国文化的“自知之明”：明白它的来历、形成过程、所具有的特色和发展趋向。有了自知之明，就可在多元文化的世界里确立自己的位置，增强在文化转型中的自主能力，取得为适应新环境、新时代而进行文化选择时的自主地位。[④]

当然，文化是一个系统，在结构上通常被认为包含物质、制度和心理三个层面；而在内容上包括众多的领域，如认知的（语言、哲学、科学、教育）、规范的（道德、法律、信仰）、艺术的（文学、美术、音乐、舞蹈、戏剧）、社会的

---

① 具体要求包括阅读篇幅较长的传统文化经典作品，提高古典文学和传统艺术鉴赏能力；认识中华文明形成的悠久历史进程，感悟中华文明在世界历史中的重要地位；认识人民群众创造历史的决定作用和杰出人物的贡献，吸取前人经验和智慧，培养豁达乐观的人生态度和抵抗困难挫折的能力；感悟传统美德与时俱进的品质，自觉以中华传统美德律己修身；了解传统艺术的丰富表现形式和特点，感受不同时代、地域、民族特色的艺术风格，接触和体验祖国各地的风土人情、民俗风尚，了解中华民族丰富的文化遗产。引导学生深入理解中华民族最深沉的精神追求，更加全面客观地认识当代中国，看待外部世界，认识国家前途命运与个人价值实现的统一关系，自觉维护国家的尊严、安全和利益。

② 杨丽萍：《传统文化教育的时代语境与推进路径——基于〈完善中华优秀传统文化教育指导纲要〉的解读》，成都：《西南民族大学学报（人文社会科学版）》，2015年第4期。

③ 中国传统文化通常是指1840年鸦片战争以前的中国文化，鸦片战争后，中国沦为半殖民地半封建社会，逐步被卷入世界资本主义的潮流，其固有的传统文化在社会政治、经济的急剧变动中，在西方文化的碰撞、冲击下，发生了解体和蜕变，产生了与中国传统文化既有联系又有区别的带有过渡性质的中国近代文化。1919年五四新文化运动，推动中国政治由旧民主主义革命转变为新民主主义革命，中国文化进入新民主主义的新阶段。1949年中华人民共和国成立，从此，中国文化逐步变为社会主义的文化。参见刘新科：《中国传统文化与教育》，长春：东北师范大学出版社，2002，第3－4页；张岱年、方克立：《中国文化概论（修订版）》，北京：北京师范大学出版社，2004，第327－365页。

④ 费孝通：《文化的自觉与反省》，载费孝通：《中国文化的重建》，上海：华东师范大学出版社，2014，第188页。

（制度、组织、风俗习惯）、器用的（生产工具、日用器皿以及制造它们的技术）[①]。从教育的角度看，中国传统文化最重要的内容应该是独具特色的语言文字、浩如烟海的文化典籍、精彩纷呈的文学艺术、充满智慧的哲学和宗教、深刻独特的伦理道德以及惠及世界的科技与工艺。同时，还要了解其产生的基础和发展历程，并思考其精神气质和未来发展。

所以，澳门的中国传统文化教育应从三个方面展开：

第一，认识中国传统文化的主要成就。包括了解中国语言文字尤其是汉语、汉字的特点和历史；学习中国古代文学；认识中国以四大发明为代表，同时包括天文、数学和医学在内的古代科学技术；了解中国古代的史学典籍和儒家教育；学习中国古代重要艺术门类的成就；认识中国传统的伦理道德，以及道教、佛教的信仰与传播；初步了解中国哲学的思想渊源和重要主张。

第二，进一步认识中国传统文化的类型特征（伦理型文化或“德性文化”）、基本精神（刚健有为、贵“和”尚“中”、天人合一、崇“德”利“用”[②]）和价值系统（人格理想、群己定位、义利及理欲之辨、天人关系等）。

第三，为令学生“知其然”且“知其所以然”，须了解中国传统文化的孕育和发展过程所依赖的地理环境、经济基础和社会政治结构，以及近代以来中国传统文化所遭遇的困境、转化和反思。

三、制度与政策的保障

近年来，澳门正规教育的学生人数有所减少，按照教育暨青年局公布的统计数字，2014/2015 学年小学学生总数为 24 252 人，初中学生总数为 14 077 人，高中学生总数为 16 011 人[③]。

同时，澳门的基础教育历来以私立学校为主，按照学校运作的执照计算，

---

① 关于“器用”的方面，主要是物质文化，有学者从 10 个方面对中国古代物质文化进行了总结，包括农业与膳食，酒、茶、糖、烟，纺织与服装，建筑与家具，交通工具，冶金，玉器、漆器、瓷器，文具、印刷、乐器，武备，科学技术。参见孙机：《中国古代物质文化》，北京：中华书局，2014。

② 按照张岱年先生的观点，天人合一的思想主要处理人与自然的关系；崇“德”利“用”的思想主要处理人自身的关系，即精神生活与物质生活的关系；贵“和”尚“中”的思想主要处理人与人的关系，包括民族关系，君臣、父子、夫妇、兄弟、朋友等人伦关系；而“刚健有为”的思想则是处理各种关系的人生总原则，包括“自强不息”和“厚德载物”两个方面。四者以“刚健有为”思想为纲，形成中国文化基本思想的体系。参见张岱年、程宜山：《中国文化精神》，北京：北京大学出版社，2015，第 14－15 页。

③ 教育暨青年局：《教育数字概览（2014/2015 教育数字・2013/2014 教育概要）》，2015，第 2 页。

2014/2015 学年正规教育范畴的私立学校共 64 所，占学校总数的 86.5%；公立学校 10 所，仅占 13.5%。[①] 另外，澳门的中小学以中文学校为主，2014/2015 学年共有 101 个校（部），但也有葡萄牙文学校和英文学校，分别有 5 个校（部）和 14 个校（部）。[②] 最为关键的是，无论公立学校还是私立学校，澳门的中小学都依法享有“教学自主”的权利，各教育阶段均没有统一的毕业考试和升学考试。教材的来源也十分多样，学校可完全自主选择任何教材。在中小学如此多元、自主的情况下，要加强中国传统文化教育，就必须从制度和政策层面加以规范和强调。

（一）法规方面

自 1999 年澳门回归以来，澳门特别行政区政府对澳门的教育制度及相关的法律、法规进行了系统的调整与更新[③]。其中，2006 年颁布实施的第 9/2006 号法律《纲要法》，以及 2014 年颁布的第 15/2014 号行政法规《本地学制正规教育课程框架》，为加强中国传统文化教育提供了重要的法律依据。

澳门的《纲要法》可以说是非高等教育领域的“基本法”，该法直接取代了澳葡政府管治时期的第 11/91/M 号法律《澳门教育制度》，因此是非高等教育领域从制度层面对澳门回归祖国这一重要转变的最直接、最具有决定意义的响应。该法对教育的总目标和各教育阶段的目标都作了重新调整。其中，“总目标”强调要“致力培养及促进受教育者爱国爱澳、厚德尽善、遵纪守法的品格”，尤其要“培养其对国家和澳门的责任感”，并“使其能以中华文化为主流，认识、尊重澳门文化的特色”。在澳门多元文化共存的背景下，上述规定充分体现了对中华文化的重视，为开发中国传统文化课程并加强相关的教学提供了依据。

2014 年颁布的《本地学制正规教育课程框架》，是澳门中小学课程设置的根本依据，所有本地学制的公立学校和私立学校均须遵守。按照该法所附“课程计划表”的规定，所有学校必须确保小学、初中和高中均在“个人、社会与人文”这一学习领域中开设“品德与公民”课，并达到规定的课时；而在“语言与文学”领域，中文学校必须开设中文课程，葡萄牙文学校和英文学校也必须为学生学习中文提供机会，而且所有中文课程均须教授普通话。同时，在“个

① 教育暨青年局：《教育数字概览（2014/2015 教育数字 · 2013/2014 教育概要）》，2015，第 2、16 页。

② 数据来自教育暨青年局的统计数字。

③ 郭晓明：《回归以来澳门教育制度的变革》，上海：《全球教育展望》，2009 年第 5 期。

人、社会与人文”领域，小学可开设“常识”课（包括历史、地理），初中和高中可开设综合性的“社会与人文”课，也可设置分科的历史和地理。另外，中小学均须开设艺术类课程，可设置综合的“艺术”科，亦可设置分科的视觉艺术、音乐，以及舞蹈、戏剧等。显然，这些课程都可包含中国传统文化的内容。

（二）其他形式的政策方面

法律、法规是最重要、最稳定、最系统的教育政策，但除此之外，政府也制定了一些专题性或阶段性的教育政策，有的涉及对中国传统文化教育的要求。

在澳门回归之后的这类政策中，最早的当属2004年10月教育暨青年局颁布实施的《非高等教育阶段“爱国爱澳”教育实施纲要》。该纲要由教育暨青年局起草完成后，曾于当年10月在“教育委员会”[①]征询意见。关于“爱国爱澳”教育的内容，共列出7个方面，其中包括“中华民族悠久历史”“中华民族优秀传统文化”以及“汉语言文字和普通话”3个方面，而且每一个方面分别列出了具体要求。2008年，教育暨青年局以此为基础，制定了《非高等教育范畴德育政策》，该政策明确指出，“中华文化在澳门有着悠久的历史”，德育工作应“进一步继承和弘扬中华民族传统的伦理美德”。2011年开始实施的《非高等教育发展十年规划（2011—2020年）》，在发展目标方面，也要求加强学生“对国家、澳门的认识和认同”以及“对本地历史与文化的认同”，培养良好的“爱国爱澳的情怀”，提升学生的“艺术素养”。

体现澳门特别行政区政府教育政策的另外一个十分重要的方面，是作为年度政策的施政报告（每年由行政长官向立法会报告），以及“社会文化领域”[②]的施政方针。澳门回归以来，澳门特别行政区政府每年的施政报告都不同程度地关注人文建设，包括中国传统文化和澳门本地传统文化的传承（表7-1）。其中最明显的变化是，从2015年开始，对中国传统文化教育的重视程度显著增强，施政方针中所采取的措施比以往更加全面、具体，除总的政策宣示外，还深入课程标准的完善、年度重要活动及教育计划、教材编写与出版以及青年活动等方面。2016年还关注了“一带一路”这一发展倡议，并将其列入年度工作重点。

---

① 2006年底《纲要法》在立法会通过之后，据该法重组为“非高等教育委员会”。

② 其他四个领域是行政法务、保安、经济财政、运输工务。

表 7－1 澳门特别行政区政府“施政报告”和“施政方针”的相关内容

年份	施政报告①	施政方针②
2000	•澳门已经回到祖国的怀抱，爱国主义和公民意识应在整个教育领域内得到足够的重视和切实的推行 •政府当致力弘扬中华文化，培养市民“爱国爱澳”的情怀	•澳门作为中华人民共和国的一部分，一个中西文化相互交融的地方，其教育发展将致力增强公民意识，激励“爱国爱澳”的情怀 •澳门文化的独特性，在于它既拥有深厚的中华民族文化特点，又能够包容其他西方的文化，呈现了多元文化的特点，因而文化政策要贯彻弘扬中华文化，培养澳门居民“爱国爱澳”的情怀
2001	•要进一步发展公民教育，特别是有关国家、民族观念的教育，有关权利和义务、自由和责任的教育	•随着弘扬中华文化、发挥澳门多元文化特点等方针的确立，文化艺术活动的举办更能满足大众的需求
2002	•促进市民参与本地历史文化的认知活动，推广文物及其保护的价值观，发展基础艺术教育	•加强青少年的公民意识。培育一群有责任感、有使命感、有魄力、勇于承担、愿意回馈及贡献社会的良好青年
2003	•大力促进品德教育和公民教育，让学生自主地建立起应有的是非观念、操守原则和伦理精神，使澳门居民关心国家与社会、善良厚道和勤奋上进的人文传统，通过教育得以叶茂根深，代代相传	•促进学生对不同文化的了解，增强对祖国文化及本土文化的认识，树立尊重多元文化的观念和态度，提升学生的人文素养
2004	•善良、多元、接纳、共融，是我们优秀的人文传统，……我们要延续这个传统，使之发扬光大	（未提及）

① 澳门特别行政区政府 2000—2016 年各财政年度的施政报告。

② 澳门特别行政区政府 2000—2016 年各财政年度社会文化范畴的施政方针。

续表

年份	施政报告	施政方针
2005	•要大力培养青少年的“爱国爱澳”情操，加强“一国两制”和基本法以及中国历史文化的教育，增进他们的国家、民族身份认同感	•通过首期“中学生普及艺术教育计划”，提升学生的艺术修养和创造力；通过课余活动和社区教育，增强青少年的公民意识和对祖国的认识
2006	（未提及）	•拓展“中学生普及艺术教育计划”，使青少年养成正面的价值观
2007	•借着文化艺术的普及和提高，增加市民审美情感，彰显道德文明的意义 •积极研究各大宗教，以及包括儒家和道家在内的各大思想流派，吸收、综合其中导人向善的精华	•积极组织和开展认识国家、参与社会的活动，养成青少年“爱国爱澳”的情操
2008	•依据各种正确的价值观，推广切中要害、功效显著的方法，借此化解一个不可避免的负面现象，使各种不良的心态与行为得到可靠的预防和矫正	•培养青年正确的生命观、价值观及“爱国爱澳”的情怀，增强其责任感
2009	•加强维护澳门的非物质文化遗产，并将其中的诚实无欺、朴素自然、知足常乐和守望相助等优良生活传统发扬光大	•出版并推广符合澳门特点和学校需求的《品德与公民》教材，加强对学生的引导，加强“爱国爱澳”教育，并推动优秀民族文化传统的教育 •培养青年正确的人生观、生命观、价值观及“爱国爱澳”的情怀，增强其责任感
2010	•树立青少年“爱国爱澳”的核心价值观和社会责任感 •强化澳门的文化建设，打造澳门文化品牌	•强化基本法的宣传和教育工作，培养青少年的“爱国爱澳”情怀 •继续出版和推行配合不同教育阶段需求的《品德与公民》教材。检视“中学生普及艺术教育计划”的实施成效，优化计划的内容

续表

年份	施政报告	施政方针
2011	•重视培养青少年对澳门的归属感和责任感，推动青少年学生建立正确的人生观，强化“爱国爱澳”意识 •与全体居民共同构建一个融合中西文化特色……的澳门。……澳门人代代相传的诚实善良、勤勉好学、敬老尊贤、守望相助、族群和谐的优良传统，得以生生不息地传承	•继续推出“中华民族文化传统教育系列”……多媒体资源，协助教育工作者对学生进行中华民族文化传统以及……方面的教育 •与教育界和全社会一起弘扬尊师重道的优良传统 •全面推行“中学生普及艺术教育计划”，增强学生对艺术的认识和欣赏能力
2012	•坚持人文建设，发扬敬老尊贤、互助互爱、族群和谐的优良传统 •强化“爱国爱澳”意识	•与有关机构合作，为学生和市民提供学习普通话……的机会，发展“中华民族文化传统教育系列”多媒体资源，继续开展“国情教育”
2013	•提升学生的语文能力、身心素质及品德 •加强文化传承教育和文化设施建设 •结合深厚的本土文化底蕴，营造良好的文化氛围	•多渠道为学生提供学习普通话……的机会 •强化学生对国家的认识和归属感，以及对中华文明传统和澳门历史与文化的了解
2014	•着力增强青年的社会责任感、使命感和担当意识，加强锻炼和培养澳门特别行政区建设所需的各类人才 •加强文化传承教育和文化设施建设，推行文化普及和艺术教育工作	•加强“爱国爱澳”教育，深化中国文化传统教育……增进公民身份意识，提高公民的社会责任感
2015	•普及和深化公民教育，大力弘扬“爱国爱澳”精神。倡导勤奋、自强的美德，推广敬老护幼、互谅互让的人文关怀，重视和推动文化传承	•积极完善相关科目的“基本学力要求”，以保障历史教育的完整性和科学性，让学生懂得近代以来中国走过的不平凡道路 •通过纪念中国人民抗日战争胜利70周年系列活动，弘扬民族正气，增进民族认同感 •加大力度传承中华优秀传统文化……在学校的语文、历史和艺术等方面的教育中，让青年更深入地认识、欣赏和传承中华优秀传统文化 •以先导方式将有关普及艺术教育计划的覆盖范围从中学生拓展至小学六年级。与相关部门合作，创设条件推动学生走进博物馆近距离观赏艺术品，引导其领略中华民族的悠久历史和文化积淀

续表

年份	施政报告	施政方针
2016	•大力弘扬“爱国爱澳”的优良传统，提倡敬老尊贤、乐于助人、和谐包容，共同营造优质的社会人文环境	•弘扬中华优秀文化，增进青年家国情怀。持续开展中华历史文化教育和认识中国国情的多元化活动，引导青年认识历史以及国家发展所取得的成就 •实施学生艺术教育普及计划，促使学生欣赏中华传统表演艺术和视觉艺术，尤其是粤剧艺术，强化青年对中华文化的认同感 •推出新措施，以便通过青年社团培训和外交知识系列活动，让澳门青年更准确地认识“一带一路”的内涵与意义。鼓励青年社团组织青年赴丝绸之路沿线重要节点体验社会及人文风貌，支持澳门青年社团与沿线青年组织缔结民间合作关系，以促进文化交流、学术往来和人才培训的合作 •挖掘更多题材，支持和协调青年团体举办系列活动，培养“爱国爱澳”的品格，增进青年的民族认同感和家国情怀 •重视教材建设，委托专业团队编写本地小学常识科普教材 •出版经修订的小学《品德与公民》教材，并且开展相关培训

上述转变与2014年底习近平在庆祝澳门回归15周年大会暨澳门特别行政区第四届政府就职典礼上的讲话有关，他当时对澳门提出四点希望，其中最后一个方面就是“继续面向未来，加强青少年的教育培养”。而且尤其强调：中华民族在几千年历史中创造和延续的中华优秀传统文化，是中华民族的根和魂。要把我国历史文化和国情教育摆在青少年教育的突出位置，让青少年更多领略中华文明的博大精深，更多感悟近代以来中华民族救亡图存、发奋图强的光辉历程，更多认识新中国走过的不平凡道路和取得的巨大成就，更多理解“一国两制”与坚持和发展中国特色社会主义、实现中华民族伟大复兴与中国梦的内在联系，从而牢牢把握澳门同祖国紧密相连的命运前程，加深民族自豪感与“爱国爱澳”情

怀，增强投身“一国两制”事业的责任感与使命感。[①]

四、学校层面的实施

中国传统文化教育最终须落实到学校，在正规的课堂教学和相关的教育活动中展开，方能在实践中对学生的精神成长发挥作用。

（一）开设相关课程

“废科举，兴学堂”以前，中国学校教育的全部课程及其内容都可称为中国传统文化，但自从以西方的学制和教育理念为基础的现代教育体系建立以来，学校的课程体系发生了根本性变化，按照西方文化和学术体系划分的历史、地理、数学、物理、化学、生物、体育、音乐、美术，取代了《三字经》《论语》《孟子》等[②]，这使得中国传统文化虽然仍是学校教育的重要内容之一，但并不存在一门独立的“学科”，而是分散在语文、品德与公民、历史、地理以及艺术等科目之中。[③]

语言和文字是民族文化身份的符号，也是其文化的载体和基本内容，因而中文课程对于中国传统文化教育来说无疑是最为重要的。如前所述，澳门的中小学以中文学校为主，2014/2015 学年以中文作为教学语言的校（部）共有 101 个，全部开设中文课；其他 19 个校（部）虽然是葡萄牙文或英文学校，但全都设有中文课。

与中国传统文化教育有关的另一个主要科目是“品德与公民”。须注意的是，澳门许多学校是教会学校，都设有“圣经”或“宗教”课，有的教会学校将品德与公民教育的部分内容融入其中，也有的另开“品德与公民”课。这些课都含有部分中国传统文化的内容。2014/2015 学年澳门中小学各教育阶段开设

---

① 习近平：《贯彻“一国两制”明天更美好——在庆祝澳门回归 15 周年大会暨澳门特别行政区第四届政府就职典礼上的讲话》，澳门：《澳门日报》，2014 年 12 月 20 日，第 2 版。

② 这实际上是中国知识谱系的根本改变：用一种分化的方式重建知识谱系。当时有强烈的反对声音，如张君劢就试图用“人生观”问题批判科学的知识谱系，事实上却为新的知识分科提供了理论前提，而且其“通过‘人生观’问题重建知识谱系的努力与‘五四’以后的教育改革，特别是 20 世纪 20 年代初期的学制改革具有内在的呼应关系”。参见汪晖：《现代中国思想的兴起》（第二部下卷），北京：生活·读书·新知三联书店，2004，第 1330－1331 页。

③ 对于这一转变的缘由，特别是当时江南部分学校所面临的文化处境，可参见周勇：《江南名校的中国文化教育》，北京：教育科学出版社，2008，第 10 页。

品德与公民及宗教或圣经课的情况详见表7－2。

表7－2　2014/2015学年澳门中小学开设品德与公民及宗教或圣经课的情况

科目	教育阶段	开设的校（部）数[①]	所占百分比/%
品德与公民	小学	49	81.7
	初中	37	80.4
	高中	34	77.3
宗教或圣经	小学	24	40.0
	初中	19	41.3
	高中	17	38.6

资料来源：教育暨青年局。

在中学阶段，历史和地理是进行中国传统文化教育的重要途径。从表7－3可见，2014/2015学年澳门在中学阶段独立开设“有”（可能只在一个年级开设）历史和地理课的学校比例还是比较高的，尤其是历史课，高中达到100%，初中达到97.8%。

表7－3　2014/2015学年澳门中学开设历史、地理课的情况

科目	教育阶段	开设的校（部）数	所占百分比/%
历史	初中	45	97.8
	高中	44	100.0
地理	初中	40	87.0
	高中	40	90.9

资料来源：教育暨青年局。

但是，各校开设的情况并不一样。从表7－4可见，初中一年级和初中二年级开设历史课的学校只有84.4%和86.9%，有1所学校在整个初中教育阶段均不开设分科的历史课；高中阶段的每个年级也都有学校不开设历史课。地理科的情况更严重些，初中一年级和初中三年级开设地理课的学校只有77.8%和67.4%，初中二年级也只有80.4%，更有6所学校在整个初中教育阶段均不开设分科的地理课，高中阶段完全不开设地理课的学校也有3所。

① 2014/2015学年澳门小学、初中、高中的校（部）总数分别为60、46和44，不包括特殊教育和回归教育。统计日期为2014年11月26日。

表 7 –4　2014/2015 学年澳门中学各年级开设历史、地理课的情况①

年级	历史		地理	
	开设的校（部）数	所占百分比/%	开设的校（部）数	所占百分比/%
初中一年级	38	84.4	35	77.8
初中二年级	40	86.9	37	80.4
初中三年级	44	95.7	31	67.4
高中一年级	42	95.5	39	88.6
高中二年级	42	95.5	40	90.9
高中三年级	42	95.5	40	90.9
初中三年均不开	1	2.2	6	13.6
高中三年均不开	0	0	3	6.8

资料来源：教育暨青年局。

视觉艺术和音乐课对中国传统文化教育也有重要作用。2014/2015 学年澳门中小学开设视觉艺术、音乐课的情况详见表 7 –5。

表 7 –5　2014/2015 学年澳门中小学开设视觉艺术、音乐课的情况

科目	教育阶段	开设的校（部）数	所占百分比/%
视觉艺术	小学	56	93.3
	初中	38	82.6
	高中	40	90.9
音乐	小学	54	90.0
	初中	35	76.1
	高中	21	47.7

资料来源：教育暨青年局。

（二）出版及推广《品德与公民》教材

为加强品德与公民教育，澳门特别行政区政府于 2006 年推出小学、初中及

① 2014/2015 学年初中一年级 45 个校（部），初中二年级和初中三年级均为 46 个校（部）；高中各年级为 44 个校（部），不包括特殊教育和回归教育。统计日期为 2014 年 11 月 26 日。

高中“品德与公民”科学生须达到的“基本学力要求”初稿[1]。其后委托人民教育出版社按照“基本学力要求”的规定，为澳门编写了配套的小学、初中和高中《品德与公民》教材[2]。该教材于2008年起陆续出版，并受到学校的欢迎，至2014/2015学年，3个教育阶段选用该教材的学校均已超过45%，成为澳门最有影响的《品德与公民》教材（表7－6）。

表7－6　2014/2015学年《品德与公民》教材使用情况

教育阶段	使用校（部）数	占该阶段学校总数的百分比/%
小学	38	63.3
初中	24	52.2
高中	21	47.7

资料来源：教育暨青年局。

这套教材从构建“中国人”和“澳门人”的角度[3]，比较多地关注祖国和澳门的历史、地理和文化。小学二年级至六年级共安排了8个单元，从自然环境、文化、政治、历史、民族、宗教、文化习俗以及日常生活等角度，通过历史的眼光，让学生在相互联系中认识国家与澳门，为学校进行中国传统文化教育和国民身份教育提供了比较系统的支撑（表7－7）。

表7－7　《品德与公民》教材涉及祖国及澳门文化的内容

<table>
<tr><th>学段</th><th>年级/册次</th><th>教材单元</th><th>相关课题</th></tr>
<tr><td rowspan="2">小学</td><td>二年级上册</td><td>第五单元
美丽的澳门</td><td>•澳门是我家
•带你游澳门
•回到母亲的怀抱</td></tr>
<tr><td>三年级上册</td><td>第三单元
我们的国家</td><td>•魅力大都市
•中国的地域之最
•我们的传统节日
•生活在农村的孩子</td></tr>
</table>

① 教育暨青年局：《小学品德与公民教育基本学力要求（初稿）》《初中品德与公民教育基本学力要求（初稿）》《高中品德与公民教育基本学力要求（初稿）》，2006。

② 人民教育出版社课程教材研究所：《品德与公民》（澳门小学、初中、高中教材·试行版），教育暨青年局、人民教育出版社，2008（小学）、2010（初中、高中）。

③ 郭晓明：《教材中的身份认同——以澳门小学〈品德与公民〉教材为例》，载石鸥：《教科书评论2014》，北京：首都师范大学出版社，2015，第134－153页。

续表

学段	年级/册次	教材单元	相关课题
小学	四年级上册	第四单元 生活在澳门	•澳门是个大家庭 •我们的特别行政区政府 •我们是一家人
	四年级下册	第四单元 源远流长的文化	•古老的中国 •灿烂的中华文化 •56 个民族是一家
	五年级上册	第三单元 东西方文化交融	•文化交融的脚印 •多元的澳门文化
		第四单元 宗教信仰与习俗	•我们的信仰 •不同的文化习俗
	六年级上册	第四单元 我们的权利、义务和自由	•权利义务伴我行 •我爱自由
	六年级下册	第三单元 走向富强	•日新月异的澳门 •百年变迁话中国
初中	二年级下册	第一单元 我们的国家	•中国的政治体制 •中国的改革开放 •中国的和平发展
		第二单元 澳门与内地	•解读“一国两制” •携手共创未来 •弘扬中国文化
		第四单元 多元文化的澳门	•多民族共生的澳门 •文化的交融与尊重 •中西合璧的文化遗产
	三年级下册	第四单元 共建和谐世界	•世界的和平与发展 •国际社会的共同价值 •尊重文化的多样性

续表

学段	年级/册次	教材单元	相关课题
高中	一年级上册	第一单元 探寻生命价值	•品味幸福真谛 •设定人生目标
	一年级上册	第三单元 促进人际和谐	•与人和睦相处 •理性解决冲突
	二年级上册	第二单元 和谐家庭与小区	•透视婚姻家庭 •履行家庭责任
	二年级上册	第三单元 经济生活与伦理	•实践诚信准则 •坚持理性消费
	二年级下册	第二单元 走进我国民主政治	•人民代表大会制度 •多党合作　共商国是 •民主建设　循序前行 •立足现实　憧憬未来
	三年级 全一册	第五单元 多样文化　共同繁荣	•尊重文化多样性 •辨析普世价值 •促进文化交流 •共建精神家园

（三）实施“艺术教育普及计划”

为加强艺术教育，让学生每年都有机会走入正规剧院或艺术博物馆，了解不同种类的中国传统艺术，接触不同类型的艺术作品，欣赏艺术表演，并学习基本的观赏礼仪和剧场礼仪，教育暨青年局于2004/2005 学年推出“中学生普及艺术教育计划”。首年对象为初中一年级学生，此后逐年增加项目并推广至其他年级，至 2009/10 学年，该计划推广至高中三年级学生，覆盖了整个中学教育阶段。从 2004/2005 学年至 2014/2015 学年，该计划累计演出 464 场，来自 46 所中学的逾 22 万人次学生参与，平均每学年约 2 万名学生参加。2014/2015 学年中学各年级的艺术主题以及学校和学生的参与情况见表 7 - 8。

表 7－8 2014/2015 学年“中学生普及艺术教育计划”实施情况

年级	主题	参与校（部）数	参与学生数
初中一年级	木偶剧	32	3 473
初中二年级	戏剧	34	3 920
初中三年级	中乐	24	3 033
高中一年级	西乐	32	4 306
高中二年级	舞蹈	31	4 393
高中三年级	中国戏曲	31	4 120

资料来源：教育暨青年局。

2014/2015 学年，教育暨青年局还以先导计划的方式，将该计划下延至小学高年级阶段，并增加“视觉艺术”。2015/2016 学年，正式将该计划易名为“学生艺术教育普及计划”，增加的内容亦配合 2015 年的施政方针，引导学生学习领略中华民族的悠久历史和文化积淀，重点认识中国传统建筑、书画和雕塑等（表 7－9）。

表 7－9 2015/2016 学年“学生艺术教育普及计划”各年级的活动内容

年级	活动名称	活动内容	演出团体
小学六年级	走进艺博·涵泳艺文	与澳门艺术博物馆合作，将小学六年级的学生带进博物馆，培养学生对视觉艺术的赏析和审美能力，学习相关的观赏礼仪。活动先通过戏剧导赏的形式，让学生认识视觉艺术作品中画面的重要元素，同时通过与艺术作品的互动，积累接触视觉艺术作品的经验。除现场参观欣赏外，活动当中还派发相关导赏资料及工作纸，以深化学生对展览的认识	零距离合作社
初中一年级	亲近艺苑·木偶传情	通过专业木偶大师的操作示范和介绍，学生可以了解木偶艺术的来源、种类及特色；借木偶剧、皮影戏等综合艺术的演出，让学生感受中国传统民间艺术之美	广东省木偶艺术剧院

续表

年级	活动名称	活动内容	演出团体
初中二年级	体验戏剧·多元感受	通过专业演员的介绍，学生可以了解戏剧的来源、综合元素、种类及特色，并用悲剧、喜剧及音乐剧的形式来演出不同戏剧选段，让学生体验不同剧种的魅力	香港话剧团及戏剧农庄
初中三年级	品味传统·共赏中乐	借中乐演奏和介绍，展示中国音乐的丰富内涵，演奏曲目多样化，包括中国传统乐曲、西方乐曲以及流行曲等，引领学生感受中乐的特色，并通过对乐器的介绍，让他们细细品味各组乐器的特质及中国音乐艺术的神韵	香港中乐团
高中一年级	融入西乐·放眼世界	通过专业交响乐团的演奏和乐器介绍，学生能够了解西方音乐艺术的种类及特色，并借世界各地名曲的演奏，提高学生对西方音乐的欣赏能力。向学生介绍指挥的角色，让学生尝试担任指挥	广州交响乐团
高中二年级	赏识舞蹈·唯美领会	通过专业舞蹈团的介绍及示范演出，学生可以了解舞蹈艺术的不同种类及特色，其中包括中国舞、芭蕾舞、现代舞、爵士舞、怀旧舞、踢踏舞以及舞剧，借此提高学生对舞蹈的欣赏能力	香港舞蹈团
高中三年级	鉴赏国粹·细味戏曲	通过演绎京剧及昆剧的经典选段，学生能够认识中国戏曲的主要元素及其艺术特色，提高学生对中国传统文化的认识与认同感	上海市戏曲学校少年京昆剧团

资料来源：教育暨青年局。

（四）教育发展基金资助学校开展相关活动

1.“传承中华文化”专项资助

澳门于2007年成立澳门特别行政区教育发展基金会，其主要职责是以无偿资助及优惠信贷的方式，在非高等教育领域支持和推动各类具发展性的教育计划及活动[①]。为弘扬中国传统文化、推动中国文化的传承，该基金会自2013/2014学年起设立“传承中华文化”专项资助，鼓励学校按其办学特色开展与传承中华文化有关的活动，最终让学生认识及欣赏中华传统艺术和文化，了解中国深厚的文化底蕴，培养爱国情怀。该专项资助自2013/2014学年至2015/2016学年实施的情况见表7－10。

表7－10 “传承中华文化”专项资助实施情况

学年	资助金额/澳门元	获资助专案数	获资助校（部）数	参与学生人数
2013/2014	1 410 300	117	28	8 966
2014/2015	1 339 300	118	26	8 643
2015/2016	1 668 100	145	34	13 683
合计	4 417 700	380	—	31 292

资料来源：教育暨青年局。

2. “认识祖国、爱我中华”学习之旅

为了加深学生对国家的认识，澳门特别行政区教育发展基金会自2011/2012学年起在学校发展计划资助申请中设立“认识祖国、爱我中华”学习之旅的专项资助，鼓励学校按校本的需要，举办“认识祖国、爱我中华”学习之旅的交流或研习活动，让学生通过实地考察及亲身体验，加深对国家发展情况的了解，培养家国情怀（表7－11）。

表7－11 “认识祖国、爱我中华”学习之旅实施情况

学年	资助金额/澳门元	获资助专案（团）数	参与校（部）数	参与学生数
2011/2012	11 370 000	97	64	3 199
2012/2013	16 624 300	98	74	3 906
2013/2014	16 514 400	99	76	4 056
2014/2015	14 478 800	98	76	3 957

① 澳门特别行政区第16/2007号行政法规《教育发展基金制度》。

续表

学年	资助金额/澳门元	获资助专案（团）数	参与校（部）数	参与学生数
2015/2016	14 114 400	97	73	4 052
合计	73 101 900	489	—	19 170

资料来源：教育暨青年局。

（五）学校的特别措施

如前所述，澳门的公立学校和私立学校都享有教学自主权，因此，许多学校在加强中国传统文化教育方面会根据自己的理念和条件，采取具有自身特点的措施。

1. 澳门培正中学的“历史文化”选修课程①

澳门培正中学向来重视传统文化的传承，早在20世纪80年代中期，就成立了“历史室”和“地理室”，并组织师生创立“史地学会”，每年出版学生自行撰写、编辑的研究性刊物——《红蓝史地》，该刊在澳门有一定的影响。2013年，澳门培正中学进一步开设“中华文化馆”，通过门类齐全的实物展示，使学生对博大精深的传统文化有更为具体、直接的认识，并根据学生的知识水平和兴趣，开设一些实验性的国学类课程。

例如，在2013年底至2014年组织教师读书会，每周约1小时，用1年左右的时间，从历史文化的角度通读《论语》，让教师对中国传统文化经典产生兴趣。另外，在学生的联课活动中，自2014年起在小学四年级至六年级开设《史记》和《资治通鉴》读书会，中学则开设“国学经典导读”（阅读《尚书》《诗经》等经典的一些篇章），学生自由报名，每周1小时，采用精读的方法阅读经典著作，多数学生在读了大约两个月后，就能基本掌握文言文的语句结构，并喜欢上简洁有力、意境无穷的文言文。

2015年9月，该校又开设“历史文化”班，即在高中一年级、高中二年级

① 此部分的数据由澳门培正中学的钟春晖博士提供，特致谢忱。另可参见钟春晖：《从培正中学“历史文化”课的设置看古代汉语教育与中华文化传承》，澳门：《澳门研究》总第80期，2016年3月。

两个年级的4个文科班中开设“历史文化”选修课，采用小班制（每班6～12人），每周3节课，这在澳门具有开创性的意味。当前，学校课程学科分立，加上应试教学取向的影响，传统文化经典被肢解和割裂，变得枯燥乏味、生机顿失，开设“历史文化”班，就是为了以“经典阅读”为核心，将古代汉语与中国的历史和文化传承相融合，传递传统文化精神，提升学生对中国传统文化的学习兴趣，训练他们的思考能力。选读的经典涉及《礼记》《易经》《论语》《孟子》《庄子》《老子》《诗经》《尚书》等。有学生对中医感兴趣，因而也选读《黄帝内经》的一些篇章。

2. 澳门濠江中学的书法普及教育①

澳门濠江中学长期坚持和重视开展中国传统文化教育，从课程设置、人员培训到余暇活动的安排，都体现学校“弘扬国粹，传承中华文化”的教育理念。学校努力营造浓厚的校园文化氛围，引导师生继承及弘扬中国传统文化，从而增强文化认同感和民族自豪感。

该校尤其重视中文书法在弘扬中国传统文化中的作用。全校从小学三年级至初中二年级，每周均设一节书法课，安排专业教师开展书法普及教育。除正规课程外，课外活动中参与书法活动的人数也不少，中学近100人，小学30多人，附属的英才学校40多人。

澳门濠江中学想方设法通过各种方式、平台，为师生提供更多的学习、交流、展示书法的机会，从而推动书法艺术教育的发展。2011年，中国书法家协会在该校成立“兰亭学校”，两次邀请中国著名书法家韩宁宁莅校指导，重点对语文教师、兰亭学校的学生共100多人进行系统培训；也曾多次邀请广东书法家王沛恩到校讲课。2012年，该校成立兰亭书法协会，吸收100多名教师成为会员。中国书法家协会规定会员教师要参与有关的书法活动，并要求每周完成1次作业，以提高教师的书法技艺。

学校的中学部设有兰亭书法室，可容纳八九十名学生，学生每天早上可提早半小时回校习字，中午和下午放学后亦可到该室练习，有教师辅导；每月最后一个星期的星期五下午，放学后会安排一次兰亭班学生的雅集活动。其他的两个校部（小学部和英才学校），同样会组织学生利用早上或中午和下午的时间开展辅

---

① 此部分的数据由澳门濠江中学的陈步倩副校长提供，特致谢忱。

导培训活动，以提高学生的书法水平。

另外，学校还开展校内比赛，并组织学生参加校外各类比赛，以促使学生提高能力。该校每季度进行一次兰亭师生书法比赛，校内评奖并作记录，年底会庆时颁发各类奖项，以提高师生参与的热情和兴趣。同时，鼓励学生参加外界的各类比赛，每年参加澳门的比赛有六七次，有时也参加内地举办的书法比赛，如“全国兰亭学校学生书法比赛”。该校中学部曾有学生获全国一等奖（前10名），并代表中国赴日本参展；小学部亦有学生获“丹青少年中国书画大赛”一等奖。学校还举办书法展览，为教学培训搭建平台。兰亭书法室每个季度会举办展览，学校还曾参加顺德、中山、佛山、香港等地的一些联合展览，也在澳门举办过两次公开的书法展览。

五、存在的主要问题

从以上情况可见，澳门回归以来，澳门特别行政区政府对中国传统文化教育在政策和制度层面上比较重视，在近年的施政中还有明显加强的意图和趋势，但在教育实践层面还缺乏系统性保障，存在不可忽视的问题。

（一）缺乏专门规划

在澳门，任何中小学教育政策和教育改革要取得实效，都必须面对以下特有的现实：学校由办学实体说了算，而且以私立学校为主；所有学校依法享有教学自主权；政府没有也不可能推行统一的考试和教材。在此情况下，处于弱势的“小政府”要有所作为，就必须重视教育规划：既在规划的讨论和研拟过程中凝聚共识，又通过规划的实施为学校提供专业的指导，弥补学校专业能力参差不齐所带来的不足。最重要的是，规划可以“柔性地”起到引领和规范学校办学行为的作用。

澳门特别行政区第三届政府在教育政策上的一个特点，就是加强教育规划，最重要的举措之一就是在2011年颁布《非高等教育发展十年规划（2011—2020年）》。[①] 虽然这是澳门教育史上第一个“十年规划”，但这是一个整体性的规划，

① 郭晓明：《传承与创新——澳门特别行政区第三届政府教育政策的总结与展望》，澳门：《行政》，2015年第1期（总第107期）。

不能充分照顾到中国传统文化教育的方方面面。

因此，有必要制定专门的规划，总结经验，分析问题，对澳门中国传统文化教育的宗旨、原则、内容重点、途径以及重要的措施作出系统规划。在这一方面，教育暨青年局2004年制定《非高等教育阶段“爱国爱澳”教育实施纲要》的经验可供参考，教育部为内地制定的《完善中华优秀传统文化教育指导纲要》也具有比较直接的借鉴意义。

（二）课程体系及课程内容有待完善

对于学校的中国传统文化教育而言，课程是至关重要的因素，既要有完整的课程体系，又须有全面且符合学生年龄发展特征的课程内容。如前所述，澳门的大多数中小学都开设了相关的课程，但体系和内容均有待加强。

1. 中文教育有待改进，宜进一步加强文言文学习

语言、文字是民族文化的底色和基本内容，而古典文学和其他文化典籍是我们的精神家园。澳门的中小学普遍重视中文教育，课时甚至比内地和香港、台湾地区还多。但有大学中文系的负责人表示：即使是考入澳门一流大学中文系的澳门学生，“阅读面不是很广，文史知识不够全面，中文写作能力亦不太理想，中文教育和训练与内地相比显得较薄弱”[①]。这就提出了两个问题，一是阅读面不够宽，二是写作能力不强，这在澳门比较普遍。

澳门中文教育还有一个问题，就是须进一步加强文言文学习。文言文是汉语中精致化的书面语，是青年人打开中华古典文明宝库的必备钥匙。澳门的中文课程正处于变革之中，目前仍沿用1999年的课程大纲，其中，小学对文言文基本没有提出要求。初中要求学生“学习并掌握基本的文言句式”“能读懂浅易的文言文；能借助工具书和注释，读懂一定数量的课外浅显的文言文”，3年须学习的文言诗文达到45篇。高中要求学生“理解文言虚词”“能借助工具书和注释，读懂一定数量的课外文言文和欣赏古典诗词”，3年要求学生学习的古诗文共20篇。[②] 大致说来，在文本性的课程政策层面，澳门对于文言文的重视程度要高

---

① 《学者：澳生中文水平待提高》，澳门：《澳门日报》，2015年10月27日，第B10版。

② 教育暨青年司“课程改革工作组”：《小学中文大纲》《初中中文大纲》《高中中文大纲》，澳门，1999。

于香港[①]，但远低于内地的最新要求[②]，也略低于台湾[③]。尤其在课文的篇数方面，澳门小学、初中和高中3个阶段的总数差不多仅为内地最新要求的一半。所以，中文课程中要进一步加强文言文学习。

2. 历史、地理开设不全，内容欠完整

历史和地理之所以重要，是因为“对中国文化的自觉”须以深邃和宽广的时空感为基础：既了解中国传统文化的来历、形成过程以及近代以来所面临的困境、转化和未来趋势，又明白它所依赖的地理环境以及在全球化竞争中所处的文化环境。

世界各地的小学课程更重视综合性，因此不开设分科的历史、地理。澳门通常把相关的内容融合在小学的“常识”科，但在中学阶段，澳门不少学校的历史和地理也开设不全。如前所述，按照2014/2015学年的统计，有的学校虽然“有”开设，但可能只开设1年，初中一年级和初中二年级开设历史的学校只有84.4%和86.9%，更有1所学校在整个初中教育阶段均不开设；初中一年级和初中三年级开设地理的学校分别只有77.8%和67.4%，初中二年级也只有80.4%，更有6所学校在整个初中教育阶段均不开设分科的地理，高中完全不开设的学校也有3所（表7-4）。这可能直接导致学生知识的结构性缺失，香港近

① 香港“课程发展议会”分别颁布修订后的《中学中国语文建议学习重点》（试用）和《小学中国语文建议学习重点》（试用），二者均依相应的“课程指引”，将文学、中华文化列为独立的学习范畴，但也没有对文言文的学习提出具体要求。2015年6月，香港教育局课程发展处的“中国语文教育组”颁布了《高中中国语文指定文言经典学习材料篇目》（2015/2016学年中学四年级开始实施），共指定了16篇文言经典作品，要求学生熟记。

② 内地2011年颁布的《义务教育语文课程标准（2011年版）》，古诗文方面的要求明显增强。课程“总目标与内容”要求学生“能借助工具书阅读浅易文言文”；其中，七年级至九年级的“学段目标与内容”的要求是“诵读古代诗词，阅读浅易文言文，能借助注释和工具书理解基本内容。注重积累、感悟和运用，提高自己的欣赏品位”。《义务教育语文课程标准（2011年版）》还列出了要求学生“背诵”的优秀“古诗文”136篇（段），比2000年颁布的相应课程标准的“实验稿”增加了16篇（段），在所有要求学生背诵的240篇（段）古今“优秀诗文”中所占的比例由50%上升到56.7%；其中一年级至六年级75篇（段），七年级至九年级61篇（段），分别比“实验稿”增加了5篇（段）和11篇（段）。参见中华人民共和国教育部：《义务教育语文课程标准（2011年版）》，北京：北京师范大学出版社，2011。

③ 台湾2003年颁布的《国民中小学九年一贯课程纲要语文学习领域（国语文）》（根据有关规定涉及台湾同胞不能称“国民”，这里未对标准名称作改动，以保持原貌——编者注），在“编选教材范文”方面规定：小学六年级“渐次融入文言文”，第七学年文言文所占的比率为10%～20%，第八学年为20%～30%，第九学年为25%～35%。2003年部分修正颁布的《普通高级中学必修科目〈国文〉课程纲要》规定，“文言范文所占比率为45%～65%”，并列出了酌选的文言文30篇，每册安排“古典诗歌”1～2课。

年弱化中国历史科的教训值得吸取[①]。

除课程开设不全外，课程内容不完整也是重要问题之一。以中国历史为例，许多学校存在重中国古代史、轻近代以及现当代史的现象，鸦片战争以后的历史一笔带过，一些学校的中国历史讲到辛亥革命就没有了下文，学生既不了解中华民族在近代所遭受的苦难，也不清楚中国人民在抗战期间救亡图存的英勇无畏，更不理解20世纪以来中国社会整体变迁的历程，以及所选择的道路。对于1949年以后中国内地的历史，一些学生的记忆只停留在几个道听途说的孤立负面词汇上，缺乏准确、全面的了解，因而无论对于过去还是现在，都难有公允的评价；对于澳门的前途，很容易从狭隘的视角去理解。正因如此，习近平才强调，要让青少年“更多感悟近代以来中华民族救亡图存、发奋图强的光辉历程，更多认识新中国走过的不平凡道路和取得的巨大成就，更多理解‘一国两制’与坚持和发展中国特色社会主义、实现中华民族伟大复兴与中国梦的内在联系”。

地理也是如此，一些学校将中国地理仅仅视为世界地理的一部分来对待，学生对中国地理的认识很不系统，更缺乏深度；有的学校自编的地理课程依然停留于以自然地理为主要内容的旧观念，不重视经济地理和人文地理，也不面对环境、气候、区域规划与发展等人类共同面临的新问题。澳门的未来一代必须具有广阔的视野和全球化时代的理解能力，地理课程必须与时俱进。

3. 中国传统艺术教育须系统化

中国传统艺术是中国传统文化中十分重要且极具特色的一部分。在孔子以礼、乐、射、御、书、数“六艺”教人时，“乐”是各门艺术的总称，除声乐、器乐外，还包括诗歌、舞蹈、传说故事和早期的戏剧。但在现代教育系统中，当艺术被规范为音乐和视觉艺术后，传统艺术教育的完整性反而被削弱了。当然，这也可能与各门中国传统艺术发展的程度和其在文化系统中地位的差异有关。

如果将文学也归为艺术的话，中国过去和澳门特别行政区今天的教育，最重视的是古典的诗文；此外，就是书法和绘画；然后是戏曲、传统乐器、雕塑和建

---

① 香港在进入2000年后的高中课程改革中推行“通识教育科”，内容包括个人成长与人际关系、今日香港、现代中国、全球化、公共卫生以及能源科技与环境6个单元，对培养学生的独立判断能力和批判意识有帮助，亦能加强学校教育与生活的联系。但原有的“中国历史”由必修课被弱化为选修课，结果高中修读中国历史科的学生人数连续下降，在2014年参加全港高中文凭公开试的70 000多名高中生中，报考该科的只有6 320人，即“十个中学生中只有一个修读”。参见曹启乐：《风起云涌的通识教育科检讨》，何汉权：《国民教育的重要载体》，均载香港教育评议会：《教育心宴》，香港：灼见名家传媒有限公司，2015，第28－29、108－109页。

筑。部分学校现在比较重视陶器的制作，这是值得鼓励的。但总的来看，传统戏曲、器乐演奏、建筑艺术、传统舞蹈等，有必要加强。为此，综合性的艺术教育值得提倡，艺术课程不能过分受分科的限制。

4. 强调统一要求，课程的差异性不够

中国传统文化领域众多，要求中小学生全面深入学习是不可能的。因此在课程上，既应有对所有学生的基本要求，也可以对选修的方式作个别化处理，为真正有兴趣和天赋的学生提供深入学习的机会和指导，尤其是在初中和高中阶段。如前所述，澳门部分学校开设有中国传统文化方面的选修课，如澳门培正中学的历史文化、澳门濠江中学的书法等，但到目前为止，这并非学校的普遍做法。

（三）重传统文化“知识”，较忽视传统文化的精神

如前所述，中国传统文化教育应将认识中国传统文化的主要成就，与理解中国传统文化的基本精神和价值系统相结合。从总体上看，澳门现在比较重视对知识层面的学习，而对于“刚健有为”等文化精神和价值系统的强调显得不够。

就二者的关系而言，“知识”层面的把握是基础，因此学习中国的语言文字、古代文学、科技和艺术成就是必要的，但这终究只是文化之“表”。作为“一定文化创造出来，并成为该文化思想基础”的文化精神[①]，才是传统文化之“里”和“内核”，影响我们的价值观和思维方式，必须予以重视。当然，并非所有年龄段的学生都有能力由“表”及“里”，但至少，高中阶段的中国传统文化教育应向此目标迈进。

（四）缺乏符合本地需要的教材

教材是澳门中小学各学科领域亟待解决的问题。有观点认为，澳门中小学课程是“依赖型”的，就是因为澳门教科书主要依赖外地，尤其是香港的教科书。以2014/2015学年的中文教材为例，小学和初中选用香港教科书的学校分别占96.6%和77.3%，高中一年级和高中二年级占80.0%和81.0%，高中三年级因升学的关系占比略低，约占45.8%。[②] 近年来，香港的一些出版机构开始发行澳

① 张岱年、程宜山：《中国文化精神》，北京：北京大学出版社，2015，第14页。

② 数据来源：教育暨青年局。

门版的教材[①]，但外地的教科书是以外地的课程标准为依据编写的，即便是香港出版的澳门版教材，一般也是以香港版为基础稍加改编而成的，并不能满足澳门学生的学习需求。因此，澳门应该集中力量，研发本地的教材。

近年来，由教育暨青年局委托人民教育出版社为澳门编写的小学、初中和高中的《品德与公民》教材，受到学校欢迎。2015 年，教育暨青年局又委托该机构编写和出版了《澳门地理（初中地理补充教材）》[②]，委托澳门笔会编写了《书写我城——澳门文学补充教材（初中篇）》[③]。但这仍然不够，目前亟须发展中国语文、中国历史、中国地理等学科的澳门本地教材。

（五）师资的相关素养有待加强

好的教育必须有好的师资，从事中国传统文化教育的教师，自己首先须有好的传统文化修养。而这恰恰是澳门教育界需要加强的。

民国时期，苏州中学与南开中学一南一北齐名，其中苏州中学是当时中国南方传统文化教育的重要基地。有学者在描述其师资情况时说："当年的苏州中学不仅有大力培育国学研究与教学的校长，而且拥有一群国学造诣深厚的国学教师，有的甚至可以让胡适、顾颉刚等国内顶级名牌大学的国学教授欣赏不已乃至自叹不如。"[④] 由此可见苏州中学当时在中国文化教育领域的强劲实力。虽然这不是现在一间普通中小学所能达到的高度，但无疑是澳门的学校应该努力的方向。

六、挑战及展望

无论如何，在当今这个时代，我们重新关注中国传统文化，内心充满希望：澳门处在华人文化圈，中华文化的底色不会轻易改变；我们拥有一个理性、平和、崇尚对话的环境，不容易受极端化思维的影响。但是，对于中国传统文化在

---

① 例如小学中文教材，香港教育出版社出版《我爱学语文（澳门版）》，香港现代出版社出版《澳门现代中国语文》和《21 世纪现代中国语文（澳门版）》，2014/2015 学年选用这些教材的学校分别达到 56.7% 和 26.7% 。

② 人民教育出版社课程教材研究所：《澳门地理（初中地理补充教材）》，澳门：教育暨青年局、人民教育出版社，2015。

③ 澳门笔会：《书写我城——澳门文学补充教材（初中篇）》，澳门：教育暨青年局、澳门笔会，2015。

④ 周勇：《江南名校的中国文化教育》，北京：教育科学出版社，2008，第 84 页。

澳门的传承来说，有两个方面的挑战必须认真面对：

一是全球化发展对民族文化带来的挑战。全球化从来就不是一个与价值无关的自然进化过程，而是由强势者借助现代科技与网络所主导和推动的拓展势力及权力的过程，也是世界的文化版图改变和重新分配的过程。对于弱势者而言，全球化的冲击可能意味着民族文化的危机，“对于某一个民族、某一地区的人来说，它可能是经济利益的被剥夺，民族独特文化之被解构”[①]。因此，如果我们还要继续做好作为一个民族或个体的中国人，而不“被殖民化”及“自殖民化”，就必须对全球化作出文化的、价值的拷问，提升文化自觉，既走出自身原有文化的局限，又坚持民族的自我意识和主体性。所以，一方面，在加强中国传统文化教育的过程中，我们必须对全球化所带来的文化侵蚀保持警惕；另一方面，面对全球化的加速发展，我们的传统文化教育工作须保持应有的紧迫感。因为文化一旦散失，就不要再奢望找回；民族的心灵一旦被人占领，自我意识就已被永远放逐他乡。

二是邻近地区“去中国化”的可能影响。澳门与香港同处粤语文化区，且同属中国的特别行政区，同时台湾对港澳的影响也历时已久。总体来说，这 3 个地方的中国文化一直占据主流地位。但不容忽视的是，近年来，种种“本土论述”以所谓“文化自主”为旗号，对中华文化认同乃至“中国人身份认同”构成一定的冲击。可见，传承中国传统文化是一项时代的使命。

过去的几年，澳门特别行政区政府先后颁布实施了《本地学制正规教育基本学力要求》《幼儿教育基本学力要求》《小学教育阶段基本学力要求》《高中教育阶段基本学力要求》《初中教育阶段基本学力要求》，在正规教育的 15 个年级全部实施新的“基本学力要求”。2018 年第 69/2018 号社会文化司司长批示，又对初中和高中教育阶段的基本学力要求内容作了修改，增加了这两个教育阶段的地理和历史的基本学力要求。2019 年 11 月颁布的第 34/2019 号行政法规《修改第 10/2015 号行政法规〈本地学制正规教育基本学力要求〉》，将历史和地理从原来的“社会与人文”科中分离出来，使得历史和地理成为独立的科目，保证了历史和地理课程内容的完整性。

展望未来，澳门的中国传统文化教育要建立校内外协调、课堂教学与课外体验相互补充的充分工作机制，因此要充分利用邻近地区和内地的教育资源，继续组织课外活动，重视赴内地的参访、交流，让学生在实践和真实体验中感悟中国传统文化。

---

① 鲁洁：《应对全球化：提升文化自觉》，北京：《北京大学教育评论》，2003 年第 1 期。

第八章　探寻传统：中文教育的新路向

文化总是处在一个不断流变和发展的过程之中，教育如要“尽其推进文化、改造社会之功”，就必须从文化传承的角度加以审视。长期以来，港澳文化形成了自己特有的精神气质，既以中华文化为主流，又东西交融、多元共生。“一国两制”的实践让中华文化的影响不断增强，但不容忽视的是，近年来港澳地区种种“本土论述”的意图已不再限于对文化地域性的关注，有的以所谓“文化自主”为旗号，完全否定内地的文化，乃至对“中国人身份”认同构成冲击。

民族的语言和文字是民族文化身份的底色，也是其文化的载体和基本内容。对于香港、澳门而言，语文教育既是文化教育，又是身份自觉的过程。澳门在全面推进课程改革的背景下，努力推动中小学中文教育的发展。其中，一些由来已久的问题难有定论，例如，如何看待粤语的地位？是否要用普通话教中文？在坚持教繁体字的同时，是否应肯定简体字的价值，将认识简体字作为课程的基本要求？如何对待港澳中文里许多特有的习惯用语？如何规范学生的书面表达？这些问题往往涉及澳门汉语发展的特殊语境，须从文化传承的角度认真梳理中文发展在不同时期所形成的传统，吸收海峡两岸暨香港、澳门地区中文教育的经验，并挖掘澳门特有文化资源的教育价值，从而建立起有别于内地、香港和台湾且符合时代发展需要的澳门自身的新传统。

一、中文教育传统的嬗变

何谓传统？英文中的“tradition”指世代相传的习惯、风俗、技能、制度等人类行为及其范型，也包括思想、信仰等精神活动及其成果。现代汉语通常将“传统”作为名词，指世代相传的东西。但事实上，“传统”可作为动宾词组来理解。“统”按其本意为“众丝之首”，其功用乃“总束其众”。孟子说“君子创业垂统”，故儒有“道统”，释有“法统”，皆经代代相传而成典范。[①] 可见，传统是有时间性的。从过去、现在、未来这 3 个时间维度看，传统并不只是“过去已经存在的东西”、一个过去就已经凝结成型的实体（文化心理结构），而是“流动于过去、现在、未来这整个时间性中的一种‘过程’”。因此，“继承和发扬传统”就绝不仅仅是复制“过去已经存在的东西”，而是要面向未来，创造出“过去从未有过的东西”，就中国文化而言，就是要创造出“过去的中国人不曾有过的新的现代的‘民族文化心理结构’”。[②]

对待传统，关键在一个“通”字。有学者认为，文化传承所要实现的是“创造性转化”[③]。事实上，转化的过程就是打通过去与现在，并为未来开启新希望的过程。正如中国古典思想中有所谓“通三统”之说。孔子以降，中国历来有“春秋大一统”的理念。按照清儒陈立在其《公羊义疏》中的解释，“春秋大一统”一方面是指人民享有共同的文化传统和习俗礼法，所谓“六合同风，九州岛共贯”；另一方面，“大一统”也是一个统一的政治共同体，如《礼记·坊记》所说：“天无二日，土无二王，国无二君，家无二尊，以一治也。”[④]

另外，“大一统”也是“通三统为一统”而得来的：“大一统者，通三统为一统，周监夏商而建天统，教以文，制以文。春秋监商周而建人统，教以忠，制尚贤也。”孔子也说：“周监于二代，郁郁乎文哉！”周代的这种“通三统”精神因得到孔子的高度赞扬（“吾从周”），而成为中国历史文明的基本传统，每一个后起的新时代都能够自觉地继承、融会前代的文化传统。[⑤]所以，文化传承就是一个融会贯通的不断发展的过程，要有接纳和保存，也须有选择、有扬弃，方能实现创造性转化。文化传承之所以必要，只因历史的进程总是不断地将原本的文化及其传统带到一个又一个新的情境和历史关口处，令其不得不在新的“参照系”里得到新的解释。而解释的过程，就是从新的参照系里不断吸取养分，而令传统有能力越出原有的狭隘，不断得以更新和开放的过程。“传统之所以能成为传统并继续成为传统，就因为传统有从新的参照系中吸取营养、壮大自身，亦

---

① 黄继持：《中国文学传统——现代文学行程中之审思》，载刘述先、梁元生：《文化传统的延续与转化》，香港：中文大学出版社，1999，第 53 –54 页。

② 林毓生：《中国传统的创造性转化》（增订本），北京：生活·读书·新知三联书店，2011，第 328 页。

③ 甘阳：《古今中西之争》，北京：生活·读书·新知三联书店，2006，第 47 –55 页。

④ 甘阳：《通三统》，北京：生活·读书·新知三联书店，2007，“自序”第 1 –6 页。

⑤ 内地学者甘阳借此提出新“通三统”说，认为“孔子的传统”“毛泽东的传统”和“邓小平的传统”在中国文明史上是一个连续的“统”。此观点值得商榷。参见甘阳：《通三统》，北京：生活·读书·新知三联书店，2007，“自序”第 1 –6 页。

即对传统自身作新的解释的功能。”①

汉语经历了数千年的演变，有总体性的传统，也有地域性的脉络。澳门处于粤方言区，中文教育须处理好以方言为代表的地域文化与汉语作为中华文化载体的整体身份之间的关系。港澳的中文教育要真正完成中华文化传承的历史使命，整体提升本地市民的中文素养，就须认真梳理中文演变过程中出现的各种传统。

一是自先秦至明清以来的文化传统，即中国文化的古典传统，这是中华文化的底色和核心密码。如果仅从语言文字角度分析，繁体字、文言文、中国书法，这三者是此时期留给我们的最珍贵的文化成果。汉文化具有“字本位性”，“汉字既是汉文化的基本条件，又是它自我重建的机制和历史目的”②。汉语词汇的基本单位是一个一个的字，而繁体字是汉语的“基质”。直至今天，“繁体字”仍然有着独特的作用，不仅通行于港澳台，内地（大陆）大学《古代汉语》和许多历史文献，也用繁体字印刷。所以，认识汉字，了解汉字的构造，学会书写汉字，是学习中国文化的基本功夫。古典传统的另一个重要成分是文言文，以及以文言文形式留存下来的重要文化成果，包括古代的文学作品和文史作品，这是中华文化的核心成分，渗透着整个民族的思想、观念、历史记忆和文化情感。在古代，文史哲是不分家的，人们可以从文字及古代经典中，探寻我们的各种思想、制度及其起源。在这漫长的历史进程中，绝大多数中华文化经典是用文言文记载的，要学习中华文化经典，必须有文言文基础。另外，中国书法是在汉字的长期演变中形成的，也是与汉语古典传统相关的重要文化内容，值得继承和重视。

二是五四新文化运动的传统。众所周知，以胡适和陈独秀等为主的五四新文化运动的代表者，将思想启蒙与“文学革命”相结合，一方面主张“文言一致”，推动文体和语体的革新，提倡白话文，并要求推行国语（普通话）；另一方面，大力提倡新文学，直接促成了现代文学（或称“民国文学”）的发展。另外，新文化运动在汉语发展上还有一个重要成果，就是胡适等率先尝试和垂范的“新式标点符号”的定型和推广。白话文运动和“文学革命”是现代中国文化发展历程中的一件大事，其影响既深且广，因为正如殷海光先生所说，“文学”在中国古代并不只是一种语言的表达工具，它还是中国文化里“一种重要的制度”，那时的文学是“‘包罗万象’的文化财富”，几乎涵盖了一切学问。白话文

① 这是一种强调时间的连续性的历史观。参见张世英：《进入澄明之境——哲学的新方向》，北京：商务印书馆，1999，第165页。

② 孟华：《文字论》，济南：山东教育出版社，2008，第307页。

运动和“文学革命”的直接后果，不仅把文学的独占局面打破了，而且革了士大夫的命，文人的骄子地位随之没落。[①] 五四新文化运动之后，汉语教育发生了很大的变化。1920 年，民国政府教育部通令全国：“自本年秋季起，凡国民学校一二年级，先改国文为语体文，以期收文言一致之效。”随后，面向全国举办国语讲习所，又规定初级中学“国文”科一律改名为“国语”科。于是，“五四前后涌现出来的大批白话文学作品和白话翻译作品，连同一些古代优秀的白话小说之类，被编进了语文教科书”[②]。

三是新中国的改革。中华人民共和国成立后，国家根据社会发展的需要，总结并吸收前人的经验，尽量考虑汉语言及文字的文化传承功能与书写的简便性和实用功能的统一，进行了一系列被称作“文字改革”的工作。影响最为深远的，其一是推行规范汉字，尤其是 1956 年公布“汉字简化方案”，包括 515 个简体字和 54 个简化偏旁；1964 年类推成为《简化字总表》（2 236 字）。其二是推广共同语。1955 年将“国语”改称“普通话”。1958 年全国人民代表大会批准颁布《汉语拼音方案》，同年秋季全国小学将其纳入课堂教学（学生入学先学汉语拼音字母，然后用拼音字母帮助识字），基本的政策是以拼音辅助汉字，而非代替汉字。1982 年新颁布的《中华人民共和国宪法》规定，推广全国通用的普通话。[③]

四是粤方言的传统。方言是汉语的重要组成部分，历经千百年，有其自身的传统，是不可忽视的宝贵财富。粤方言是岭南文化的重要载体和内容之一，有独特的语音、语调系统，且多存古音，有利于学习和创作古体诗词；同时，粤方言还有一系列方言字和习惯用语，而且港澳的粤方言中外来词特别多（如“两替”“士多”“发型屋”“贴士”“过班”等），是港澳本地的独特文化。[④]

五是澳门地域文化中的语言文学传统。澳门是一个有文化的地方，澳门文学是澳门地域文化中十分重要的组成部分。尤其在古典诗词方面，从明代澳门开埠至 20 世纪初，汤显祖、魏源、丘逢甲、郑观应、印光任、汪兆镛等众多诗人在

---

① 殷海光：《中国文化的展望（上）》，台北：桂冠图书股份有限公司，1990，第 366 – 370 页。

② 顾黄初：《我国现代语文教学发展的历史轨迹》，载顾黄初：《现代语文教育史札记》，南京：南京出版社，1991。

③ 周有光：《文字改革》《汉语拼音方案》，载《中国大百科全书》（语言文字卷），北京：中国大百科全书出版社，1988，第 403 – 406、157 – 159 页。

④ 詹伯慧：《方言 · 共同语 · 语文教学》，澳门：澳门日报出版社，1995，第 21 – 29、84 页；刘羡冰：《澳门的三语流通与中文的健康发展——兼评 CHINGLISH》，载刘羡冰：《双语精英与文化交流》，澳门：澳门基金会，1994，第 97 – 111 页。

澳门居停期间或过往时，留下了 1 000 余首吟咏澳门的优秀作品。[①] 葡萄牙诗人贾梅士（Luis de Camoes，1524—1580）的不朽史诗《葡国魂》（又名《卢济塔尼亚人之歌》），相传也作于澳门。[②] 到民国以后，澳门的本土化文学和土生土长的华人作家开始成长。1950 年创刊的《新园地》、1958 年后作为《澳门日报》副刊的《新园地》，还有 1963—1964 年的文学杂志《红豆》，《华侨报》的副刊《华座》，1983 年创刊的《澳门日报》副刊《镜海》，培育了一大批文学爱好者和极具澳门特色的文学作品。尤其是从 20 世纪 80 年代开始，澳门的文坛空前活跃，至今已取得巨大发展，无论作品数量还是作品的影响，均有很好的成绩。例如，1985 年东亚大学中文学会出版的《澳门文学创作丛书》，第一辑共有 5 部作品[③]。20 世纪 80 年代至 90 年代初，出版的小说有 10 种，文学性的散文集 9 部，现代诗集 16 部[④]。1999 年澳门基金会与中国文联出版社合作出版首套“澳门文学丛书”，作品共有 20 种。由澳门基金会联合作家出版社、中华文学基金会出版的“澳门文学丛书”，自 2014 年至 2019 年已出版澳门老、中、青三代作家的作品共 4 批 66 种，包括小说、诗歌、散文和评论 4 种体裁，展现了澳门作家日益广阔的文学视野和多元化的创作功力。澳门的中文教育，没有理由不重视本地的这些重要文化资源。

二、探寻澳门中文教育的传统

从汉语演变的角度看，上述 5 个方面的中文教育传统是历史形成的，有很清晰的时间线索，尤其体现了近百余年的巨大变化。但对于今天澳门中文教育的实践而言，它们又是“共时性”的，须同时面对，并从中作出选择，以确定恰当的课程目标，决定具体的教学内容。但是，5 个传统既然有兴替，当然就并非完

---

① 关于澳门地域文化中独具魅力的文学，可参见吴志良、郑德华：《中国地域文化通览》（澳门卷），北京：中华书局，2014，第 220 – 241 页。其中的古典诗词部分，尤可参见章文钦：《澳门诗词笺注》（明清卷、晚清卷、民国上卷及下卷），澳门：澳门特别行政区政府文化局、珠海出版社，2003。

② 在澳门的白鸽巢公园有贾梅士石洞，传说贾梅士曾在此读书写诗，葡萄牙人马葵士为纪念他，特在此地为其立碑铸像。

③ 分别是《大漠集》（云力）、《伶仃洋》（韩牧）、《心雾》（再斯、叶贵宝、苇鸣、林丽萍、刘业安）、《双子叶》（苇鸣、刘业安、林丽萍）、《三弦》（叶贵宝、苇鸣、黎绮华），有诗、散文和小说多种体裁。参见李鹏翥：《澳门文学的过去、现在及未来——在澳门学座谈会上的专题发言》，载李观鼎：《澳门人文社会科学研究文选》（文学卷），北京：社会科学文献出版社，2009，第 19 – 30 页。

④ 陶里：《澳门文学概貌》，载李观鼎：《澳门人文社会科学研究文选》（文学卷），北京：社会科学文献出版社，2009，第 31 – 40 页。

全一致、没有矛盾。单从文化取向方面进行分析，有的更倾向于文化的“保存”，如古典的传统和粤语传统；有的则更指向变革，如五四新文化运动时期的传统、中华人民共和国成立后的传统以及澳门本地的语言文学传统。如何取舍、选择？基本的原则应是“通”。“周监夏商而建天统”“春秋监商周而建人统”，可见，“通三统”的关键还在一个“建”字。就澳门的中文教育而言，面对过去多元化的传统，关键是要“通”各“统”而建新统，建立澳门自己的、符合新时代发展需要的新传统。

所以，澳门要有建立符合自己需要的中文教育传统的勇气。环顾海峡两岸暨香港、澳门地区，内地（大陆）的语文教育在 1949 年后已抛开民国时期的体系，形成自己的传统。台湾在民国政府迁台后的相当长时间里比较多地保留了民国时期大陆的“国文教育传统”，包括保留繁体字、长期使用“注音符号”；但也有新的发展，如 1986 年正式公布以罗马字为基础的国语拼写方案，教材的选文、用语也更多贴近当地的文化。香港近百年来的中文教育并不与内地或台湾保持一致，无论在课程还是教材上都走着自己的路。唯独澳门，缺乏自己的传统。这既与长期以来澳门各校的中文教育各自为政、“自生自灭”的教育环境有关，也因澳门人口少、教材市场小，以致外地的中文教材一直在澳门占绝大部分。所以，中文教育要发扬“通三统”的精神，首先就要打通内地（大陆）、香港、台湾三地的传统，以寻求澳门自身的传统。

其次，“通三统”也意味着要对前述五个方面的传统进行深入分析，在“保存”和“发展”之间寻找恰当的平衡点，该继承的继承，该发展的发展，其根本目的是要提升澳门学生的整体中文水平，促进中文的健康传承。在这里，有两个方面的问题涉及对待文化变迁的态度，有待众人作深入思量：

一是保存与发展的关系。只谈保存、无视发展的文化，是或者最终会是“死的文化”。教育要尽其文化传承之功，就须既“承旧”又“传新”。就文字而言，中文始终须为中文，故不可同意钱玄同、鲁迅等当年“废除汉字”[①]、以拼音取而代之的激进观点。汉字不管如何简化，都必须保留其基本的结构、构字规则和含义系统，这就是汉语的古典传统、繁体字和文言文的文化价值。但是，

---

① 钱玄同在五四新文化运动中抛出“废除汉字”的主张（“欲废孔学，不可不先废汉文”），鲁迅在 1936 年也曾说“汉字不灭，中国必完”。当时，这些激进的口号都得到文化思想界众多学者的支持。“废除汉字”的主张与自晚清以来救国和反传统的政治与文化要求紧密相连，是中国近现代文化转型催生出的思想文化事件，背后隐藏着知识分子的大同梦想和普世情怀（文字拉丁化，提倡世界语），也表现了知识分子欲与传统彻底断绝联系的决绝姿态。详见周质平：《晚清改革中的语言乌托邦：从提倡世界语到废除汉字》，香港：《二十一世纪》，2013 年 6 月号，总第 137 期。

汉字的“古文性”（即表意性，凝固和保存古代语言，具有示源、通古的作用）和“今文性”（即表音性，因应汉语变化和需要而淡化历史记忆的功能，服务于简便、经济的书写目的），是其内在的两种倾向。古文性强调繁体性，今文性更强调简体性，所以，简化是汉字内在的倾向。简化字与白话文和实用文一样，作为新的传统受到中文教育的重视，是必须予以肯定的。

二是方言与通用语文（共同语文）的关系。粤语是比较“顽强的”方言[①]，2010年亚运会前夕，广州市曾因该市部分政协委员建议亚运会期间广州电视台适当增加用普通话播送新闻的时间，而引发一场“废粤存普”的语言风波[②]。其实，港澳地区对粤语的坚持要远比粤桂两地强，港澳地区绝大多数市民的日常用语都是粤语。因此，粤语的传统与普通话这一在港澳地区被视为带有“内地特色”的新传统之间的关系，就是港澳地区的中文教育无法回避的课题。尤须指出的是，港澳地区存在一种新的“言文不一”，即口头说的粤语与书面写的以普通话为基础的白话文脱节，这对学生的书面表达和港澳地区中文教育的整体水平造成直接而深刻的影响。粤语在港澳地区不仅是口头的交流工具，在一定程度上还列入了书面语，例如经常可见报刊的某些内容甚至版面直接以粤语写就，有人甚至主张“以我语写我城”，学生的习作也经常夹杂着粤语的词汇甚至句子。因此在“文”的方面，也有粤语和规范的白话文之间的关系问题。这是与粤桂两地的重要区别，也是其他方言区所没有的现象。总体而言，普通话和粤语的关系，不是“父子关系”，而是“兄弟姊妹的关系”[③]，粤语的作用须充分发挥，但民族的共同语（包括口头语和书面语）亦须学习和推广。在教育领域，粤语的作用主要应限于口语（可以作为口头的教学语言），书面语必须要求学生掌握规范的白话文。

三、变革的几个关键点

遵循“通三统”的精神，为了建立自己的中文教育传统，笔者认为澳门的中文课程变革应注意以下几点：

---

① 有语言学者感叹：“过去以为吴方言比较顽强，想不到来了广东和澳门，感觉粤方言比它还要顽强。”参见李鹏翥：《议论纵横　理据俱全——序詹伯慧先生的〈方言·共同语·语文教学〉》，载詹伯慧：《方言·共同语·语文教学》，澳门：澳门日报出版社，1995，序言第Ⅲ页。

② 詹伯慧：《粤语是绝对不会沦陷的——对出现“废粤推普”风波的一些思考》，广州：《学术研究》，2011年第3期。

③ 詹伯慧：《方言·共同语·语文教学》，澳门：澳门日报出版社，1995，第21－29、84页。

（一）加强文言文教学

文言文是精致化的书面语，自有长处和美感。文言文的修养，与学生的中文素养有很大关系，也是下一代打开中华古典文明宝库的必备条件。在我国的教育体系里，中文随1904年《奏定学堂章程》的颁布首次独立设科。但早期的新式学堂依旧全为文言文，只是在五四新文化运动前后经历了“提倡白话文，废止文言文”的冲击后，白话文在中文教育中才逐渐占据上风。[①]

中小学生学习文言文应以何种程度为标准呢？文言文在教材中占多少比例才合适呢？对这些问题的回答，历来是有分歧的。钱穆先生在1942年的一篇题为《从整个国家教育之革新来谈中等教育》的文章中曾提出一个标准，即须让中学毕业生具备“自己阅读本国古书之能力”。理由是：若无此能力，“彼心神之所接触者，仅限于眼前数十年间之思想事物而止”“不啻生在一个无文化传统之国家”；此等教育，“大率为目前计，不为文化之传统计”。[②] 显然，这是一个比较高的标准，“本国古书”既广且深，要让所有中学生都具备读这么多古书的能力，于文化传承有益，但实难达到。语文教育名家叶圣陶先生在20世纪20年代完全反对小学教材有文言。[③] 至于中学阶段，1943年他主张“读些古书”，如《经典常谈》中的13篇；1948年则主张高中毕业生“能读如教本里所选的欧阳修、苏轼、归有光等人所作散文那样的文言”“能适应需要，自己查看如《论语》《孟子》《史记》《通鉴》一类的书”，至于“阅读不急需的古书如《尚书》《老子》《庄子》”“写作不切用的体裁如骈文古文旧体诗”，就不必要了。[④] 这是比较切合实际的说法。但小学生未必全不可接触文言，中学生也未必就完全不能读《庄子》。

在海峡两岸暨香港、澳门地区，从文言文在教材课文中所占的比例上看，台湾相对来讲比较重视文言文。20世纪90年代有统计表明，台湾“国中”的文言

---

① 倪文锦、欧阳汝颖：《语文教育展望》，上海：华东师范大学出版社，2002，第115－116页。

② 钱穆：《从整个国家教育之革新来谈中等教育》，载钱穆：《文化与教育》，北京：生活·读书·新知三联书店，2009，第80－81页。

③ 他说：“经子之部，乃专家所研究，非小学生所宜涉猎。史书文艺，或有益于小学生，而浩繁者多；宜重加编次，或为之翻译——果能做这两件事，也不妨应用语体。于是更不能寻出小学生需用文言的地方了。”参见其《小学国文教授的诸问题》，载于《教育杂志》第14卷第1号（1922年1月20日），又见：朱永新：《叶圣陶教育名篇选》，北京：人民教育出版社，2014，第231页。

④ 叶圣陶：《给中学生介绍古书——读〈经典常谈〉》和《中学国文学习法》，载朱永新：《叶圣陶教育名篇选》，北京：人民教育出版社，2014，第264－265、361－364页。

文篇数约占课文总数的45%，高中约达72%；内地（大陆）初中和高中分别约占29%和44%；香港1991年实施的新课程，中学一年级至中学五年级文言文约占40%。[①]

近年来，各地的情况均有些变化。台湾2003年颁布的《国民中小学九年一贯课程纲要语文学习领域（国语文）》[②]，在“编选教材范文”方面规定：小学六年级“渐次融入文言文”，第七学年文言文所占的比率为10%～20%，第八学年为20%～30%，第九学年为25%～35%。[③] 2003年部分修正颁布的《普通高级中学必修科目〈国文〉课程纲要》规定，“文言范文所占比率为45%～65%”，并列出了酌选的文言文30篇，每册安排“古典诗歌”1～2课。[④]

内地2011年颁布的《义务教育语文课程标准（2011年版）》，对古诗文方面的要求明显增强。课程“总目标与内容”要求学生“能借助工具书阅读浅易文言文”[⑤]；其中，七年级至九年级的“学段目标与内容”的要求是：“诵读古代诗词，阅读浅易文言文，能借助注释和工具书理解基本内容。注重积累、感悟和运用，提高自己的欣赏品位。”课程标准还列出了要求学生“背诵”的优秀“古诗文”136篇（段），比2000年颁布的相应课程标准的“实验稿”增加了16篇（段），在所有要求学生背诵的240篇（段）古今“优秀诗文”中所占的比率由50%上升到56.7%；其中一年级至六年级75篇（段），七年级至九年级61篇（段），分别比“实验稿”增加了5篇（段）和11篇（段）。[⑥]

---

① 倪文锦、欧阳汝颖：《语文教育展望》，上海：华东师范大学出版社，2002，第144－146页。

② 根据有关规定涉及台湾同胞不能称“国民”，这里未对标准名称作改动，以保持原貌——编者注。

③ 台湾教育当局：《国民中小学九年一贯课程纲要语文学习领域（国语文）》，2003。

④ 高中三年6册教材课文共76课，参见台湾教育当局：《普通高级中学必修科目〈国文〉课程纲要》，2011。

⑤ 能阅读“浅易文言文”是近百年来国内语文课程标准对学生文言文学习的比较一致的要求，有学者研究发现，1912—1949年，中华民国教育部颁发的7个初级中学课程标准均提出了“阅读浅易文言文”的教学要求；1950—2011年，中华人民共和国教育部颁布了15个涉及中学语文的课程标准（或教学大纲），11个涉及初中语文，其中有9个对初中学生的要求是“阅读浅易文言文”。但到底何谓“浅易文言文”，近百年来一直没有清晰、一致的定义，究竟要读什么样的文言文、读到什么程度、读多少篇才能达到吸取有生命力的古代语料，达到学习其中的写作技巧的目标，学者们多有不同的意见。虽然有少数课程标准，如1936年的《初级中学国文课程标准》，提出了“浅易文言文”的选文原则，但更多的时候，包括1940年以后的语文课程标准，往往以列举文言文阅读基本（书）篇目的方式，划定“浅易文言文”的范围。内地2001年和2011年的义务教育语文课程标准，以及2003年的高中语文课程标准，也是如此。参见张秋玲：《百年语文课程标准中的“浅易文言文”》，《课程·教材·教法》，2013年第6期。

⑥ 中华人民共和国教育部：《义务教育语文课程标准（2011年版）》，北京：北京师范大学出版社，2011；中华人民共和国教育部：《全日制义务教育语文课程标准（实验稿）》，北京：北京师范大学出版社，2001。

普通高中阶段，按照2003年颁布的《普通高中语文课程标准（实验）》的规定，必修部分的总要求之一是："阅读浅易文言文，能借助注释和工具书，理解词句含义，读懂文章内容。了解并梳理常见的文言实词、文言虚词、文言句式的意义或用法，注重在阅读实践中举一反三。诵读古代诗词和文言文，背诵一定数量的名篇。"该课程标准的"附录"列出建议诵读的文言诗文共14篇，建议阅读的课外读物中包括"文化经典著作"，如《论语》《孟子》《庄子》等。而在文言文阅读的评价上，要求重点考查"阅读不太艰深的文言文的能力"，还要注意考查学生"能否了解文化背景，感受中华文化精神，用历史眼光和现代观念审视作品的内容和思想倾向"。[①]

香港于2001年颁布的《学会学习——课程发展路向》将"中国语文教育"列为中小学课程框架中的8大学习领域之一，但并未就文言文的学习提出具体要求。2007年和2008年，香港"课程发展议会"分别颁布修订后的《中学中国语文建议学习重点（试用）》和《小学中国语文建议学习重点（试用）》，二者均依相应的"课程指引"，将文学、中华文化列为独立的学习范畴，但也没有对文言文的学习提出具体要求。[②] 2015年6月，香港教育局课程发展处的"中国语文教育组"颁布了《高中中国语文指定文言经典学习材料篇目》（2015/2016学年中学四年级开始实施），共指定了16篇文言经典作品，要求学生熟记。[③]

澳门的中文课程正处于变革之中，目前仍沿用1999年的课程大纲。其中，小学对文言文基本没有提出要求。初中要求学生"学习并掌握基本的文言句式"，"能读懂浅易的文言文；能借助工具书和注释，读懂一定数量的课外浅显的文言文"，3年须学习的文言诗文达到45篇。高中要求学生"理解文言虚词""能借助工具书和注释，读懂一定数量的课外文言文和欣赏古典诗词"，3年要求学生学习的古诗文共20篇。[④]

由此可见，在文本性的课程政策层面，澳门对于文言文的重视程度要高于香港，但远远低于内地的最新要求，也略低于台湾。尤其在课文的篇数方面，小学、初中和高中3个阶段的总数（65篇）还不到内地（136篇）的一半。而且

① 中华人民共和国教育部：《普通高中语文课程标准（实验）》，北京：人民教育出版社，2003。

② 香港"课程发展议会"：《中学中国语文建议学习重点（试用）》，2007；《小学中国语文建议学习重点（试用）》，2008。

③ 香港教育局课程发展处"中国语文教育组"：《高中中国语文指定文言经典学习材料篇目》（2015/2016学年中学四年级开始实施），2015。

④ 澳门教育暨青年司"课程改革工作组"：《小学中文大纲》《初中中文大纲》《高中中文大纲》，澳门，1999。

澳门的小学不对文言文作要求，而其他地区至少自小学高年级已开始学习比较简单的文言诗词。更重要的是，在实践过程中，由于澳门学校普遍采用香港教材，因此受香港的影响很大，文言文的落实情况往往达不到课程政策的要求。所以，澳门在未来的中文课程中要进一步加强文言文的学习。

（二）重视澳门本土文学

文学是中文课程内容的重要组成部分，既与“读”有关，又对学生“写”的能力有重要影响。更重要的是，以文学作品为中心的美育是学校美育的重要途径。文学就是生活，文学教育的更新，即是文化传统以至生活形态的更新，正如白话文学在 1922 年随“壬戌学制”大举进入学校中文课本之后，直接“再造”了一个新的文化的传统和一代人的生活样式一样。①

本土文学是本土历史、本土文化、本土生活及其相关记忆的体现，澳门若要加强本土历史和本地文化的教育，唤起文化的自觉，提升文化认同，就必须充分发掘本土文学的教育价值。要重视明清以来不同历史时期的作品，找寻历史的线索，关注重要的历史人物；同时，要兼顾诗词、散文、小说、戏剧等不同文学门类，体现澳门文学成就的特点；在题材、难度上，要体现小学、初中与高中不同年龄学生的兴趣和需要。另外，可以用专题的形式安排有关澳门文学发展史的内容，以提升澳门学校教育的文化价值。

（三）加强汉字书法教育

汉字以象形为基础，是艺术化了的文字。汉字书法艺术源远流长，不同字体、各种风格的书法争奇斗艳。所以，中国书法是中华民族的文化创造，应从文化自觉的高度来审视书法教育的文化价值②，提高学生欣赏汉字书法以及书写汉字的能力。

澳门不少学校十分重视毛笔书法，从小学直至高中毕业，都要求学生习字；部分学校还有丰富的社团活动，个别学生的书法达到相当高的水平。但从总体上看，未能从文化传承的角度确立书法教育的价值，各教育阶段缺乏清晰和完整的

---

① 陈岸峰：《“传统的再发明”与白话文学史的建构》，香港：《二十一世纪》，2009 年 6 月号，总第 113 期。

② 刘守安：《从“艺术自觉”到“文化自觉”》，北京：《人民日报》，2012 年 9 月 23 日，第 7 版。

课程目标，没有充分融入书法审美和书法文化教育，也未能形成上下衔接的书法课程系统。教育部在2011年发布《关于中小学开展书法教育的意见》，并在2013年印发《中小学书法教育指导纲要》[①]，随后还审定通过了一批书法教材，这一做法值得澳门参考。

（四）坚持写“繁”识“简”

港澳地区部分人士对简体字至今还存在一定程度的抵触情绪，但简化毕竟是汉字已被不断证明的必然趋势，事实上由政府统一颁布简化字方案，也不是1949年以后才开始的。港澳地区的中文教育对学生学习简化字提出具体要求是必要的，至少应让学生“认识规范的简化字”。为此，应将国家颁布的“汉字简化方案”纳入课程内容，尤其是让中小学生认识其中的515个简体字和54个简化偏旁。

至于繁体字，应充分认识其作为中华文化宝贵财富的价值，须从文化传承的角度继续予以重视。汉字既具有汉文化的记忆功能[②]，又具有汉文化的编码功能。从汉字与汉语的关系看，汉字负载了流动的汉语所不具备的早期文化信息，其形体结构具有“考古文字学”价值，汉字成了后人“通古识古”的基本条件，人们主要通过汉字来完成对古代文化的认知。人们将汉字的这种文化记忆功能视为汉字的“古文性”，即示源、通古的能力，凝固和保存古代语言的能力。与此相对，汉字也具有“今文性”，即适应汉语变化和需要而淡化历史记忆的功能，服从于简便、经济的书写目的。二者的区别在于，前者更强调文字的表意性，后者则更强调文字的表音性；古文性强调繁体性，今文性更强调简体性。例如，“斗争”的“斗”，繁体字还保留了两手格斗的象形，而简化后写为“斗”，其文化记忆的功能就弱化了。总体上说，在汉字的演变过程中，在“隶变”之前的古文字和简化前的繁体字阶段，汉字的“古文性”更占优势，繁体字更有利于对传统文化的继承。

因此，繁体字的读写须继续作为中文课程的基本要求。教育暨青年局在

---

① 中华人民共和国教育部《中小学书法教育指导纲要》研制组：《中小学书法教育指导纲要解读》，北京：北京师范大学出版社，2013，第285－293页。

② 扬·阿斯曼认为，所谓文化传承，就是“文化记忆”，而记忆的手段主要有文字记忆（如档案馆的材料）、仪式记忆（如民间的节日、礼俗等）和实物记忆（如历史文物）。参见［德］扬·阿斯曼：《有文字的和无文字的社会——对记忆的记录及其发展》，青岛：《中国海洋大学学报》（社会科学版），2004年第6期。

2008 年制定的《非高等教育范畴语文教育政策》中，要求中文学校的中学毕业生“书写正确的繁体字”，并“认识规范汉字”。这一政策是恰当的。

（五）重视并规范粤语，加强汉语拼音和普通话的学习

如前所述，粤语是岭南文化的载体和澳门市民通用的口头语言，无论从文化传承还是从语言实际运用的角度看，都须予以重视。推广普通话的目的不是要取消粤语，相反，澳门的中文教育还要挖掘粤语的文化价值，系统安排粤方言字的学习，规范习惯用语，让学生理解古音的来源和价值，并与相关诗词和国学常识的学习相结合。但港澳的教育界长期以来只是约定俗成地将粤语作为教学语言（包括中文科），要求学生能说流利的粤语，会用粤语朗读，课程标准中对学生学习粤语的要求并不清晰和全面。

例如，在读音方面，港澳地区中小学教师常为同一个字的粤语读音存在分歧而感到困惑，有学者甚至认为香港的粤语已形成一个“新语音系统”[①]。可是，中文课程对学生的粤语读音并无任何规定。事实上，粤港澳一批粤语研究者历经 10 余年的努力，对粤语常用字（词）的注音进行了认真审订，并于 2002 年出版了《广州话正音字典》，可供参考。在粤方言用字的规范化方面，据研究，粤方言字达 1 095 个[②]，还有众多的方言词，现实中，相同的意思，用字、用词往往不同，如表示“现在”的粤方言词就有“而家”“宜家”“依家”三种，因此须作规范。当然，这些问题涉及整个粤港澳地区的语言政策和语言规划，但中文教育同样须予以重视。

汉语拼音和普通话的学习，则必须建立科学的教学体系，提升教学效率。除普通话课外，中文课并无必要强制采用普通话教学。香港前些年要求所有老师用普通话教中文的做法，不仅不成功，从文化保护和文化传承的角度看，也是不必要的。

上述 5 个方面，是中文教育革新的重要方向。教育暨青年局于 2008 年推出的《非高等教育范畴语文教育政策》在中文教育方面规定：“以中文为教学语文的学生，中学毕业时能说比较流利的普通话，书写正确的繁体字和通顺的中文，

---

① 张洪年：《21 世纪的香港粤语：一个新语音系统的形成》，广州：《暨南学报》（哲学社会科学版），2002 年第 2 期。

② 香港理工大学的张群显教授和包睿舜（Robert Bauer）经多年研究，出版了名为《以汉字写粤语》的专著，其中列出的粤语用字达 1 095 个。参见詹伯慧：《粤语研究的当前课题》，广州：《暨南学报》（人文科学与社会科学版），2004 年第 3 期。

并认识规范汉字”。这体现了写“繁”识“简”和推广普通话的主张，但对于完整的语文教育政策而言，规范粤语和加强中文教育的文化功能，是有待进一步重视的。

四、澳门中文教材的革新

教材问题是澳门中文教育中亟待解决的问题。如前所述，澳门的课程具有“依赖型”的特点，无论小学还是中学，主要依赖外地尤其是香港的教科书。以2014/2015 学年为例，澳门的小学和初中选用香港教科书的学校分别占 96.6% 和 77.3%，高中一年级和高中二年级占 80.0% 和 81.0%，高中三年级因升学的关系占比略低，约占 45.8%（表 8 – 1、表 8 – 2）。近年来，香港的一些出版机构开始发行澳门版的中文教材，例如在小学阶段，有香港教育出版社出版的《我爱学语文（澳门版）》[①]、香港现代出版社出版的《澳门现代中国语文》和《21 世纪现代中国语文（澳门版）》[②]，这两套教科书在 2014/2015 学年分别有 32 ～ 34 所学校和 14 ～ 16 所学校选用，选用最多的年级分别约占该教育阶段学校总数的 59.6% 和 26.7%（表 8 – 1）。

表 8 – 1　2014/2015 学年澳门小学中文教材选用情况

书名	出版商	出版地	选用学校数					
			小学一年级	小学二年级	小学三年级	小学四年级	小学五年级	小学六年级
《小学中国语文（澳门 2005 版）》	燕京出版社	香港	2	5	4	4	4	4
《我爱学语文（澳门版）》	教育出版社	香港	34	34	33	32	32	33
《澳门现代中国语文》	现代出版社	香港	6	6	6	7	8	9
《21 世纪现代中国语文（澳门版）》	现代出版社	香港	8	8	8	8	8	7

① 该教材的初版时间为 2013 年，且该教材在编写上方便使用者以普通话教中文。

② 《澳门现代中国语文》和《21 世纪现代中国语文（澳门版）》的初版时间分别为 2004 年和 2014 年，2015/2016 学年选用香港现代出版社出版的《现代语文》教科书的学校已全部改用最新版的《21 世纪现代中国语文（澳门版）》。

续表

书名	出版商	出版地	选用学校数					
			小学一年级	小学二年级	小学三年级	小学四年级	小学五年级	小学六年级
《澳门小学语文》	培生	香港	2	2	2	2	2	2
《新编启思中国语文（普通话版）》	启思	香港	1	1	1	1	1	1
《学好中国语文（汉语拼音版）》	朗文	香港	1	2	2	2	1	1
《轻松学中文》（*Easy Steps to Chinese*）	北京语言大学出版社	内地	1	1	1	1	1	1
Chinese Made Easy for Kids Textbook（*Tranditional Characters Version*）1、2	三联	香港	1	1	1	1	1	1
《语文课本》	校本教材	澳门	1	1	1	1	1	1

资料来源：教育暨青年局。

表 8－2　2014/2015 学年澳门中学中文教材选用情况

书名	出版商	出版地	选用学校数					
			初中一年级	初中二年级	初中三年级	高中一年级	高中二年级	高中三年级
《新课标中国语文》	人民教育出版社	内地	6	5	5	—	—	—
《启思中国语文》	启思	香港	24	24	26	—	—	—
《新视野初中中国语文》	教育出版社	香港	3	3	2	—	—	—
《中国语文新编》	教育出版社	香港	3	3	3	—	—	—
《初中中国语文》	现代出版社	香港	4	4	4	—	—	—
《初中中国语文》	商务	香港	2	4	3	—	—	—
《基础综合中国语文》	朗文	香港	1	—	—	—	—	—

续表

书名	出版商	出版地	选用学校数					
			初中一年级	初中二年级	初中三年级	高中一年级	高中二年级	高中三年级
《中国语文（第二版）》	朗文	香港	—	2	4	—	—	—
《初中互动中国语文》	培生	香港	1	—	—	—	—	—
My First Chinese Readers Vol 1 – Textbook	Better Chinese Ltd	内地	1	1	1	1	1	1
Chinese Made Easy Textbook (*Traditional Characters Version*) 3	三联	香港	2	2	2	1	1	—
《轻松学中文》(*Easy Steps to Chinese*)	北京语言大学出版社	内地	1	1	1	1	1	1
《语文课本》	（校本教材）	澳门	5	5	5	2	3	5
《课标高中语文（必修）》	人民教育出版社	内地	—	—	—	5	5	2
《中国语文/新高中中国语文》	启思	香港	—	—	—	24	23	1
《预科中文》	昭明	香港	—	—	—	—	8	32
《大学预科国文》	集成	台湾	—	—	—	—	—	13
《暨大语文》	暨南大学出版社	内地	—	—	—	1	1	17
《中国语文新编（2003 版）》	商务	香港	—	—	—	9	9	—
《中国语文》	人人	香港	—	—	—	2	3	—
《会考中国语文（2002 版）》	现代出版社	香港	—	—	—	2	2	—
《中国语文单元教学版/中国语文新编》	教育出版社	香港	—	—	—	2	—	—

资料来源：教育暨青年局。

外地的教科书长期以来在澳门的中文教育中起着支撑的作用，功不可没。但这些教科书是以外地的课程标准为依据编写的，即便是香港出版的澳门版教材，一般也是以香港版为基础稍加改编而成的。前述《我爱学语文（澳门版）》《澳门现代中国语文》和《21 世纪现代中国语文（澳门版）》等香港出版的教材，都声称是根据澳门《小学中国语文基本学力要求》或 1999 年颁布的《小学中文课程大纲》编写的，《我爱学语文（澳门版）》的教师用书还在每一课的“主要内容”部分注明与其相对应的“基本学力要求”的编号，但事实上，很难说它们完整地体现了澳门相关课程的要求。因此，澳门应该集中力量，研发本地的教材，研发从小学到中学的全套本地中文教材。

发展澳门本地的中文教材有许多问题需要研究，关键之处是教材体系和选文。为此，有必要仔细研究现有澳门小学、初中和高中 3 个教育阶段选用率最高的教材，认真听取不同学校和教师的意见，同时要顾及不同类型学校的办学传统，高中阶段还须考虑学生升学的多元取向。具体而言，须从以下四个方面下功夫。

（一）在小学低年级完成普通话和汉语拼音教学

如前所述，内地自 1958 年公布《汉语拼音方案》以来，小学语文的识字教学就形成了一个行之有效的传统，即小学一年级学生入学先学汉语拼音字母，然后用拼音帮助识字。这既能帮助学生识字，在尽可能短的时间内扩大学生的阅读量，又能保证学生在不到一个学期的时间里学好汉语拼音，为普通话的学习打下牢固的基础。例如，内地 2011 年颁布的《义务教育语文课程标准（2011 年版）》的总体要求是“学会汉语拼音，能说普通话”。其中，汉语拼音的学习主要在小学低年级，尤其是一年级至二年级，具体要求是“学会汉语拼音。能读准声母、韵母、声调和整体认读音节。能准确地拼读音节，正确书写声母、韵母和音节。认识大写字母，熟记《汉语拼音字母表》”“能借助汉语拼音认读汉字，学会用音序检字法和部首检字法查字典”。三年级至四年级的课程标准，已没有汉语拼音的内容。普通话的学习也有类似要求，一年级至二年级是“学习用普通话正确、流利、有感情地朗读课文”，三年级至四年级是“用普通话正确、流利、有感情地朗读课文”，五年级至六年级是能“用普通话正确、流利、有感情地朗读课文”。[①] 可见，重点是在一年级至二年级。与此相适应，内地各个版本的小学语文教材均将汉语拼音的教学放在小学一年级上学期的前半部分，并与识字教学

① 中华人民共和国教育部：《义务教育语文课程标准（2011 年版）》，北京：北京师范大学出版社，2011。

相结合。[①]

港澳地区的中文教育长期以来是以粤语进行的，虽然自20世纪90年代开始重视普通话的学习，但在中文课程与教材层面，汉语拼音与普通话在教材的内容及教学系统中的位置问题，一直没有得到解决。在澳门，大多数学校自20世纪澳门回归之前的“后过渡期”开始将普通话纳入中小学课程，但一般独立设科，当时的教育行政机构（教育暨青年司）还于1999年颁布了《小学普通话大纲》（小学三年级至小学六年级）和《初中普通话大纲》，与相应阶段的中文课程大纲并行。所以，中文的教科书一般没有汉语拼音的内容，也不强调普通话教学，如前述澳门使用学校最多的《我爱学语文（澳门版）》和《21世纪现代中国语文（澳门版）》，也只是将学生用书的每一个汉字都注上汉语拼音。其实，这并不能保证汉语拼音的系统学习。所以，未来澳门中文教材的体系必须认真处理汉语拼音和普通话的教学顺序，尤其是它们与识字教学和阅读教学的关系。总的原则是：

第一，普通话不宜独立设科，而应尽可能作为中文科的一部分，与识字、阅读和口语交际相结合。因为语音的学习必须与字、词的学习结合在一起，才是最有效的。实践证明，独立设科不仅浪费时间，而且效果不佳。澳门颁布的《本地学制正规教育课程框架》在小学、初中和高中3个阶段的课程计划表中，均注明“第一语文”如为中文，就须“包括普通话”。其目的很明确，就是将普通话的学习包含于中文教学之中。

第二，应尽可能在小学低年级完成普通话和汉语拼音教学。按照澳门1999年颁布的《小学普通话大纲》的规定，学生从小学三年级才开始学习普通话，原因是，有观点认为，澳门儿童从幼儿园开始学习英文，过早学习普通话，会使学童在学习语言方面百上加斤。汉语拼音使用英文字母，但读音与英文不同，因此，若同时让学生学习汉语拼音和英文字母，的确可能混淆。但两者在时间上稍微错开就可以了，例如分别安排在一年级上、下学期。推迟到三年级才开始学习汉语拼音，明显太迟。

第三，汉语拼音的学习不能拖太长时间，最好在一个学期之内集中学完，包括认读所有声母、韵母，准确拼读音节和声调。澳门以前的普通话大纲，将小学三年级至六年级分成三段：小学三年级为第一阶段，主要模仿老师的发音，不学

---

① 例如，江苏凤凰教育出版社出版的《小学语文》教材，第一册（供一年级上学期使用）在“培养良好的学习习惯”后，首先设置16课学习汉语拼音，然后安排“课文”13篇、“识字”6课。可见，汉语拼音的教学被置于整个小学语文教学的最前端。

习汉语拼音；小学四年级为第二阶段，学习部分声母和韵母；小学五年级及小学六年级为第三阶段，重点学习剩余的声母、韵母，并练习声韵拼合。到了初中，仍然从基本的声母和韵母学起。此种教学进程的安排，实在令人匪夷所思。事实上，只要开口说普通话，所有的声母、韵母和音节都会用到，仅声母和韵母的学习就花去2年时间，如何让学生开口说普通话？内地自20世纪50年代以来的经验已经证明，即便是在以方言为日常用语的地区（包括粤桂两地），小学生在3个月左右的时间内集中学习和掌握汉语拼音，也是完全可行的。考虑到澳门中文师资的普通话能力和教学经验，时间可以适当延长，例如在小学一年级安排一个学期，与识字结合进行，应该是可以的。澳门新制定的中文基本学力要求规定，小学一年级至三年级学生“能正确读出汉语拼音的声母、韵母及声调，并能正确拼读音节”，而且“能用粤语和普通话与他人作简短交谈”；小学四年级至六年级“能就生活和学习的话题，用粤语和普通话与人交流”。[①] 可见，汉语拼音的学习主要应安排在低年级。在教材编写中，建议集中在小学一年级。

与上述安排相对应，在有条件的学校，小学一年级和二年级应尽可能以普通话教中文，这样有利于为学生学习普通话创造必要的语言环境，提高学生的学习效率，让学生在语言实践中增强普通话的听说能力。

（二）澳门文学：贯穿小学至中学

将澳门文学纳入本地中小学课程，有多种途径可供选择。途径之一即编写专题性的补充教材。例如，教育暨青年局委托澳门笔会编写并于2015年出版的《书写我城——澳门文学补充教材（初中篇）》[②]，分“人”“情”“思”“物”4个主题，选入澳门当代作家的30篇散文，可让学生部分地了解澳门的人文风情、社会场景、人物记忆和历史经验；这些文章的作者和题材均来自澳门本地，亲切可感，本土人文气息倍增。但很明显，所选作品在文学形式上限于散文，写作时

---

① 教育暨青年局：《小学教育阶段中文基本学力要求》（第一语文即教学语文），2015。初中的要求是“能运用普通话与人交流，能比较准确地运用普通话朗读现代白话诗文”；高中的总体要求是“能够说比较流利的普通话”，具体包括“能听懂普通话；能欣赏普通话朗诵、讲故事、话剧等表演艺术”“借助汉语拼音，能用普通话正确朗诵课文”“能用普通话作简短的叙述性、描述性和说理性发言”“能用普通话作比较流利的自由交谈”。参见教育暨青年局：《初中教育阶段中文基本学力要求》（第一语文即教学语文）、《高中教育阶段中文基本学力要求》（第一语文即教学语文），2015。

② 澳门笔会：《书写我城——澳门文学补充教材（初中篇）》，澳门：教育暨青年局、澳门笔会，2015。

间只考虑了当代，而且仅考虑初中生的需要，其作用是有限的。

比较理想的方式，是对从小学、初中到高中的中文教材，区分不同教育阶段的特点，作整体考虑。其中，最重要的是要考虑不同教育阶段学生的兴趣、需要和能力。例如，总体来讲，我们有必要兼顾诗词、散文、小说、戏剧等不同文学门类，但小学阶段可能以比较浅白的现代诗歌和散文为宜，古典诗词尽可能安排在中学，小说和戏剧对学生的阅读和理解能力要求更高一些，也比较适合置于中学。

教材编写的另一重要原则，是要充分挖掘澳门文学作品的历史和文化教育价值，加强学生对澳门的理解和认同感。为此，作品的选材要体现时间的线索，例如在诗词方面，要重视明清以来不同历史时期的作品，关注重要的历史人物。章文钦笺注的《澳门诗词笺注（明清卷）》载录了历史上几百位诗人在澳门居停或过往时写就的诗词，黄天骥教授在给该书所作的“序言”中说，该书“是在不同的时期中澳门人文精神面貌的写照”，让人“仿佛看到了400年来澳门历史、文化发展的图景”[①]。教材如选用此类作品，应将作品背后所隐含的历史、文化信息挖掘出来。

例如，以清末遗老自居的学人汪兆镛写了大量有关澳门的诗作，咏景者遍及关闸、白鸽巢、十字门、妈阁、西湾、青洲等，其中《关闸》[②]一篇，不仅有诗，而且其后有近500字的详注，试图阐明葡萄牙人入居澳门之由来。就史实而言，虽不尽准确，却尽显其爱国情怀。教材如选此诗为课文，并引申至澳门关闸的历史由来，让学生体会诗人对于澳门和国家的感怀，定将达到文学教育与品格培养相结合的目的。

（三）落实“写繁识简”

如前所述，“写繁识简”应作为中文课程的基本要求。落实这一要求关键在于在教材和教学中建立自己的识字和写字系统。其中，写繁体字的问题过去的教材已基本解决，最关键的是如何让学生“识简”。

教材的编写须体现学生心理、生理发展的规律，尤其是不同年龄阶段的特

---

① 章文钦：《澳门诗词笺注（明清卷）》之“序言”，澳门：澳门特别行政区政府文化局、珠海出版社，2003，第1页。

② 章文钦：《澳门诗词笺注（民国卷·上）》，澳门：澳门特别行政区政府文化局、珠海出版社，2003，第5－11页。

点，总体而言，识字教学的重点时段应为小学一年级至小学三年级。目前，港澳地区主要的小学中文教材对识字教学的安排都比较缺乏系统性，尤其是没有充分体现汉字构成的特有规律，即没有按照“由比较简单的偏旁和独体字到比较复杂的字”这一逻辑来组织教材，而是比较多地从生活的需要和课文的内容出发，因而往往一开始就出现笔画较多的字。

今后的识字教材，在解决上述问题的同时，还要处理好“写繁”与“识简”的关系。基本原则可以是，在认识和学写某一汉字的繁体时，顺便认识其简体，换言之，“写繁”与“识简”可同时展开。另外，国家颁布的“汉字简化方案”有其自身的逻辑，教材首先应重视其中的54个简化偏旁，然后让中小学生认识其中的515个简体字。澳门小学中文教材的识字教学体系，须同时考虑以上两点。

（四）高中教材应体现弹性，给学生以多元选择

高中教材之所以要体现弹性，原因就在于学生需要有多元化的选择。多元化的需求，首先来自学生学习兴趣的分化，例如，有的学生可能钟情于文学作品的欣赏和研究，有的学生倾向于更多地了解中国传统文化经典，有的学生则希望提升自己对新闻界的了解以及新闻写作的能力。所以，中文课程应对此予以回应。例如，内地的高中语文课程标准和教材，都采用“必修”加“选修”的模式，在高中二年级和高中三年级让学生“学不一样的中文”；香港“启思版”的《新高中中国语文》也以专题的形式，让学生选修不同的内容，如设立“文化专题”，探讨人与自然的相处之道。

但是，高中教材的弹性化安排仅仅考虑学生中文学习兴趣的差异是不够的。从表8-2可见，澳门高中中文教材的选用，呈现出一个十分重要的特点，即高中一年级、高中二年级学校选用的教材相对比较分散，选择学校最多的是香港“启思版”的《新高中中国语文》，但高中三年级迅速形成三足鼎立的局面，香港“昭明版”的《预科中文》、台湾“集成版”的《大学预科国文》和广州暨南大学出版社的《暨大语文》三分天下，尤其是《暨大语文》异军突起，选用的学校陡增至17所，这显然是受升学需要的影响。澳门的教材完全由学校自由选择，学生的升学又具有开放多元的特点，以升读中国澳门、中国内地和中国台湾的高校为主，也有升读欧美、澳大利亚和中国香港高校的。所以，高三的中文教材必须考虑不同学生升学的需要，尤其是分析和衔接澳门、内地以及台湾高校的入学要求。香港“启思版”《新高中中国语文》之所以在高三突然被众多学校弃用，原因就在于不能满足澳门学生的这一需求。

第九章　民族自觉：历史教育的变革

一、历史教育在港澳的特别意义

历史文化教育是人文教育的重要组成部分，对学生深入了解人类社会的发展历程，恰当理解自己的国家和当今世界，学会从历史的角度思考人生、观察社会，都具有不可替代的作用，也是传承中华优秀传统文化、弘扬民族精神、加强爱国主义教育的有效途径。正如梁启超在其1902年发表的《新史学》中所指出的，历史教育应发挥其作为“国民之明镜”“爱国心之源泉”的作用。①

在港澳地区，历史教育更具有非同一般的意义。因为历史教育不仅会影响学生人文精神的熏陶、创新思维的培养，而且涉及公民意识的教化。在港澳地区，就涉及对学生的身份认同和家国情怀的培养，影响学生对“一国两制”的认识及其全面落实。所以习近平主席2014年12月在澳门回归祖国15周年大会暨澳门特别行政区第四届政府就职典礼上的讲话中指出：泱泱中华，历史悠久，中华民族在几千年历史中创造和延续的中华优秀传统文化，是中华民族的根和魂；“要把我国历史文化和国情教育摆在青少年教育的突出位置，让青少年更多领略中华文明的博大精深，更多感悟近代以来中华民族救亡图存、发奋图强的光辉历程，更多认识新中国走过的不平凡道路和取得的巨大成就，更多理解‘一国两制’与坚持和发展中国特色社会主义、实现中华民族伟大复兴与中国梦的内在联系，从而牢牢把握澳门同祖国紧密相连的命运前程，加深民族自豪感与爱国爱澳情怀，增强投身‘一国两制’事业的责任感与使命感”②。

但是，港澳地区都有一段被迫与祖国母体分离的历史，无论在文化心理和社情民风方面，还是在社会的政治构成和居民的利益关切上，都与内地有很大不

---

① 余伟民：《历史教育展望》，上海：华东师范大学出版社，2002，第40页。

② 习近平：《贯彻“一国两制”明天更美好——在庆祝澳门回归15周年大会暨澳门特别行政区第四届政府就职典礼上的讲话》，澳门：《澳门日报》，2014年12月20日，第2版。

同。在此情况下，历史教育又与现实的社会矛盾甚至激烈的社会纷争相纠缠，变得异常敏感。近年来，港澳两地社会都普遍要求加强本地的历史和文化的教育，但如何理解，尤其是在课程和教材中如何处理本地的历史和文化与作为整体的中国的历史和文化的关系，在香港已成为一个存在广泛争议的问题。香港特别行政区政府教育局于2016年9月28日发表《个人、社会及人文教育学习领域：修订中国历史科课程（中一至中三）咨询》文件，主要目的是提高学生学习兴趣、培养学生研习历史的能力、加强学生对社会和国家民族的归属感，但引起很大争议。至当年10月31日咨询结束的时候，据香港“教育专业人员协会”的调查，仅6%的受访者认为“修订建议对中国历史教学有帮助”，半数人则认为“会有反效果”。调查又指出，55%的历史教师认为修订的方案令课程偏重“大一统”及民族融合，较忽视历史中的“乱”与“衰”；逾半数教师同意在中国历史科加入香港史，政府部门建议的内容包含中国不同朝代的香港历史，但较多的教师认为应重视香港开埠后的发展，或香港与国家间的互动，或香港主体性及香港人身份认同的建立。此外，70%的教师不同意政府部门压缩古代史、提高近现代史比例的建议。至于政府部门缩减政治史以加入文化史的建议，赞成及反对者各占40%。[①] 还有意见认为，咨询文件刻意删减香港重要而敏感的历史事件。

澳门回归以来，澳门特别行政区政府努力推进非高等教育课程改革，最为关键的一步是在2014年颁布和实施第15/2014号行政法规《本地学制正规教育课程框架》，该法规在初中和高中阶段都将历史列为必修课；2017年澳门特别行政区政府分别颁布了初中和高中学生各科须达到的“基本学力要求”，并自2017/2018学年起从初中一年级开始实施。在此背景下，尤须分析澳门历史课程所面临的转变，探讨相关的“基本学力要求”及历史课程体系的建构，尤其是处理好“澳门史”与“中国史”的关系，对澳门历史文化教育的发展提出切实可行的意见和建议。

二、20世纪90年代的历史课程

在中国教育发展史上，澳门应该是最早摆脱经学时代的历史教育的地区。早在清政府“废科举”之前，著名教育家陈子褒就于澳门创办蒙学书塾（1899年，后改名为灌根书塾），并自编《小学中国历史歌》《妇孺中国史问题》等历史教

① 《半数中史教师指课程修订反效果》，香港：《明报》，2016年10月31日。

材。[①] 20世纪初，澳门就有学校将历史独立设科。[②] 但是，由官方制定的中学历史课程，直到20世纪90年代才出现。

1991年，澳葡政府颁布了澳门有史以来的第一个成文的教育制度——《纲要法》。以此为基础，又在1994年先后颁布了第38/94/M号法令和第39/94/M号法令，前者规范幼儿教育、小学教育预备班和小学教育的课程设置，后者规范初中教育阶段的课程；1997年颁布第46/97/M号法令，规范高中教育阶段的课程。[③]

依据上述法令，小学阶段的历史包含在常识之中，与社会、自然科学、健康卫生和地理一起，每周4～7节（表9-1）。

表9-1　第38/94/M号法令的附表三“小学教育课程计划”（节录及整理）

组别	培训内容（科目）	每周课节（最少及最多课节）	
		一年级至四年级	五年级至六年级
常识	社会、自然科学、健康卫生、历史、地理	4～6	5～7

注：每节课最少为35分钟，最多为45分钟。

初中阶段则须开设“人文及社会科学”，与“物理及自然科学”一起，每周课时为7～14节（表9-2）。但未如小学般明确指出人文及社会科学中须包括历史内容。

表9-2　第39/94/M号法令的附表一“初中教育课程计划”（节录及整理）

培训范围	培训内容	每周课节（最少及最多课节）
		初中一年级至三年级
一般基础培训	4.1　物理及自然科学 4.2　人文及社会科学	7～14

注：每节课最少为35分钟，最多为50分钟。

① 郑润培：《澳门历史教育回顾》，澳门：《澳门研究》，2006年第2期。

② 如同盟会会员潘才华、容泮池、谢英伯等于1908年在澳门办培基两等小学，在清政府立案，正式采用1904年《奏定学堂章程》，将历史列为必修科。参见刘羡冰：《澳门历史独立成科的“天时地利”》，载李向玉：《天人古今：华人社会历史教育的使命与挑战》，澳门：澳门理工学院，2014，第316－320页。

③ 第38/94/M号法令《规定幼儿教育、小学教育预备班及小学教育之教育程度课程组织之指导性框架》；第39/94/M号法令《规定初中教育课程组织之指导性框架》；第46/97/M号法令《订定高中教育课程编排之指导性框架》。

在高中阶段，历史则成为选修科目，而且仅在修读“人文及社会经济学科”组的学生中才选修，另外两个科目组（“科学及技术学科”“艺术”）则完全没有历史课（表9－3）。

表9－3 第46/97/M号法令的附表“高中教育课程计划”（节录及整理）

<table>
<tr><th colspan="3">培训</th><th>科目</th><th>每周课时</th></tr>
<tr><td rowspan="3">选修培训</td><td rowspan="3">核心科目（应在3个核心科目组其中1个中选择至少2个科目）</td><td>人文及社会经济学科</td><td>外语（第三语言）、文学、中国文学、历史、中国历史、社会、经济、地理</td><td rowspan="3">20%～30%</td></tr>
<tr><td>科学及技术学科</td><td>物理、化学、生物、绘图及立体几何学、科技</td></tr>
<tr><td>艺术</td><td>音乐、造型艺术、艺术史、设计</td></tr>
</table>

注：每节课为40分钟或45分钟。

从上述法令可见，在这一时期，历史除了在小学必须开设外，中学阶段是否开设学校有较大的自由度，尤其在高中阶段，历史是选修课。

随后，澳葡政府组织教育界人士研究和起草初中与高中历史的“大纲”及相应的“教学/学习组织计划”，并最终分别于1996年9月和4月予以颁布，但仅限于在公立学校试行。在具体内容上，“初中历史大纲”规定，“以中国历史为主线，在学习世界各主要国家历史、经济文化联系的同时，更突出澳门作为中西文化交会点的作用，着重培养学生了解历史、尊重历史的态度”。这样，初中一年级、二年级主要学习中国历史，分甲、乙两部分：世界历史介绍历代兴衰因果之概略；后者以“专题”形式探讨文化历史。初中三年级主要学习世界历史和澳门历史，世界历史由古代到近现代，为编年史，澳门历史则包括早期澳门历史、澳门文化的特色、澳门经济及社会发展、澳门回归祖国等内容。重视澳门史是该大纲的一个特点。

高中历史分为中国历史和世界历史两份大纲。“高中中国历史大纲”包括“历代治乱兴衰、制度沿革、经济发展、中外交通、文化交流、学术思想、宗教传播”等方面的史实，高中一年级、高中二年级主要为编年史，从商代一直到当代中国；高中三年级为专题史，具体内容包括重要制度、经济发展、中外交通，以及学术思想与宗教传播。“高中世界历史大纲”“以世界近代现代史为主线，详近略远叙述过去300多年欧洲、美洲及东亚各个主要国家在政治、经济、社会、文化、科技等方面的发展”，3 个年级共安排了 8 个专题：近代民主政治的诞生、工业革命与社会经济文化的变迁、近代民主政治的发展、近代民族主义的勃兴、第一次世界大战、两次世界大战间主要国家的发展、第二次世界大战、当代世界：国际纷争与合作。

三、澳门回归后历史教育的变革

（一）历史课的开设

近年来，澳门特别行政区政府全力推动课程改革，2014 年正式公布了第 15/2014 号行政法规《本地学制正规教育课程框架》，对各教育阶段的课程设置作了较大调整，历史在小学、初中和高中均成为必修的课程内容（表 9－4）。

表 9－4　小学、初中和高中与历史有关的科目

学段	学习领域	科目	总课时
小学	个人、社会与人文、科学与科技	常识（含历史）	6 年里不少于 33 280 分钟
初中	个人、社会与人文	社会与人文（亦可设置分科的历史、地理等科目）	3 年里不少于 12 360 分钟
高中	个人、社会与人文	社会与人文（亦可设置相关的分科课程）	3 年里不少于 5 600 分钟

资料来源：根据第 15/2014 号行政法规整理。

然而，上述课程框架是分步实施的，小学、初中和高中先后从 2015 年、2016 年和 2017 年所在的新学年开始实施，到 2019/2020 学年才覆盖所有年级。

《本地学制正规教育课程框架》规定，初中和高中教育阶段的学校可以开设综合性的社会与人文科，也可以开设分科的历史。为了响应澳门社会对历史独立设科的呼声，2018 年 5 月，澳门发布第 69/2018 号社会文化司司长批示，推出初中和高中历史的基本学力要求，2019 年 11 月颁布的第 33/2019 号行政法规《修改第 15/2014 号行政法规〈本地学制正规教育课程框架〉》规定，初中阶段历史学科课时不少于 6 920 分钟，高中阶段历史学科课时不少于 2 800 分钟。2019 年 11 月颁布的第 34/2019 号行政法规《修改第 10/2015 号行政法规〈本地学制正规教育基本学力要求〉》则将历史从原来的“社会与人文”学科中分离出来，独立设科。这些都从制度层面上保证了历史在中学阶段独立设科。

在实践层面，据统计，2015/2016 学年小学一年级至四年级所有学校都开设常识，小学五年级和小学六年级亦有 4 ～ 5 所学校开设分科的历史。初中和高中独立开设历史的学校在 2016/2017 学年达到 100% 。当然，有的学校并非在所有年级都开设历史（表 9 –5）。

表 9 –5 2016/2017 学年中学开设分科历史的情况

教育阶段	开设的校（部）数/个	所占的百分比/%
初中	47	100
初一	44	100
初二	45	95. 7
初三	44	95. 7
高中	44	100
高一	42	95. 5
高二	42	95. 5
高三	42	95. 5

资料来源：教育暨青年局。设有初一、初二和初三的分别有 44、47、46 个校部。

（二）基本学力要求

2014 年颁布《本地学制正规教育课程框架》后，澳门教育行政机构聘请专家和教育界人士先后完成了小学“常识”以及初中和高中“社会与人文”学生需达到的“基本学力要求”（相当于其他地区的课程标准），并分别于 2016 年和 2017 年颁布。2018 年 5 月发布的第 69/2018 号社会文化司司长批示，则增加了初中和高中分科的“历史”的“基本学力要求”。

小学“常识”包括“健康生活”“人文社会与生活”“自然环境与生活”“科学与生活”四部分。其中，“人文社会与生活”与历史有关，该部分的教学目的是“传承历史传统与社会文化”，让学生“了解本地社会的传统与现状，认识中国及世界当前的社会议题，培养他们的人文思维和人文关怀精神。通过认识影响澳门社会发展的中外历史与文化，培养学生尊重和传承历史与文化的意识，以及对澳门与国家的责任感和归属感”。在具体要求上，重视培养学生的兴趣，让学生“乐于阅读历史故事，对历史文化感兴趣；能搜集、整理及分析资料，与同学交流讨论澳门历史城区主题”；了解中国历史，“能举例说明中国历史文化源远流长；能指出中国古代四大发明及其对人类文明发展的贡献；能探讨不同时期重要的历史人物和历史事件对中国的影响”。从生活入手，学习澳门历史，包括“能列举寓居澳门的历史名人，欣赏他们对澳门、中国和世界的贡献；能说明澳门是东西文化荟萃的城市，并尊重不同的文化；能说出澳门是早期东西文化交流的中介地，对东西文化交流与发展有重大贡献；能指出葡萄牙人入居澳门的经过；能通过阅读多样的历史资料，探讨葡萄牙逐步占领澳门的过程及其影响；能描述澳门主权回归的过程及意义”。在世界史方面，要求学生“能指出世界四大文明古国对人类文明发展的贡献；能指出世界民族文化丰富多样，并尊重不同的风俗习惯；能列举世界的主要宗教，并尊重不同宗教信仰”。[①]

初中对学生历史学习的要求是从“人与时间”和“文化渊源与社会发展”2个维度展开的。前者包括“历史演变”“制度更迭”“人物评析”和“重要史事”4个方面；后者则涉及“文明起源”“民族与宗教”“思想与文艺”和“科学与技术”。而且，每个维度都包括中国史、世界史和澳门史。[②]

高中则直接从“时代变迁”“区域联系”“文化传承与革新”和“本土探究”4个方面展开，也涵盖中国史、世界史和澳门史3大领域。与初中相比，更具有综合性，比较重视宗教和文化以及历史演变的长时段线索。[③]

上述“基本学力要求”与回归前相关课程大纲的最大区别，就是既没有区分各年级的要求，也没有规定每一个年级的具体内容。这一方面为学校课程内容的安排以及编写历史教材提供了很大的空间，另一方面也给这两方面的工作提出了更高的要求。

（三）历史教材的选用

目前，澳门学校可以按照自己的办学特色，选用体现其特色和需要的教材。如前所述，澳门小学的历史教育主要融于常识科。常识教材主要来自香港，其

① 澳门特别行政区第19/2016号社会文化司司长批示《核准小学教育阶段基本学力要求的具体内容》附件九《小学教育阶段常识基本学力要求》。

② 澳门特别行政区第56/2017号社会文化司司长批示《订定初中教育阶段的基本学力要求的具体内容》附件九《初中教育阶段社会与人文基本学力要求》。

③ 澳门特别行政区第55/2017号社会文化司司长批示《订定高中教育阶段的基本学力要求的具体内容》附件九《高中教育阶段社会与人文基本学力要求》。

中，香港教育出版社的《澳门今日常识》和朗文教育出版社的《澳门朗文常识》，2015/2016 学年共有 52 所学校选用，是主流教材。两种教材均以香港常识教材为基础，增修部分澳门的相关内容和插图，涵盖自然科学、历史和地理方面的内容。朗文教育出版社的教材由 24 个主题组成，其中涉及历史教育的主题有 4 个，内容以中国历史和澳门历史为主，不能充分体现澳门新的基本学力要求。

中学阶段，澳门的中国历史教材也以香港教材为主，从表 9 –6、表 9 –7 可见，65.9% 的学校使用了香港教材，完全使用内地教材的学校仅占 15.9% ，同时使用内地和香港教材的学校占 27.3% 。但是，高中阶段内地教材的影响力明显增强，这可能与学生升学取向有关。值得注意的是，上述所有教材都不是以澳门的课程标准、课程大纲或基本学力要求为依据编写的，不能配合澳门的需要。世界历史教材的情况基本类似（表 9 –8）。

表 9 –6　2016/2017 学年中学中国历史教材选用情况

选用情况	仅使用内地教材	仅使用香港教材	内地和香港教材并用	香港和台湾教材并用	使用其他地区教材[①]	总计
学校数	7	16	12	1	8	44
百分比	15.9%	36.3%	27.3%	2.3%	18.2%	100%

资料来源：教育暨青年局。中学在该学年使用中国历史教材的共有 44 个校部。

表 9 –7　2016/2017 学年中学中国历史主要教材

教育阶段	教材名称	选用学校数	出版地	出版公司
初中	《中国史游踪》	18	香港	香港雅集出版社/Aristo
	《探索中国史》	8	香港	龄记出版有限公司
	《义教课标实验历史》《中国历史》	8	内地	人民教育出版社
	《探究中国历史》《全方位中国历史》	7	香港	文达出版（香港）有限公司
	《现代初中中国历史》《中国历史》	4	香港	现代教育出版社
	《中国历史》	3	内地	岳麓书社

① 包括来自葡萄牙、加拿大、美国、英国或新加坡的教材。

续表

教育阶段	教材名称	选用学校数	出版地	出版公司
高中	《历史》	14	内地	暨南大学出版社
	《高中历史》 《高中近代现代史》	8	内地	人民教育出版社
	《探究中国历史》 《高中中国历史新视点》	11	香港	文达出版（香港）有限公司
	《新探索中国史》 《新简明中国历史》	6	香港	龄记出版有限公司
	《大学预科历史》	5	香港	香港集成图书有限公司
	《高中中国历史》	5	香港	现代教育出版社
	《高中历史》	1	内地	岳麓书社

资料来源：教育暨青年局。

表 9－8　2016/2017 学年中学世界历史主要教材

教育阶段	教材名称	选用学校数	出版地	出版公司
初中	《世界史游踪》 （*Fundamentals of World History*）	3	香港	香港雅集出版社/Aristo
	Living Through History	1	英国	Heinemann
	《初中世界历史》	1	内地	人民教育出版社
	World History – Ancient Civilization	1	美国	Holt, Rinchart
高中	《新编世界史/漫游世界史专系列》	7	香港	龄记出版有限公司
	《世界历史新编》	6	香港	人人出版有限公司

续表

教育阶段	教材名称	选用学校数	出版地	出版公司
高中	《世界近代史》	4	内地	人民教育出版社
	HKDSE History Inquiry	2	香港	Aristo
	GCSE Modern World History	1	香港	MacMillan
	Cambridge AS Level International History	1	英国	Cambridge
	20*TH Century History for Cambridge IGCSE*	1	英国	Oxford

注：由于学校交来数据缺失及数据库尚不完整，部分数据以上学年为基础作估计。

四、澳门历史教材的开发

澳门没有自己的历史教材，小学常识科也主要使用香港教材，这极大地限制了历史教育的落实。因此，开发符合澳门需要的本地教材，成为澳门历史文化教育的迫切需求。

（一）曾经的努力

为响应教育界的需要，20 世纪 90 年代和回归后澳门曾编写与出版过《澳门历史实验教材（第一册）》和《澳门历史（初中补充教材）》。前者由澳门大学实验教材编写组（霍启昌、苏庆彬、郑德华）编写，1998 年由当时的澳门教育暨青年司资助出版；后者由刘月莲、张廷茂、黄晓峰负责编写，于 2006 年由教育暨青年局出版。

从表 9 -9 所列的主要内容看，这两种教材都存在结构性缺陷，尤其是《澳门历史实验教材（第一册）》过分侧重于澳门的早期历史和政治史，很难引起学生的兴趣，也不能保证对澳门历史认识的完整性；二者均直陈史实，缺乏学习辅助系统，对学生的学习过程关注甚少。《澳门历史（初中补充教材）》甚至被发现有史实和观点的明显错误，还有著作权的争议。因此，两种教材均未在学校得到有效使用。

表 9－9　两种澳门历史教材的主要内容

《澳门历史（初中补充教材）》	《澳门历史实验教材（第一册）》
第一章　葡萄牙人租居澳门	第一章　史前的澳门
第二章　澳门港与海上丝绸之路	第二章　葡萄牙人来华前的澳门
第三章　明清政府对澳门的管辖	第三章　抵华前的葡萄牙人
第四章　20 世纪澳门社会的进步	第四章　葡萄牙人抵澳前的中国航海事业
第五章　澳门历史文化名人	第五章　明代的对外贸易政策
第六章　澳门回归祖国	第六章　葡萄牙人来华
	第七章　倭寇之患与葡萄牙人问题
	第八章　选择濠镜的原因
	第九章　澳门模式——特殊的外贸政策

（二）须重视的问题

教育暨青年局近年开始投入资源，开发具有澳门本地特色、适应学生发展需要的本地教材或教学资源，以便为学校的课程实施和教师教学提供支持。2016 年，教育暨青年局委托澳门科学技术协进会编写澳门小学《常识》教材。该教材以澳门小学常识科的基本学力要求为依据，其中包括澳门地区及中国的相关历史内容。教材全套包括学生用书 12 册、教师用书 12 册、教师上课用 PPT、习题库、实验包等，教材自 2019/2020 学年起供学校选用。另外，教育暨青年局于 2017 年与人民教育出版社合作，共同编写及出版澳门初中和高中的历史教材，初中一年级和高中一年级的教材自 2018/2019 学年起供学校选用。

中学历史教材是未来发展的重点，以下几个方面的问题值得重视。

1. 澳门史的地位、内容及处理方式

如前所述，在港澳地区的历史课程中，如何处理地方史是一个备受关注的问题。对此，澳门目前虽然还没有香港那么激烈和广泛的争议，但回顾过去 20 余年的历程，教育界的认识也并不完全一致。大家普遍认为须重视澳门史，但从何处重视、中学课程应吸收其哪些内容、在课程和教材体系上如何处理其与中国史及世界史的关系，这些问题都有待讨论。

首先，应肯定澳门史在澳门历史文化教育中的价值和地位。“爱国爱澳”是澳门社会普遍认同的价值观，2006 年颁布实施的《纲要法》，在教育总目标中明确规定要培养学生“爱国爱澳”的品格以及“对国家和澳门的责任感”，使其能

“以中华文化为主流”，认识包括澳门在内的中国的历史、地理和文化。在此情形下，重视澳门本地历史的教育不仅有利于加深学生对澳门本地的认识，而且能培养他们对澳门的归属感和热爱澳门的情感。

正因如此，澳门回归以来，加强本地历史与文化教育的呼声渐高。2003 年有学者向 79 所中文学校、英文学校及公立中葡学校（包括中学、小学）发出问卷，结果显示几乎所有学校都认为应加强澳门地方史的教学。[①] 霍启昌在此之前就指出：“过去由于殖民地社会环境的诸多限制，发展澳门史教学和研究的工作在澳门未能及早展开。……现在，已到了改变这种状况的时候。”[②] 10 多年后，他再次指出：“澳门中学生若能明了澳门过往在经济、社会及文化上的真实发展情况，是会促使其珍惜这些成就的。”“从学习澳门历史所得来的技巧和技能，亦可以帮助澳门中学生去履行他们在未来的澳门社会所应担当的公民责任。”[③] 正是在此情形下，澳门历史的教学逐步受到重视。

其次，应妥善处理澳门史的内容。如前所述，澳门在小学常识科包含有粗浅的澳门历史的内容。在此情况下，初中和高中的澳门历史教育应包括哪些内容呢？1999 年的“初中历史大纲”在初中三年级所设的澳门历史，具体内容包括早期澳门历史、澳门文化的特色、澳门经济及社会发展、澳门回归祖国。重视澳门史是该大纲的一个特点。刘羡冰认为应大致包括澳门的历史分期；政治（包括中外关系）、经济、文教与社会的变革和重要的历史事件，划时代的历史文献；主要历史人物的思想、业绩和历史影响；最具价值的历史遗产和澳门的地方特色；具有教育意义和感染力的故事素材。[④] 魏美昌主张应包括澳门《基本法》；澳门的人文特征（包括历史、地理、法律及政治制度、文化与宗教等）；这些特征在澳门未来角色定位中的重要性。[⑤]

笔者认为，中学阶段澳门史的内容选择与编排应考虑以下原则：第一，要与

① 刘羡冰：《澳门地方史的教与学》，载梁成安：《教与学的改革和创新教育研讨会论文集》，澳门：澳门大学教育学院、教育暨青年局，2003，第 11 页。

② 霍启昌：《澳门史教研的重要价值》，载苏庆彬：《“跨世纪学科教育——中国语文、历史与地理”教学研讨会论文集》，澳门：澳门大学教育学院，2000，第 121 页。

③ 霍启昌：《试谈迫切发展正确澳门史教研的重要性》，澳门：《市民日报》，2016 年 2 月 15 日。

④ 刘羡冰：《澳门地方史的教与学》，载梁成安：《教与学的改革和创新教育研讨会论文集》，澳门：澳门大学教育学院、教育暨青年局，2003，第 14 页。

⑤ 林发钦：《中学“澳门乡土历史”课程设计刍议》，载梁成安：《教与学的改革和创新教育研讨会论文集》，澳门：澳门大学教育学院、教育暨青年局，2003，第 30 页。

小学的相关课程相衔接，尤其是要考虑常识和品德与公民两科的“基本学力要求”。[①] 第二，必须让学生对澳门历史有比较全面和深入的了解。作为历史课程，要让学生对澳门自明代以来400余年的发展建立起清晰的历史脉络。同时在内容上，既要重视政治发展史，也应关注文化史、经济史和社会史，如人口的演化、城市与环境的变迁、交通和产业的发展、语言和文教的变革、社团与社会的运作等。第三，初中和高中既要衔接，又要有所区别，体现层次性。目前，澳门初中和高中社会与人文科中的相关“基本学力要求”体现了这一点（表9－10）。另外在形式上，初中可以以编年史为主，高中则应重视专题史。

表9－10 “社会与人文”科“基本学力要求”中与澳门史有关的内容

初中	高中
•指出澳门历史发展的简单历程，增强对澳门的归属感 •通过阅读史料了解澳门回归的历程，增强“爱国爱澳”的情怀 •能简述天主教在澳门的发展概况，了解天主教在澳门所扮演的角色 •通过阅读材料，说出澳门世界文化遗产的特色，提出保护澳门历史城区的建议，负起保护历史文物的公民责任	•能运用各种旅游资讯，设计文化旅游路线，并懂得从不同的文化观点欣赏各种文化艺术 •能从多角度分析外来文化对澳门的影响，以及理解文化共融对社会持续发展的重要性 •就澳门过去的发展或现况提出问题，并撰写研习大纲 •搜集关于澳门历史、文化变迁等资料，以适当方式处理后将资讯有条理地呈现出来 •以全球角度关心澳门发展的问题，拥有欣赏、包容、保育和服务澳门社会的态度，并就澳门发展的问题提出规划或建议

资料来源：根据第56/2017号社会文化司司长批示和第55/2017号社会文化司司长批示的有关内容整理。

最后，要加强澳门史与作为整体的中国史的联系。历史教育与身份认同密切相关。澳门历史既涉及国家与澳门、“爱国”与“爱澳”的关系，又牵涉澳门本土的文化、历史与地方认同和民族的文化、历史与国家认同的关系。如何处理好这些关系，是中学历史课程不可回避的问题。在全球化趋势不断加强、世界变得越来越单一的情况下，保护文化的多样性，重视弱势地区、民族和社群在文化、经济乃至政治方面的合理要求，都是必要的。但任何本土化的主张，都不能漠视

① 其中，与历史有关的内容包括世界的文明古国、中国古代四大发明、中国重要的历史朝代、澳门历史城区、澳门回归祖国等。

母体文化的存在，更不能粗暴地割裂千百年来形成的地方与民族和国家密不可分的内在联系。

为保证历史课程的恰当性，澳门教育行政机构于2015年委托教育部基础教育课程教材发展中心对澳门中小学与历史有关的“基本学力要求”进行了专门研究。研究报告指出，上述“基本学力要求”将地方史融入中国史，以宏观的中国史为背景，点出澳门在该历史大环境下的情况和一些相关的重要历史事件，“体现了地方历史从属于中国历史的价值取向”，既符合历史事实，也体现了历史课程的公民教育立场；在情感、态度、价值观方面，上述“基本学力要求”十分鲜明地以归属感为中心，提倡本土与国家认同，其中“爱国、爱澳的情感乃至信念和行为，都基于对祖国历史传统、中华文化和国民身份的认同”。[①] 所以，不能再像20世纪90年代澳门《初中历史大纲》那样将澳门史从中国史和世界史中独立出来，而应在中国历史和世界历史的整体演变中诠释澳门史。

2. 加强中国近现代史和文化史学习

澳门和香港中学历史教学的一个普遍情况是过分重视古代史，相对轻视近现代史。尤其在中国历史方面，许多学校在实际的教学中几乎不涉及辛亥革命以后的历史，对鸦片战争以后的近代史也不够重视。另外，教材内容普遍以朝代更替和政权变更为主，对文化和社会其他领域的历史关注不多。因此，加强中国近现代史和文化史学习无疑是必要而正确的。

要做到这一点，必须对教材的结构进行调整。内地的初中历史教材一般将中国古代史安排在初中一年级，初中二年级学习近现代史，初中三年级学习世界史，而香港的教材则将更多时间用于学习中国古代史。今后，澳门初中教材要适当精简中国古代史的内容，尤其是朝代更替的部分。当然，过渡可逐步进行，初中二年级仍可安排学习一部分古代史的内容。

3. 处理好初中教材与高中教材的关系

中学历史课程在初中阶段与高中阶段如何衔接，是历史课程编制中一个非常重要的问题。[②] 如前所述，澳门20世纪90年代的历史课程大纲采用的是双循环

---

① 教育部基础教育课程教材发展中心：《澳门与内地、香港、台湾四地中国历史教育课程的比较研究》（内部研究报告），2016，第113－114、118－119页。

② 齐世荣：《义务教育历史课程标准（2011年版）解读》，北京：北京师范大学出版社，2012，第16页。

结构，即初中和高中都既有中国历史又有世界历史。过去几十年来，我国中学的历史课程大多采用双循环结构。但是，1953 年我国曾受苏联专家的影响，采用过单循环结构：初中先学世界古代史和中国古代史，高中再学世界近现代史和中国近现代史。不过到 1956 年，又重新恢复初、高中的双循环结构。[①] 这主要是因为在高中尚未普及的情况下，必须保证初中历史教育的完整性。从澳门的“基本学力要求”看，未来澳门初中和高中的历史课程与教材仍宜采用双循环结构。

值得注意的是，澳门历史也须在初中和高中采用双循环结构。这是因为澳门史在初中和高中应有不同层次的要求，而且澳门史须与中国史联系起来学习，因此不能将澳门史局限在某一个年级或学期独立编写教材。

双循环的另一个要求，是要避免初中和高中课程内容的简单重复。初中要尽可能考虑基础性、普及性，高中则要进一步提升，强调综合运用。另外，高中必须考虑学生需求的差异性。高中一年级应安排所有学生均需学习的内容，澳门高中部分的“基本学力要求”基本处于这一层面；高中二年级和高中三年级则主要考虑对历史有兴趣的学生，正如内地新修订的《高中历史课程标准》一样，为学生安排更高要求的选择性内容。

教材结构的另一个问题是中国史、世界史及澳门史之间的关系。比如在内容的比例上，一般来说，中国历史延绵几千年，因此中国史在初中的部分应是世界史所占篇幅的 2 倍（如 20 世纪 90 年代澳门的历史课程大纲），并以编年史的方式出现。澳门史应融入中国史的系统之中，世界史则以编年史的方式独立存在。高中应打破中国史与世界史的界限，无论是必修部分还是选修的内容，都可以设计成专题史，以提升学生的思考能力和历史素养。

五、须注意的其他问题

总体而言，自回归以来，澳门的历史文化教育呈现逐步加强的趋势，课程设置得到强化，本地的课程标准（基本学力要求）已经颁布，尤其是与此配套的教材也已全部推出，这势必大大促进学校的历史文化教育。但是，以下问题仍须进一步重视。

---

① 余伟民：《历史教育展望》，上海：华东师范大学出版社，2002，第 53 页。

（一）督促学校按照《本地学制正规教育课程框架》的规定开设与历史有关的课程

《本地学制正规教育课程框架》制定了各教育阶段与历史有关的课程及其课时要求，小学必须开设平均每周不少于 4 节的常识，初中和高中教育阶段分别须开设平均每周不少于 3 节和 1. 5 节的社会与人文科（学校可开设综合的社会与人文科或分科的历史科及地理科）。小学教育阶段自 2016/2017 学年起在小学一年级至小学三年级实施，至 2017/2018 学年上延至小学六年级全面实施；初中、高中教育阶段则从 2017/2018 学年开始，分别在该阶段的一年级起实施，即初中一年级、高中一年级率先实施，之后，按每年上延 1 个年级的方式，至 2019/2020 学年初中和高中全面实施。

教育行政部门应采取措施，审核所有学校开设课程的情况，督促学校按照上述规定开全、开足与历史有关的课程。

（二）加强师资培训

落实历史文化教育，教师的专业素养至关重要。按照第 3/2012 号法律的规定，澳门中学教师每周最低的授课时数为 16 节。中学教师须“专科专教”，仅当本科目的授课时数不够时，方可兼教其他相关科目，但本科目的授课时数不得低于每周总时数的 60% 。因此，历史课每周达到 10 节，即被视为专任历史教师。据教育暨青年局的统计，2015/2016 学年，澳门任教历史科的中学教师共有 261 人，其中专任教师仅 115 人，非专业的兼任教师则有 146 人。可见，澳门中学历史科由非历史专业教师兼教的情况比较严重，必须从制度上加以改变。

另外，必须加强对历史教师的培训和支持。为协助教师在日常教学中有效地推行课程改革，将“基本学力要求”转化为具体的课堂教学，教育暨青年局近年持续为教师开办多种类型的培训活动，如以社会与人文科或历史科骨干教师、科组长为对象的研习课程，该课程由多个单元组成，重点培养骨干教师或科组长的课程规划、管理及实践能力；以社会与人文科或历史科一般教师为对象的专题讲座、结合理论与实践的工作坊、教学示范等，都有助于进一步让历史科教师掌握落实“基本学力要求”的要点和方法，以及如何选用教材、活用教学方法。

除此以外，教育暨青年局还将配合基本学力要求的实施，陆续推出相应的“课程指引”，通过“指引”这一“桥梁”，让学校和教师把“基本学力要求”

与日常的教学工作结合起来。小学常识科、初中和高中社会与人文科的“课程指引”，内容包括该科目的“课程发展方向”和“基本学力要求”的解说、具体课程内容的建议（如教学单元、进度）、课程实施的建议（如教学方法的选取、运用及课程资源的开发）、课程评核的建议以及具体课堂教学的参考案例、工具表格等，对学校、教师在设计及开展历史教学活动方面，具有参考价值。

总之，回归以来，澳门的历史文化教育在课程改革的推动下，正朝着不断加强和完善的方向发展，但要进一步落实，尚待政府与教育界的持续重视，尤其要密切关注小学常识和中学历史教材的编写、出版与选用，既要保证编写出一套符合澳门实际情况和基本学力要求的教材，又要切实解决学校使用教材过程中的各种困难。长远来说，还需要完善教科书的选用制度。

第十章　走出新路：职业技术教育的发展

如何对待技术，是近代以来教育史上存在许多争议的问题。毫无疑问，技术是文化的一部分。随着技术在个人和社会生活中作用的增强，不仅课程无法回避技术，而且技术的专门化使其与职业联系起来，因此教育在类型上分化了，职业技术教育成为基础教育和高等教育之外的又一重要教育类别。澳门的职业技术教育亟须从根本上变革。

一、澳门的职业技术教育之路

（一）初步发展时期

澳门的职业技术教育至今已有 100 多年的历史，最早可追溯至 1878 年。这一年，澳门土生葡萄牙人教育促进会（APRM）创办了澳门商业学校，校舍设在圣若瑟修院中[①]，并聘请澳门著名汉学家、翻译家伯多禄·施利华担任首任校长。该校开设葡萄牙文、英文、中文书写、算数、代数、商业会计、地理、历史、自然科学基础，以及书法和天主教教义等课程[②]。该校曾因美国神父霍斯比及英国神父阿克赖特教授的英文和商业课程广受好评而一度十分兴盛，为东亚地区培养了一定数量的商业管理人才。该校于 1910 年停办。[③]

1901 年 8 月 10 日，澳葡政府在第 32 期《政府公报》上颁布成立澳门商业学校（Instituto Comercial de Macau）的决定。[④] 1903 年 10 月 7 日，澳葡政府发布

---

① 潘日明：《殊途同归——澳门的文化交融》，苏勤译，澳门：澳门文化司署，1992，第 181 页。

② 汤开建：《天朝异化之角：16—19 世纪西洋文明在澳门》（下卷），广州：暨南大学出版社，2016，第 957 - 958 页。

③ 潘日明：《殊途同归——澳门的文化交融》，苏勤译，澳门：澳门文化司署，1992，第 181 页；汤开建：《天朝异化之角：16—19 世纪西洋文明在澳门》（下卷），广州：暨南大学出版社，2016，第 958 页。

④ 施白蒂：《澳门编年史（二十世纪）1900—1949》，金国平译，澳门：澳门基金会，1999，第 7 页。

第92号训令，将商业学校的课程并入利霄中学[①]，采用葡萄牙商业中学制[②]，学生主要是葡萄牙本土葡萄牙人子弟及澳门土生葡萄牙人子弟[③]。这可算是首个由官方机构开办的职业技术中学课程。1919年10月30日，澳葡政府又下令将附属于利霄中学的商业学校独立，1920年9月14日，视学委员会通过了该商业学校的学校章程及教学大纲[④]。据当年刊行的《政府公报》记载，该校的教学大纲包括初级及高级商业课程，科目包括商科、会计、打字、速记等侧重于商业方面的课程，毕业生除了在澳门本地就业外，亦有不少到香港就业。

1903年天主教澳门教区主教鲍理诺邀请加诺撒修女在十六柱创办了澳门第一所女子职业学校——恒毅书院（Colegio da Perseveranca），教授女生刺绣、缝纫等课程，兼收中国、葡萄牙籍学生。后因葡萄牙革命，葡萄牙通过澳葡政府驱逐神职人员及修女离开澳门，学校遂于1910年停办。[⑤]

1906年天主教鲍思高慈幼会的雷鸣道神父（St. Luigi Versiglia）在澳门创办了“圣母无原罪孤儿院”，收容和教育澳门的贫苦学生，为他们提供半工半读的职业训练，孤儿院属工读学校性质。1910年，天主教澳门教区主教鲍理诺拨出土地及房舍作为该校新校舍，于是学校搬迁新址，并命名为“无原罪工艺学校”。学校开设木工、缝纫、革履、排版、印刷、钉装等工艺课程，其办学宗旨是“教之以学艺，导之以修德，使诸生能养成工业之技能、处世之知识、优美之人格”，成为一所职业学校。学生可在学校学得一技之长，使得贫苦人家的子女可以获得很好的就业机会，于是学生人数逐年增多，该校遂于1932年开始扩大规模，逐步形成固定的制度。当时的课程通常为每天2小时文化课、6小时工艺课，文化课主要包括语文、算数、外语等，亦有开设葡萄牙语课，每周3节。除此之外，学校还组织音乐队和体育队，开展课外活动，培养学生多方面的兴趣和能力。当时的无原罪工艺学校的毕业生比较受社会欢迎，就业率不低，官印局的技工大多出自该校，来自该校的警察比例也不小，专为外国人和上层人士缝制西装和制作皮鞋的工匠也差不多全是该校培养出来的，毕业生当公务员的现象也

---

① 施白蒂：《澳门编年史（二十世纪）1900—1949》，金国平译，澳门：澳门基金会，1999，第17页。

② 刘羡冰：《世纪留痕——二十世纪澳门教育大事志》，澳门：澳门出版协会，2002，第62页。

③ Rui Simoes：《对移民的教育：关于十九世纪末澳门教育的讲话》，澳门：《行政》，第六册，第二十二期。

④ 施白蒂：《澳门编年史（二十世纪）1900—1949》，金国平译，澳门：澳门基金会，1999，第134页、142－143页。

⑤ 施白蒂：《澳门编年史（二十世纪）1900—1949》，金国平译，澳门：澳门基金会，1999，第17页。刘羡冰：《世纪留痕——二十世纪澳门教育大事志》，澳门：澳门出版协会，2002，第62－63页。吴志良、汤开建、金国平：《澳门编年史》（第四卷），广州：广东人民出版社，2009，第2116页。

很普遍[①]，足见当时该校的职业课程符合社会发展需要，因此社会认可度较高。

1937 年，抗日战争全面爆发，为躲避战乱，内地许多人迁居到澳门，澳门人口一度剧增。为收容避难迁来的学童，慈幼会于 1939 年增设初级中学，并向广东省教育厅立案获批，学校易名为“私立鲍思高纪念初级中学”。1943 年学校又改名为“鲍思高职业学校”。[②] 1952 年，慈幼会又新开办了一所专收葡萄牙籍学生的工业学校——葡光学校。新旧两所学校分别以中文和葡萄牙文授课，但由于两所学校的葡萄牙文名完全相同，为了加以区别，遂将以中文授课的旧校改名为“慈幼学校”。葡光学校于 1976 年停办职业技术课程，改办普通初中课程，而慈幼学校则继续保持职业技术教育的特色。

由于当时澳门的经济开始从小手工业向劳动力密集型的机械工业转型，为了适应经济、产业发展的需要，慈幼学校于 1964 年增设了电机和机械两个工业课程。之后，又淘汰了以前的木工、缝纫、革履、印刷等工艺课程，将学科专业进行了大调整，完全依照香港英文工业学校的模式编制课程，学校又再易名为现名——慈幼中学，成为一所名副其实的英文工业中学。原来的木工、印刷等工房也改成电机、机械工场，课程也有了较大调整，学生从小学六年级开始，即学习工业基本知识并接受简易绘图的训练；从初中一年级开始，在初中部学习两年，初中三年级则按各人的志趣选修机械或电机，学习设计、工业绘图、工场实习等；再经 3 年高中课程，成绩合格，获准毕业。慈幼中学的课程遵循英国伦敦大学制定的课程标准，理论、实验与技术相结合，每周上课 48 节，其中 12 节是工业课程，培养工业专科人才。1969 年，该校为伦敦大学所认可，毕业生开始参加英国普通教育证书（GCE）的文凭试；1975 年还获准成为 GCE 考试中心，其培养目标从单纯的就业改为就业和升学并重；1988 年又获准成为英国伦敦城市工联学会（City and Guilds of London Institute）普通工程考试中心。其办学质量也逐步提高，声誉日隆。在香港实施免费教育之前，该校就吸引了很多香港学生来此就读，为港澳造就了不少人才。[③]

除此之外，澳门中华总商会也于 1947 年开始陆续举办“商业训练班”（澳门中华总商会附设商训夜中学的前身），开设国语、簿记、珠算、尺牍等科目，培养中等财务、会计方面的职业人才。

---

① 刘羡冰：《澳门教育史》，北京：人民教育出版社，1999，第 75 – 76 页；刘羡冰：《世纪留痕——二十世纪澳门教育大事志》，澳门：澳门出版协会，2002，第 64 页。

② 刘羡冰：《澳门教育史》，北京：人民教育出版社，1999，第 76 页；冯增俊、黎义明：《澳门教育概论》，广州：广东教育出版社，1999，第 260 页。

③ 刘羡冰：《澳门教育史》，北京：人民教育出版社，1999，第 77 – 79 页。

1985 年，鲍思高慈幼会的胡子义神父创办了雷鸣道主教纪念学校，学校于第二年开设了机械及文商科职业先修课程，后于 1988 年停办职业先修课程，1994 年又开办了初中职业培训课程。1985 年澳门明爱亦创办“庇道职业先修学校”（后称庇道学校），为失学青少年提供就学及职业先修课程，并为澳门培养中等技术人才。

1986 年，基督复临安息日会复办了澳门三育中学，当时以“澳门三育书院”的名字注册，并先后开办了夜间成人英语商科、英文会话、计算机等课程，以应对工商行业的需要。后来澳门三育中学的职业技术教育有了较大发展，为澳门职业技术人才的培养作出贡献。

20 世纪 90 年代之前，澳门的职业技术教育规模不大，多由民间自发开办，政府管理松散，职业技术教育课程缺乏规范，课程开设基本由学校自主决定，政府亦少予资助。但一些与当时的社会需要及生产领域的要求紧密衔接的课程（如慈幼中学的职业技术教育课程），则成效显著，为社会培养了不少职业技术人才，受到社会的普遍欢迎。但由于缺乏政府的支持，课程的开办受制于办学实体的资金投入、课程开发水平、师资数量和质量以及生源等，而且开办职业技术教育的学校数量较少，一些学校只是根据需要开设一些实用性科目，办学层次较低，这极大地限制了澳门职业技术教育的发展。

（二）基本规范时期

20 世纪 90 年代以前，在澳门几乎没有具体规范整个澳门地区职业技术教育课程的法规，澳葡政府只对官办的职业技术教育学校及课程进行规范。1982 年，当时的澳葡政府以葡萄牙文颁布了第 44/82/M 号法令《职业技术培训基础》。当时，由于受殖民主义的影响，澳门的法律多遵循葡萄牙的法律，并未本地化；中文亦未成为官方语言，法律、法规均以葡萄牙文起草及立法，连中译本亦极少有。而该法令亦无中译本，也未对职业技术教育课程的具体架构进行规范。因此，澳葡政府对于澳门职业技术教育的影响亦十分有限。直到 1987 年《中葡联合声明》签署之后，尤其到了 20 世纪 90 年代，澳葡政府才开始推动法律本地化、中文官语化，并逐步加强对包括私立学校在内的澳门学校课程的规范，重视本地人才的培养。

1991 年，澳葡政府颁布了第 11/91/M 号法律《澳门教育制度》。该法律对幼儿教育、小学教育、初中教育、高中教育、特殊教育、成人教育、技术及职业教育作出基本规范。该法律明确规定技术及职业教育包括两种教育模式，一是职业培训，二是职业技术教育；并制定了职业技术教育的目的、实施机构、对象、修业年限、教育程度、文凭及职业实习等框架性的规定。第11/91/M号法律对于澳门职业技术教育的发展具有纲领性意义，而后来的第54/96/M号法令《规范“技术及职业教育”》正是在此基础上对职业技术教育制度尤其是职业技术教育课程进行了具体规范。

为了规范纳入教育制度中的职业课程，培训具初级及中级资格的技术员及专业人员，以便更好地响应澳门地区现代化及发展的策略，澳葡政府于1996年9月16日颁布了关于技术及职业教育的指导性制度第54/96/M号法令。按照该法令的规定，技术及职业教育课程具有两种模式：一种为职业技术初中课程，发给初中课程的文凭与初级技术及专业证书；另一种为职业技术高中课程，发给高中课程的文凭与技术及专业资格证书。上述课程的培训内容包括社会文化、专业科技及实践、专业实习3个组成部分。3个组成部分的比例为：“社会文化”占总课时的40%～50%，“专业科技及实践”和“专业实习”共占总课时的50%～60%。

社会文化培训旨在让学生获取一般知识，在个人自身、社会及职业方面获得全面的发展，并使之加入劳动力市场，提高其个人能力。该领域的课程内容包含授课语言、第二语言、历史、地理等知识，以及与环境、卫生、工作预防及安全、职业组织有关的知识。

专业科技及实践培训旨在让学生获取知识，并培养其从事职业不可或缺的能力、态度及表现，使其掌握必需的技术及共同基础科学，以便投身职业或继续升学。该领域按照教育程度及技术职业培训的种类而安排不同的内容。

专业实习是指学生根据课程性质，在实际工作环境中开展的实践活动，旨在让学生在实际职业环境中运用知识、能力，以实际建立培训与工作之间的联系。专业实习须在第三年进行。

第54/96/M号法令是澳门历史上第一个具体规范澳门整个地区中等职业技术教育课程及其框架的法规，对于澳门职业技术教育的发展具有重要作用。从此以后，政府对于所有私立学校开办职业技术教育课程亦有了较具体的规范。

在20世纪90年代，澳门的职业技术教育有了相对较快的发展，新开办了专门开展职业技术教育的学校，一些文法中学亦相继开设了一些职业技术教育课程。

澳门三育中学于1997年在当时的教育暨青年司正式注册为一所职业技术学校，并随着新校舍的启用，推动了职业技术教育课程的大发展，建有专门用于职业技术课程教学的家政烹饪室、金工室、木工室、缝纫裁剪室、商科会计室等。课程设置方面，设有金工、木工、电工、手工等与职业训练、设计与科技、家政烹饪、缝纫、商科、会计总务等相关的职业技术课程。

1998 年 10 月 26 日，当时的教育暨青年司辖下的中葡职业技术学校正式开办，这是澳门第一所公立职业技术学校，属于完全的职业技术教育类学校，成为澳葡政府正式开办中等职业技术学校教育的标志。中葡职业技术学校开设的职业技术课程，打破了澳门长期以来一元化课程的教育形态，较多地考虑学生的兴趣，力图在培养学生文化素养的同时，让学生学到一些专业知识和技能。

澳门工联职业技术中学为澳门工会联合总会于 1998 年创办的一所专门从事职业技术教育的全日制私立学校，包括初中及高中两个教育阶段。较早开办的职业技术课程包括电子电工、制冷设备与电梯工程、现代商务等专业课程。后来又开办了电气设备与网络技术、计算机技术员、语言翻译、高级会计员等专业课程。澳门工联职业技术中学为澳门培养了相当数量的职业技术人才，学生的专业素质得到社会的认可，在澳门职业技术教育中起着中流砥柱的作用。

1996 年教育暨青年司下辖的高美士中葡中学则开办了夜间“职业技术高中课程”，教学对象主要是在职的成年人和一些失学青年。

这一时期的澳门职业技术教育表现出两大特点，一是澳门职业技术教育课程逐步走向制度化、规范化。有关职业技术教育的政策法规逐步出台，标志着职业技术教育正式纳入澳门教育学制系统，并成为一种独立的教育类型。二是有了专门进行职业技术教育的学校。

（三）规模快速增长时期

1999 年 12 月 20 日，中华人民共和国对澳门恢复行使主权，成立了澳门特别行政区。在特别行政区政府的大力支持下，澳门职业技术教育的规模有了显著发展，职业技术教育课程的种类和数量快速增加，修读职业技术教育课程的学生人数亦随之有较大的增长，部分学校与企业建立了较为紧密的合作关系。

2006 年，澳门特别行政区政府颁布了第 9/2006 号法律《纲要法》，该法为澳门职业技术教育的发展确立了新的定位和原则。《纲要法》首先从法律制度上理顺了职业技术教育与职业培训、职业技术教育与正规教育及回归教育的关系。原来的第 11/91/M 号法律《澳门教育制度》把职业技术教育作为技术及职业教育的两种模式之一（另一种模式为职业培训），与幼儿教育、小学教育预备班、小学教育、中学教育、高等教育、特殊教育及成人教育并列，目的在于培养中级程度的技术及专业人员，要求完成初中及初中以上教育的青少年和成年人方可报读，并规定修业年限最少 2 年、最多 3 年，对应的是高中教育阶段。然而，依据第11/91/M号法律而进一步规范职业技术教育的第54/96/M号法令则规定职业技术教育课程不仅包括职业技术高中课程，还包括职业技术初中课程；教育目的亦包括培训初级程度和中级程度的技术及专业人员；其报读条件最低亦为6年制小学教育文凭（可报读职业技术初中课程），修业总年限也变为初中和高中共计5～6年。另外，第11/91/M号法律明确规定的职业培训旨在确保报读者具备从事某种职业活动的基本能力，并非学历教育，也并非必须发给学历证书。但第54/96/M号法令则规定职业技术初中课程须发给初中课程文凭与初级技术及专业证书，职业技术高中课程须发给高中课程文凭与技术及专业资格证书。由此可见，第54/96/M号法令与第11/91/M号法律在职业技术教育方面的规定存在矛盾。

《纲要法》则明确把职业技术教育纳入正规教育及回归教育范畴，并规定在高中教育阶段开办，旨在培养中等程度的技术人员，既促进人的全面发展，又兼顾学生升学及就业需要，使学生拥有从事某一职业所需的基本知识、能力及专业精神；合格者发给高中学历证书及专业技术资格证书。《纲要法》亦把职业培训纳入持续教育范畴。而作为持续教育的职业培训，重在使受训者获得从事某一职业活动所需的知识和技能，而非学历。由此可见，《纲要法》厘清了职业技术教育与正规教育及回归教育、职业技术教育与职业培训的关系。职业技术教育属于正规教育及回归教育中的一种类型；职业技术教育与职业培训的区别在于，前者属于学历教育，且旨在获得专业技术能力及资格，而后者则属于非学历教育，旨在培养与提升受训者的职业能力及使其获得相关资格。

除了法律制度的建设外，澳门特别行政区政府亦十分重视加大对职业技术教育的资源投入。对于公立学校，开办职业技术课程的资金全部由澳门特别行政区政府拨给；对于私立学校，澳门特别行政区政府一方面为正规教育范畴的职业技术教育提供免费教育津贴和学费津贴，为回归教育范畴的职业技术教育提供回归教育津贴，另一方面还通过教育发展基金向开办职业技术课程的私立学校提供另外的资助，包括开办费资助、经常性的资助及更新设备资助等。

职业技术教育课程兼顾学生就业及升学的需要，受到报读者的普通欢迎。2017/2018学年，澳门有9所学校共开办了33个职业技术教育课程，合计83个班、1 200多名学生进行相关课程的学习。在这9所开办职业技术教育课程的学校中，有2所公立学校，即中葡职业技术学校和演艺学院，其余均为私立学校；有3所学校为全日制职业学校，其余学校的职业技术教育课程为文法中学开办。

2016/2017学年，正规教育的高中职业技术教育毕业生选择升读高等教育的比例为87.9%，其中升读相关专业高等教育课程的学生比例为45.3%；而选择就业的比例则为 2.1%，其中投身相关行业的比例为 50.0%。而在回归教育中，修读职业技术课程的毕业生选择继续升学的比例为 36.1%，选择就业的比例则为 62.3%。[①]

近年来，随着澳门经济的发展，澳门对中级技术员和中级管理人员的需求加大，职业技术教育的规模快速增长，开办职业技术教育课程的学校、班级及课程的数量比回归初期有大幅增加，修读职业技术教育的人数亦逐步增长。随着澳门学生人数的激增，2007/2008 学年至 2011/2012 学年修读职业技术教育课程的人数达到高峰，随后人数又逐年减少（表 10－1）；课程的开办亦趋向多元化，专业设置亦关注到澳门近些年的产业、经济发展，如开办了旅游、商务、酒店、会展、会计、设计、电子等专业；毕业生大多选择升学而非就业；部分学校与高等院校、企业以及澳门生产力暨科技转移中心合作开办职业技术课程。

表 10－1　澳门回归后开办职业技术教育课程的学校数、课程数、班数及修读学生数

学年	学校数	课程数	班数	修读学生数
1999/2000	3	11	25	633
2000/2001	3	13	30	760
2001/2002	3	15	32	1 003
2002/2003	3	15	38	1 112
2003/2004	3	16	41	1 260
2004/2005	3	16	45	1 179
2005/2006	8	23	53	1 377
2006/2007	9	33	66	1 408
2007/2008	9	36	75	2 184
2008/2009	10	36	78	1 718
2009/2010	10	37	73	1 805
2010/2011	10	40	84	2 123
2011/2012	10	40	95	2 038

① 数据来源：教育暨青年局。

续表

学年	学校数	课程数	班数	修读学生数
2012/2013	9	41	97	1 861
2013/2014	9	36	87	1 687
2014/2015	9	35	83	1 424
2015/2016	10	36	82	1 367
2016/2017	10	33	83	1 314
2017/2018	9	33	83	1 291
2018/2019	8	32	80	1 191

资料来源：教育暨青年局。

总之，这一时期澳门职业技术教育的规模逐步稳定，职业技术学校的培养目标进一步明确，职业技术教育的专业课程数量增长速度快，种类亦多元化，培训形式也较多样，内容丰富，学生来源也较以前更为广泛。

二、存在的问题

从前述澳门职业技术教育发展的历史来看，澳门职业技术教育的法规（第54/96/M 号法令）及课程已实施 20 多年，其间，社会的政治、经济、文化已发生巨大变化，法规及实践中的课程仍存在不合时宜的状况及种种问题，需要作出系统的调整和改革，这些问题主要表现在以下几个方面。

（一）职业技术教育法规有部分内容与《纲要法》相抵触，亦有部分规定在实施中产生各种问题

依据第 11/91/M 号法律制定的关于技术及职业教育之指导性制度的第 54/96/M 号法令的部分内容与第 11/91/M 号法律不符。例如，第 11/91/M 号法律第十八条规定，“最少完成初中教育的青少年和成年人，得以进入职业技术教育”“职业技术教育为期最少两年，最多三年”“其毕业生可进入高等教育，特别是高等理工教育”。这就意味着职业技术课程应在高中教育阶段开办，其报读者应有初中文凭。第 54/96/M 号法令第三条、第四条及第十四条则规定了职业技术

初中课程模式，“报读职业技术初中课程者须有六年制小学文凭”“职业技术初中课程为单一培训整体，共三学年。职业技术高中课程分两阶段进行：第一阶段为期两学年；第二阶段为期一学年”。按照第54/96/M号法令的规定，职业技术教育总的修业年限最多可为6年；若分阶段来看，职业技术初中课程必须修业3年，而不允许修业两年。由此可见，第54/96/M号法令在职业技术教育所属阶段、报读者的条件以及职业技术教育的修业年限等方面的规定，均与第11/91/M号法律不符，甚至矛盾。另外，第11/91/M号法律第十五条规定，“技术及职业教育分两种模式：a）职业培训；b）职业技术教育”。而第54/96/M号法令第三条则规定，“技术及职业教育课程具有两种模式：a）职业技术初中课程——发给初中课程之文凭及初级技术及专业证书……；b）职业技术高中课程——发给高中课程之文凭及技术及专业资格证书……”，第十一条第二款亦规定，“技术及职业教育课程应包括学校教育方面及工作方面之内容……”，这明显与第11/91/M号法律的规定不符。假如第54/96/M号法令所规定的“职业技术初中课程”对应的是第11/91/M号法律所指的“职业培训”，那么第11/91/M号法律第十五条至第十七条有关职业培训的内容就并未规定职业培训应包含“学校教育方面之内容”，也未规定须发给初中课程文凭或高中课程文凭。可见，第54/96/M号法令的部分内容与第11/91/M号法律的有关规定存在矛盾。

2006年，第9/2006号法律《纲要法》颁布，第11/91/M号法律被废止。《纲要法》对第11/91/M号法律有关职业技术教育方面的规定作出修订，把职业技术教育纳入正规教育及回归教育范畴，虽仍在高中教育阶段实施，但正规教育范畴的职业技术教育的修业年限改为3年，而不再允许2年完成，且不再规定第三年主要是职业实习。这既在教育时间上为职业技术教育质量提供了必要保障，亦给予其教育活动尤其是职业实习的安排以更大的弹性空间。同时通过《纲要法》第十一条和第二十三条第一款及第七款的规定，一方面加强了对职业实践及职业能力的重视，另一方面亦凸显了职业技术教育对人的全面发展、整体素养的提升及终身学习的重视，这与职业技术教育改革的国际趋势相符合。

然而，具体规范职业技术教育制度的第54/96/M号法令一直未作相应的调整，许多内容不仅与《纲要法》的规定相抵触，而且在20多年的实践中亦产生诸多问题，不能适应时代发展的需要。例如，以建立包含“职业技术教育”及“职业培训”两者在内的“技术及职业教育之制度”为目标而制定的第54/96/M号法令，其内容却基本未涉及对职业培训的规范，而主要涉及的是职业技术教育，目标与法规的实际内容不完全相符；《纲要法》明确规定职业技术教育在高中教育阶段开办，其实第11/91/M号法律的相关规定与其是一致的，但第54/

96/M 号法令仍然保留职业技术初中课程模式，课程期限也与《纲要法》的规定不符，且实际上与第 11/91/M 号法律的规定亦不符；有关专业实习的规定，要求须在三年级进行，而在实施的过程中许多课程举办实体均反映专业实习时间的规定太缺乏弹性空间，不利于学校对课程的自主安排，亦不利于学生的专业实践能力的培养和及时巩固；学生评核成绩的最终评分亦规定得过于具体、详细，令学校缺少自主空间；规定有意升读高等教育课程的学生可免除专业实习，这不利于学生专业实践能力的培养，也不利于职业技术教育根本目的的达成，某种程度上也是现今澳门职业技术教育学生专业实践能力较弱、社会认可度较差的根源之一。

（二）职业技术教育的培养目标及定位重升学、轻就业能力

职业技术教育在澳门确有被标签化的倾向，社会存在把职业技术教育看成次一等教育的观念，认为“差生”才会修读职业技术教育。由于追求高学历成为社会风尚，家长普遍倾向于支持子女就读以升学为主要取向的普通中学，即使就读职业技术教育课程的学生也是以升学为主要目标。职业技术教育未受到应有的重视，家长的认可度不高，学生报读的意愿也不强，近年来，修读职业技术课程的人数也在逐年减少。教育暨青年局发布的数据显示，2016/2017 学年，正规教育的高中职业技术教育毕业生升入大学的比例为 87. 9% ，也就是说，近 90% 的正规教育的职业技术教育的毕业生选择升入大学，这还不包括有意愿但未能考入大学的职业技术教育学生；而选择就业的职业技术教育的毕业生比例则为 2. 1% 。可见，职业技术教育的学生极少会选择直接就业。选择升入大学的职业技术教育的毕业生，升读相关专业高等教育课程的学生比例为 45. 3% ；选择就业的职业技术教育的毕业生，投身相关行业的学生比例为 50% 。

（三）专业设置随意，行业、企业参与不足，未能满足社会经济及产业发展的需要

学校开办职业技术教育课程比较随意，开办的专业并非根据社会经济及产业发展对相关领域、层次、规模、质量的人才需求而设置，许多学校开办的专业，看似符合澳门社会经济发展的需要，但实际上缺乏科学、客观及有前瞻性的依据。部分学校甚至主要根据本校现有的专业领域的师资情况而选择开办相关专业

及课程（表 10－2）。

表 10－2　2018/2019 学年澳门部分学校开办的职业技术教育课程

学校	课程
中葡职业技术学校	旅游技术、行政暨商业技术、创意时装设计及制作、计算机多媒体及网页设计、电子技术、武术、平面设计、中葡翻译、健康照顾
澳门演艺学院	舞蹈学校：中国舞、芭蕾舞
	音乐学校：声乐表演技术、器乐演奏技术
澳门工联职业技术中学	高级会计员专业、计算机技术员、语言翻译、电子电工应用技术
	回归教育：电力工程、网店经营管理与会计、机电工程
澳门三育中学	中文部：观光旅游、商务
	英文部：旅游、商务、多媒体计算机绘图设计
创新中学	现代演艺实务、酒店会展接待及文职实务、文创产业实务、旅游休闲实务
培华中学	体育、体适能、会展产业及媒体创作、信息科技、室内设计综合技术
澳门浸信中学	音乐
新华夜中学	酒店会展管理、艺术设计

资料来源：教育暨青年局。

企业对职业教育的参与度还有待提升。目前，企业接受学生实习主要是为了解决人力资源短缺的困难，对职业教育的支持还停留于功利层面。高中三年级学生实习的对口单位较难找到，接收单位往往把学生当作一般劳动力使用，较少从专业成长的角度给予其指导。

（四）政府缺乏统筹规划

政府对职业技术教育缺乏统筹规划，有关人才需求的研究十分不足，学校与企业合作不紧密，校企合作的机制还有待建立，学校不了解企业对人才规模、质量的需求，企业也未能充分利用学校开办的职业技术教育为其提供人才储备，这是职业技术教育与社会经济及产业发展的需求脱节的一个重要原因。

（五）课程设置及内容的编排与产业发展要求脱节，缺少相关专业培训标准，课程质量难以保障

澳门没有专业培训标准，职业技术教育课程开发缺乏依据，课程设置尤其是专业技术课程的设置十分随意，学生所学专业内容与企业要求存在较大差异，政府和社会也很难确定职业技术教育毕业生的技能是否达到有关水平。

企业参与职业技术教育的积极性不高，校企合作不紧密，学校对产业发展及职业岗位对就业者的要求了解不足，导致职业技术教育的课程质量难以保证，毕业生的社会认可度较低。

学校的课程计划和课程内容方面也存在不少问题。2015 年澳门公私立职业教育机构共开设了 35 个职业技术教育课程（专业）。其中，公立学校在遵守第 54/96/M 号法令的一般性规定的基础上，其具体的课程计划还须由相关范畴的司长批示制定，这些课程计划集中于电子计算机技术、餐饮服务、服装设计类；而私立学校的课程计划则只需遵守第 54/96/M 号法令的一般性规定即可，但学校自行制定的课程计划随意性很大，有些课程计划中开设的专业科技与实践类科目专业性不强，缺乏职业技术教育特色，课程内容重学科理论知识的学习，轻职业实践能力的培养，理论学习多，动手操作少。此外，专业科技与实践类课程的教学内容亦缺乏相应规范，教学内容由学校自主确定，学校由于资源条件的限制，一些科目的教学内容难免陈旧过时，跟不上科技进步的步伐，难以保证学生学到岗位需要的技术技能，胜任岗位工作。

因此，有必要加强对职业技术教育类课程教学的督导检查，制定相关课程标准，进一步规范职业技术学校的教育教学。

（六）中、高等职业技术教育课程缺乏衔接，不利于学生的升学及持续发展

中、高等职业技术教育课程缺乏衔接，中等职业技术教育的学生升读高等教育时，所修专业大多与其中学时所学职业技术课程无关，这一方面造成浪费，另一方面，由于中职学生需要学习专业技术课程及进行专业实习，普通文化课的学习时间必然少于文法中学的学生，在这种以文法中学学习内容为升学标准的竞争下，职业技术教育的学生必然处于劣势。这种升学及评价机制缺乏公平、公正性，亦不利于职业技术教育学生的持续发展，长此以往，亦会对整个社会的发展

及各类人才的培养带来危害。

三、各国的启示

世界各国、各地区越来越重视职业技术教育的发展，尤其是进入 21 世纪以来，各国、各地区及众多国际组织普遍从整个经济社会综合发展战略的高度看待职业技术教育。2012 年在上海举行的第三届国际职业技术教育大会（2012 TVET），以“培养工作和生活技能”为主题，注重从推动终身学习、促进社会创新和可持续发展及创建人类幸福生活的角度发展职业教育，更加强调职业教育的包容性、广泛性、类型的特殊性及不可替代性。此外，以澳大利亚、美国、英国、欧盟、经济合作与发展组织等为代表的发达国家、地区和国际组织，纷纷出台相关政策或报告，从长远角度提出了职业教育未来改革发展的设想或战略安排。了解国际组织有关职业教育改革发展的建议以及发达国家和地区发展职业教育的政策和经验，有助于思考澳门特别行政区未来职业教育的改革和发展举措。[①]

（一）完善职业技术教育体系

随着技术的进步，劳动力市场对较高层次技术技能型人才的需求日益增长，进一步延伸和加强职业教育体系、实现职业教育层次的提升，已经成为很多国家和地区发展职业教育的战略选择。

韩国在《2020目标》中提出，为持续开发劳动者和成人学习者的能力，大学及学院应积极开展多种职业教育项目，朝着满足多重职业教育需要的方向改革高等教育体制。

《澳大利亚职业教育与培训未来发展方向》提出，为提高劳动力参与率、工作场所生产力水平，同时满足人们的技能需求，要从整体上增大职业教育与培训的深度、范围。考虑通过建立多科技术学院或让相关学院提供副学士或学士学位教育等多种方式提高职业教育提供学历的层次。

欧盟也早在 2010 年 7 月就在希腊召开专家会议，探讨在资格框架的第六至第八层次发展职业教育与培训资格，解决较高层次职业教育的理论基础、特征和未来发展等问题。为应对未来劳动力市场对高技能人才的需求，欧盟认为欧洲应

---

① 上海市教育科学研究院职业教育与成人教育研究所：《澳门职业技术教育发展模式研究总报告》（内部研究报告），2016。

该积极改革，发展高等层次的职业教育与培训。

我国澳门地区过去比较关注中等职业技术教育，未来也应适度提升职业教育的办学层次。目前，澳门中等职业技术学校的毕业生普遍有机会升入高等院校继续深造，这为其个人职业生涯的发展提供了条件。然而，澳门高校录取职业技术学校毕业生与普通高中学校毕业生一样，并不重视其专业基础，因此造成大量非对口升学，导致职业技术学校的毕业生在中等教育阶段所获得的专业知识和技能难以得到可持续发展，造成浪费。因此，为了优化高技能人才的培养，有必要打通中职与高职，采取两个阶段学校合作办学的办学模式，或高职层次院校在招生时承认学生在中职阶段的学分或已学课程。

（二）提高职业技术教育质量

通过职业教育本身的改革和发展，提高教育质量、增强吸引力，是各国、各地区共同关注的目标。只有提供优质的职业教育服务，为学生的职业生涯架设通畅发展的阶梯，职业教育与培训才能以其价值吸引学生和家长。

欧盟在《布鲁日公报》中把增强职业教育与培训的质量、适切性和优异性作为一个重要战略目标，并提出较高的质量是增强职业教育与培训吸引力的前提条件。韩国的《2020目标》把实现职业教育创新性作为关注重点，并提出要将单一性的升学管道多元化，改变全社会对职业教育的认识，增强职业教育与企业的联系，加强与企业要求的职业能力标准的衔接，提高职业教育的劳动力市场适应性。《澳大利亚职业教育与培训未来发展方向》提出，加强对职业教育与培训机构的规范化管理，为学生提供与劳动力市场需求相适应的技能，发展有效的绩效评估手段，提高职业教育与培训体系的质量、透明性和优异性，增强公众对职业教育的信心和价值认识。而在美国，一方面，社区学院以其灵活的学制和培养方式、低廉的收费、多样的选择和便利的入学条件，吸引在职人员和无力进入普通大学就读的学生选择职业教育；另一方面，实施普职融通模式，重视在职业教育中增加学术性教育内容，维护职业教育与普通教育等值的地位。2006 年颁行的《卡尔·D. 帕金斯 2006 生涯与技术教育法案》，重点统筹了学生的升学预备性与就业预备性教育，实现了学术性课程与职业性课程的结合。

家长对职业技术教育的认受度低，学生报读的积极性不高，被认为是我国澳门地区职业技术教育发展的障碍之一。但其真正的原因并不一定是学生及其家长的认识问题，而是过往的职业技术教育未能与就业和专业市场的最新需求充分结合，使学生在学习期间不能获得相应领域的国际资质认证，未真正发挥技术人才的作用。所以，关键是要提高教育质量，如此方可增强职业技术教育的吸引力。

（三）重视职业技术教育标准建设

提高职业技术教育质量的关键环节之一是加强职业技术教育标准建设，因此，重视学校培养人才的知识和技能水平是各国、各地区普遍关心的话题。在这一方面，德国的经验尤其值得关注。

在德国双元制职业教育体系中，学生在职业学校的主要任务是学习专业课程和普通教育课程。根据德国基本法中关于文教权属于州的规定，学校教育由各州文教部掌管，因此，学校职业教育方面的立法和管理工作由州政府负责，学校的教学计划由各州分别颁布，全州统一。为确保职业学校的教育水平在州范围内具有一定的统一性，文化教育部长会议为每一门得到国家认可的训练职业和职业基础教育的每一个职业领域规定了一个总纲教学计划，包括关于各训练职业一般目的的说明、企业训练条例包含的训练总纲计划在时间上协调的办法和职业学校的专业教学内容。该总纲教学计划是各州文化部部长制定本州总纲教学计划的基础，职业学校根据总纲教学计划制订出学校本身的教学计划和授课计划。这种方式保证了州职业学校教育与企业培训条例的一致，保证了各州职业学校的教学相对一致。

德国职业教育的学生在经过三年的严格训练后，要接受全国统一的结业考试。《职业培训条例》规定每一职业考试的最低标准，考试严格按法律规定进行。各类行业协会负责组织和实施本行业职业培训的考试并颁发职业资格证书。每次考试的考题由考试委员会共同审批通过，通过考试的学生，由工商联合会统一发给合格证书。由于考试的组织和管理不是由培训机构组织实施，而是由与培训企业无直接关系的行业协会承担，因此保证了人才培养的质量。

表面看来，德国职业教育的运作主要是通过市场进行的，但实际上，政府通过立法对职业教育进行有效的管理和调控。《联邦职业教育法》和以此为基础的各种相关法律法规以及各部门、行业和地方相继出台的配套的条例或实施办法，对职业教育的培养目标、专业设置、学制长短、办学条件、经费来源、教师资格、考试进修、考试办法、管理制度等都有明确而又具体的要求，这些法律法规有力地保障了各州职业教育的质量水平。

质量是职业技术教育的核心问题，而专业教学标准又是其中的关键。目前，我国澳门地区的学校虽然开办了多达数十个职业技术教育课程，但专业性的课程标准尚未建立，课程内容由学校自主确定，只要满足第 54/96/M 号法令的框架性要求就可以了，政府和社会很难确定职业技术学校毕业生的技术技能是否达到了必要的水平。因此，澳门亟待建立职业技术教育的专业教学标准，并让学生在学习的过程中参与相关专业领域的资格认证。另外，澳门教育行政部门可以根据不同职业技术学校开设的课程的特点，实施有针对性的人才培养质量评估，设计显性化、标准化、通俗化的评价指标体系，让职业技术学校明确办学目标、深化教育教学改革、形成办学特色。

（四）加强与行业、企业的联系

职业教育的发展只有紧紧围绕经济社会发展的要求，在培养过程中吸引企业广泛参与，职业教育培养的技术技能型人才才能在结构和规格上满足行业、企业的需要，才能促进职业教育与经济的协调发展。联合国教科文组织召开的第二届国际职业技术教育大会明确要求职业教育与企业建立新的伙伴关系，以便在教育与产业以及其他经济部门之间建立一种通力协作的关系。

发达国家为确保职业院校培养的人才与区域行业、企业的需求相匹配，在组织机构和制度建设方面都采取了一定的措施。例如，澳大利亚通过多年探索和改进，在各个层面都建立了能有效联系教育与经济的组织体系。在国家层面上，通过立法设立了国家职业培训局，国家职业培训局对澳大利亚宏观经济发展与劳动力市场的需求变化进行战略分析，预测未来劳动力市场的需求变化，引导澳大利亚全国职业教育与培训的大方向，保证职业教育和培训体系满足产业界和国家发展的需要；在地区层面上，各州都成立了各种行业咨询组织，其主要职能是联系大小企业，协调政府和企业的关系，为政府提供企业需求信息，把政府政策传递给企业；在学校层面上，培训机构一般都设有董事会，董事会主席和绝大部分成员都来自企业，是各行各业的第一线资深专家，董事会每个季度开一次会，对学院的办学规模、基建计划、教育产品开发、人事安排、经费筹划等进行研究和作出决策。

又如，英国成立了独立于政府的行业技能委员会，该委员会不受国家部门直接控制，一方面联合政府和教育机构，另一方面联系行业和企业。其成员主要来自行业协会，雇主在行业技能委员会内部的领导作用更好地促进了各企业的参与，有力地保证了行业技能委员会所开发的国家技能标准符合行业、企业的要求。为紧跟行业、企业发展变化，行业技能委员会每 9 个月对行业技能标准进行一次更新，指导职业院校开发新的培训单元，促使职业院校的技能培训紧跟行业、企业技术进步和职业岗位变化的步伐。

而在我国澳门地区，当前行业、企业、社会办学力量参与职业技术教育的积极性普遍不高，这主要是因为，一方面，作为职业技术教育受益者的行业、企业应承担的具体法律义务还没有形成，另一方面，作为职业技术教育提供者的社会办学力量应享受的实际优惠政策落实不到位。因此，有必要加快完善相关政策法规，制定优惠政策，推动企业积极参与职业技术教育，促进校企合作持续发展，提高职业学校培养的技术技能型人才与行业、企业需求的适切度，满足澳门经济发展的需求，推动职业技术教育与经济的协调发展。

（五）提升教师的实践工作经验

教育和培训者素质作为影响职业教育质量的重要因素，一直是职业教育改革的一个基本方面。各国的职业教育发展战略，普遍从提高职业教育质量的角度提出加强教师的实践工作经验的方法。经济合作与发展组织在政策建议中提出，要确保职业教育教师和培训者具有充足的行业工作经验，并提出两个策略：鼓励职业教育与培训机构教师到行业、企业进行实地工作实践；促进形成灵活的教师招聘路径，使那些具有行业技能的人能够通过有效的准备成为职业教育与培训机构的培训者。韩国提出，要加强对校长与学校管理者的培训和指导，使所有教师具备求职和工作的专业知识和能力。欧盟在《布鲁日公报》中提出，各国应加强投资，为职业教育教师、培训者和咨询者提供灵活的培训机会，鼓励职业教育教师和培训者到企业实践。

企业工作及生产一线的实践经验，是提升职业教育教师的专业素质的关键，如果职业教育的教师，尤其是教授专业技术课程的教师不能及时了解和掌握产业转型升级以及生产一线的发展情况，其专业实践教学能力将难以适应技术技能型人才培养的需要，这将严重影响其专业教学工作的质量。正因如此，各国普遍重视聘任企业兼职人员充实职业院校教师队伍。法国职业院校从企业界、经济界聘请兼职教师从事专业课教学。美国社区学院兼职教师主要承担专业性、职业性强以及需求量不大的课程。法国和英国要求从企业聘请的兼职人员具有本行业的某种专业和技术资格，并有丰富的实践经验。我国内地也对兼职教师开展各种形式的培训，普及教育理论知识，帮助他们了解学生心理、掌握课堂管理和教学方法等。

职业教育质量较高的国家和地区还重视在任教师专业实践能力的提升，并制定相关制度，要求教师定期到行业、企业等生产领域一线进行实践。例如，德国的职业技术学校要求其教师经常到企业或行业协会进行实践锻炼，国家亦规定职业学校教师必须每年至少有 5 个工作日的带薪脱产培训进修，接受本专业的新知识、新技术、新工艺的学习培训，有些州要求教师接受培训的时间更长。澳大利亚则要求职业教育的教师以带薪挂职锻炼的方式，每学年必须到企业工作两周或更长时间，了解行业发展的最新动态，更新技术和知识，提升自身的实践能力和指导实践性教学环节的能力。在我国内地，教育部等 7 个部门联合制定相关政策，规定职业技术学校的教师须每 5 年有累计不少于 6 个月的企业实践，并对教师的企业实践制定了较为系统的规范。

一方面，澳门特别行政区职业技术学校的专业教师大多来自高校，相对而言比较缺乏企业的实际经验，为此，教育主管部门和学校有必要创造条件促使专业教师去企业参加生产实践，了解企业的新技术、新工艺和新要求，提高实践技能。另一方面，针对外聘的企业兼职教师缺乏教育理论知识和教学技能的状况，教育主管部门和学校可以建立兼职教师信息库和业务档案，根据行业、企业专家的特点，量才使用——有的可以承担课堂教学，有的负责技能训练，有的开设专业讲座。同时，充分利用现代信息技术，不定期地把需要兼职教师了解的职业技术教育新理念、教育改革信息等通过电子邮件等网络信息平台发送给兼职教师，方便他们了解和掌握。职业学校也可以通过教研活动及校本培训等方式提高兼职教师的课程设计能力、教学能力、学生管理能力等。

四、改革与发展的方向

职业技术教育承载着为社会培养技术人才的重任，越来越受到世界各国的重视，许多国家甚至将其提升到对国家及人类发展至关重要的高度。

澳门是一个多元化的社会，需要多种多样、不同层次的人才，既需要学术型、研究型的精英人才，也需要技艺精湛的应用型技术人才。职业技术教育在澳门人力资源开发中占据着不可或缺的重要位置，而中等职业技术教育作为澳门教育体系的重要组成部分，客观上亦成为这一重要战略的基础之一。职业技术教育培养的是面向经济社会发展第一线的技术技能型人才，因此可以说发展职业技术教育是澳门建设“世界旅游休闲中心”和“中国与葡语国家商贸合作服务平台”的基础性保障。通过发展职业技术教育，可满足居民对教育的多元需求，推动澳门多元化产业的可持续发展，更好地服务于澳门经济社会发展。

如何为经济发展提供稳定的专业技术人才队伍，特别是面向基层一线职业岗位的技术人才队伍，已是澳门特别行政区当前及今后面临的重要问题。

职业技术教育课程的改革与未来发展应通过有关制度和体系的建立及完善、

课程结构的优化、培训标准的建立、特色精品课程的建设，以及中、高等职业技术教育课程的衔接等政策方向，多个环节、多种措施相互配合进行。改革职业技术教育人才培养模式，倡导能力本位、实践导向，强化标准、保障质量，特色发展、适度弹性，校企合作、中高衔接等课程发展的方向及模式。着重加强培养学生的职业实践能力，让学生成为能够适应工作变化、持续发展的技能型人才。为此，职业技术教育的未来发展应重点关注以下几个方面。

（一）建立及完善职业技术教育制度及体系

《非高等教育发展十年规划（2011—2020年）》把发展与产业适度多元化需要相适应的职业技术教育作为重要目标，而澳门特别行政区政府在《澳门特别行政区五年发展规划（2016—2020年）》中也把推动职业技术教育的发展和创新作为“教育兴澳，人才建澳”战略的重要举措。要实现这一战略目标，必须注重顶层设计与统筹规划，在现代职业教育理念引导下，以区域经济发展为基点，以人的发展为根本，从市民的多样化需求和高中教育阶段多样化办学的实际出发，深化现行的职业技术教育课程的改革。要建立政府、教育机构、企业及行业组织多元参与，职业技术教育与职业培训融通互补，产教结合，校企合作，中高衔接的职业技术教育制度与体系，从而为澳门培养经济适度多元化发展所需要的高素质的专业技能型人才。

1. 体系的完善

体系的完善是指职业技术教育体系的相对完整性、内部及与之相关的外部之间的相互协调与互补，以此适应社会和经济结构的变动以及尽可能满足人们多样化的教育需求。

职业技术教育和职业培训为现代职业教育观念下的两种职业教育类型，均为社会发展所必需，亦都是培养不同类型专业人才的必备条件，二者需要协调配合，相互融通，功能互补，在制度上亦须统筹规划。然而在澳门，职业技术教育和职业培训分别由教育暨青年局和劳工事务局主管，双方在开展职业技术教育和职业培训方面的沟通与合作并不紧密，导致职业技术教育和职业培训甚少关联，各自为政，这对于澳门的人才培养及社会发展十分不利。因此，必须改变这一现状，职业技术教育和职业培训的主管部门应加强沟通与合作，共同研究、共同完善职业技术人才培养机制，在职业技术教育和职业培训的法规修订和制度建设上逐步形成互相补足、共同协作的发展方向，加强学校教育与职业培训的功能互补。同时，还需调动企业、雇主、行业组织以及劳工团体共同参与的积极性，让技术人才的培养工作协调发展，真正培养有实际技能、可满足市场需要的技术技能型人才。

另外，高技能人才的培养，不仅需要加强职前培育，关注职业预备教育及职业适应教育，还须重视后续的职业继续教育，加强职业升迁、职业转行及持续提升专业知识及工作能力的教育，把职前教育与后续的非连续性培训结合起来，让学历教育与非学历教育的职业培训相互配合，建立适应社会经济发展需要，紧密依托产业发展、校企合作、工学结合、终身学习的职业技术教育与培训模式。

完善体系，还应形成教育体系内部的有机衔接，包括拓宽职业技术学校毕业生进入高等教育的通道，特别是尽可能把高中阶段和高等教育阶段相同或相近的专业方向协调起来，鼓励更多学生沿着对口升学的路径实现专业课程的有机衔接，提高同一专业领域人才培养的效益，同时推进区域内外的紧密合作。

除此之外，还应配合《本地学制正规教育课程框架》的实施，鼓励普通中学于初中和高中教育阶段为学生开办技能导向课程，促进普通教育与职业技术教育的融合，推动学生生涯发展规划的完善，让职业技术教育立足于为每个人服务。

总之，面对新的发展需求，澳门职业技术教育需要加快完善并深化产教融合、校企合作、中高衔接、多方配合、功能互补、协同发展的体系，培养一大批适应澳门经济社会发展和劳动力市场发展变化新需求的高素质劳动者和技术技能型人才，为澳门经济社会持续发展提供有力支撑。

2. 制度的建设

澳门职业技术教育发展应当逐步营造一个更为良好的制度环境，而制度环境是一个宽泛的概念，它包括法律法规、相关机制和政策等。如何进一步健全澳门的制度环境，以利于澳门职业技术教育的发展，是一个非常重要的问题。

（1）完善法律、法规。

在法律法规制度建设方面，澳门过去已经制定了一些相关的法律法规。1991年澳葡政府颁布了第11/91/M号法律《澳门教育制度》（此法律为教育制度的总纲，适用于在澳门本地区从事教育活动的机构的组织与运作）。此后与澳门职业技术教育发展相关的法规建设也卓有成效，特别是1996年先后出台了第51/96/M号法令《订定融入就业市场之职业培训之法律框架》、第52/96/M号法令《核准〈学徒培训之法律制度〉》、第53/96/M号法令《核准〈专业资格证明之法律制度〉》，以及第54/96/M号法令《规范〈技术及职业教育〉》等专门用于规范职业教育的法规。但随着时间的推移，澳门的经济社会发展以及政治、文化等发生了较大的变化，特别是1999年中华人民共和国对澳门恢复行使主权以后，职业技术教育迎来了“一国两制”框架下的历史性发展新机遇，而这一阶段职业技术教育继续沿用上述法律法规，除了2006年颁布的第9/2006号法律《纲要法》以外，在相关立法方面暂无新修订的法规出台。规范职业技术教育的有关法律法规实施了20多年，已无法满足澳门社会尤其是经济的飞速发展对职业技术人才培养所提出的许多新要求，有些内容显得相对滞后、不合时宜，因此有必要在全面调查、科学分析的基础上进行适当的调整和修订，从而形成相对完整的制度体系。

①增加关于学校与企业合作的相关法律规定。

在第54/96/M号法令中，有诸多关于职业技术教育的规定，比如课程性质、对象、课程举办实体、课程结构、培训、实践与实习、评核等方面规范得比较全面，但对于如何加强学校与企业的合作涉及得比较少。鉴于在职业技术教育发展中校企合作的重要性，以及工学结合的核心地位，建议在职业技术教育法规中增加关于如何推进学校与企业合作的相关条例，包括合作的方式、合作的组织、激励措施等，以促进职业技术教育发展中校企深度合作、工学有效结合的进程，提升企业参与的积极性，使校企合作更加规范及有保障。

②补充课程优化与标准化的相关制度。

在澳门现有职业技术教育课程发展中，尚需对课程进行相应的标准化规范，因此，建议在相关法规规范的基础上加以考虑，形成相应的制度要求，在该制度中提出对澳门职业技术教育课程进行标准化建设，并明确相应的具体要求。课程标准的开发须由相关的部门一起来完成，比如劳工事务部门、教育行政部门、学校、行业协会等。课程标准开发中要明确课程名称、适用专业、课程性质、设计思路、课程目标、课程内容和要求、教材编写、课程资源的开发等相关内容。具体进程上，可以在部分核心课程上先行试点，再逐步拓展到其他课程上。

③完善行业、企业参与职业资格认证工作的相关法规制度。

为了推进澳门的职业资格认证工作，完善职业资格认证体系建设，规范职业准入，应加强相关法规制度建设，特别是要明确相关部门，包括教育暨青年局、劳工事务局、澳门生产力暨科技转移中心等部门参与职业资格认证工作的相关权利、义务与职责。建议在澳门特别行政区政府的层面上规范相关的法规，明确各有关部门的职责与任务，以及在职业资格认证工作中应担当的角色与分工，以促进该项工作的推进。

（2）调整相关政策制度。

①增加有关吸引生源的鼓励政策。

为了鼓励学生就读职业技术学校，建议完善相关的鼓励政策。比如，可以采取奖学金或助学金的形式，来吸引学生报考职业技术学校或选择职业技术类专业（课程），增加职业技术学校和职业技术类专业（课程）的生源。对于一些人才紧缺岗位，职业技术学校除了免除学生的学费、给予学生现有各项津贴之外，还应额外设立诸如“紧缺专业资助专项奖学金”等机制，以鼓励学生报考相关专业。此外，可以在就业上设立相关的鼓励政策，比如，对学生比较有吸引力的企业，学校可以与其开展合作，进行订单式培养，报读这些专业的学生，可以享有对口就业的优惠政策，在同等条件下，比其他学生优先录用。

②补充关于实践教学的推进政策。

实践教学环节是澳门职业技术学校教育中相对薄弱的部分。为加强实践教学，在健全实训资源方面，可以由政府以政策的形式推进和鼓励相关行业、企业拿出更多的实习、实训岗位用于实践教学。同时，政府也应当通过政策对实习、实训全过程，比如实习过程中的实习管理（包括学生安全保障，如给实习的学生购买保险）、实习津贴（学生在企业实习阶段，企业会给予学生适当的津贴）等方面加以监控和规范管理，以保障实习实训质量的提升，拉近学生与企业的距离。

（3）建立相关保障机制。

在职业技术教育发展过程中，必须依托政府、行业、企业、学校以及各类第三方社会机构的参与，以保障职业技术教育的健康发展，因此，有必要在机制上进行完善，以促进职业技术教育的稳定持续发展。

①组织保障机制。

成立由政府机构、学校、行业协会、企业、劳工及其组织、专业团体代表及专业人士等共同参与的职业教育统筹委员会，负责规划、统筹澳门职业技术教育与职业培训的发展，就职业技术教育的政策制定、推行及重要问题发表意见和建议，使其成为政府、学校与企业沟通、合作的纽带。委员会可下设各行业职业教育咨询小组，负责开展就业需求预测与职业分析、职业能力标准制定、各专业培训标准的制定、监控管理、毕业生跟踪等。建立由行业、企业代表参加的校董事会。进一步完善行业协会的职能，更好地发挥其在政府与企业之间的纽带作用。

②多方协作培养机制。

加强学校与企业的合作，建立稳定的校企合作的运行机制，促进企业参与学校的课程开发及人才培养。学生的培养应当由学校与企业共同参与完成，这种参与包括规划、培养、管理、评价、监督等。学校每个专业都应尽量与相关的企业签订校企合作协议。学校、企业及相关政府部门共同拟定或制定人才培养规划、专业与课程设置、教学计划、教材、考核与评估标准等。企业要派相关的专业技术人员与学校教师一起参与课堂教学、现场教学和辅导等。

在校企合作的过程中，政府或第三方机构，如行业协会、科研部门等，可以在其中牵线搭桥，加快学校与企业的合作步伐。合作的形式可多种多样，比如学校可以与企业签订“订单式培养”的协议等。

好的校企合作，一方面为学生提供更多的实习机会及更好的实习环境，提升职业技术课程的专业性、实践性及市场认可度，提高学生的对口就业率；另一方面也为企业培养所需要的专业人才，帮助企业职工持续提升综合素质及职业能力，推动企业创新及增强企业竞争力。

③信息发布机制。

建立相关信息发布平台，如通过劳工部门与教育暨青年局的合作，建设相关的网站与信息数据库，使企业与学校能够在该信息发布平台上发布相关的信息，如企业的需求信息、学校的教学信息、人才培养现状等，以达到信息的及时互通、企业需求与学校的培养方案更好地衔接等目的。

④区域内外合作交流机制。

建立区域内外职业教育的合作交流机制，加强海峡两岸暨香港、澳门地区的合作，推进海峡两岸暨香港、澳门地区职业技能认证的互认，进一步深化技术技能型人才的合作培训机制，根据澳门社会和产业发展需求，结合学校办学基础，充分发挥企业和社团在职业技术教育与培训方面的作用，重点在一批行业特色鲜明、与职业岗位联系密切的学校和专业领域，引入内地和国际知名职业教育品牌，与国内外一流职业院校合作办学，建设若干具有影响力的学校专业及专业课程。

积极推动粤港澳大湾区与国内外丰富多样的优质职业技术教育资源的对接和共享，如专业（课程）的对接、质量标准的对接、实训基地的共享、教学与科研成果的共享等，注重与国内外职业院校之间的联系与交流，强化师生互动访学等。

（二）优化课程结构，以培养职业能力为核心构建课程体系

优化职业技术教育的课程结构，尤须加强专业课程建设，构建以培养职业能力为核心的职业技术教育课程体系。因此，应关注以下几个方面。

1. 专业设置及培养规模应符合澳门经济及产业发展的需要

职业技术教育的专业和课程的设置及应招收的人数不可盲目决定，而应根据社会经济与产业发展对相关人才的需求而确定。为此，澳门特别行政区政府有必要加强未来澳门重点产业发展及相关人才需求方面的研究，为澳门职业技术教育专业的开设及人才培养数量的确定提供科学依据。在统筹、规划中等职业技术教育（高中教育）发展的过程中，须优化职业技术学校布局和加强职业技术类专业（课程）建设，根据社会发展需要调整职业技术类专业和课程的设置，促进与澳门产业和民生密切相关的、有助于澳门经济可持续发展的职业技术学校及专业课程形成合理布局，逐步推进职业技术学校专业优化及调整。

澳门现有的职业技术学校的专业主要有六大类，包括体艺及美术创作、商业行政管理、旅游文化、信息科技、社会服务、工科。依据未来澳门经济的发展变化，需要对职业技术学校的相关专业进行适度调整。

澳门发展“世界旅游休闲中心”的目标，需要澳门的职业技术类专业具有适应性，专业及课程的设置须能适应澳门社会产业适度多元化的发展趋势，并以发挥学生多元潜能为宗旨，专业结构要具有一定的前瞻性和实用性，致力与澳门经济及产业适度多元化发展的需求接轨。应紧紧围绕澳门经济发展的需求，开展职业技术教育专业调整与优化工作，确立若干个专业为澳门职业技术教育重点建设专业，组建专家指导小组深入学校开展专项调查研究和指导，加大对学校重点建设专业工作的指导力度。

要总体把握职业技术学校专业建设的结构关系，逐层递进发展。逐步建成具有学校办学特色和区域经济特点的专业群，并形成相互依存、相互促进和相辅相成的梯队结构。

在教育暨青年局的统筹协调下，要加快对传统专业的改造，同时，加速发展新专业，特别是与澳门地区社会经济发展关系紧密的专业，为学校向多元化发展奠定基础。同时，逐步调整需求减弱的专业，采取停招或隔年招生的方式，为拓展新专业腾出足够的教学资源。利用 3 ～ 5 年的时间，进一步完善澳门职业技术学校的专业结构，以适应日益严峻的市场竞争形势，提升为经济建设和社会发展服务的能力。

2. 做好培养目标定位，重视培养职业能力

职业技术教育与普通教育的区别在于，职业技术教育以培养技术技能型人才而非学术研究型人才为目标，否则就丧失了职业技术教育的根本。为此，职业技

术教育应确立培养学生适应不断变化的工作需要及满足自身持续发展要求的工作能力与生活能力的目标定位。要达成此目标，就应摆脱以应对升读大学考试为重点的课程设置及学科中心型的课程模式，构建以岗位、职业能力为本的课程结构及体系。应针对区域经济和社会发展需要，强调以职业活动为中心，切合职业岗位及岗位群或技术领域的实际需要，通过综合考虑学生的身心发展特点、个体知识及能力结构来构建综合化的课程内容结构体系。

重视学生职业能力的培养，既应重视培养其专业能力，也要重视培养其核心能力（亦称为“关键能力”或“通用能力”）及专业精神。

由于世界经济飞速发展，产业不断升级换代，人们转换岗位或行业的可能性大增，因此，重视培养职业者的核心能力及专业精神，已成为国际职业技术教育发展的普遍趋势。核心能力是指从事任何职业都需要的、能适应岗位不断变换和技术飞速发展的综合能力或基本能力，如沟通及协作能力、解决问题的能力、批判性思维、创新能力、创业技能以及终身学习能力等。另外，现代职业技术教育不仅要培养会工作的人，还要培养会生活的人，因此，借鉴其他国家和地区职业技术教育的做法，澳门职业技术教育课程有必要重视培养学生的专业精神、责任感、核心能力及生活技能等。构建专业能力与核心能力相结合的职业技术教育课程开发及实施体系，应成为澳门职业技术教育课程改革与发展的重要方向。

3. 加强与工作领域的联系，提升专业课程的质量

重视职业技术教育课程与工作领域的联系是职业技术教育的重要特征，职业技术教育的根本目标就是要把学生导向工作体系，这是职业技术教育产生的前提。当今，澳门职业技术教育发展的关键应是重视提升质量的内涵式发展。而这一内涵式发展的主要标志即是提升专业课程的质量。也就是说，专业技术领域的课程设置及专业实习的安排应体现以能力为本、以就业为导向的职业技术教育观，从而提升毕业生的职业能力和社会认可度。因此，应加大专业课程的比重，专业技术领域的课程要加强理论与实践的结合，课程设置及内容应突出专业能力的培养；课程设置应与各专业相对应的职业岗位或岗位群及其工作内容和技术直接相关，遵循相关的职业能力标准及专业培训标准，专业实习亦应在实际的工作情境中进行，而非以模拟的工作实践替代。

以工作领域对专业能力的要求为基准来开发职业技术教育课程，不仅要着眼于现实的需要，还应关注到未来的行业发展与进步对人才的要求，以及学生持续发展的需要，关注课程与社会经济及产业的可持续发展的紧密联系，加强校企合

作、产学结合，促进职业技术教育与信息科技相结合，这是澳门职业技术教育课程改革与发展应坚持的重要方向。唯有这样，才能提升职业技术教育的质量，使其培养的人才符合社会经济、产业发展的需要，从而提高其社会认可度。

4. 倡导学分制的课程管理制度

许多国家和地区的职业技术教育实施学分制，如德国、澳大利亚、英国、美国、法国、日本、韩国、新加坡、中国台湾、中国香港及中国内地等。为了便于学生灵活、自主地安排学习进度，为学生提供和谐发展的空间，方便不同教育体系、不同学校甚至不同国家之间学历、资格等方面的互认、衔接等，许多国家和地区不仅在持续教育领域实施学分制，甚至在正规教育领域亦实施学分制。

现行澳门私立学校开办的职业技术教育及公立学校开办的正规教育范畴的职业技术教育均实施学年制的课程管理制度，这种制度缺乏弹性，不利于职业技术教育学生多元化需求的满足，也不利于中、高等职业技术教育的衔接，以及职业技术教育与职业培训的融通、互认。而澳门公立学校开办的回归教育的职业技术教育课程曾实施单元制，但由于后一个单元的学习必须以完成前一个单元的学习为前提，因此，单元制在实施的过程中遇到了很大困难，有时，甚至仅仅因为其中的某一个单元未能完成而导致这一科目的学习无法进展下去或完成，这使得单元制并未达到其初始的目的，反而给学生的学习带来阻碍。结果，单元制无法推进下去，愿意报读单元制回归教育的职业技术教育课程的人数锐减。

学分制一方面由于打破了学习年限的限制，允许学生根据自己的能力和兴趣安排个人的修学计划，给予学生更大、更有弹性的自主空间；另一方面，由于以每个科目或活动项目为单位确定学分，避免了单元制的局限性，因此，学分制更符合学生的学习需要，亦有利于解决留级问题。

为此，建议在中等职业技术学校逐步推动学分制的实施，即以选课为核心、教师指导为辅助，通过绩点和学分，衡量学生的学习成绩。学分制的教学管理模式鼓励学生根据社会实际需要和个人兴趣爱好选择多样化的职业技术类课程，有利于职业教育资源的开放和对学生的个性化培养。

5. 建立课内外学习成果互认机制，建立适度的弹性空间

联合国教科文组织大会于 2015 年提出的《关于职业技术教育与培训（TVET）的建议书》体现了职业技术教育发展的新动向，其中包括支持对以前

学习经历的承认，实施学分的积累及转移，灵活的学习途径，对非正规和非正式学习所获得知识、技能和能力的认可，鼓励国家、地区及国际层面的资格互认等。该发展动向得到世界各国的普遍认可。

澳门职业技术教育课程的改革与发展也应重视借鉴这一职业技术教育发展的新动向，肯定学生通过各种方式和途径所获得的相关领域的学习经验的价值，支持对以前学习经历的承认，实施学分的积累及转移，鼓励学生通过各种灵活的方式进行学习，建立课内外学习成果相互认可的机制等。

除此之外，还应建立适度的弹性空间，给予专业实习时间安排一定的灵活性，专业实习可安排在高中第二年或以后，且可分段进行，而不必要求必须集中安排在第三年，从而满足工学交替的需要，亦方便有升学取向的学生在第三年有更多时间为升学作准备。

（三）逐步研制各专业培训标准

职业技术教育先进的国家和地区开发职业技术教育课程均有严格的质量标准作保障。例如，澳大利亚有联邦政府联合行业出台的国家技能框架（National Skills Framework，NSF），该技能框架既保障了职业技术教育的质量，又为培训课程和培训方式的灵活多样提供了可能。各职业教育机构依据该技能框架开发的职业技术教育课程，能够很好地满足各行业实际需要，并受到用人单位的欢迎，而依此颁发的各类职业技术资格也为全国所认可。该技能框架包括全国认可的行业“培训包”（Training Packages，TP）及“澳大利亚质量培训框架”（Australian Quality Training Framework，AQTF）。行业“培训包”是由行业技能委员会或企业根据每个行业或职业的实际培训需要设计开发的，包括3个核心部分，即全国行业能力标准、考试指南、全国职业技术资格。而“澳大利亚质量培训框架”则是一系列规范职业技术教育机构的国家标准。

德国的职业教育课程方面，由职业学校开办的课程须依据《职业学校职业专业教育框架教学计划编制指南》及各州文教部长联席会议颁布的各专业《框架教学计划》制定；由企业开办的课程则须依据联邦政府颁布的《职业教育法》《职业教育条例》及《职业教育框架计划》制定。各专业《框架教学计划》对每个专业的学习领域，课程的数量、名称、学习时间和内容进行了统一规定，是各职业学校开办相关职业课程的标准和依据。而企业开办的课程所依据的《职业教育框架计划》则规定了各职业的能力目标要求。

美国于20世纪80年代掀起了构建职业教育标准体系的热潮，1990年的帕金斯法第二修正案《卡尔·D. 帕金斯职业与应用技术教育法案》明确要求各州开发职业教育标准体系及开展成绩水平测验。1994 年，美国政府又成立了国家技能标准委员会（National Skill Standards Board，NSSB），意在创建一套灵活、统一的国家技能标准体系，以增强美国的全球竞争力。技能标准规定了履行工作及将工作做得更好所需要的相关知识和技能水平。之后，在一系列法案的推动下，至2006 年底，美国已有 31 个州建立了州层面的中等职业教育标准体系，其他州亦在建立中，或已有地方标准。美国职业教育标准体系不仅是编制标准、描述标准，而且使标准在课堂层面得到落实，根据技术标准确定课程内容，开发基于标准的课程。为了确保职业教育标准在课程体系中得到体现，各州都建立了严格的监控体系。

香港教育局亦成立了多个行业的培训咨询委员会，吸引各行业专业力量，开发出各职业能力标准，为职业教育及培训课程的开发提供了依据。

借鉴其他国家和地区的做法和经验，澳门的职业技术教育有必要加强课程的标准化建设。应建立职业能力标准指导下的课程开发模式，制定适用于澳门职业技术教育及培训的标准体系；应以职业分析为基础，按职业能力结构及其形成特点来开发职业技术教育课程，在未来逐步开发职业技术教育各专业的培训标准，为学校课程的设置、内容的选择及质量的评核提供依据；应逐步将专业的设置、课程的开发与相关专业标准及专业认证挂钩。

专业培训标准的开发须由相关的部门一起完成，比如劳动部门、教育行政部门、学校、行业协会等，从而保证职业技术教育课程的规范化及质量，以及使其真正符合社会的经济和产业发展的需要，提升职业技术教育的社会认可度。

在中短期内，可充分发挥澳门有关行业、企业、政府部门和机构、高等教育及研究机构的作用，借助邻近地区的专业力量，优先开发博彩、旅游、酒店营运与管理、烹饪、会计、行政暨商业、电子通信、汽车机电、电气装置、社工、卫生护理等发展较为成熟的专业的相关标准。

（四）加强重点专业建设，办好特色精品课程

澳门的职业技术教育应加强重点专业、品牌课程建设，集中力量办好有特色的精品课程。

所谓品牌课程，是指技术技能性比较强、就业上可与职业岗位对接、升学上可与高校相关专业对接的课程。基于澳门职业技术学校的教育课程发展相对完善的现状，建议把课程品牌化建设作为改革方向，配合澳门经济适度多元发展、加

强区域商贸服务平台建设、建设“世界旅游休闲中心”的需要，依据各专业调整优化的需要，建立若干个品牌课程建设项目，组织专家开展品牌课程建设培训，并深入学校进行指导，逐步建立一批职业技术类的品牌课程，例如旅游、会展、商贸服务、酒店营运与管理、烹饪、会计、文化创意等，以品牌课程带动开办职业技术教育的学校其他职业技术课程的发展。重点专业要突出品牌意识、办好办强，使其成为澳门的品牌专业，最终成为学校多层次培养人才的支柱专业。这也有利于提高职业技术教育对澳门学生的吸引力。

（五）加强中等职业技术教育与高等专业教育的衔接

中等职业技术教育与高等专业教育的衔接，既包括学制方面的衔接，也包括课程的衔接。

澳门应加强探索中等职业技术学校与高等学校的合作培养模式，为了提升管理的针对性和有效性，试点中等职业技术学校与高等学校合作，逐步打破原先的组织框架，重新架构起专门的中高贯通试点组织机构体系，并完善相关的制度。对于中高贯通来说，课程的一体化设计是核心。中等职业技术学校与高等学校应积极以课程建设为核心，力推贯通培养，并使其取得实效。可以由中等职业技术学校与高等学校老师、企业专家一起梳理初中后 5 年、6 年，甚至 7 年的长学制培养的人才规格和要求，梳理 5～7 年的课程，整体进行优化，即探索“3 + 3”中等职业技术教育与高等专科贯通的教育模式，以及“3 + 4”中等职业技术教育与本科贯通的人才培养模式，并由行业专家、职业技术教育专家参与认证，做到课程一体化设计。

以中本贯通（中等职业技术教育与本科贯通）为例，可以考虑在政府部门的协调指导下，由一所中等职业技术学校与一所高等学校合作，实行“3 + 4”的合作模式，共同制订培养目标、共同设计一体化课程、合力培养师资队伍、共享实训资源等。鼓励行业特色鲜明、专业设置与职业岗位联系密切的高等院校从事技术技能型人才培养。

树立“大职业教育”的理念，在现有教育体系框架下，逐步建设更为完善的教育体系，使职业技术教育与普通教育、高等教育、在职培训的衔接更为顺畅，如职前教育与在职高技能培训的衔接（完成中等职业技术教育的学生，入职后还可以去相关的职业技术学校参加培训，以提高岗位技能），中等职业技术教育与高等教育的衔接（中等职业技术学校的学生，毕业时也可以进入相关的高等学校就读）。

从制度上、合作模式上进一步探索与优化衔接方式。比如，在高等教育范畴内制定相关政策、法规时，在高校录取新生方面，可考虑相对于普通高中生源，在同等条件下给予对口升学的职业技术学校毕业生一定的优惠政策或鼓励政策，诸如加分、免考等，使其在高中阶段已经学到的一些专业领域知识和技能能够成为高校专业学习的有利基础，由此优化高层次专业人才的培养途径。

第十一章　回归本真：幼儿教育的变革

联合国教科文组织在2007年的《全民教育全球监测报告》中指出，“人类的幼儿时期特别依赖与他人的关系”，幼儿的保育和教育计划“对健康、营养和教育结果具有积极影响”[①]。随着基础教育的深入发展，各国政府越来越重视幼儿教育。当前，我国澳门地区幼儿教育发展的重点已不是普及，也不是加大政府发展幼儿教育的力度，而是提升幼儿教育的质量，让幼儿教育以其应有的方式和形态真正成为推动幼儿发展的动力。其中的关键就是课程与教学的变革。

一、背景与目标

（一）改革的背景

1. 澳门幼儿教育发展的历史与特点

澳门幼儿教育的发展已有百余年的历史，第一所私立幼儿园由基督教会在1919年开办，第一所公立幼儿园则设立于1923年。伴随着经济的发展，澳门的幼儿教育在20世纪70年代和80年代经历了两个阶段的快速发展，1992年学生人数达到高峰，为21 480人；此后因出生率的下降而逐年减少，最少的2007年只有9 065人；近年有所回升，2011年为11 787人。澳门的幼儿教育以私立幼儿园为主，2011/2012学年公立、私立幼儿园数分别为7所和50所，但私立学校的经费基本来自政府的津贴。

长期以来，澳门幼儿教育的课程没有统一的规范，学校各自移植邻近地区尤其是香港的幼儿教育课程及教材。直到1991年政府颁布第一部成文的教育制度

① 联合国教科文组织：《全民教育全球监测报告（2007）：坚实的基础——幼儿保育和教育》，2006，第22、24页。

法律《澳门教育制度》（第11/91/M号法律），幼儿教育课程才开始有所规范。1994年，政府颁布了第38/94/M号法令《规定幼儿教育、小学教育预备班及小学教育之教育程度课程组织之指导性框架》，其中包括幼儿教育和小学教育预备班的课程计划。这是澳门教育发展史上第一个由政府颁布的幼儿教育课程计划，所有公立、私立学校均须遵守。

为落实上述课程计划，政府的“课程改革工作小组”在1995年推出幼儿教育及小学教育预备班的“课程大纲”（1999年进行修订），将全部课程分为五大学习范畴，并规范了每一个范畴的“目标”“内容”和“教学法指引”。与此同时，还分别颁布了两年的幼儿教育和一年的小学教育预备班的“教学/学习组织计划”，提倡“主题学习”[①]；在课程的目标和内容上，三个年级呈“螺旋式”上升。值得注意的是，政府颁布的“课程大纲”并不“影响私立教育机构制定本身之大纲”，换言之，对大多数私立幼儿教育机构而言，这只是参考而已。

为将“政府的课程”落实为学校的课程，教育暨青年局在2001/2002学年至2003/2004学年实施了一项“幼儿教育校本课程发展计划”，委托澳门大学教育学院与3所幼儿园[②]协作发展校本课程。经过3年的努力，3所学校参照地方课程大纲，按照各自的办学理念分别发展了校本的“弹性课程”，约占学生全部学习时间的20%。

在教材方面，澳门的幼教界以使用香港的教材为主，但政府也致力发展本地的教材。例如，教育暨青年局在2002—2006年以“幼儿创思方案教学”为指针，组织40所学校合作编写了一套涵盖三个年级的幼教教材，其中还有部分特殊教育的教材；随后又组织6所学校[③]对教材进行改进，并于2007年出版了全套教材。不过，该套教材与前述政府颁布的“教学/学习组织计划”在编辑思路、结构和内容上比较类似，编辑和设计主要考虑教师“教”的需要，基本是“教学参考书”，而且文字太多，对幼儿阶段学生“学”的需要考虑不够，因而影响不大。

---

① 幼儿教育第一年的主题包括学校、认识自己、家庭、秋天、火、食物、动物、冬天、帮助我的人、春天、交通、家在澳门、水、夏天、中秋节、重阳节、圣诞节、农历新年、清明节（复活节）和端午节；幼儿教育第二年增加一个主题——好孩子；小学教育预备班则增加“我长大了”和“毕业了”的主题。

② 浸信中学幼儿园、明爱幼儿园和民安中葡幼儿园。

③ 圣善学校、乐富中葡幼儿园、巴波沙中葡小学、妇联学校、培道中学幼儿园和澳门坊众学校幼儿园。

2. 近年教育环境的改变

澳门幼儿教育课程之所以在近年展开新一轮改革，亦与教育环境的以下变化直接相关。

一是教育制度的调整。澳门自 1999 年回归祖国以来，政治、经济和文化都发生了重要的变化，于是澳门特别行政区政府自 2002 年开始对教育制度进行检讨与修订，最终在 2006 年颁布了新的《纲要法》。新的教育制度对幼儿教育有以下重要影响：其一，在学制上取消了“小学教育预备班”，幼儿教育则由两年延伸为三年；其二，实施 15 年免费教育，原来不免费的幼儿教育第一年和第二年被纳入免费教育的范围；其三，改变了澳门的课程领导体制，规定由特别行政区政府整体规划包括幼儿教育在内的各教育阶段的“课程框架”，以及学生须达到的“基本学力要求”，教育机构在此基础上方可自主发展其校本课程。

二是小班制的实施。班级学生规模对于课程与教学改革来说是一个重要的外部条件。在 20 世纪 90 年代初、中期，澳门幼儿教育每班的平均人数曾经高达 46 人，但回归之后，澳门特别行政区政府稳步推进小班制，经过 10 多个学年的努力，平均每班学生人数近年已基本稳定在 25 人左右。这为改革课程与教学以及提升教育素质，创造了良好条件。

三是师资培训与交流的加强。回归之前，澳门本地长期以来没有系统的师资培育体系，幼儿教育教师未受师范培训的约占 6.8% 。为提升幼儿教师的专业素养，澳门特别行政区政府近年委托南京师范大学加强学校领导和骨干教师的培训，学校的领导和中、高层管理人员已基本轮训一次；2007 年、2008 年还培养了两批骨干教师，约占教师总人数的 5.5% 。另外，自 2008/2009 学年开始通过“内地优秀教师来澳交流计划”，先后邀请内地 29 名优秀幼儿园教师到澳门 21 所幼儿园驻校指导课程发展、教学改革以及青年教师的专业发展，取得良好效果。

（二）改革的主要目标

基于澳门幼儿教育课程前述发展历程所反映出的问题及其背景与条件，澳门特别行政区政府开启了新一轮幼儿教育课程改革，改革的主要目标如下。

1. 纠正小学化的倾向

尽管世界各地的幼儿教育都关注幼小衔接，联合国教科文组织也强调优质的幼儿保育和教育本身并不是最终目的，而是作为后续教育的重要基础，帮助儿童向小学过渡，但幼儿教育终究不能“小学化”，而要按照幼儿的年龄特点和学习规律，确定自身特有的目标和教育模式，以及相应的课程和有效的教学方式。但在华人社会里，幼儿教育的传统之一就是过多、过早地关注知识教育，因而普遍存在“小学化”的倾向。

澳门在这方面显得更为突出，原因就在于：一方面，1991 年的教育制度法律在学制上就将第三年的幼儿教育，定位为“小学教育预备班”，1994 年颁布的课程法规也规定其课程计划“系幼儿教育之延续，使学生获得基本知识及发展其能力，为升读小学教育作准备”；另一方面，澳门小学的招生对幼儿教育构成十分重要的影响，由于政府没有类似香港的“派位制度”或内地的“就近入学”的规定，学校自主招生和家长自由选择的结果便是，不少“名校”门庭若市，形形色色的“面试”甚至“考试”对学生知识和能力的要求，间接成为幼儿教育课程内容的指引。

“小学化”的表现主要包括：其一，正如前文所指出的那样，政府在 1994—1999 年所颁布的幼儿“课程计划”和“课程大纲”以及“教学/学习组织计划”一直都提倡主题学习，并强调活动的重要性，但这并没有让所占比例甚高的私立学校在课程上发生整体改变，许多学校的课程仍然以分科为主，有的学校甚至设有中文、英文、识数、常识、圣经、音乐、故事、体能和美劳 9 科；其二，课程内容过分偏重知识性，而且程度明显偏高，如有的在数学内容方面出现了“5 的倍数”，中文要求学生默写 17 画的汉字；其三，学习方式偏重课堂教学，“每天孩子的活动以认字、写字、学英文、学数学为主，由于要学习的内容偏多，孩子坐在位置上的时间占了一天中的绝大部分”[①]，游戏和室外活动时间较少，艺术教育和体能活动也偏少，幼儿园一日活动的安排不能体现幼儿学习的特点；其四，学生评核比较重视笔试，而且不少学校有留级的规定，后来留级比例明显下降，但依然存在幼儿因知识掌握不合要求而被迫留级的现象，这给幼儿的身心发展乃至人生历程产生极大的负面影响。

因此，纠正“小学化”的倾向是澳门幼儿教育课程改革的核心目标，这已被列入《非高等教育发展十年规划（2011－2020 年）》。

---

① 李秀梅：《对澳门幼儿园开展美劳教学的思考和探索》，教育暨青年局：《如切如磋如琢如磨——内地优秀教师来澳交流计划文集 2010》，2011，第 119 页。

2. 让每一所学校建立起自己的课程与教学体系

长期以来，澳门大多数幼儿园的课程规划不力，缺乏有效的课程领导，往往以教材代替课程，教师和学校领导均欠缺课程观念，课程发展的资源和能力不足。所以，制定“课程框架”和“基本学力要求”只是幼儿教育课程改革的基础，关键还在于帮助学校进一步发展体现其自身特点的课程与教学体系，甚至整个保育和教育系统。

二、主要进展

（一）重新规划课程的整体框架

澳门的“课程框架”相当于内地的“课程计划”和台湾以前的“课程标准总纲”，主要规范各教育阶段课程的基本架构，包括课程发展准则、学习领域的划分以及教育活动时间的安排。2014 年，澳门特别行政区政府颁布第 15/2014 号行政法规《本地学制正规教育课程框架》，制定了幼儿教育、小学教育、初中教育和高中教育课程的基本架构，其中还制定了幼儿教育的课程计划表。这一幼儿教育课程框架与过去的课程计划相比，有以下几个重要改变。

1. 按学习领域安排课程

世界各地幼儿教育的发展趋势早已不是分科，而是倾向于活动化的综合主题学习。但是，从课程的角度看，大多数国家和地区都会设立学习领域，或分领域规划幼儿的发展目标，以保证其获得多元、均衡且全面的学习经验，促进其全人发展，同时也有利于学校课程的统整。

不过，如何划分学习领域却是一个不易解决的问题。有时人们大致按照知识的领域来划分，如我国台湾地区在 1987 年分为语文、工作、常识、音乐、健康和游戏，2003 年分为语文、健康、社会、数学、科学、艺术；我国内地分为健康、科学、社会、语言和艺术；我国香港地区 2006 年的“学前教育课程指引”分为六个学习范畴：体能与健康、语文、早期数学、科学与科技、个人与群体、艺术[①]。另一种划分则侧重于幼儿的发展，如日本分为健康、人际关系、环境、

---

① 香港教育统筹局：《学前教育课程指引》，2006，第 14 页。

语言、表达；英国的国家课程分为个人、社会和情绪发展，社交和语言能力，数学的发展，身体的发展，创造力，以及知识和对世界的理解；新西兰更直接分为幸福感、归属感、贡献、沟通和探险；我国台湾地区在2006年又分为认知、语言、美感、情绪、社会和身体动作。显然，后一类划分更为新颖，更能突出幼儿的发展，而少有知识门类的痕迹。

澳门以前的课程法规分两个阶段划分幼儿教育的学习领域，第一年和第二年分为“发展感情、社会情感及道德之活动”“表现体格—运动及美感之活动”“发展以母语交流及表达之活动，尤其口语、写字及理解能力”“认识社会环境之活动”以及“学习数字（0～10）及理解空间、形状、大小及量度等概念之活动”；幼儿教育第三年（即小学教育预备班）则分为“口语表达、绘画、劳作及运动活动”“开始学习母语，可以开始学习第二语言”“开始学习算术、运算及几何图形”“与环境有关之活动”。显然，这主要是从幼儿发展的角度来划分的。

但在1999年颁布的“课程大纲”中，幼儿教育课程被分为五大学习范畴：“品德教育”“语文”“数学”“认识环境”和“表达美感之活动”（含“体能”“音乐”和“美劳”三个部分）。这与前述法规的划分在思路上明显不同，不仅显现出知识门类的痕迹，而且“认识环境”和“表达美感之活动”在逻辑上与前三者是不一致的。

考虑到澳门大多数幼儿园现有的课程安排在整体上都比较传统，甚至有明显的分科，学校的课程发展能力也有限，学习领域的划分可能以“微调”为宜。所以，新的课程框架要求所有学校的幼儿教育课程至少涵盖以下五个学习领域：健康与体育，语言，个人、社会与人文，数学与科学，艺术。与前述“课程大纲”相比，其主要改变是：其一，突出强调幼儿健康的重要性，这是幼儿教育“保、教结合”的体现。其二，不把“品德教育”列为一个独立的领域，而将其包含在“个人、社会与人文”之中。这主要是因为幼儿个人德性的发展可能更多包含在社会性的发展之中，尤其是在“合群性”的发展过程中实现，刻意的德育难以实施，也不会有好的效果。其三，艺术及美感的教育不再细分为“音乐”和“美劳”，因为在小学和中学的艺术教育都越来越强调综合的情况下，幼儿教育更应以综合的方式培养幼儿的艺术素养。

2. 将每学年的时间由180天延长至195天

学年时间的安排对课程的实施以及学生的学习效率和健康都有十分重要的影响。按照过去澳门课程法规的规定，各教育阶段每学年教育活动的天数只要不少于180天（相当于36周）即可，而其他地区一般为200天（即40周）。这令澳门许多学校每天上课的节数往往达到 9 节，既增加师生的负担，损害学生的健康，又影响教学效能。

新的课程框架把学校每学年提供教育活动的时间由最少 180 天延长至 195 天，并要求学校科学安排教育教学活动时间，减少每周和每天的上课节数，以达到“减负”“提效”的目的。

3. 减少教学活动时间

由于强调“保、教结合”以及“以游戏为基本的学习活动方式”，世界各地很少规定幼儿教育阶段每周的教学活动时间。澳门的情况却不同，课程法规曾明确规定幼儿教育第一年和第二年每周总课时“最少为 805 分钟，最多为 900 分钟”，而小学教育预备班“最多为 1 190 分钟”，这是幼儿教育“小学化”的主要体现。

无论课程还是教学，变革都须有一个过程。因而新的课程框架没有取消每周教学活动时间的规定，但将其减少到最多不超过 900 分钟。

（二）制定澳门的幼儿发展要求

2015 年，澳门特别行政区政府发布的《幼儿教育基本学力要求》是以“课程框架”为基础的又一重要课程文件。它与许多地区的“课程标准”的最大区别就在于，主要关注学生完成一个教育阶段的学习后所应达成的素养表现（包括基本知识、技能和能力，以及情感、态度和价值观），而不着重规定具体的课程内容。这也是“基本学力要求”与“课程大纲”的最大区别①。它有助于让学校在课程内容的选择与组织以及学习方式的设计上，有较多的发挥及创造空间。

“基本学力要求”以《纲要法》所规定的幼儿教育目标为基础，包括培养学生基本的伦理观念和道德行为；养成学生的合群习性；培养学生的卫生习惯，促进其身心健康；培养学生的学习兴趣和创造力，发展其多方面的潜能；增进学生日常生活经验；加强学生的语言能力和其他沟通能力；培养学生的艺术兴趣；养成学生基本的环保观念。而在具体展开的方式上，它首先遵循前述五个领域的划分，同时强调每个领域内相关要求的完整性，如表 11－1 所示。

① 20 世纪 90 年代“课程大纲”不仅将幼儿教育课程分为“品德教育”“语文”“数学”“认识环境”和“表达美感之活动”五大学习范畴，而且对每一个范畴的“目标”“内容”甚至“教学法”均作了详细规定，这在一定程度上限制了学校课程的发展空间。

表 11－1　澳门幼儿教育“基本学力要求”的框架

领域	分领域	条文数
健康与体育	认识身体	3
	自我保护	8
	心理健康	5
	体格训练与运动	6
语言	听	7
	说	5
	读	7
	写	3
个人、社会与人文	自我	6
	自我与他人	3
	自我与社会组织——家庭、学校、社区	5
	自我与环境	1
数学与科学	逻辑与推理	3
	图形与空间	5
	数与量	4
	科学态度	6
	科学技能	5
	科学现象	5
艺术	体验	5
	鉴赏	6
	表达与创作	6

（三）在部分学校试点

为了有效实施“正规教育课程框架”和“幼儿教育基本学力要求”，鼓励部分学校先行先试，积累经验，早在2011/2012学年教育暨青年局就组织7所学校[①]实施了“幼儿教育课程先导计划”。政府为每所参与计划的私立学校提供专项资助，同时各安排一位参与“内地优秀教师来澳交流计划”的教师驻校进行指导。

“先导计划”要求参与的学校同时实施新的“课程框架”和“基本学力要求”。在“基本学力要求”的实施中，重点要求学校检视原有的课程与教学内容，增补未能配合“基本学力要求”的部分；将“基本学力要求”落实于幼儿教育一至三年级的教学进度内；选取部分主题，按照“基本学力要求”进行深入的设计并付诸实施。

三、有待重视的问题

澳门幼儿教育完成了“地区课程”的构建，接下来须以此为突破口，带动学校提升保育、教育的整体质量。

（一）完善幼儿教育“课程指引”

澳门大多数幼儿教师和学校领导都比较习惯将教材视为课程，加之澳门长期以来缺乏有广泛影响的本地教材，因而当他们面对政府制定的“课程框架”和“基本学力要求”时，并不知道教育过程中可供师生参考的“课程”在哪儿。这就需要在“政府课程”和“学校课程”之间架起一座沟通的桥梁——研制“课程指引”。为此，澳门特别行政区政府于2015年编制了《幼儿教育课程指引》，对《幼儿教育基本学力要求》作出进一步诠释，对幼儿教育课程设计与实施的要点、课程发展的方向作出规范。要进一步完善“课程指引”尤须突出以下内容：

一是要深入分析澳门幼儿教育课程的历史、特点与问题，在与国际幼教课程发展趋势的比较中，让学校和教师理解澳门幼儿教育课程改革的关键理念，把握课程改革的重点环节，如保育和教育的结合以及游戏和户外活动对幼儿教育的重要性；要科学、合理地安排和组织幼儿的一日生活；明确澳门课程领导体制的调整对幼儿课程的影响等。

---

① 这7所学校分别是培道中学（南湾分校）、澳门坊众学校、濠江中学附属幼稚园、海星中学、教业中学附属小学暨幼稚园分校、青洲小学和郑观应公立学校。

二是要对幼儿教育“课程框架”进行解读，尤其要说明分科设置课程以及教学时间太多对幼儿发展的不良影响；说明各地学习领域划分的差异，以及本地五个学习领域划分的依据及其对学校课程的影响；给出学年安排和幼儿一日活动安排的原则、方法及案例；给出学校课程理念的清理以及制定“校本课程框架”的方法及案例。

三是要对五个领域幼儿须达到的“基本学力要求”作深入解读，包括分析每个领域“基本学力要求”的内在结构和具体规范；根据幼儿的年龄特征分析各领域“基本学力要求”在不同年级的分解和层次配置；帮助学校制定本校的“基本学力要求”；通过案例分析展现将“基本学力要求”落实在“主题活动”中的方法。

四是要提示学校进行课程资源建设、课程领导与校本课程开发以及学生评核的理念、机制和方法制定。

（二）分析和改造主流教材

“基本学力要求”能否落实在学校的课程与日常活动之中，教材的影响十分关键。在澳门的幼儿教育领域，外地的教材占据着主流的位置，根据教育暨青年局的统计，2009/2010 学年香港出版的教材占 80% 以上[①]；其中又往往以一种或两种教材为主，如 2010/2011 学年澳门选用《创意学习套》的学校达到了 73.7%[②]。上述教材往往由香港的出版公司根据香港的《幼儿教育课程指引》来编写，虽然比较切合港、澳学生的实际和社会要求，但对澳门文化特色和教育特点的关注是不够的。因此，如果政府或民间的力量能组织起来对这些教材作深入的分析，找出其与澳门的“基本学力要求”的差距，甚至加以补充或增删，开发一些反映澳门需要的主题，相信对本地课程的发展以及澳门“基本学力要求”的落实，都具有事半功倍之效。

（三）发展评核系统

澳门一直以来都缺乏一套有关幼儿园运作和开展幼儿教育的整体性规范化文

---

① 教育暨青年局教育研究暨教育改革辅助处：《2009/2010 学年澳门中小幼学校教科书统计报告摘要》（内部资料），2010。

② 资料来自教育暨青年局。

件，内地则有《幼儿园工作规程》《幼儿园教育指导纲要（试行）》《3～6岁儿童学习与发展指南》等系统性文件指导幼儿园的运作。因此，澳门有必要参考邻近地区的经验，发展以下两个方面的评核指标。

1．幼儿园评核指标

要防止和纠正幼儿教育的“小学化”倾向，促进幼儿的身心健康发展，就必须科学和全面地保障幼儿的保育和教育环境以及各项措施，包括玩具、教具、图书的配备；幼儿园各项内部管理，如卫生、安全和餐点的管理；师资队伍和课程与教学的发展机制；与家长及社区的有效合作；等等。要做到这些，就有必要由政府研究和建立幼儿园保育、教育质量与服务的评估体系，并通过督导系统地对学校进行有效的督查。

在指标体系的具体内容方面，邻近地区的经验可供参考，比如香港的学前教育机构“表现指标”涵盖了“管理与组织”“学与教”“机构文化及给予儿童的支援”和“儿童发展”4个学校工作的范畴，4个范畴再细分为32个方面，而且每个范畴都有详细的评核手册。[①] 台湾多年来也一直努力建立幼儿园的评鉴系统，推动对幼儿园的评鉴，其中的“基础评鉴”指标包括立案与营运、总务及财务管理、教保活动、人事管理、餐点及卫生管理、安全管理等诸多范畴。[②]

2．学生评核指标

澳门的非高等教育领域历来没有统一的考试或其他类似的评核机制，因而如何判断幼儿是否达到了政府所制定的“基本学力要求”，如何检验课程实施的结果，就成为该课程领域必须面对的问题。

应该说，幼儿教育“基本学力要求”虽然比较具体，但从学生评核的角度看，还并不具备可供评核的表现性特征，因而有必要进一步将其转化为学生评核的指标。香港在这方面有很好的尝试，不仅清晰地列出了学生各领域的“表现指标”，而且以“例子”的方式提出了每一项指标的“表现特征”。[③] 这样，在评核上就具有了可操作性。台湾地区的卢美贵教授也有类似的研究，可供参考。[④]

---

① 香港教育统筹局、社会福利署：《表现指标（学前机构）》（第二版），2001—2003年。

② 台湾“教育部”：《推动参与五岁幼儿免学费教育计划幼儿园评鉴注意事项及基础评鉴指标》。

③ 香港教育统筹局、社会福利署：《表现指标（学前机构）：儿童发展范畴》（第二版），2003，第12页。

④ 卢美贵：《五岁幼儿各领域学力指标》（内部资料），2007年3月。

第十二章　插上翅膀：高等教育的快速进步

澳门高等教育虽然起步很早，1594 年成立的圣保禄学院被称为东亚的第一所西式大学，1728 年创办的圣若瑟修院也曾书写过绚丽篇章，但现代高等教育的真正发展却仅有不到 40 年的历史。从 1981 年创立东亚大学（1991 年改制后该校主体部分更名为澳门大学）开始，澳门的现代高等教育才与澳门社会一起，进入快速发展轨道。尤其在回归以后的 20 年里，澳门的高等教育借助澳门经济的快速发展，插上了腾飞的翅膀，取得了一系列新的成就，不仅规模不断扩大，制度全面更新，生源明显扩展，而且质量和影响力有了质的飞跃。在粤港澳大湾区建设全面提速、“一国两制”事业进入新阶段的背景下，未来澳门高等教育也须抓住机遇，发挥澳门优势，坚持错位发展，完善政府与学校的治理，在日趋激烈的竞争中寻求新的突破。

一、澳门现代高等教育的艰难起步

在任何一个像澳门这样的微型社会，高等教育的发展都因其人口数量和经济规模的限制而大受影响。有学者从经营管理的角度，将澳门高等教育的发展分为四个阶段：一是传教士办大学时期，从 1594 年到 1938 年；二是中国知识分子办大学时期，从 1949 年到 1959 年；三是香港商人办大学时期，从 1981 年到 1988 年；四是澳门政府办大学时期，从 1988 年至现在。[①] 很明显，前三个阶段教育的规模都很小，学校数量也很少，第一个阶段更以培养神职人员和传教为主要目的，第二个阶段则很难说有澳门自己的高等院校。即便到了第三个阶段，香港人来澳门开办的东亚大学，1986/1987 学年的 6 786 名学生中，有 5 071 人来自香港，澳门

① 许国辉：《从私营到公营：澳门高等教育的发展》，载古鼎仪、马庆堂：《澳门教育——抉择与自由》，1994，澳门：澳门基金会，第 46 页。

本地学生只有 724 人，因此东亚大学被人戏称为“设在澳门的香港大学”[①]。

当然，东亚大学无疑是澳门现代高等教育的真正起点，而 1987 年至 1991 年，又是其由私立转向公立的关键期[②]。1988 年，东亚大学被澳葡政府通过澳门基金会收购，转制为公立大学，1991 年重组后更名为澳门大学。与此相伴的事件是，1987 年澳门随着《中葡联合声明》的签署而进入过渡期；1991 年，澳门历史上第一个规范“在澳门从事高等教育活动的一切公立及私立教育机构的组织和运作”的法律——第 11/91/M 号法令生效。这意味着政府从制度和办学两个方面，主动介入澳门的高等教育。自此之后，澳门高等教育机构迅速增加，至 2001 年形成公立学校 4 所、私立学校 6 所的格局（表 12－1），至今没有改变。

表 12－1　2001 年澳门高等院校的格局[③]

序号	学校名称	性质	成立年份	法规依据
1	澳门大学	公立高校	1991	第 50/91/M 号法令
2	澳门理工学院		1991	第 49/91/M 号法令
3	旅游学院		1995	第 45/95/M 号法令
4	澳门保安部队高等学校		1988	第 57/88/M 号法令
5	亚洲（澳门）国际公开大学/澳门城市大学	私立高校	1992	第 196/92/M 号训令
6	圣若瑟大学		1996	第 206/96/M 号训令及第 207/96/M 号训令
7	澳门镜湖护理学院		1999	第 418/99/M 号训令
8	澳门科技大学		1999	第 19/2000 号行政命令
9	澳门管理学院		2000	第 45/2000 号行政命令
10	中西创新学院		2001	第 34/2001 号行政命令

① 许国辉：《从私营到公营：澳门高等教育的发展》，载古鼎仪、马庆堂：《澳门教育——抉择与自由》，1994，澳门：澳门基金会，第 51 页。

② 李向玉、谢安邦：《澳门现代高等教育的发轫——东亚大学的创立和发展（1981—1991）》，北京：高等教育出版社，2017，第 107 页。

③ 澳门理工学院前身为东亚大学理工学院，1991 年从东亚大学独立出来正式成立；澳门城市大学前身为东亚大学公开学院，1992 年该院与葡萄牙国立公开大学联合组成亚洲（澳门）国际公开大学，2011 年更名为澳门城市大学；旅游学院前身为创办于 1995 年的旅游培训学院，1997 年更名为旅游学院；圣若瑟大学前身为创办于 1996 年的澳门高等校际学院，2009 年更名为圣若瑟大学；澳门镜湖护理学院前身为创办于 1923 年的镜湖护士助产学校，1999 年更名为澳门镜湖护理学院。

二、回归以来的重要发展

澳门特别行政区政府成立以来，一直秉持“教育兴澳、人才建澳”的施政理念，积极完善高等教育体制，努力构建服务本土、世界一流的高等教育体系，同时加大资源投入，提升高校教育素质，保障学术自主，推动科研创新，致力培育各类优秀人才。有学者将这20年的发展分为规模扩张（1999—2004年）、稳定发展（2004—2010年）和质量提升（2010年至今）三个阶段。在这20年里，澳门的教育实现了从量到质的快速发展，初步形成了独具特色、较为规范的高等教育体系。[①] 在政府、各院校及高等教育界的共同努力下，回归20年来澳门的高等教育取得了长足的发展。

（一）确立并实施新的高等教育体制

回归以来，澳门社会在“一国两制”的总体政策框架下进行全面转型，而教育变革的关键是制度。为完善澳门高等教育体制，推动澳门高校教育素质的持续提升，澳门特别行政区政府根据世界高等教育发展的趋势和澳门未来的发展需求，自2003年前后开始推动高等教育领域相关法律的修订，完善配套法规。经过长期的摸索，2015年开始进入快速推进期，在借鉴外地先进经验，并结合本地的高等教育实际情况，深入研究和广泛咨询意见后，作为高等教育基础框架的《高等教育制度》于2017年获立法会通过，并于2018年8月正式生效。与此同时，实施该法而需要的一系列配套行政法规，包括《高等教育基金》《高等教育委员会》《高等教育规章》《高等教育素质评鉴制度》《高等教育学分制度》等[②]，经多年努力也顺利推出，尤其是确立了高等教育的素质评鉴制度和学分制，新增了高等教育委员会、高等教育基金等架构，澳门特别行政区政府高等教育局的组织架构与职能亦于2019年2月完成相应的调整，新的高等教育体制基本形成。

---

① 庞川、林广志、胡雅婷：《回归以来澳门高等教育发展的成就与经验》，广州：《华南师范大学学报》（社会科学版），2019年第5期。

② 澳门特别行政区第16/2018号行政法规《高等教育基金》；第15/2018号行政法规《高等教育委员会》；第18/2018号行政法规《高等教育规章》；第17/2018号行政法规《高等教育素质评鉴制度》；第19/2018号行政法规《高等教育学分制度》。

1. 推出新的《高等教育制度》

澳门原有的高等教育法规于20世纪90年代初制定。第11/91/M号法令为澳门首个规范现代高等教育的法律，近30年来，除了一些关于高等院校（尤其是公立院校）设立的相关法规[①]，以及规范澳门以外的私立高等教育机构在澳门从事高等教育活动的第41/99/M号法令外，澳门几乎都是以第11/91/M号法令规范高等教育事宜的。澳门特别行政区政府成立后，随即对澳门高等教育制度进行检视。从2002年开始，澳门特别行政区政府开展法规修订的意见征集工作，多次召开澳门高等院校代表咨询会议，并向高校收集书面意见；随后，先后两次向澳门市民公开咨询，广集意见。经过长时间的深入讨论，《高等教育制度》法案于2017年获立法会通过。与原有制度比较，新法作了一系列改变。[②]

（1）终结大学教育与专科教育的分界。

澳门过去严格区分大学教育与专科教育，这种分界线承袭了20世纪70年代葡萄牙的二元制教育，即按照办学目的将高等院校分为两类：提供研究性课程的为大学教育，提供职业化课程的为专科教育。在葡萄牙，专科高等院校早就已经可以颁发硕士学位，而且现正争取开设颁授博士学位的课程。终结二元制意味着不仅大学可以颁发硕士学位和博士学位，专科高等院校也可以。澳门的新法紧跟国际潮流，允许任何符合条件的澳门高等院校开办颁授硕士学位和博士学位的课程。因为如今已经没有必要坚持由二元制来规范和区分课程的设置，高等院校可根据自身的条件自由选择开设更具学术性的课程，或者更具实用性或职业培训性质的课程，甚至可以按照自身情况、教研计划和人才市场要求，设计更合适的新课程模式。总之，高等院校将可以根据自己的目标，灵活自由地设置课程。在制度层面，关键是要建立高校及其课程的评鉴机制。

这个转变可使高等院校在科研和教学方面的自主权更统一，而传统上对于专科模式的高等院校的限制，如学制、学位及证书等方面的限制，也可以解除。这样，高等院校的能力和素质、教育及培训计划、教学目标和使命不再受掣肘，有助于高等院校发挥潜能、提升素质。

---

① 最特别的是，澳门特别行政区政府于2006年为澳门大学单独制定了法律——《澳门大学法律制度》（第1/2006号法律），在教学、学术和行政方面赋予该校有别于其他公立高等教育机构的自主权，包括自行开办高等教育课程的权利。

② 高等教育辅助办公室法律组：《〈高等教育制度〉法律框架重点》，澳门：《澳门高等教育杂志》，2017年第19期。

(2) 赋予学校更大的学术自主权。

学术自由是高等院校的一个不可分割的部分，是教学和科研自由的必然结果，也是现代高等教育的重要基石。学术自由在旧法中亦有规范，如今新法更明确规定，要保障和巩固高等教育中的基本原则——学术自由，而这见于教学和科研、章程、行政、财政和学科等方面。在遵守澳门特别行政区法制基本原则的基础上，各高等院校享有教学和科研自由，具体体现在可通过自身的有关职能部门灵活地开办课程、设置课程计划、制订教学内容和方法，订立对学生的测评方法，以及自由选择及决定科研方向等。这样，高等院校在开办课程、设置课程计划、制定组织架构和确立管理机关方面将有更大的自主权和灵活性。

值得注意的是，拥有学术自由并不代表不需受最低程度的监管，这种监管尤其是指政府根据公立或私立的性质对高等院校所进行的监督和管理。为保障高等教育的素质，未来尚需按照评鉴制度对高等院校进行评鉴。

(3) 增设校董会。

在高等院校的机关设置方面，新法保留设立特定机关的强制性，并新增规定要求设立校董会，负责制定和执行高等院校发展方针。任何一所院校都必须设立校董会、校长或院长、行政及管理机关、学术及教学机关。此外，高等院校在确立内部组织和相关管理形式时，在章程自主权范围内，可设立其他机关，以完成院校的目标和使命。在院校人员方面，原则上，高等院校教师必须持有博士学位或硕士学位，最低要求是教师所教授的课程与其所获得的学位须对应。

(4) 课程与学位。

新法规定，所有高等院校只要符合法定条件，都可以开办颁发硕士和博士学位的课程。批准课程开办或修订的权限，由行政长官下放至监督高等教育的社会文化司司长，使有关程序更灵活、快捷和有效。

新法允许高校设立新课程，尤其是双学士学位课程和副学士文凭课程。副学士文凭不是一个学位，获得副学士文凭需要至少两个学年的学习。法律允许该文凭的获得者能够继续在同一领域的学士学位课程中学习。该文凭的重要性在于，它为学生接受高等教育创造了另一种可能，即允许学生主动安排其生活，让其可按照自身需求和可支配的时间去完成学业。

取消高等专科学位，但有一个过渡性的安排，以保障现有攻读高等专科学位课程的学生的权利，同时按照旧法已获得的高等专科学位继续有效。

(5) 推行学分制。

新法未改变学年制模式，但引入学分制。学分制增加了高等院校的教学自由度，使各高等院校能够灵活和有效地运用一系列方法来设计教学大纲，尤其是跨学科课程的设置，而有关制度也会用于双学士课程、双主修课程、副修课程和主修与副修相结合的课程。

为在澳门特别行政区开办的学分制课程订立法律制度，对澳门高等院校和其他院校合作办学具有特殊意义，其好处是可以共享知识、优化资源和提高课程质量。从学生的角度来看，无论是对跨院校流动机制来说，还是对各学习阶段的认可而言，学分制都是一个不可或缺的要素；学分制还可拓宽学生的学术视野，丰富其大学生活，提高其学术能力，同时允许他们获得多个高等院校的文凭，既可以是多所高等院校共同开办的课程文凭，也可以是多所不同高等院校的文凭。

（6）高等院校的设立和认可。

新法规定，高等院校的设立和认可属于行政长官的专属权限，必须由其通过行政命令行使，且不得转授他人。专属权限包括开设私立高等院校的核准及认可，以及强制关闭私立高等院校的命令。在其他事宜上，行政长官需要通过批示行使其被赋予的权限，例如私立高等院校课程核准或其章程的确认，行政长官亦可依据该法的一般规定，将相关权力授予他人。

（7）高等教育资助。

新法规定设立高等教育基金，以促进高等教育的发展。这也意味着政府须相应地对受惠的高等院校加强监管，以及确保在财政预算许可的范围内给予公立高等院校运作上所需的经费。

（8）高等教育质量保证。

新法规定将订立专有法规以规范高等教育的素质保障，这就是《高等教育素质评鉴制度》。该评鉴制度已阐明有关制度的原则，并设定了基本框架，尤其指出了评鉴的范围和组成部分。

2. 推行高等教育质量保证评鉴

澳门特别行政区政府自 2011 年起启动构建高等教育素质评鉴制度的各项准备工作，2013 年构建了以“成效为本”作为评鉴方向的高等教育评鉴制度的框架，并自 2014 年起委托国际专业评审机构制订院校认证指引、院校素质核证指引、课程认证指引、课程审视指引、外评机构指引 5 份评鉴指引。

为检视上述指引在执行上的适用性及可操作性，澳门特别行政区政府分阶段推动院校参与先导计划。澳门特别行政区政府近年先后加入 3 个国际高等教育素质保证组织网络，包括国际高等教育素质保证机构网络（INQAAHE）、亚太高等教育素质保证网络（APQN）以及美国高等教育认证委员会（CHEA）辖下的高等教育素质保证国际组织（CIQG），以进一步了解其他国家和地区在质量保证方面的情况、执行模式及发展趋势。同时，组织了澳门院校参与有关评鉴工作的培训课程，加强相关人员的实践能力，为高等教育评鉴制度的实施积累经验和储备专业人才。

经过多年的努力，在高等院校的参与和支持下，规范素质评鉴制度的行政法规——第17/2018号行政法规《高等教育素质评鉴制度》于2018年8月正式生效。新的质量保证机制将协助澳门高等院校持续提升其管理和教学方面的素质。

（二）高等教育投入和规模迅速扩张

在高等教育投入方面，随着澳门经济的发展，澳门特别行政区政府持续加大了对高等教育的财政投入。数据显示，澳门特别行政区政府对高等教育的公共开支由2002年的6.76亿澳门元提升至2017年的32.63亿澳门元。澳门高等院校的科研经费也不断增加，尤其是近5年来从2013/2014学年的3.77亿澳门元增加到2017/2018学年的6.34亿澳门元，最高的2016/2017学年达到了6.77亿澳门元。[①]

教育投入的增加令澳门高等教育的规模也迅速扩张，高等教育更趋普及化，高中毕业生升学率由回归初期的约70%上升至近几年的90%以上。与此同时，澳门高等教育的整体规模迅速扩大。2018/2019学年，各高等院校教研人员共2 931人，学生34 279人，课程280个；与回归初期相比，课程数量增加约50%，教研人员数量和学生数量均增加近3倍。此外，澳门高等教育亦越来越受到外地学生青睐，非本地生人数由回归初期的5 653人增加至2018/2019学年的17 992人，增幅超过两倍；在非本地生增长的同时，澳门亦吸引了更多来自不同国家和地区的教研人员到澳门任职，多元的文化背景和学术传统有利于创造更自由、更开放的学术环境和氛围。

（三）高等教育素质不断提升

1. 建成4所国家重点实验室，科研活动日趋活跃

在国家科技部及澳门特别行政区政府的批准和支持下，澳门高等院校先后成立了4所国家重点实验室。最早是2010年获批准成立了“仿真与混合信号超大规模集成电路国家重点实验室”（澳门大学）、“中药质量研究国家重点实验室”

① 资料来源：澳门特别行政区政府高等教育局。

（澳门大学及澳门科技大学），澳门实现了国家重点实验室零的突破。到 2018 年，再获批准成立了“智慧城市物联网国家重点实验室”（澳门大学）以及“月球与行星科学国家重点实验室”（澳门科技大学）。

国家重点实验室的设立，既是国家对澳门高等院校的支持，也是国家对澳门科研创新水平的认可。实验室结合最前沿的理论、最尖端的设备仪器、最优秀的科研人才，不断探索科技成果产业化转化，成为粤港澳大湾区乃至国家的科研创新基地。一批海外优秀科研人员纷纷加盟澳门高校，有力促进了澳门高等教育科研的发展。其中设立于澳门大学的中药质量研究国家重点实验室，是全国首个中医药领域的国家重点实验室；澳门大学更是凭借其芯片研究成功入选国际固态电路会议论文数量最多的高校之一，论文发表量位居全球第二名，反映出澳门大学微电子研究在国际上的高度认受性和影响力，以及在亚洲地区的领先地位。

4 所实验室形成了具有较高水平的研究团队，并在国际学术界崭露头角（表 12－2）。随着科研成果的累积，4 所实验室也在探索将科技成果产业化，致力把澳门建设成为具有国际影响力的珠江西岸科技创新基地，并为澳门经济适度多元和可持续发展作出重要贡献。

表 12－2　澳门 4 所国家重点实验室的科研成果（2010—2018 年）①

名称	科研成果				
	科研课题（项目）	学术著作	学术论文	发明专利	其他
中药质量研究国家重点实验室	973、国家自然科学基金和澳门科技发展基金等类 238 项	15 部	1 070 篇	96 项	国家科技进步二等奖 2 项，澳门特别行政区自然科学奖一等奖 1 项，1 人获澳门特别行政区教育功绩勋章
仿真与混合信号超大规模集成电路国家重点实验室	—	5 部	328 篇	25 项	该实验室的多项成果被应用在多种电子设备中，建立高质量芯片技术研发平台，实现了产业化

① 庞川、林广志、胡雅婷：《回归以来澳门高等教育发展的成就与经验》，广州：《华南师范大学学报》（社会科学版），2019 年第 5 期。

续表

名称	科研成果				
	科研课题（项目）	学术著作	学术论文	发明专利	其他
智慧城市物联网国家重点实验室	科技部 973 和 863 项目、基金委重点项目多项	—	1 000 余篇	数十项	在国际学术会议上获最佳论文奖 20 余篇
月球与行星科学国家重点实验室	澳门科技发展基金科研课题 14 项	SCI 119 篇	—	—	2016 年在“太阳系探测领域”发表论文数量及被引频次名列国内第一位；曾获澳门自然科学一等奖

除高端技术的研究外，高校的学术与科研活动亦日趋活跃。数据显示，澳门高校教研人员每年于各主要国际期刊发表论文的数量，由 2011/2012 学年的 726 篇增至 2017/2018 学年的 3 712 篇，数年间增幅超过 4 倍；同时，高校主办的国际研讨活动亦与日俱增，以 2017/2018 学年为例，澳门高校举办的国际研讨会、论坛及学术会议就达到 58 场，即平均不到一个星期便有一个国际学术活动在进行，蓬勃的国际学术交流活动为学者开展学术讨论搭建了宽广的舞台，在校园中营造出更自由、开放和多元的学术氛围。

此外，澳门特别行政区政府自 2013 年起通过“澳门高等院校教研人员专业发展资助”计划，支持高校教研人员赴外地参与学术活动、出版及发表研究成果，该计划自推出至 2019 年底共 172 人次获资助，总资助金额接近 250 万澳门元，获资助的教研人员分别前往中国内地、葡萄牙、美国、英国、日本、新加坡及澳大利亚等地开展各类学术交流活动。

2. 院校错位发展，影响力上升

澳门高等院校在国际上的认受性日益提高，澳门大学、旅游学院、澳门科技大学等在 QS（Quacquarelli Symonds）组织、泰晤士高等教育（Times Higher Education）、海峡两岸暨港澳地区大学等多个国际及地区排行榜中的排名不断提升。

在高等院校与社会各界的共同努力下，澳门高等教育质量已渐获国际认可，例如，澳门大学位列 2019 年泰晤士高等教育全球年轻大学排名第 60 位，澳门科技大学在 2018 年海峡两岸暨港澳地区大学排名中位列第 21 位，旅游学院在全球提供款待及休闲管理学科的顶尖高校中位列亚洲区第 5 位和全球第 33 位。同时，2017/2018 学年，澳门共有 29 个高等教育课程取得包括华盛顿协议、首尔协议、联合国世界旅游组织、特许公认会计师公会（ACCA）等在内的国际或地区性专业机构的认证，另有 1 个院校学术单位取得认证机构的专业认证。

澳门高等院校亦积极开拓与国际及区域内其他大学的合作和交流，建立合作伙伴关系，加强与国际高等教育的联系。部分院校加入了世界大学联合会、世界大学校长联合会、欧亚地区与太平洋国际网络、亚太高等教育研究网等国际组织，以及葡萄牙语大学联会、葡萄牙大学校长会、葡萄牙理工学院协调委员会等葡语国家相关国际或地区性组织。此外，澳门 7 所高等院校亦与粤、港 21 所高校共同缔结“粤港澳高校联盟”，以整合优化粤港澳精英大学优质教育资源，共同培养三地高素质人才，推动三地科研创新更深层次合作。

随着澳门于 2004 年开放赌权，以及博彩、旅游业的蓬勃发展，澳门社会对于博彩、旅游、商贸、物流等专业高素质人才渐趋渴求。为配合市场发展的新趋势，各院校积极配合澳门发展的需要，开办了多个与旅游、博彩、管理及翻译等相同类别的高等教育课程，为社会培育各类优秀人才，以满足不同行业的需求。

3. 师资队伍的素质和国际化水平提高

回归以来，澳门特别行政区政府在制度和经费上鼓励高等院校积极构建更优秀的教研队伍，具博士学位教师的比例由回归初期的约 15% 攀升至 2019 年底的 64%，增幅超过 3 倍。

随着澳门高等教育国际化水平的不断提升，教师来源也日益多元，尤其是澳门以外的教师的增长比例，自 2011 年以来基本稳定在 30% 以上（表 12－3）。

表 12－3　部分学年澳门高等院校具博士学位教师及外地教师的比率

学年	具博士学位教师比率/%			外地教师比率/%		
	按全职[①]	按总数[②]	按相当于全职[③]	按全职	按总数	按相当于全职
2011/2012	59.00	48.90	54.30	29.40	36.20	32.50
2014/2015	70.79	60.26	66.75	30.42	30.76	30.55
2018/2019	75.83	64.37	70.11	35.96		

① 采取具博士学位全职教师人数与全职教师总人数之比。

② 采取具博士学位教师总人数与教师总人数之比。

③ 采取以相当于全职人数计算的具博士学位教师人数与相当于全职人数计算的教师总人数之比。

另外，澳门特别行政区政府还通过“澳门高等院校资助”及“澳门高等院校教研人员专业发展资助”等计划，支持高等院校提升教学人员的专业素质。2015年至2019年上半年，共批出48项协助私立高等院校完善教研环境及提升素质的项目，资助了165名教学人员赴外地参与学术活动、出版及发表研究成果。此外，自2015年起开展“澳门高校教研人才培训”计划，在暑假期间组织相关人员分别前往英国剑桥大学和葡萄牙科英布拉大学进行研习，至2019年底已有逾百人接受了培训。

（四）成功于横琴建设澳门大学新校区

2009年，是澳门回归祖国10周年，也是澳门高等教育发展具有里程碑意义的重要一年。2009年6月27日，第十一届全国人民代表大会常务委员会第九次会议批准澳门大学在广东省珠海市横琴岛建设新校区，并授权由澳门特别行政区依照澳门特别行政区法律实施管辖，反映了国家对澳门高等教育的高度重视。

在各方的共同努力下，澳门大学横琴新校区于2013年7月20日完成建造工程，交由澳门大学管理。2013年11月5日，澳门大学举行了新校区启用仪式，标志着新校区的正式启用。三年多时间完成设计、建造及校园搬迁，这是澳门高等教育史上的一个创举。

澳门大学新校区为一次性规划及一次性建设项目，占地约1.09平方千米，面积比旧校区约大20倍。有60多幢建筑物，建筑面积约96万平方米，绿化及水体面积占53万平方米，最多可容纳1.5万名学生就读。新校区为澳门大学提供了优越的办学环境，并引入全亚洲最大规模的住宿式书院系统，全方位实践全人教育。

（五）推动中葡双语人才培养

国家“十二五”规划明确了推动澳门经济适度多元发展的政策方针，以及打造“世界旅游休闲中心”及“中国与葡语国家商贸合作服务平台”的发展定位。为配合国家未来的发展方向，澳门各高等院校因应社会发展的需求，一方面积极发展葡萄牙语及酒店旅游服务等具有澳门特色的课程，另一方面推动文创和会展业人才培育工作。现在各高等院校除了提供商业管理、教育、法律、护理、工程、信息科技等范畴的专业课程外，还因应澳门的历史和产业特色，以及社会对培养特定人才的需求，发展出日趋多元化的学科，包括葡萄牙语、会展、文化遗产管理、文化创意、厨艺管理、语言治疗、中医药、电影管理、环境科学、智能科学等。

为加强澳门高等院校在培养中葡双语人才方面的合作，澳门特别行政区政府于2014年协调澳门高等院校组成“培养中葡双语人才工作小组”，而为了提升彼此间合作的深度和广度，该小组于2018年升格为“培养中葡双语人才联盟”，进一步推进各院校共同制订具科学性和系统性的人才培养方案，为澳门培养更多中葡双语人才；同时，澳门特别行政区政府自2016年起设立“澳门高等院校中葡人才培训及教研合作专项资助”计划，至2018年底共批出650多万澳门元，分别对开展相关研究、研发及编写教材，举办研讨会、论坛和各项提升科研及教学能力的培训，出版学术论著，开发中葡语言课程电子教材等78个项目提供支持。

澳门高等院校在培养中葡双语人才上亦积极发挥其办学优势，近10年来约有2 000名学生完成以葡萄牙语为主要授课语言或与葡萄牙语相关的高等教育课程，而澳门高等院校近年亦逐步开办涉及不同专业领域的葡萄牙语学位课程，如在法律及经贸范畴方面，澳门大学设有法学硕士及法学士学位课程，澳门理工学院于2015/2016学年已开办了中国与葡语系国家经贸关系学士学位课程，等等。另外，研究生资助发放技术委员会近年亦将“中葡翻译”设为研究生奖学金的优先专业范畴；自2017/2018学年起，每年提供不少于10个奖学金名额予赴葡萄牙学习的研究生，为培养更高层次的中葡双语人才创造条件。

澳门特别行政区政府亦积极鼓励居民学习葡萄牙语，于2017年推出“大学毕业生语言培训利息补助”计划，鼓励和支持具学士学位的澳门居民前往外地修读包括葡萄牙语在内的语言课程，以进一步提升学生的语言能力及培养更多掌握中葡双语的专业人才；而为加强大专学生对葡萄牙语及葡萄牙文化的认识，营造良好的葡萄牙语学习氛围，高等教育局自2012年起举办“葡语达人——葡萄牙夏令营”，该夏令营活动包括葡萄牙语基础培训班和葡萄牙夏令营两个部分，通过甄选的学生可前往葡萄牙参加为期1个月的密集式的葡萄牙语培训，截至2019年底，接受培训的学生已超过1 500人。

另外，为落实人才发展委员会签署的《葡萄牙科英布拉大学与中华人民共和国澳门特别行政区政府在学术、科学和文化方面的合作协议书》，澳门特别行政区政府于2017年推出“科英布拉大学暑期研修课程”，组织澳门高校教研人员于暑期到葡萄牙科英布拉大学参加研修课程，以加强相关人员的教学技巧及素质，并借此促进澳葡两地高校教研人员的交流与合作，并为双方学术合作创造条件，以及持续推动“培养基地”行动计划中有关“组建优良中葡双语师资队伍”

的工作。2017 年当年就组织了 20 名澳门高校的教研人员赴科英布拉大学参加了为期 10 天的研修课程。

（六）推动旅游教育培训

澳门特别行政区政府近年积极推动澳门旅游专业领域人才的培养工作，澳门高等院校开办了一系列不同类型的高等教育课程，例如旅游零售及市场推广管理、国际综合度假村管理、厨艺管理、旅游会展及节目管理等学位课程，大部分课程取得了专业机构的认证，反映了澳门旅游教育的质量获得肯定。

澳门特别行政区政府与联合国世界旅游组织于 2015 年签立合作备忘录，澳门特别行政区政府通过旅游学院设立世界旅游教育及培训中心，与联合国世界旅游组织合作，为实现旅游业可持续发展而提升行业的人力资源素质和旅游目的地的竞争力。旅游学院世界旅游教育及培训中心与联合国世界旅游组织已于 2016—2018 年合作举办了 6 次专业培训，培训对象包括政府机构代表、旅游业界人士及教育工作者，共 133 名来自 21 个国家和地区的人员参加。曾参与培训课程的包括柬埔寨、阿富汗、不丹、朝鲜、伊朗、蒙古国、尼泊尔、巴布亚新几内亚、东帝汶、缅甸、萨摩亚、斐济、瓦努阿图、马尔代夫、巴基斯坦、安哥拉、佛得角、几内亚比绍、莫桑比克、圣多美和普林西比，以及粤港澳大湾区的学员。世界旅游教育及培训中心亦与旅游局合作，为葡语系国家人员提供培训。2016—2018 年，已为 95 位来自安哥拉、佛得角、几内亚比绍、莫桑比克、东帝汶及圣多美和普林西比的学员提供培训。此外，联合国世界旅游组织于 2016 年为旅游学院毕业生提供了为期 1 年的实习名额。

为配合粤港澳大湾区的建设，深化大湾区旅游合作，提升粤港澳大湾区旅游教育综合素质，由旅游学院协调 3 个相关政府部门和其余 9 所澳门高等院校，共同组成了“促进澳门建设粤港澳大湾区旅游教育培训基地联盟”，借以推动关于大湾区旅游发展和旅游人力资源的研究、教育培训和交流项目，并促进大湾区旅游协同发展，共同培育更多旅游业的优秀人才。

（七）加强“爱国爱澳”教育

澳门特别行政区政府一向重视培养大专学生整体素质，着重全人发展。高等教育局近年持续通过多元方式，为学生创设更多学习体验的机会，并致力创设条件，让师生通过多元途径更加直观地认识和掌握国家和澳门的最新发展情况，提升国家归属感和民族自豪感，增强“爱国爱澳”情怀。主要工作包括：

通过“高校学生活动资助计划”，鼓励大专学生自行组织活动，借筹办和开展活动的过程让学生得到锻炼和提升，自 2015 年至 2019 年，该计划已为约 1 700 个活动提供资助，资助金额超过 2 600 万澳门元。近年来，更依靠特别专项的资助，推动学生通过组织活动加深对《宪法》和《基本法》的认识，并鼓励学生把握“一带一路”建设及“粤港澳大湾区城市群发展”的契机，增进对国家经济发展的了解。

通过举办“扑满人生——澳门大专学生丰盛暑假系列活动”，提供机会让学生到内地及其他地区进行交流及研习活动，加强学生的语言能力，拓宽学生视野，提升其爱国情怀，自 2015 年至 2019 年底，共提供了 1 400 多个交流团名额。

2017 年举办了“宪法与我——澳门高校学生微电影创作比赛”，以增强学生的宪法意识，帮助学生正确认识《宪法》与《基本法》之间的关系。此外，连续 3 年举办“澳门大专学生军事生活体验营”，提升澳门大专学生对国防事务和军事科技发展的认识，并于 2018 年首次组织逾 80 名澳门大学师生前往中国人民解放军驻澳部队氹仔军营参观军事展览馆及体验升旗仪式，增强其国防意识及对国家的认同感；自 2018 年起，所有高校都定期举办升国旗活动，有的学校还成立了升旗队。此外，亦协调澳门高校组织逾 300 名高校师生参与由澳门特别行政区政府和中联办主办的“国家安全教育展”，通过文字、图片和视频相结合的形式，向社会各界宣传国家安全知识，增强市民的国家安全意识和维护国家安全的责任感。2019 年组成“澳门高等院校《宪法》与《基本法》专家组”，发挥院校资源共享及优势互补的作用，加强普法宣传，合作开展相关教学及推广工作。

自 2015 年起，每年应中国人民解放军驻澳门部队办公室邀请，协助组织澳门高校师生参观军营开放活动（澳门大中小学生专场），活动地点为氹仔的驻澳部队军营，让师生进一步了解驻澳部队，加深师生的爱国意识。

支持院校组织学生参加“港澳与内地大中小学师生交流计划大学生项目”[①]以加深大专学生对国情、区情的认识，培养“爱国爱澳”情怀。持续为大专学生开展多元化的校际学生活动，包括辩论、朗诵、写作及球类比赛等；此外，还通过举办和支持有关信息科技、中葡翻译等各类大专学生竞赛，为学生创造发挥不同才华的机会。

---

① 原为教育部自 2013 年起设立的“港澳与内地高等学校师生交流计划”，简称“万人计划”，2019 年更名为“港澳与内地大中小学师生交流计划大学生项目”。

（八）支持学生升读高等教育

1. 成功推行“四校联考”

为减轻学生应试的压力，在澳门特别行政区政府高等教育局的协调下，澳门大学、澳门理工学院、旅游学院及澳门科技大学自2012年开始组成统筹小组筹办“澳门四高校联合入学考试”（简称“四校联考”）。统筹小组于2015年前举行了一系列面向教育团体、中学师生及家长的咨询及宣传工作，包括举行中学巡回介绍会，向逾9 000名澳门师生及家长详细介绍考试的理念、构思及方案，并于2016年开通网上专页公布各项考试信息。

2017年，首届“四校联考”顺利举行，有近90%的应届高中毕业生报考，考试整体运作大致顺畅，报考情况符合预期，同时减少了超过一半考生的应考次数，达到了减轻学生应试压力的目的。2018年，统筹小组以首届考试经验为基础，进一步完善了各项考务安排，让第二届“四校联考”得以更顺利地完成。2019年3月下旬举行第三届“四校联考”时，澳门特别行政区政府高等教育局继续与相关院校保持沟通，支持“四校联考”工作。

“四校联考”的顺利实施，让其认受性得到了提升。葡萄牙大学校长委员会及葡萄牙理工高等院校协调委员会辖下公立高校根据与澳门特别行政区政府于2017年签署的协议，采认“四校联考”成绩作为有意报读两会辖下成员高校的澳门学生的甄选标准；与此同时，包括复旦大学、浙江大学、厦门大学、武汉大学及中山大学在内的10所内地高等院校获教育部批准，自2018年开始采认澳门“四校联考”成绩录取澳门学生。澳门特别行政区政府高等教育局将与统筹小组共同检视和完善各项考务安排，以保障“四校联考”的成功举办，持续提升其认受性。

2. 推出“大专学生学习用品津贴”

澳门特别行政区政府自2011/2012学年起，推出“大专学生学习用品津贴”，支持大专学生购买书籍、参考资料和学习用品，以体现特别行政区政府对大专学生的重视和关怀。符合申请条件的澳门居民，不论其就读于澳门本地院校还是外地大专院校，均可通过网络或其他途径进行简便的申请。截至2019/2020学年，该计划受惠人数近26万人次，发放金额超过7.6亿澳门元。

同时，配合社会发展持续检视和调整研究生奖金的类别、名额、金额和优先专业，并分别与人才发展委员会及社会工作局合作推出奖学金，例如葡萄牙科英布拉大学硕士学位课程资助计划、葡萄牙高校校长联盟研究生课程资助计划的奖学金，以更有针对性地培育社会所需的各类人才。2017 年推出“澳门特别行政区政府各公共部门奖助贷学金及资助服务平台”，实施“大学毕业生语言培训利息补助计划”，鼓励澳门居民提升竞争能力。

3. 发挥学生福利基金的作用

为鼓励和支持澳门学生升读高等教育课程，以及向家庭经济困难的学生提供财政援助，不让学生因家庭经济问题而失去就学的机会，学生福利基金通过了大专助学金计划、利息补助贷款计划、学费援助、膳食津贴及学习用品津贴等资助项目。自 1999/2000 学年至 2018/2019 学年，受惠学生逾 31 万人次，基金的总支出（1999—2018 年）超过 41 亿澳门元，如表 12－4 所示。

表 12－4　历年大专助学金及津贴的发放名额

学年	贷学金	奖学金	特别助学金	特殊助学金	住宿津贴	旅费津贴
1999/2000	663	100	20	10	—	—
2000/2001	668	100	20	5	—	—
2001/2002	668	100	10	5	—	—
2002/2003	695	100	0	0	160	30
2003/2004	760	100	0	0	160	30
2004/2005	860	100	0	0	160	30
2005/2006	900	100	3	30	160	30
2006/2007	1 100	100	6	30	160	30
2007/2008	1 800	130	20	30	160	30
2008/2009	1 900	160	120	20	200	50
2009/2010	1 900	160	120	30	250	100
2010/2011	1 900	160	180	30	250	100
2011/2012	1 900	180	180	30	250	100
2012/2013	4 500	200	180	30	600	250
2013/2014	4 500	280	180	30	600	250

续表

学年	贷学金	奖学金	特别助学金	特殊助学金	住宿津贴	旅费津贴
2014/2015	4 500	380	220	30	700	250
2015/2016	4 500	380	250	35	700	250
2016/2017	4 000	410	390	35	700	250
2017/2018	4 000	410	460	35	700	250
2018/2019	不设名额限制	460	480	55	700	250

资料来源：教育暨青年局。

三、走向更高效、更开放的高等教育

回归20年，澳门已进入一个新的时代：“一国两制”事业深化发展，继续探索澳门经验和进行成功示范；粤港澳大湾区建设全面提速，既为澳门打破地域狭小、产业单一的局限提供了机会，又加大了人才、资源、信息等各类要素的流动和区域间的竞争。在此背景下，未来澳门高等教育须抓住机遇，发挥自身优势，坚持错位发展，完善政府服务与学校治理，在日趋激烈的竞争中寻求新的突破。

（一）加快制定澳门高等教育中长期发展规划

规划是加强教育治理的重要手段，也是回归20年来澳门基础教育发展的重要经验。2016年，澳门特别行政区政府发布的《澳门特别行政区五年发展规划（2016—2020年）》对高等教育作了一些初步安排，其中一个重要内容就是要求完成“高等教育中长期发展规划”。事实上，这一规划在此之前就已被列入政府相关部门的施政方针，相关部门曾聘请相关方面作前期研究，听取各方意见。2018年高等教育委员会成立之后，又继续交给该委员会征询意见、凝聚共识。但直到2019年，规划文本仍然没有与公众见面。澳门高等教育的发展不但涉及澳门地区自身的发展选择，而且是紧扣国家与世界发展潮流的重要抉择。在《澳门特别行政区五年发展规划（2016—2020年）》即将到期的情况下，“高等教育中长期发展规划”的拟定工作必须加快推进。

总体而言，该规划有必要对澳门高等教育过去20年所取得的成绩和经验进行总结，正确分析澳门高等教育的优势和面临的挑战，在粤港澳大湾区和全球高等教育竞争的背景下，找到澳门高等教育发展的最优之路，并作出有效的政策部署。这样看来，以下几点至关重要：第一，正确把握澳门高等教育的治理模式，尤其是高等教育经费和学术资助的投入机制，以及恰当把握高等教育行政部门与公立、私立学校之间的关系。第二，为澳门高等教育准确定位，确定优先发展学科，明确未来如何形成和扩大在粤港澳大湾区乃至东亚地区的影响力。第三，清理阻碍澳门高等教育发展的环境和制度性因素，包括人才引进政策、居留制度、子女教育、科研资助和学校治理等，并提出解决人才引进、学校治理等方面问题的有效办法。第四，在生源、科研和学生交流等方面，更好地发挥粤港澳大湾区和葡语系国家的作用。该规划应在政府和民间达成广泛共识。

（二）构建教育经费投入的有效机制

经费投入一直是澳门高等教育界比较关注的问题。与其他地区相比，澳门高等教育的公共经费投入是不低的，尤其在过去20年里，由于澳门财政状况很好，高等教育公共经费的增长非常迅速（表12－5、表12－6）。但问题在于，是否要有成本控制呢？每一个学生的投入达多少才合适呢？过去20年三间公立高等教育机构之间，以及公立高校与高等教育行政部门之间的开支增幅都相差非常大，是否合理？

表12－5　高等教育局及三所公立高等院校2000年与2019年的开支情况（单位：千澳门元）

年度	高等教育局（包括高等教育基金）		澳门大学		澳门理工学院		旅游学院	
	开支	变化	开支	变化	开支	变化	开支	变化
2000	7 737	—	282 286	—	156 829	—	46 896	—
2019（预算）	387 348	+4 906.4%	2 737 882	+869.9%	913 599	+482.5%	449 206	+857.9%

注：1. 2000年资料为澳门特别行政区总账目所载有关年度的实际开支数字。

2. 2019年资料为财政预算案开支数字（包括已发布的补充预算）。

3. 高等教育局（包括高等教育基金）2019年的预算及开支，已包括发放“大专学生学习用品津贴”的预算负担。

4. 上述年度预算或开支并不包括“行政部门投资与发展开支计划”（PIDDA）的开支。

表 12－6 2013－2017 年高等教育公共开支情况

开支	2013 年	2014 年	2015 年	2016 年	2017 年
高等教育公共开支占特别行政区政府开支的百分比/%	5.17	4.78	4.42	4.38	4.77
高等教育公共开支占教育公共开支的百分比/%	31.59	34.42	34.26	32.89	31.75
高等教育公共开支占 GDP 比率/%	0.56	0.65	0.88	0.91	0.80

所以，高等教育投入最重要的问题是要确定一套合理的投入准则。[①] 一是学生平均的投入准则，特别是公立学校之间应该有一套共通的准则。目前，按照 2018 年实施的《高等教育制度》第三十四条的规定，“各公立高等院校负责编制及提出本院校的年度及跨年度的财政预算建议”，澳门特别行政区政府“根据公立高等院校的年度预算草案分析、中期发展计划及以往各财政年度活动的总结及报告，向院校给予拨款”。可见，各公立高校被视为特别行政区政府的一个部门，其预算依事项分类向财政局提出，不须受高等教育局的规管，根本没有统一的成本控制标准。这就是过去 20 年各高校经费升幅如此之大的根源。这极不公平，更无法提高公共教育经费的使用效率，未来必须予以改变。有学者指出，无论是英国、中国香港“以院校为中心的”高等教育拨款机制，还是美国强调竞争的机制，或者中国内地和中国台湾以政府为主导的机制，都须“科学计算拨款，引入绩效元素”，“政府对高教的拨款不能只是简单地为高等院校提供所需的经费，经费的提供必须是具有策略性的，对提升国家/地区的高等教育质量有所帮助；拨款也必须经过客观科学的计算，对公共利益有所保障。”[②]

二是对私立学校的投入准则。根据《高等教育制度》第三十二条和第三十三条的规定，公共高等教育经费的资助包括对公立高等院校的资助、对私立高等院校的财政援助、对高等教育素质评鉴制度的实施及运作的资助、对高等院校学生的财政援助。资助来源包括预算资金和高等教育基金，事实上主要来源于后者。而高等教育基金对学校的资助职责主要列明有支持“高等院校的活动”、支

① 张红峰：《微型社会与澳门高等教育发展研究》，广州：广东高等教育出版社，2019，第 155－159 页。

② 谢安邦、张咏蓝：《高等教育公共拨款机制浅析》，澳门：《澳门高等教育杂志》，2013 年第 2 期。

持“兴建院校设施和购买设备”、资助“学术研究计划”、资助“完善和优化高等教育素质的计划”和资助“高等教育素质评鉴制度的推行”[①]。可见，上述制度性规定只是列出了资助私立高校的主要领域，并没有金额上限或通用的基础性资助项目，也没有评审的标准，类似于香港自资院校的资助，仅当需满足特定社会要求或目标时，或由院校提出特别申请时，政府才有针对性地提供资助或援助。澳门超过一半的私立院校，采用这种比较被动的资助投入机制，这在客观上会限制政府的教育职能，不利于高等教育的积极发展，尤其与粤港澳大湾区高等教育的竞争趋于激烈、有必要强化政府引导的环境不符。建议考虑建立类似香港“资助院校”的机制。

（三）积极抓住粤港澳大湾区发展的机遇

过去20年，澳门高等教育事业取得了一定的进展。普及化、制度的完善、量与质的同步提升、学术科研活动的日趋活跃，无不揭示出澳门高等教育正在稳步向前发展。

随着各项区域合作机制的逐步深化，澳门高等教育迎来了难得的发展机遇和更大的发展空间，特别是在粤港澳大湾区发展规划中，澳门被列为四大“中心城市”和“区域发展核心引擎”之一，澳门高等教育在推动教育合作发展、建设人才高地和推动“广州—深圳—香港—澳门”科技创新走廊建设等方面发挥着非常重要的作用。为了把握住这一千载难逢的机会，澳门特别行政区政府和高等教育委员会利用编制高等教育中、长期规划的机遇，与澳门各高校协商，分析自身的优势，配合澳门的发展定位，选好主要发展方向，充分体现“澳门所长”，规划几个主要的优先发展方向和一批“优势点”，创新合作机制，力求从人才培育和科技创新两个方面实现新的突破。

在这一方面，澳门其实已有一些成功的尝试。2017年，澳门大学分别与深圳大学、南方科技大学签署联合培养博士生协议，为粤港澳大湾区的高等人才联合培养模式探索可靠路径，总结有效经验。澳门大学举办或参与多项丰富多彩、互联互通、互访互助的粤港澳大湾区师生交流活动，为开阔学生视野、加深学生对国家科技发展的了解，推动人才多元发展，起到积极作用。[②]

---

① 澳门特别行政区第16/2018号行政法规《高等教育基金》第4条。

② 倪明选、杨晶：《高教创新强国 湾区协同发展 澳门精准发力》，澳门：《澳门高等教育杂志》，2018年第23期。

澳门理工学院利用粤港澳大湾区教育资源优势，增强学生升学的流动性，每年设立约40个面向粤港澳大湾区学生的学士学位课程招生名额，并设立奖学金吸引粤港澳大湾区优秀学生到该学院就读。此外，该学院亦通过学术交流、科研合作、合办课程、师生交流等积极投入粤港澳大湾区建设。该学院积极拓展粤港澳大湾区高校合作空间，与学术实力雄厚的广东外语外贸大学以及内地最具权威性的机器翻译研发单位——中译语通科技（北京）有限公司合作，于2016年建立“中葡英机器翻译联合实验室”，并利用自身独特优势，在基础技术研究、高新技术应用、人才培养三个层面进行广泛合作。未来将进一步强化学院自身的学科特色，凝聚学科优势，在现有基础上加强学院葡萄牙语、计算机、会计、文创等领域的学士学位教育。[①]

旅游学院积极发挥优势，通过多元化的方式，加强在粤港澳大湾区内的旅游教育合作，同时亦为粤港澳大湾区师生举办各类交流活动。该学院将提供奖学金名额给予来澳门升学的粤港澳大湾区学生，希望吸引更多优秀的内地学生到澳门升学，从而协助提升粤港澳大湾区内人才的能力至国际水平，为粤港澳大湾区建立旅游业人才储备。[②]

（四）差异化发展，发挥行业比较优势

澳门是一个典型的“微型社会”。微型社会的特点是人口和经济规模有限，教育和经济都难以实现规模效益，经济缺乏多元性。但另一方面，微型社会往往会形成极具特色的主导产业，文化须保持开放和多元。微型社会高等教育发展的一个重要策略是“求精”“不求全”，要根据自己的主导产业，重点把几个方向的教育做到全球一流水平，发挥比较优势。[③]

因此，澳门的高等教育也应紧紧把握和突出自身的特点和优势进行规划，其中有两个值得尝试的方向，即打造“国际旅游休闲服务教育基地”和“世界博彩培训基地”。

---

① 澳门理工学院：《务实创新把握大湾区建设的发展契机》，澳门：《澳门高等教育杂志》，2018年第23期。

② 旅游学院：《发挥优势推动大湾区合作》，澳门：《澳门高等教育杂志》，2018年第23期。

③ 焦磊：《微型社会高等教育追求卓越之路：基于澳门、香港地区和马耳他的比较》，上海：华东师范大学出版社，2019，第3－29、239页。作者明确指出：“微型社会下的微型高等教育系统应从整体上统筹优化各高等院校之间的关系，规避重复性浪费，遵循‘小而精’的发展模式。”事实上，“小而精”不能只是对单个学校的要求，微型社会的整个高等教育系统都应朝此方向努力。

旅游和博彩业是澳门最具优势和竞争力的主导产业，涵盖酒店管理、会展、博彩运营以及金融等相关的服务、消费等。每年 4 000 万的游客、全世界规模最大的博彩营运市场，以及由此衍生的相关服务需求，既提供了相关培训的需求，又为打造“国际旅游休闲服务教育基地”和“世界博彩培训基地”提供了条件。根据比较优势理论，澳门的高等教育应突出这一优势，放眼全球，走差异化发展道路。澳门旅游学院的成功，充分说明这条路是可行的。

旅游学院的前身为创办于 1995 年的旅游培训学院，1997 年更名为旅游学院，是一所公立高等院校。学院的发展策略有二：一是以实践为导向，始终专注于提供旅游及服务业管理方面的高等教育及专业培训，设置了一系列相关的学位课程和专业培训，包括会展、旅游、文化遗产管理、酒店管理等；二是以国际化水准为依托，与联合国国际旅游组织及地区旅游组织和众多国家的政府密切合作，力争创办世界一流的旅游教育。1997 年，旅游学院被联合国亚太经济社会委员会（ESCAP）支持组成的亚太旅游教育及培训院校网络（APETIT）评选为亚太地区顾问服务及导师培训中心。1999 年，旅游学院又与欧盟联手成立了“澳门—欧洲旅游高等研究中心（ME-CATS）”，将欧洲服务及旅游业管理的新概念融汇到亚太地区的旅游发展中，成为亚太区域的培训及教育基地，推动了澳门本地区院校与欧洲学府的经验及知识交流。2000 年，旅游学院成为获联合国世界旅游组织“旅游教育素质认证”的首间教育机构，确认了学院的教育质量已达到国际水平。2003 年，旅游学院应国际文化财产保护与修复研究中心（ICCROM）及联合国教科文组织的邀请，成为“亚洲文化遗产管理学会”的创会会员。旅游学院还受政府及其他机构委托作旅游规划及发展政策研究，亦与国际知名院校合作开办高级管理课程，现已成为澳门及亚太地区首选的提供国际化服务及旅游业课程的高等院校，并于 2017 年通过英国高等教育素质保证机构（QAA）的国际素质评鉴（IQR）。QS 世界大学排名榜于 2017 年首次推出“款待及休闲管理学科”排名，旅游学院高居全球及亚洲排名榜前列，为澳门以至亚太地区旅游发展作出了重要贡献。

澳门高校旅游及休闲服务教育事实上已形成一定的规模，成为澳门本地生及外地生选择较多的学科，2017/2018 学年的修读人数为 6 264 人，达到学生总人数的 18.76%，仅次于商务与管理。除旅游学院外，澳门大学、澳门理工学院、澳门城市大学、澳门科技大学都设置了一系列有针对性的课程（表 12 –7）。优势产业与一流的高等教育学科相辅相成，为澳门的发展带来重要动力。

表 12－7 澳门高校开设的旅游、博彩类课程

院校	部门	科目及课程（部分）
澳门大学	博彩研究所	博彩管理高级文凭：赌场行业战略管理；质量管理；SAS 在娱乐行业的应用；博彩业会计
		赌场管理文凭：赌场数学简介；酒店和博彩业的领导和管理；赌场运营管理；员工决定因素专题表演
	工商管理学院	国际综合度假村管理理学士：会计；沟通技巧与管理；财务管理；统计和数据分析；营销管理；博彩理论与经济；休闲产业和经济学
		国际综合度假村管理理硕士：国际综合度假村管理；国际酒店营销管理；综合度假村管理人力资源和人员心理；综合度假村的管理财务；综合度假村管理实习；会议，奖励和展览管理；活动和娱乐管理；博彩和赌场运营管理；跨文化赌博心理学；全球业务
		工商管理哲学博士（工商管理博士）：会计；商业经济学；决策科学；信息系统；金融；游戏管理；接待管理；管理；营销
澳门理工学院	博彩教学暨研究中心	工商管理学士学位课程（博彩与娱乐管理专业）：经济学；赌博业简介；赌场桌面游戏；大学数学；心理学；商业软件应用；宏观经济学；统计学；社会学
		博彩管理与应用技术：百家乐专业证书课程；桌面游戏管理技巧课程；账房运作课程；娱乐场监控技巧课程；骰宝课程；轮盘课程；娱乐场管理人培训——区域经理在营运中的角色与职能课程；花旗骰课程；廿一点课程；加勒比海扑克课程
		博彩科技：角子机进阶技术培训课程；角子机初阶管理实务课程；角子机基础技术培训课程；角子机运作管理课程；角子机基础网络管理课程；角子机推广及活动统筹课程；角子机中阶网络管理课程
澳门科技大学	酒店与旅游管理学院	餐饮管理学士学位：食品卫生及安全管理；从农场到餐桌的管理概论；微观经济学；管理概论；餐厅服务及实践会计导论；饮料管理及实践

续表

院校	部门	科目及课程（部分）
澳门科技大学	酒店与旅游管理学院	酒店管理学士学位：旅游及酒店业概论；微观经济学；管理导论；会计导论；酒店市场推广及销售；餐饮运作；博彩管理；商务统计；酒店财务学；人力资源管理
		国际旅游管理学士、硕士、博士学位：现代博彩营运管理；博彩及娱乐场策略管理专题；国际旅游博彩管理作业项目；旅游景点策略管理；旅游及酒店服务管理；国际旅游规划与管理作业项目；酒店和旅游点的环境管理；旅游及酒店商业分析；国际旅游酒店管理作业项目
澳门城市大学	国际旅游与管理学院	国际款待与旅游业管理学士、硕士学位（中文/英文学制）：旅游及款待业概论；管理概论；会计学；旅游法规；统计学；旅游业市场推广；经济学；旅游休闲及娱乐管理；会展旅游的理论和实务；人力资源管理；博彩业入门；博彩业营运；博彩企业管理；俱乐部管理入门；博彩心理学与赌场营销；博彩场应用的技术；俱乐部活动规划；博彩和俱乐部管理作业项目
澳门城市大学	国际旅游与管理学院	服务业管理学士、硕士学位课程（中文/英文学制）：豪华产品管理概论；豪华产品市场销售；豪华旅游特性；豪华酒店管理；高端旅游运作；国际豪华旅游专题研究；航空及邮轮服务管理；航空和邮轮服务概论；邮轮业基础运作；航空及邮轮业产品策划；航空及邮轮票务管理；航空管理研究；邮轮管理研究
		智慧科技与服务学士学位课程：智慧旅游城市基础与管理；智慧旅游目的地发展；旅游服务业的创新科技；智慧旅游的开发与管理；智能旅游系统管理；旅游业的信息技术概论；旅游业的大数据分析；智能城市的大数据分析；可视化与计算机图形学；商业信息安全；大数据算法导论；云计算与大数据分析；人工智能神经网络；科学计算；大数据时代的精准营销专题
		国际旅游管理博士学位（中文/英文学制）：旅游企业管理；旅游产业可持续发展；博彩管理；智慧旅游；旅游教育

资料来源：何涵坤根据澳门高等教育局网页资料整理①。

① 何涵坤：《澳门高等教育在“一带一路”倡议下国际教育的发展方向与策略研究》，澳门：澳门城市大学博士论文，2019。

除国际旅游休闲服务教育外，澳门应理直气壮地面向世界发展“博彩培训”。事实上，澳门部分高等院校通过开展博彩业相关课题研究，为政府、企业和社会提供决策咨询服务，并致力推动特别行政区内博彩领域学术研究水平的提升。例如澳门理工学院的博彩教学暨研究中心设有“澳门理工学院—中山大学博彩研究中心”“澳门理工学院—中山大学博士后创新实践基地”“理工—BMM博彩技术检测中心”“澳门理工学院—SUZOHAPP 亚洲博彩科技实验室”。今后可进一步强化该中心的科研和教学实力，推进有关领域的研究发展。

有学者指出，目前澳门高等教育质量上的一个重要问题是，“优势学科较少，学科设置的整体结构单一，且内部差距较大”①。其实，对于微型社会来说，结构比较单一根本不是大问题，澳门的高等教育不要贪大求全，反而要主动将许多领域的人才交给澳门以外的教育机构去培养。但优势学科的增加，的确是未来一段时间澳门高等教育发展的一个主要任务，高等教育界须认真对待。

① 马早明、俞凌云、杨励：《粤港澳大湾区视域下澳门高等教育发展：机遇、挑战与应对策略》，广州：《华南师范大学学报》（社会科学版），2019 年第 5 期。

附　　录

一、教育与青年政策

澳门特别行政区非高等教育阶段
“爱国爱澳”教育实施纲要①

教育暨青年局

2004 年 10 月

（一）前言

1.1　《中华人民共和国澳门特别行政区基本法》规定：“澳门特别行政区是中华人民共和国不可分离的部分。”中华人民共和国对澳门恢复行使主权近五年来，在“一国两制”和高度自治的原则下，经济、社会、文化等方面的发展均取得显著成就。随着更紧密经贸关系安排（CEPA）、港澳个人游和跨境自由贸易区等的实施，澳门与内地的联系更趋紧密，经贸关系和文化往来越来越密切。

1.2　“爱国爱澳”是澳门居民的优良传统，是人们在长期的历史实践中建立起来的对祖国和澳门的一种深厚感情。“爱国爱澳”的精神与情怀作为一种凝聚力和向心力，对澳门的经济发展、社会稳定和文化进步都有着巨大的积极作用。

1.3　“爱国爱澳”有赖全社会的关心和参与，但“爱国爱澳”教育的重点

① 由教育暨青年局起草，并经当时的“教育委员会”（2007 年改为“非高等教育委员会”）全体会议征询意见。

是儿童和青少年。在澳门教育制度的检讨中，教育行政当局和全社会都对该问题给予充分重视，《〈澳门特别行政区教育制度〉法律草案咨询意见稿》在教育目标中明确要求“促进学生对国家和社会的认同和责任感”“养成其爱澳门、爱祖国的情怀”。

1.4 为落实非高等教育阶段的“爱国爱澳”教育，振奋民族精神，促进澳门的长远发展，特制定本实施纲要。

（二）“爱国爱澳”教育的重要性

2.1 澳门自古以来就是中国的一部分，澳门居民有着源远流长的“爱国爱澳”传统。这一传统是历史给予澳门的一份丰厚而珍贵的精神财富，对澳门的繁荣、稳定和发展具有重要意义，理应加以珍惜，并进一步发扬光大。

2.2 中华人民共和国已于 1999 年 12 月 20 日对澳门恢复行使主权，在“一国两制”的构想下，澳门已成为中华人民共和国的一个特别行政区，进入“澳人治澳”、高度自治的新时代。在此背景下，让澳门的年青一代深入了解中国和澳门的历史与文化，多方面认识中国的国情及澳门特别行政区的区情，培养其民族归属感和国家观念，显得尤为必要。

2.3 “爱国爱澳”教育是一项长期而紧迫的任务。澳门社会有优良的“爱国爱澳”传统，但随着时代的变迁，特别是在多元文化和经济全球化日趋加剧的背景下，面对周边地区政治生态的变化，澳门的“爱国爱澳”教育在目标、理念、内容和途径上都必须寻求新的变革。

2.4 学校作为专门的教育机构，在“爱国爱澳”教育中起着举足轻重的作用；非高等教育阶段的“爱国爱澳”教育因学生处于人生的快速发展阶段而显得尤为重要。

（三）实施“爱国爱澳”教育的原则

3.1 整体考虑“爱国”和“爱澳”教育。

爱祖国往往从爱澳门开始，学生热爱祖国的情感，需从热爱家乡开始培养；同时，“爱澳”也需拓展到“爱国”。“爱国”与“爱澳”是相辅相成的，应把二者联系起来考虑。

3.2 把“爱国爱澳”教育与国际视野的培养结合起来。

“爱国爱澳”绝不是狭隘的民族主义。我们既要爱国、爱澳，又要培养学生的国际视野和全球意识，使其关心国际局势，懂得和平与发展对于国际社会的意义；既要继承和发扬中华民族的优秀成果，也要学习和吸收世界各国所创造的一切文明成果。“爱国爱澳”教育应具有开放性。

3.3　从认知、情感、态度、行为等各方面提升“爱国爱澳”教育的效果。

爱国、爱澳最终要表现为一种行为，但同时也是一种爱的情感和态度，而这一切都以对祖国和澳门的认知为基础。故“爱国爱澳”教育要避免单纯以知识记忆为目的，而要同时重视情感的培养、态度的修正以及行为的引导。“爱国爱澳”教育的效果取决于这四者的和谐互动。

3.4　从儿童的年龄发展特点出发。

不同年龄阶段儿童的身心发展特点各不相同，“爱国爱澳”教育的内容、要求和进行的方式都应根据教育对象不同的年龄阶段、心理特点、知识水平和接受能力，作出有针对性的安排，不可“一刀切”。

3.5　“爱国爱澳”教育与学校日常生活相结合。

“爱国爱澳”的情感、态度和行为都不是仅仅通过书本的学习就能够建立起来的，活动和日常生活在“爱国爱澳”教育中具有举足轻重的作用，必须予以足够重视。学校应把“爱国爱澳”教育渗透在学校日常生活及整个教育环境之中，通过多样而有吸引力的活动感染学生，在潜移默化中养成其爱国、爱澳的情感和行为。课程与教学也要配合“爱国爱澳”教育，但无须增加新的科目。

3.6　学校教育与家庭、社会互动，重视青年工作的作用。

对于“爱国爱澳”教育，学校责无旁贷，但家庭与社会的配合也至关重要。应加强家校合作，提高学校教育与家庭教育的协调性。在社会教育方面，经济、文化、旅游等领域都需予以配合，青年工作尤须在这方面发挥重要作用。

3.7　充分利用澳门的相关文化资源。

澳门有悠久的爱国、爱澳历史，相关的文化资源十分丰富。澳门还是一个以旅游闻名的城市，高质量的文化活动和文化交流频繁。“爱国爱澳”教育应充分利用澳门的各种文化设施，如博物馆、展览馆、历史遗迹和图书馆，并善于利用各种文化活动。

（四）全面关注“爱国爱澳”教育的目标

“爱国爱澳”教育的目标是分层次的，非高等教育阶段的“爱国爱澳”教育要重点关注以下要求：

4.1　认知方面。

4.1.1 了解中华民族悠久的历史，特别是近代史；

4.1.2 了解澳门的历史，特别是近400年澳门在中西交流中的特殊地位与作用以及澳门回归祖国的历程与意义；

4.1.3 了解灿烂的中华文明，特别是具有强大生命力的传统文化，如哲学、文学艺术、科学技术等方面的成就；

4.1.4 了解澳门文化的特点以及近400年来的文化成就；

4.1.5 了解中华人民共和国的国旗、国徽、国歌以及澳门特别行政区区旗、区徽的图案和意义，知道中华人民共和国的首都为北京；

4.1.6 了解中国的基本国情和澳门特别行政区的区情；

4.1.7 了解《中华人民共和国宪法》《中华人民共和国澳门特别行政区基本法》以及中华人民共和国和澳门特别行政区的政治体制。

4.2 情感与态度方面。

4.2.1 热爱祖国的国旗、国徽、国歌、首都以及澳门特别行政区的区旗、区徽；

4.2.2 热爱中国文化，认可澳门的历史与文化特点；

4.2.3 树立民族自信心和民族自豪感；

4.2.4 有清晰的国家意识和对澳门的归属感，关心国家和澳门的未来发展。

4.3 能力与行为方面。

4.3.1 能基本正确使用汉语言文字进行书面及口头交流；

4.3.2 会唱国歌，能按《中华人民共和国国旗法》的要求升、降国旗，正确使用澳门特别行政区的区徽、区旗；

4.3.3 遵守澳门的法律，关心重要的立法及行政事务；

4.3.4 爱护澳门的自然环境。

（五）系统规划“爱国爱澳”教育的内容

“爱国爱澳”教育的内容应系统规划，尤其要加强以下几方面的内容：

5.1 中华民族悠久历史的学习。

5.1.1 学习中国历史；

5.1.2 了解中华民族自强不息、百折不挠的发展历程；

5.1.3 了解我国各族人民对人类文明的卓越贡献；

5.1.4 了解我国历史上的重大事件和著名人物。

5.2 中华民族优秀传统文化的学习。

5.2.1　了解中国古代在哲学、文学艺术、科学技术等方面的成就；

5.2.2　了解中国历史上杰出的政治家、思想家、文艺家、科学家、教育家、军事家；

5.2.3　选读中国经典著作，了解感兴趣的文物史迹，鼓励有兴趣的青少年学习中国书法、武术、器乐等；

5.2.4　学习中华传统美德；

5.2.5　了解重要的中国习俗。

5.3　汉语言文字和普通话的学习。

5.3.1　学习普通话；

5.3.2　使用规范的汉字表达。

5.4　中国国情的了解。

帮助学生了解我国政治、经济、军事、外交以及社会、文化、人口、资源等各方面的历史和现状及未来发展的有利条件和不利因素，例如：

5.4.1　中国人口众多，劳动力资源丰富，但人口压力大；

5.4.2　中国幅员辽阔，但自然资源与人口的矛盾突出；

5.4.3　中国仍为发展中国家，经济和社会发展底子薄弱；

5.4.4　中国是一个多民族的国家，各民族都是祖国大家庭中的成员；

5.4.5　香港、澳门的回归与祖国统一大业的最后完成；

5.4.6　中国改革开放以来的成就；

5.4.7　中华人民共和国的国旗、国徽、国歌，中华人民共和国的首都为北京。

5.5　澳门历史与文化的学习。

5.5.1　葡萄牙人及其文化对澳门的影响，澳、葡关系历史中的重要事件；

5.5.2　澳门多元文化的发展历史、现况和意义；

5.5.3　近400年来澳门在中西文化交流中的地位与作用；

5.5.4　澳门的历史遗迹和文化名人。

5.6　了解澳门特别行政区的区情，增强社会责任感。

5.6.1　澳门的面积、地理位置、气候、人口和自然资源；

5.6.2　澳门以旅游博彩业为主的经济特点；

5.6.3　澳门的语言和多元文化特色；

5.6.4　“一国两制”和澳门的政治体制；

5.6.5　澳门回归祖国后的变化；

5.6.6　澳门特别行政区的区旗、区徽的图案及其意义；

5.6.7 《基本法》与澳门的法律制度。

5.7 关注并参与内地和澳门的时政和社会事务。

5.7.1 关注中国的重大内政外交活动和澳门的重要社会事务；

5.7.2 关注中国的西部建设、少数民族生活和贫困儿童就学问题等；

5.7.3 参加义工及各种慈善活动。

（六）非高等教育阶段实施“爱国爱澳”教育的措施和行动

6.1 进行课程改革，将“爱国爱澳”教育渗透在课程之中。

制定自己的地区课程标准是澳门教育界的共识，“爱国爱澳”教育的要求和内容可渗透在将来的地区课程框架和地区课程标准之中（不是开新的科目）。此种标准将对澳门学校的“爱国爱澳”教育提供帮助和引导。

6.1.1 在课程总目标中体现“爱国爱澳”的有关要求；

6.1.2 在各领域或各科目（尤其是中文、历史、社会、公民等科目）的课程标准中渗透“爱国爱澳”的有关内容。

6.2 调整语言政策，推广普通话，保留澳门的葡萄牙语特色。

推广普通话和保留澳门的葡萄牙语特色，是澳门语言政策调整的重点。为此，非义务教育阶段将：

6.2.1 加大普通话教师培训的力度；

6.2.2 逐步创造条件让中文科教师用普通话教学；

6.2.3 提高葡萄牙语教学的效率；

6.2.4 为私立学校开设葡萄牙语或葡萄牙文化课程提供支持；

6.2.5 在学校营造使用普通话或葡萄牙语交流的环境。

6.3 在青年工作中进一步加强“爱国爱澳”教育。

青年工作是实施“爱国爱澳”教育的重要途径，教育暨青年局从以下方面加强青年工作中的“爱国爱澳”教育：

6.3.1 资助青年社团举办相关活动及研究；

6.3.2 与体育发展局、文化局、旅游局、法务局等携手推进相关活动；

6.3.3 充分利用各种大型活动，如 2005 年东亚运动会、每年的回归纪念日、国庆及“百万行”等；

6.3.4 大力推进澳门青年活动及教育领域与内地的交流，鼓励学生利用暑假赴内地旅行；

6.3.5 鼓励学生在澳门参加义工、童军和各种慈善活动。

6.4　为学校的“爱国爱澳”教育提供更有效的支持。

6.4.1　“优化教育资助计划”中优先资助与“爱国爱澳”有关的申请；

6.4.2　促进澳门学校与内地的交流及合作；

6.4.3　提升教师的“爱国爱澳”质素；

6.4.4　鼓励学校举办升国旗礼、欣赏中国传统文化艺术、参观历史文化古迹、美化环境等方面的活动。

（七）“爱国爱澳”教育行动的优先秩序

7.1　可立即采取的行动。

7.1.1　在地区课程总目标中体现“爱国爱澳”的有关要求；

7.1.2　加大普通话教师培训的力度；

7.1.3　在“优化教育资助计划”中优先资助与“爱国爱澳”有关的申请；

7.1.4　促进澳门学校与内地的交流及合作；

7.1.5　提升教师的“爱国爱澳”质素；

7.1.6　鼓励学校举办升国旗礼、欣赏中国传统文化艺术、参观历史文化古迹、美化环境等方面的活动；

7.1.7　与特别行政区政府各有关部门和全澳门民间团体携手推进相关活动；

7.1.8　充分利用2005年东亚运动会、澳门回归五周年纪念及“百万行”等大型活动推展“爱国爱澳”教育；

7.1.9　大力推进澳门青年活动及教育领域与内地的交流，鼓励学生利用暑假赴内地旅行；

7.1.10　鼓励学生在澳门参加义工和各种慈善活动；

7.1.11　资助青年社团举办相关活动及研究。

7.2　一年后可逐步考虑的行动。

7.2.1　在新制定的课程标准（尤其是中文、历史、社会、公民等科目的课程标准）中渗透“爱国爱澳”的有关内容；

7.2.2　逐步要求中文科教师用普通话教学；

7.2.3　提高葡萄牙语教学的效率；

7.2.4　为私立学校开设葡萄牙语或葡萄牙文化课程提供支持；

7.2.5　在学校营造使用普通话或葡萄牙语交流的环境。

澳门特别行政区
非高等教育范畴德育政策①

教育暨青年局
2008 年

德育不仅关系到年青一代正确价值观的形成及健康成长，而且关系到全体市民的道德水准和整个社会的健康发展。近年来，澳门在政治、经济、文化和社会等各方面的快速发展，资讯科技的广泛使用，全球联系的不断加强，令青少年的成长环境和日常生活都发生了重要变化，对德育工作提出了一系列新的要求。为此，特别行政区政府有必要从现实需要出发，制订具有前瞻性的非高等教育德育政策，以更好地推动德育工作，持续提升青少年和广大市民的道德水平，促进和谐社会的建构。

（一）政策背景

1.1 澳门政治环境的改变对德育提出了新的要求。

自 1999 年 12 月 20 日，中华人民共和国对澳门恢复行使主权以来，澳门进入了一个“一国两制”、“澳人治澳”、高度自治的新时代，爱国爱澳教育须进一步加强，包括增进年青一代对中国国情和澳门区情的了解，培养他们的民族归属感、对祖国和澳门的认同感，以及整体国家的观念。同时，在民主、法治的制度环境里，整体提高澳门市民的公民意识、公民责任感和理性精神，亦是澳门德育政策应关注的重要议题。

1.2 澳门经济和社会发展给德育带来机遇与挑战。

由于特殊的地理条件和历史原因，澳门的经济以旅游博彩为主，近年赌权开放后大量外资涌入，内地“居民个人赴港澳游”政策的实施，以及区域合作的增强，推动了澳门经济的迅速增长，尤其旅游博彩业进入了一个飞速发展的时期。这在促进澳门社会发展并给年青一代的成长提供机遇的同时，也使德育工作面临着一些新的挑战，如轮班工作家长及投身博彩行业青年人的增加，令德育工

① 由“非高等教育委员会”设立的专责小组负责讨论、起草，2008 年提交该委员会全体会议讨论通过并颁布。

作环境日趋复杂；赌博、毒品、色情及暴力等不良影响对年青一代的价值观和人生观造成冲击等。

1.3　多元文化的背景和全球联系的加强要求拓宽德育工作的视野。

澳门是一个多元文化的社会，中华文化在澳门有着悠久的历史，同时，西方文化特别是葡萄牙文化对澳门的影响也已历400余年。在全球联系日益加强的背景下，澳门近年的对外开放更进入了一个新的历史时期，对外交流日益频繁而广泛。澳门的德育工作一方面应进一步继承和弘扬中华民族传统的伦理美德，同时亦应该拓宽视野，吸纳和借鉴其他文明的优秀文化，包括西方的自由、民主、平等的理念和公民教育的经验。

1.4　澳门的人口结构和青少年生活方式的改变要求德育工作与时并进。

近年来澳门居住人口的总数已超过54万人，流动人口和老年人口比例上升，年轻人口的比例则趋于下降，上述人口结构的变化所引发的一些社会和伦理等方面的问题值得德育工作者重视。资讯科技和网络的广泛使用、新移民的增加、家庭结构的改变以及父母陪伴子女时间的减少，令年青一代的成长环境日趋复杂，日常生活发生了重要变化，这要求德育工作的目标、途径和方式都须与时并进。

1.5　教育改革的推进为加强德育工作提供了契机。

特别行政区政府和学校近年持续推进教育改革，《非高等教育制度纲要法》的实施、青年工作和教育工作协调性的加强、学校德育工作制度和学生辅导服务的完善，为进一步推进德育工作创造了条件。《非高等教育制度纲要法》在教育总目标中明确规定，相关实体须“致力培养及促进受教育者爱国爱澳、厚德尽善、遵纪守法的品格，使其有理想、有文化及具备适应时代需求的知识和技能，并养成其健康的生活方式和强健体魄”，尤其应“培养其对国家和澳门的责任感，使其能恰当地行使公民权利，积极履行公民义务；培养其良好的品德和民主素养，使其能尊重他人，坦诚沟通，与他人和谐相处，积极关心社会事务”，并“建立正确的价值观”。这为德育工作提供了重要的方向。

（二）政策目标

德育工作需要政府、学校、家庭和社会从各方面采取协调一致的措施，而在政策目标上，特别行政区政府尤其关注青少年儿童以下品德与公民素养的培养：

2.1　对家庭、学校的归属感，对国家和民族的认同感，以及爱国爱澳的情怀；

2.2　正面的价值观、珍爱生命和热爱生活的积极态度、健康的生活方式；

2.3　对赌博、毒品、色情及暴力等不良影响的辨识能力和抵御能力以及逆境中抗挫折的能力；

2.4　自尊、自律、自主、自强、勤奋、诚实、礼让以及有爱心和责任心等个人品质；

2.5　民主、法治、人权、公义等公民价值观念；

2.6　合作、尊重、宽容、守信等公民品格；

2.7　批判思考、理性决断和积极参与社会公共生活的能力；

2.8　国际视野以及保护环境的意识和能力。

（三）政策措施

3.1　关注德育工作中的以下重要议题。

3.1.1　“爱国爱澳”教育；

3.1.2　博彩业发展给学生可能带来的影响；

3.1.3　毒品与滥药对青少年的危害；

3.1.4　青少年犯罪、校园欺凌和校园暴力；

3.1.5　性教育；

3.1.6　公民能力与法治精神；

3.1.7　传媒的社会责任和职业道德，以及使用网络之规范和相关道德操守的教育。

3.2　加强德育组织及制度的建设。

3.2.1　完善德育的制度体系，充分体现德育制度的公正性、人文性和实践性，发挥其对学生道德成长的引导作用，形成有效的德育工作机制；

3.2.2　优化教育行政当局的领导、组织、协调及督导的功能，充分发挥德育中心、教育心理辅导暨特殊教育中心以及其他各青年中心和教育活动中心的作用，协助学校开展德育工作；

3.2.3　持续优化学校“德育工作小组”，充分发挥其在学校德育的规划、领导、组织、协调及评价等方面的作用；

3.2.4　协助学校发展和培育学生组织，支持学生会和其他学生社团的活动，逐步建立学生参与班级管理和学校建设的机制；

3.2.5　建立相关制度，让教师有更多时间关注学生；

3.2.6　推动学校建立和完善家校间的合作和互动的机制，提升家长参与学校建设、关心学校德育工作的积极性；

3.2.7　扶持和培育青年社团及青年组织，充分发挥其在青少年德育工作中的特殊作用；

3.2.8　在学校、相关教育机构及政府间建立及早发现问题青少年的机制，以便对有问题及容易出现问题的学生或学生群体给予相应关注，展开有针对性的教育；

3.2.9　与辅导服务机构组成“校园危机事故支援小组”，协助学校减低危机事故可能造成的负面影响。

3.3　加强德育工作队伍的建设。

3.3.1　树立“人人都是德育工作者”的理念，充分发挥学校教育工作者言传身教的作用，有计划地提高学校领导、班主任、各科教师以及学生辅导员、余暇活动人员等各类专职人员做好德育工作的自觉性和能力；

3.3.2　为学校教师和其他相关人员提供培训，提升他们的育人能力以及与家长沟通的技能；

3.3.3　为品德与公民教育任课教师提供专门培训课程（包括课程开发方面的培训），持续提升其专业能力；

3.3.4　加强对学生干事的培训，创造机会让学生组织和所有学生参与学生的自我管理和有关的学校事务，提高学生的自我教育和自我管理水平；

3.3.5　充分利用家长及各种社会力量，有效发挥其在道德教育中的积极作用，提升德育工作的品质和效能。

3.4　加强德育课程的建设。

3.4.1　依据澳门现实和未来发展的需要，研制既具有时代性、针对性，又具有前瞻性的“品德与公民教育基本学力要求”；

3.4.2　完善学校的德育课程体系，系统规划德育课程目标，加强和改进幼儿教育、小学教育、初中教育和高中教育各阶段德育课程的衔接；

3.4.3　鼓励学校根据各自的办学特点，以及学生的年龄特点和身心发展规律，系统规划并各有侧重地安排不同教育阶段品德与公民教育的内容；

3.4.4　与专业机构合作，为学校研制体现本澳特点及未来发展需要的中小学《品德与公民》教材，以及预防赌博和生命教育等方面的教材套，鼓励并支援相关机构和团体优先开发澳门历史、澳门地理等教材，为学校的德育工作提供丰富的课程资源；

3.4.5　加强德育在各学科中的渗透，尤其在语文、历史、地理、社会等科目中的渗透，重视相关科目和各种教育活动的配合；

3.4.6　重视德育课程与学生日常生活的联系，德育课程的设计与实施不仅要利用学生的日常生活经验，而且应主动深入和影响他们的日常生活，解决其生活中遇到的道德问题。

3.5 持续改进德育教学。

3.5.1 遵循学生品德形成的规律，从道德认识、道德情感、道德意志、道德信念、道德行为等各方面提升德育教学的成效；

3.5.2 从学生的年龄特点出发，根据其知识水平和接受能力安排德育教学的内容、要求、实施的方式和方法，因材施教，加强德育的针对性；

3.5.3 改进学生的学习活动方式，避免简单的灌输和粗暴的强制与惩罚，重视活动、讨论等有利于调动学生的主动性和积极性的学习方式，避免过分强调道德规范的记忆，重视理解、体验和实践在品德培育中的作用，重视小组学习、合作学习，以及社会实践、社会服务在道德教育中的作用，促进学习方式的多样性和有效性。

3.6 发挥学校、家庭和社会的力量，建设良好的德育环境。

3.6.1 物质环境建设方面。

——在学校建设体现学校特点的人文景观，突出校园建筑、设施等物质环境的德育功能；

——改善和净化学校周边的环境，在学校新建规划中，考虑学校与不良环境的分隔；

——完善德育设施和培训基地；

——给各类机构或组织提供设施、场地或资助，鼓励其开展面向青少年的德育活动或为青少年参与社会服务提供机会。

3.6.2 文化环境建设方面。

——加强校园文化建设，在教师、学生及其他人员之间营造相互尊重和信赖以及彼此友爱的道德氛围；

——鼓励并资助学校开展丰富多彩的余暇活动，营造自由、平等、健康、理性、积极向上的校园生活环境，提升校园生活的吸引力；

——推动社会建立和完善净化学校周边环境的机制，包括必要的立法及制订相关的规章制度；

——设立机制，为学生提供课后辅导服务；

——加强学校与社区之间的沟通与合作，有效利用社区的教育资源，为青少年儿童提供丰富、健康的余暇生活；

——鼓励家长与子女共同参与社会服务；

——推动家长主动参与学校事务，关心子女的学校生活；

——帮助家长树立以身作则的观念，为孩子成长营造健康、和谐的家庭环境；

——开发家长教材，加强家长教育，启发家长认识到建立良好亲子关系的重要性，关注年青一代成长的新特点，思考新时代子女教育的新课题，树立正确的家庭教育观念，并掌握亲子沟通的有效技巧，持续提升家长的教育能力；

——建立德育资源库和适合青少年特点的德育网站，充分发挥教育电视、网络及其他媒体的作用，为教师和学生提供网络、多媒体、图书资料等丰富的德育资源和交流平台；

——通过举办相关活动和推动立法，引发全社会对传媒（包括报章、电视、网站、电台等媒体）的社会责任与职业操守的讨论和重视，营造健康的传媒环境和舆论氛围。

3.7　有效开展各种德育实践活动。

3.7.1　组织学生访问本地政府机关、立法会、法院及其他公共事务机构，让学生了解其组织和功能，培养他们关心社会及公共事务的态度和能力；

3.7.2　引导学生关心社区生活，参与社会服务，提高学生服务社会的精神；

3.7.3　鼓励学生多参与社会公益活动，如“百万行”、卖旗筹款、慈善卖物会、义工、童军等，以提高他们的公民意识和公民参与能力；

3.7.4　充分利用各种大型活动，如每年的回归纪念日、国庆等，为学生提供更多参与社会、服务社会的机会，增进他们与社会的良性互动；

3.7.5　鼓励并资助各类机构、社团和组织为学生提供参与社会服务和德育实践的机会，让他们在实践中不断成长，提升其自我教育能力；

3.7.6　鼓励学校升挂国旗，举办升国旗仪式、欣赏中国传统文化艺术、参观历史文化古迹等方面的活动；

3.7.7　与体育发展局、文化局、旅游局、法务局等携手推进相关活动；

3.7.8　通过相关部门，主动加强与邻近地区的合作，关注学生北上滥药及堕胎等问题；

3.7.9　大力推进澳门青年活动及教育领域与内地的交流，鼓励学生利用暑假赴内地旅行，鼓励学生参加国防教育营等各种有意义的活动，使学生在实践活动中得到锻炼。

3.8　建立并完善督导及评价机制。

3.8.1　充分发挥政府及学校督导机构在德育工作中的督导作用，通过综合评鉴及相关的专项评鉴，促进学校德育工作品质的提升；

3.8.2 逐步完善德育评价体系，建立有效的反馈、激励机制，加强对各层面德育工作的引导，提升德育效能；

3.8.3 引导学校重视德育评价方式的多样性，充分发挥评价的多种功能，促进学校德育工作的持续改善。

澳门特别行政区
非高等教育范畴语文教育政策[①]

教育暨青年局
2008 年

非高等教育范畴的语文教育政策，不仅关系到文化的传承、学校教育的素质，而且关系到全体市民的语言素养，以至澳门社会的整体竞争力和可持续发展。特别行政区政府成立以来，澳门的经济、政治、文化、社会以及非高等教育都获得了快速发展，有必要订定既具前瞻性又适合当前需要的语文教育政策。

（一）政策主要关注点

1.1　《中华人民共和国澳门特别行政区基本法》的相关规定。

《中华人民共和国澳门特别行政区基本法》第九条规定："澳门特别行政区的行政机关、立法机关和司法机关，除使用中文外，还可使用葡文，葡文也是正式语文。"同时在第一百二十一条规定："澳门特别行政区政府自行制定教育政策，包括教育体制和管理、教学语文、经费分配、考试制度、承认学历和学位等政策，推动教育的发展。"

1.2　《非高等教育制度纲要法》的相关规定。

第 9/2006 号法律《非高等教育制度纲要法》第三十七条（教学语文）规定："公立学校应采用正式语文中的一种作为教学语文，并给学生提供学习另一正式语文的机会。""私立学校可使用正式语文或其他语文作为教学语文。""拟使用其他语文作为教学语文的私立学校，须经教育行政当局评估并确认其具备适当条件后方可施行。""以其他语文作为教学语文的私立学校，应给学生提供学习至少一种正式语文的机会。"

1.3　《中华人民共和国国家通用语言文字法》的相关规定。

澳门是中华人民共和国的一个特别行政区，《中华人民共和国国家通用语言文字法》规定，普通话和规范汉字是"国家通用的语言文字"，"国家推广普通

---

① 由"非高等教育委员会"设立的专责小组负责讨论、起草，2008 年提交该委员会全体会议讨论并颁布。

话，推行规范汉字”，“公民有学习和使用国家通用语言文字的权利”。

1.4　澳门日益增长的与内地交往的需求。

特别行政区政府成立以来，澳门与内地的交往日益紧密，普通话的推广比以往任何时候都显得更为迫切。

1.5　澳门作为大中华地区与葡语国家间文化和经贸交流平台的需求。

近年来澳门以自身独特的语言和文化优势，通过“葡语论坛”等活动成功地成为大中华地区与葡语国家之间文化和经贸交流的平台，适当而有效的葡语教育对澳门保持和发挥区域优势具有重要的意义。

1.6　澳门发展成国际城市的要求。

英文的普及与其他高水准的外语人才的培养，是澳门发展成国际城市和确保经济及社会持续发展的必备条件之一。

1.7　居民终身学习的需求。

语文是人们理解客观世界、有效思考、传情达意的工具，非高等教育阶段的语文教育须为每一位居民奠定终身学习和发展所必需的语文基础。

1.8　语文教育政策的文化功能。

语言文字既是人们交流的工具，同时也是文化的重要载体。语文教育政策对传承和发展中华文化、促进文化的多元化都具有重要影响，澳门的语文教育政策应确保中华文化在澳门的进一步发展，并考虑澳门的多元文化特色。

1.9　粤语的传统和繁体字的价值。

长期以来，粤语和繁体字是澳门市民和学校使用得最广泛的语言和文字，语文教育政策应重视这一传统并肯定其价值。

（二）政策目标

2.1　特别行政区政府方面。

——从法律、历史、文化特色等各方面考虑，明确中、葡、英三语的地位，优先强调“两文”（中文、葡文）“三语”（粤语、普通话、葡语）；

——致力培养一定数量的中葡双语精英人才；

——构建推广普通话、葡语和英文的有效机制；

—— 为学校、教师及其他机构的语文教育提供足够的资源；

—— 完善语文教育的相关法规（主要包括有关课程方面的法规，以及拟采用非正式语文作为教学语文的学校所应具备的条件的法规）。

2.2　学校方面。

——校内形成良好的语言学习环境；

——语文课程得到优化，特别是教学语文的教育得到加强，其课程有充分保障；

——普通话、葡语、英语及其他语文的教学效率得到切实提升。

2.3　教师方面。

——中国语文教师以普通话授课的能力逐步得到加强；

——选择以中文和葡文以外的语文作为教学语文的学校，有关教师具备政府所规定的相应语文的基本素养；

——各类语文教师的语文教学能力得到持续提升。

2.4　学生方面。

——养成乐于学习语言的态度和通过语言进行交流的自信，语言潜能得到充分发展；

——中学毕业时教学语文的听、说、读、写均可满足升学与就业的需求；

——中学毕业时具备熟练运用教学语文以外至少一门其他语文的能力；

——以中文为教学语文的学生，中学毕业时能说比较流利的普通话，书写正确的繁体字和通顺的中文，并认识规范汉字；

——阅读的兴趣和能力得到持续提升。

2.5　其他教育机构及民间团体。

——配合澳门特别行政区政府的相关政策，积极推动语文教育的发展；

——优化及开发社区的各类语文学习资源，改善市民学习各种语文所需的环境及条件。

（三）政策措施

3.1　语文课程政策。

3.1.1　优先教授正式语文。

——公立学校必须采用正式语文中的一种作为教学语文，并给学生提供学习另一种正式语文的机会；

——私立学校应给学生提供学习至少一种正式语文的机会。

3.1.2　加强教学语文以外的其他语文的教育。

——教育机构须在小学教育开始或继续教授一门教学语文以外的其他语文，且至第五和第六年时，该语文的教学应更具规范性、系统性；

——鼓励学校为学生学习其他语文创造条件。

3.1.3 订定新的“基本学力要求”和相关能力指标。

——制订中文、葡文和英文“基本学力要求”；

——委托研究机构探讨订定符合澳门学生实际的普通话能力指标的可能性。

3.1.4 丰富课程资源，改进课程设计。

——促进普通话、葡文及英文教材的编写和出版；

——中文科应首先让学生掌握繁体字，但学校可自主选用经政府认可的繁体字教材或采用规范汉字的教材；

——资助学校改善并丰富语文课程资源；

——在职业技术学校增设翻译专业文凭课程；

——改善和加强各教育阶段间语文类课程的衔接。

3.2 教学语文政策。

3.2.1 一般规定。

——公立学校采用正式语文中的一种作为教学语文；

——私立学校可使用正式语文或其他语文作为教学语文；

——拟使用其他语文作为教学语文的私立学校，须经教育行政当局评估并确认其具备适当条件后方可施行；

——鼓励学校创造条件逐步在中文科采用普通话进行教学，中文学校的其他非语文类科目可采用粤语教学。

3.2.2 新申请以非正式语文作为教学语文的学校所应具备的条件。

由政府订定学校所应具备的条件，相关条件主要关注教师的能力和学校的支援措施两个方面。

3.2.3 新申请以英文作为教学语文的学校所应具备的条件。

3.2.3.1 以英文授课的非英文科教师所需具备的英文能力。

•最基本的要求是：词可达意，同时不会对学生的英文学习带来负面影响。

•具体要求是：

（a）在 TOEFL 考试中达到以下要求或以上：

TOEFL-Computer Based		TOEFL-Paper Based		TOEFL-Internet Based（IBT）	
Total Score	Essay Rating	Total Score	TWE（Test of Written English）	Overall Score	Writing
237	4.5	570	5	90	21

（b）或在“国际英语水准测试制度——学术领域”（IELTS Academic）中 Overall Score 取得 6.5 级或以上，Writing 获得 6 级或以上；

（c）或在英国普通教育文凭考试（海外）中英文科达到以下要求或以上：

GCE	GCSE
D 等	C 等

（d）或达到教育行政当局认可的其他同等水准。

3.2.3.2　学校的支援措施方面。

•学校必须有意识、有策略地为学生提供一个有利于英文学习的语言环境，包括：

（a）加强英文科的教与学；

（b）营造丰富的英文环境；

（c）制订完善的衔接计划。

•学校须把有关的支援策略与具体措施列入其学校发展计划和年度报告内，并配合学校自我评估与校外评核的机制，从不同的角度，在质和量方面进行评估和监察。

3.2.4　在现有以英文作为教学语文的学校，未来新入职的须以英文授课的非英文科教师，亦须达到 3.2.3.1 所规定的要求。

3.3　教师专业发展方面。

——加强师资培训，运用校本培训、脱产进修和休教进修，整体优化语文教师队伍；

——与相关机构合作，指导语文教师的教学工作；

——创设条件，让师生都有机会与外地交流相关心得与经验；

——通过各项资助计划，鼓励并支持学校培训本地的优秀语文教师；

—— 以“国家语言文字工作委员会”的相关标准为基础，作适当调整，订定中文科教师（包括普通话教师）的普通话标准，并建立相应测试制度；

——分阶段为已在职中文科教师提供普通话和其他专项培训；

——与相关机构合作加强葡语教师培训，提高葡语教学水准；

——采取措施提高驻校葡语教师的归属感，为其提供教材及教具上的支援；

——继续实施“英语教师境外学习之旅”计划，甄选优秀英语教师赴英语系国家进修。

3.4　政府支持方面。

——为学校加强或改善语文教育提供各种资助，包括图书、教师专业发展及辅助人员等；

——资助学校配置推广阅读的专职人员，帮助学生培养阅读的兴趣；

——制订并实施“语文推广资助计划”，为学生、市民学习普通话、葡文和英文提供资助，或资助相关机构提供有关服务；

——强化教育暨青年局语言推广中心和教育资源中心的职能，并充分发挥民间相关机构和社团的作用，为市民和教学人员提供丰富的语文教育资源或语文学习的机会；

——资助有关机构开展普通话测试；

——推动非高等教育机构和高等教育机构之间在培养中、葡双语专才方面的合作，为中学职业技术教育开设翻译课程提供条件；

——继续委派葡语教师到私立学校任教；

——强化“学生赴葡进修计划”，鼓励本澳学生报考欧盟葡文试；

——资助学校聘任以英语为母语的教师。

3.5　其他教育机构及民间团体。

——高等院校教育学院课程与教学须配合政府的语文教育政策，特别是中国语言文学教育学士课程须开设连续 4 年的普通话必修课，拟教授中文科的学生须通过政府规定的“普通话测试”；

——高等院校应开办更多翻译课程。

澳门特别行政区
非高等教育发展十年规划（2011—2020年）[①]

教育是社会进步的基石和人才培养的关键环节。澳门的自然资源十分有限，未来的长远发展必须以人力资源的建设为基础，通过发展高品质的教育，培养优秀人才，并提升居民的整体素质和竞争能力。

特别行政区政府成立以来，高度重视发展教育，非高等教育领域有效加大了资源的投入，成功实施15年免费教育，深入检讨和完善了非高等教育制度，积极支援学校改善办学条件，努力完善教师的工作环境和专业素养，全面关注学生的需要与健康，教育环境和成效都得到明显改善。目前，澳门正处于发展的关键时期，未来的澳门将努力建设成为“世界旅游休闲中心”，为促进经济的适度多元发展，将在保障博彩业适度、有序和规范发展的同时，大力发展旅游、会展、金融、文化创意等现代服务业以及科技、文化等社会事业。而这一切都有赖于大力发展教育、培养高素质的人才，为澳门的长远发展提供人力支撑。

澳门的非高等教育正处于提高品质、迈向优质教育的关键期，特别行政区政府已提出实施“教育兴澳”的方针。未来的教育投入将强化制度性建设；不断提升教师的工作条件与专业能力；进一步加强学生的综合能力，尤其是语文能力、艺术素养、国际视野以及思考和探究的能力；逐步优化课程与教学关系，着眼于学生的长远发展；学校的校园生活应为学生提供全面的学习经历；进一步畅通终身学习的途径。

为进一步提高非高等教育政策的有效性、预见性和协调性，特别行政区政府根据澳门未来长远发展的需要，并结合非高等教育的现况，特订定《澳门非高等教育发展十年规划（2011—2020年）》，以确定未来发展的方向和目标，并规划相应的保障措施，调动全社会的力量共同促进非高等教育事业的发展。

（一）愿景与基本政策方向

1.1　愿景。

澳门非高等教育未来10年的发展愿景是：立足于澳门发展的长远需要，充

① 由“非高等教育委员会”设立的专责小组负责讨论、起草，2011年11月以澳门特别行政区政府《二〇一二年财政年度施政报告》附录五的形式颁布。

分发挥澳门教育传统的合理成分和有效机制，按照优先发展、提高品质、育人为本、促进公平的方针，在15年免费教育的基础上，推进特殊教育、职业技术教育的发展，加快小班制在中学实施的步伐，建立一支师德高尚、专业精湛的高素质师资队伍，形成符合时代发展需要和有利于学生发展的课程与教学体系，并发挥持续教育和终身学习在提高市民工作技能以及生活素质方面的重要作用，从人才培养上为澳门的可持续发展提供有力保障。

1.2 基本政策方向。

1.2.1 优先发展教育。

将优先发展教育作为一项长期坚持的重大方针，在经济、社会和城市发展规划中优先安排教育的发展，在政府财政预算中优先保障教育投入。同时，充分调动全社会积极关心和支持教育的发展，共同担负起培育下一代、构建学习型社会的责任。

1.2.2 以提高品质为核心任务。

把提高品质作为非高等教育未来发展的核心任务，尤其要树立符合时代发展需要的教育品质观，将教育工作的重心真正落实在学生的发展上，让全体学生健康、快乐地获得全面发展。

1.2.3 实现非高等教育各组成部分的协调发展。

从制度和投入等方面确保各级、各类教育的协调发展，尤其要保证义务教育和免费教育的有效实施，提升高中学生的入学率，按照本澳产业适度多元化的需要积极发展职业技术教育和职业培训，构建灵活开放的终身教育体系。

1.2.4 促进教育公平。

把促进公平作为非高等教育发展的基本政策，切实保障居民依法享有受教育的权利，尤其是完成义务教育的条件和机会，加强对家庭经济困难以及有特殊教育需要学生的支援。

1.2.5 发展多元的学校系统。

通过资助及其他各种途径鼓励学校在办学理念、课程重点和教学模式上形成自己的特点和风格，以便让学习者有多样的选择，为社会培养多元的优秀人才。

（二）发展目标

2.1 各级、各类教育的发展。

2.1.1 幼儿教育。

•促进幼儿教育课程与教学方法的革新，尤其是以游戏为基本的学习活动方式，避免幼儿教育的小学化倾向；

•发展幼儿教育素质保证评量指标，帮助幼儿教育机构达成更优秀的素质表现。

2.1.2　小学、初中教育。

•保证所有适龄儿童有条件完成义务教育；

•促进学生学习成功，减低小学和初中的留级率；

•在课程、教学和学生发展等方面加强小学与初中的联系，让学生享有完整、连贯的学习经验；

•促进评核方式的多元化，强化学习辅导，提升学生的学习成效。

2.1.3　高中教育。

•提高高中学生的入学率；

•推进小班制在高中的实施；

•促进多元化高中教育体系与模式的发展，包括教育机构、课程以及学习模式的多元化，为学生按自己的兴趣和能力进行选择提供可能。

2.1.4　职业技术教育。

•发展与产业适度多元化需要相适应的职业技术教育；

•优化职业技术教育课程，增加就读的学生人数；

•调动相关企业参与职业技术教育的积极性。

2.1.5　特殊教育。

•资优教育得到实质推进；

•有特殊教育需要学生的评估、个别化教育及相关服务进一步完善；

•相关的家长及教师得到更充足、有力的支援；

•加大资源投放，优化特殊教育软件和硬件的配套。

2.1.6　持续教育。

•建立回归教育标准评核机制，以灵活、多样的方式实施回归教育；

•优化市民持续进修的各项条件；

•发展社区教育和家庭教育，构建灵活、开放的终身学习体系，以进一步形成学习型社会。

2.2　学生发展。

基于全人发展的理念以及澳门未来的长远发展需要和非高等教育的现况，在学生发展上将特别关注：

2.2.1　语文能力。

有效提高学生的阅读兴趣、书面表达能力、书写技能以及文学素养，学生在中学毕业时具备熟练运用至少一种外语的能力，以中文为教学语文的学生能说流利的普通话。

2.2.2　身心素质。

促进学生的健康发展，包括身体健康和心理健康以及良好的社会适应能力，养成健康的生活方式。

2.2.3　品德与公民修养。

加强品德与公民教育，协助学生建立正面的价值观，加强其对国家、澳门的认识和认同，培养良好的品德、公民意识和爱国爱澳的情怀，以及积极参与社会活动和提高抵抗诱惑与战胜挫折的能力。

2.2.4　创新思维。

培养学生主动学习和积极思考的态度，以及勇于创新的精神，发展他们的独立思考和批判思维能力。

2.2.5　国际视野。

培养学生对本地历史与文化的认同以及开放、包容的文化态度，鼓励其扩大国际视野，增进放眼世界的信心。

2.2.6　艺术素养。

提升学生的艺术素养，包括教授相关的艺术知识，培养学生对艺术的兴趣和良好的审美趣味，以及对艺术的感受力、鉴赏力和创造力，通过艺术教育发展学生的潜能，提升其观察、想象和创新的能力。

（三）重要措施

3.1　保障经费投入。

3.1.1　政府与社会。

•在保证经济发展、财政稳健的基础上，政府每年的财政预算优先安排非高等教育财政投入具一定的增长比例；

•将非高等教育的开支在政府公共总开支中所占的比例提高到理想水平；

•通过分阶段财政拨备，有步骤地增加教育发展基金的规模，充分发挥其教育经费的储备与调节功能，强化其对非高等教育发展的政策引导和财政扶持作用；

•积极而稳妥地调升免费教育津贴、学费津贴和回归教育津贴，为学童提供平等的就学机会；

•充分发挥学生福利基金的作用，完善对家庭经济困难学生的资助机制，避免学生因经济原因而丧失受教育的机会；

•加强对学校教育经费使用的管理和监督。

3.1.2　学校。

•不牟利本地学制的私立学校每年用于教学人员薪酬和公积金的支出达到学校固定及长期收入的70%或以上；

•逐步增加不同职级间教学人员薪酬的差幅；

•为所有教学人员设立公积金。

3.1.3　家长。

•为子女就学提供经济保障。

3.2　完善免费教育和义务教育。

3.2.1　政府与社会。

•2012年完成义务教育法规的修订；

•免费教育按每班学生人数25至35人计算津贴的措施，不迟于2014/2015学年推广至整个初中教育阶段，不迟于2017/2018学年延伸至整个高中教育阶段；

•幼儿教育、小学教育和中学教育的班师比，2015年分别达到1∶1.6、1∶1.9和1∶2.4，2020年达到1∶1.7、1∶2.0和1∶2.5；

•强化有关预防学生辍学及离校的机制；

•完善义务教育学生个案跟进的机制。

3.2.2　学校与教师。

•充分发挥小班制的作用，优化教学环境，全面提升教育素质，让具有不同需要的学生得到更全面的照顾；

•审视和完善学校的评核和升留班制度，促进所有学生学习成功，减低留级率；

•秉持“有教无类”精神，原则上不开除义务教育阶段学生；

•加强家校合作，促进学生健康成长。

3.2.3　家长。

•关注子女的健康成长和学习问题，促进其学习成功；

•确保子女完成义务教育；

•创造条件并鼓励子女继续升学；

•与学校充分沟通，并配合政府和学校所开展的计划，共同促进学生成长。

3.3　加强教学人员队伍建设。

3.3.1　政府。

•弘扬尊师重教的良好风尚，使教师成为受人尊重的职业；

•积极落实《非高等教育私立学校教学人员制度框架》及其他相关法规，尤其是落实职级和晋升制度，发放专业发展津贴，减少教师的每周授课节数，以便有效提升教育人员的职业保障，并促进其专业发展；

•提高教师的专业化水准，到2020年，幼儿教育、小学教育和中学教育教师中拥有“师范培训”者的比例分别达到97%、95%和90%；

•加强对教学人员在职培训的协调，扩展“骨干教师培训”的学科领域，并继续开展“脱产培训”和“休教进修”计划，优化教学设计奖励计划，逐步建立完善的教学人员专业发展体系；

•自2013年起，新任职的校长及学校中高层管理人员须完成政府相关部门认可的培训；

•与高等教育机构合作，为有需要的教师提供师范培训课程的学额；

•鼓励高中优秀毕业生修读教育类的高等教育课程，为教学人员队伍储备优秀人才；

•到2014年，完成制订中文科教师（包括普通话教师）普通话标准，并有序地筹备和开展相应的测试工作；

•与相关机构合作加强外语教师培训，提高外语教学水准。

3.3.2　学校。

•为私立学校教学人员设立公积金；

•落实教学人员的职级与晋升制度；

•实施适切的校本培训，建立有效的教研机制。

3.3.3　教学人员。

•强化教育的使命感，遵守教学人员专业准则和职业道德，“教书”与“育人”并重，爱护每一位学生；

•积极规划自己的专业发展，努力参加在职培训和教学研究，不断反思和自我完善，以提升自己的专业形象和教育、教学的质量。

3.4　优化学校系统。

3.4.1　政府。

•在城市规划尤其是新填海区为学校发展预留土地；

•促进免费教育学校系统的进一步发展；

•2015年完成学校通则的修订；

•2014年完成特殊教育法规的修订；

•2015年完成职业技术教育法规的修订；

•完善学校专职人员制度，充分发挥专职人员的作用，促进学校发展；

•以新的思维和理念革新管理方式，优化公立学校系统；

•持续支持学校实施各项环境和设施的优化计划；

•支援学校与企业和其他社会组织合作，发展多元化的、符合经济及社会发展需要的职业技术教育；

•资助学校优化各类设施。

3.4.2 学校。

•按照“提升自身特色”和“满足社会需要”的原则，规划学校的发展；

•有效安排学校的发展规模和教育模式，优化学校的空间与设备。

3.5 改进对教育的领导和学校的内部管理。

3.5.1 政府。

•保障所有学校的教学自主以及私立学校的行政自主和财政自主，同时依法规范学校办学的行为，形成政府与办校团体间权责明确、统筹协调、规范有序的办学体制，增强学校办学活力；

•2015年完成私立学校会计制度的修订；

•修订相关法规，清晰规定私立学校“牟利”与“不牟利”的标准。

3.5.2 学校。

•依法设立校董会；

•完善学校内部治理结构，引入民主监督和社会参与，促进学校管理的现代化；

•鼓励学生管理自身事务，提升学生对学校的归属感；

•发挥家长及家长组织在学校发展和教育过程中的作用。

3.5.3 家长。

•积极参与家长会，关心学校的管理与发展。

3.6 强化教育品质保障。

3.6.1 政府。

•2015年完成学生评核的制订以及学校督导制度的修订；

•持续对学校进行系统的综合评鉴和专项评鉴，建立学校自评与外评相结合的评鉴制度，协助和辅导学校根据自身的问题实施改革，完善学校的管理和教学，提升教育品质；

•进一步发挥“学生能力国际评估计划”（PISA）的作用；

•设立有关学生评核的领导与协调机构。

3.6.2 学校。

•实施多元评核，加强形成性评价，鼓励教师实施创新的教育、教学方法，帮助学生学会学习；

•建立以提高教育品质为导向的管理制度和工作机制，把教育资源配置和学校工作重点集中到强化教学环节，全面提高教育品质。

3.7 改革课程与教学。

3.7.1 政府。

•到2012年完成正规教育的课程框架的制订，在提升教育品质和促进全人发展的原则下，坚持以学生为本，优化课程结构；

•到2015年完成正规教育各教育阶段和各学科的基本学力要求与课程指引的研制，并分阶段全面实施；

•通过教育发展基金，支持学校实施课程与教学改革；

•协助学校推行创思教学及小班教学，完善教学方法；

•结合资讯科技的应用，建立完善的教学资源共享机制；

•鼓励教师与同侪分享教学经验，通过教学观摩及经验的交流，进一步提升教师的教学水平；

•发挥教育发展基金的作用，从师资、课程与教学以及学习环境等方面协助学校提升学生的语文能力，包括使用普通话和至少一种外语进行交流的能力。

3.7.2 学校。

•开发具各校特点及配合学校办学理念的校本课程；

•提升学校的课程领导和课程开发能力以及教师的课程素养；

•建立集体教研制度，加强教师间的教学交流和协作，提升教学效能。

3.8 促进德育发展。

3.8.1 政府。

•完善和落实系统的德育政策，建立政府、学校、家庭与社会相互协调和相互支援的德育工作机制；

•发挥德育中心、教育心理辅导暨特殊教育中心以及其他各青年中心和教育活动中心的作用，协助学校开展德育工作；

•完善“校园危机事故支援小组”的功能。

3.8.2 学校。

•提升学校“德育工作小组”在学校德育中的规划、领导、组织、协调及评价等方面的作用；

•逐步建立学生参与班级管理和学校建设的机制；

•提升品德与公民课教师的专业能力（包括课程开发方面）。

3.8.3　家长。

•以身示范，发挥家庭教育的德育功能；

•了解孩子在各教育阶段可能面对的困难并给予支持和鼓励，引导孩子树立正确的价值观和人生观。

3.9　加强身心素质培养。

3.9.1　政府。

•引导和帮助学校开展各类有助于学生健康的计划，鼓励学生善用余暇强身健体，科学安排作息时间，建立良好的生活习惯；

•增加驻校辅导人员，协助学校开展更多提升学生心理素质的活动。

3.9.2　学校。

•通过课堂教学和余暇活动，教授学生有关健康生活与均衡饮食的知识，强化学生的体质；

•加强学生辅导的系统性，进一步提升学生的心理素质，尤其是应对诱惑和挫折的能力。

3.9.3　家长。

•培养子女良好的心理素质，并协助子女建立良好的生活习惯，与子女分享健康生活的乐趣。

3.10　积极发展持续教育。

3.10.1　政府。

•2012 年完成持续教育通则的制订；

•2013 年完成回归教育的津贴制度的制订；

•2013 年建立“回归教育标准评核”机制，提高回归教育的品质；

•到 2013 年，检讨持续进修发展计划的实施情况，以规划长期政策；

•加大资源投放，继续推动持续进修，鼓励市民终身学习；

•以更灵活的方式为须轮班工作的市民提供修读回归教育课程的机会；

•整合社会学习资源，为居民提供学习资讯；

•促进社区教育及家庭教育的发展，逐步构建学习型社区。

3.10.2　相关机构。

•举办各种类型的持续进修课程，为在职人士以及长者提供多元化的学习机会；

•开放学习资源，供社区居民使用。

3.11　扩大教育开放和区域合作。

3. 11. 1　有序落实《粤澳合作框架协议》中有关教育的各项措施。

3. 11. 2　深化与广东省和内地其他区域、香港特别行政区以及台湾地区的教育交流与合作，从学校发展、师生交流以及课程与教学等方面，推进职能部门以及学校层面的合作。

3. 11. 3　继续参加经济合作与发展组织（OECD）举办的“学生能力国际评估计划”（PISA）。

3. 11. 4　进一步发展与联合国教科文组织（UNESCO）的密切联系。

3. 11. 5　加强与葡语系国家和地区的交流，以更开放的视野推动澳门非高等教育的发展。

（四）中期评估和调整

4. 1　设立中期评估机制。

到 2015 年，就本规划中各项政策目标的达成情况以及相关措施的执行成效，展开中期评估。

4. 2　订定调整方案。

到 2015 年，按照中期评估结果订定和实施必要的调整方案，以提升规划的整体成效。

澳门特别行政区五年发展规划（2016—2020年）[①]
（有关教育的部分）

第一章　开拓特区发展新局面

…………

第三节　愿景与目标

…………

五、文化与教育持续发展

中华优秀文化进一步传承，多元文化共存优势进一步发挥；教育素质进一步提升；高中阶段毛入学率有所上升，完成高等教育的就业居民占就业居民总数的比例提高至亚洲发达地区的水平；完成高等教育中长期发展规划及修订《高等教育制度》；健全专业认证制度；持续进修发展较快，职业技能测试项目逐步增长，继续推进终身学习型社会的建设。

第四节　发展战略

…………

第二，打造“文化澳门”新形象，增强城市竞争力。

文化是城市的软实力，体现城市的精神和灵魂，日益成为城市综合竞争力的重要因素。基于澳门拥有中华优秀文化为主流、中西文化交融的优势，提升澳门文化软实力，展现澳门文化独特魅力。大力发展文化产业，努力打造具有核心竞争力的文化产品和文化品牌，弘扬爱国爱澳的核心价值，提高文化创新能力和传播能力，促进中葡文化交流，建立中国与葡语国家的文化交流平台，塑造“文化澳门”的城市新形象。

第三，实施教育兴澳、人才建澳战略。

澳门发展依赖教育，教育发展依赖创新。政府坚持教育优先发展，大力构建现代化、国际化的教育体系，持续创新教育思维，优化教育资源，提高教育质量，以教育公平奠定社会公平的基础。实施人才培养发展战略，形成多元、开放

---

① 澳门特别行政区政府2016年9月公布。

的职业培训体系，增强居民职业素养和就业技能，鼓励企业为员工提供更多培训和晋升机会。实施青年培养战略，加大青年培养力度，大力推广葡语学习，培养中葡双语专业人才，着重储备中葡双语商贸人才和法律人才。引导青年健康成长，为青年提供更健康、安全、和谐的生活环境，让青年拥有更多学习、工作与服务社会的机会和能力。

…………

第三章　增进民生福祉

未来五年，即使经济增长由超高速转向低中速的阶段，政府施政仍会把改善民生放在优先的位置，不遗余力，增进民生福祉。

第一节　凝聚人文之光，弘扬爱国爱澳核心价值

继续巩固和弘扬广大居民认同的爱国爱澳核心价值。以爱国爱澳价值取向为基础，深化思想道德文明建设。加强国情学习，增强对祖国的认同感，与祖国同命运、齐发展、共分享。

综合提升青少年爱国爱澳教育，通过走出去、请进来、互动交流等多种方式，丰富教育内涵和扩大社会传导效应，鼓励青年人筑梦、追梦、圆梦，增强竞争力。未来三年，通过“千人计划”，组织共 3 000 名青少年到祖国学习交流，增进对国家发展的认识，以提升综合素质，发扬爱国爱澳的精神。

传承岭南色彩的澳门文化，是中华文化的一部分，而中华文化则是澳门文化的主流。四百多年前，在特殊的政治和地理环境下，“西学东渐，中学西传”，中西文化在澳门汇聚共融；不同的族群、宗教和文化在澳门和谐共处，成为促进中西文化交流的重要桥梁。

我们要传承澳门多元文化共存的鲜明特色，建设开放包容的和谐社会。发挥土生葡人、旅居澳门葡人的积极性，共同建设“一个中心”；利用中葡文化融合的优势，共同维护和突显澳门作为中国与葡语国家文化交往的桥梁和纽带角色，促进中国与葡语国家的文化交流，进一步拓宽和强化“一个平台”的建设。

不断优化及增添文化艺术场馆、图书馆、博物馆等设施，持续加强文化素养教育，提高保护文物及世界遗产的意识。进一步发挥传统媒体与新兴媒体的积极作用，营造文化创新环境。大力培养本地文化人才，丰富居民文化生活，打造文化之城。

…………

第三节　大力推进教育兴澳、人才建澳

迎接知识经济时代的挑战，优化教育发展与人才培养模式，着力宣导创新意识，培养创新素质，提升创新能力，努力激发学生的创新潜能，培育创新型人才，解决产业多元发展中人力资源不足的瓶颈。不断改革和完善与教育创新精神相一致的教育体制，努力创造有利于创新人才成长的良好教育环境和社会环境。在实施教育公平的同时，努力创造更多条件，建设终身学习环境，让居民都有接受高水平教育的机会，愿意学习，善于学习，学有所教、学有所成、学有所用，在教育中得益，因教育而成才。

在非高等教育方面：

立足于澳门发展的长远需要，利用澳门教育传统的合理成分和有效机制，创新教育思维和教育内容，建立正规教育与持续教育相结合、教育素质和创新能力均得到明显提升的教育体系，加大力度培养新兴产业所需的人才，为澳门的可持续发展提供有力的人才保障。同时，致力加强非高等教育的综合评鉴，推动学校自评工作机制的建立与发展。2016 年完成澳门所有学校的第一轮综合评鉴，2018 年以先导计划的方式推行以学校自评为核心、结合外评的学校综合评鉴新模式，2020 年起，逐步推广至所有学校。

政府继续通过专业培养、资源投入、完善法律法规等多种途径推进职业教育和特殊教育健康发展。从制度和机制上积极扩大宣传，引入业界参与，争取获得家长的认同和吸引更多学生就读，推动职业技术教育创新。逐步增加特殊教育的软硬件设施，加大对家庭经济困难学生的支援，拓展特殊教育的空间。

落实制定解决裙楼学校问题的短中长期规划，有序推进相关工作，改善学生的学习环境。

在高等教育方面：

按照国际高等教育发展阶段划分标准，澳门高等教育毛入学率约七成，已进入高等教育普及化阶段。未来 5 年，为保持高等教育持续、稳健发展，致力完善高等教育体制，配合澳门发展定位和产业适度多元化发展的需要，通过适当的政策引导和资源投入，激发创新活力，提高创新质量，增强创新能力，培育创新人才，借以提升澳门的整体竞争力，推动社会不断进步。

持续加强院校之间，以及澳门与外地高等院校之间的学术研究合作，进一步提升高教素质，拓展学生的国际视野，并促进其全面发展。支持院校教研及行政人员持续提升专业能力，继续推动产学研更紧密的结合，进一步发挥高等院校在城市发展和建设中的科学技术引领作用，促进院校发挥各自特长，突出传统优势

学科，树立澳门特色的品牌学科。

建立良好的葡语学习环境，推广和优化葡语学习制度，大力推动中葡双语人才的培养，为“一个平台”建设提供可靠的人才保障。

引导建立质量保障体系，完成在高等院校建立与国际标准接轨的评鉴机制，再通过创建和完善内部管理制度，形成激励，提升教职员工素质，大力造就一支高效、优质、实干的教职员工队伍。

实施人才培养优先战略，促进人才培养有实质性的进展：

落实《人才培养五年行动方案》，推进各类人才队伍建设，研究和公布重点领域紧缺人才资料。人才发展委员会已于2014年起委托高等院校开展博彩、零售、酒店、饮食和会展五大行业的人才需求调研，2016年首季完成相关工作，调研结果已在网站公布。2016年第三季开展建筑与金融两大行业的人才需求调研，争取于2017年公布相关结果，为解决行业人才缺口提供参考依据。2019年至2020年初步落实中期人才培养措施，为长期人才培养打下基础。在不断深化人才发展委员会工作的同时，加强院校、相关机构的沟通和协调，共同推进人才培养水平的提升。

完善年青人才资助体制，按序开展澳门大专学生、符合条件的高校年青教学和科研人员到国外著名大学和国际机构进行交流学习，以拓宽国际视野，增进知识经验，培养创新素质，走上成才的道路。选派年青人才前往国际机构实习，人才发展委员会将以先行先试的方式，在未来两年内，选派优秀人才到联合国教科文组织进行实习。

积极研究人才引进政策措施，吸引符合建设“一个中心”、打造“一个平台”需要的专才到澳门服务；研究可行和有效的政策措施，吸引澳门在外的人才回澳投入特别行政区建设。

青年是澳门的未来和希望，政府将加大力度培养青年健康成长。协助青年做好生涯规划，给予更多升学指导，提供更多就业辅导，铺好人生发展道路，促进青年德、智、体、美全面发展，成就梦想。

继续落实青年政策的各项工作，2017年公布《澳门特别行政区青年政策（2012—2020）》中期检讨结果，2020年的执行率争取达到95%或以上，确保所有工作得以实施，并启动新一轮的政策规划工作。

专栏 15　提升发展非高等教育重点工作

1．推进落实《非高等教育发展十年规划（2011—2020 年）》

到 2020 年，15 年免费教育的学校和学生数目覆盖率都达八成以上，《非高等教育发展十年规划（2011—2020 年）》的完成率争取达到 90% 以上。

2．完成职业技术教育法规的修订

抓紧完成职业技术教育法规的修订，争取于 2017 年进入立法程序。通过相关法规的修订，逐步完善职业技术教育的制度建设和保障措施。

3．完成修订“特殊教育制度”

因应社会对特殊教育的殷切需求，政府将优化特殊教育的各项政策和措施，完善“特殊教育制度”，尤其为有特殊教育需要的学生建构完整的支援系统、优化学习环境、创新教育模式、提供适切的教育，以及为其生涯发展作规划，以促进其发挥潜能及融入社会。预计 2016 年进入立法程序，待法律生效后，将有序落实执行相关规定。

4．持续推动回归教育

向学校提供回归教育津贴、班师比津贴及职业技术教育津贴，并逐年加大对回归教育的投入，以确保回归教育学校能有效运作。

未来 5 年，将完成回归教育课程框架和回归教育津贴制度的行政法规，向开办回归职业技术教育的学校发放开办费、补充资助及更新设备津贴，提升回归教育学生的学历程度和社会竞争力。

专栏 16　教育兴澳及人才建澳行动计划

1．加快推动科普教育

未来 5 年，通过《本地学制正规教育课程框架》与《本地学制正规教育基本学力要求》，引领及规范学校科学教育的课程设置及课程内容，学校须按有关的规定，确保相应科目的教学活动时间。

通过教育发展基金持续支持中小学校开展科普教育。

借助本地大学实验室的先进设备和科学环境，提升学生的实践能力和科研水平。

组织及支持学生参与本地和外地的各类科普比赛。

推动学校与高等院校、科普机构合作，为学校的科普教师提供培训、比赛评审，以及赴外地参赛的技术指导。

争取逐步提高在 PISA 评估中科学素养为中、高表现学生的比例。

2. 持续优化“三文四语”教育的主要行动计划

由 2016/2017 学年开始，将葡语课程列为学校发展计划的“优先资助项目”，订定私立学校开设葡语课程的总时数下限。

增加开设葡文科的私立学校数量，以及增加用正规教育模式开设葡文班数量，进一步普及葡语教育。

拓展与葡萄牙的教育合作，为学生赴葡国升学提供更多课程选择。

在学生福利基金所设的“大专助学金计划”中，增加“特别助学金”的名额，帮助学生升读葡语或中葡翻译大专课程。

扩大教育发展基金对澳门教学人员及学生考取语文和专业技能认证资助的人数、类别及地区范围。

提升中文科及普通话科教学人员的普通话水平，研究制定相关教师的普通话标准，推动教师参加国际认可的国家语言文字工作委员会普通话水平测试，2016 年起，计划与内地高等教育机构合作，每年组织澳门的中文科及普通话科教师赴内地修读普通话水平测试辅导课程。

筹建石排湾语言培训中心，2016 年进行有关建设的预备工作，拟定首年运作的课程和活动计划，设定人员配置，预计 2017 年启动工程，2018 年开展首年的招生及报名工作，2019 年投入使用，完成对首年课程、活动及服务评估后，将逐步拓展各项语言培训活动的数量和对象，为居民及学生提供良好的语言学习环境，借以加强运用普通话、葡语和英语的能力及信心。

3. 构建人才资讯系统

未来 5 年，人才发展委员会将进一步完善人才资料库的功能，建立专业资格及执业注册人员资料库，构建持有各类职业技能测试资格人员资料库。

2016 年推出培养应用人才证照资讯平台系统，适时发布有关培养应用人才的职业培训及考证课程资讯。向居民宣传推广有关本地、国家、国际认可的各类职业证照、报考手续及相关培训课程资讯，努力为经济适度多元化发展培养更多、更专的高技能及应用型人才。

4. 拓展教育创新精神

推动“创新素养学生培训计划”，把“培育学生创新意识”纳入学校综合评鉴指标，发展相关内评工具，检视学生创新意识，持续促进学生创新精神的发展。

通过“少年科技优材培养计划”提高澳门学生的科技创新水平。

持续举办“青年创业创新培育计划”，组织“澳门青年创业创新考察团”，让澳门青年进一步了解内地创业创新发展的趋势。

积极鼓励及支持澳门大专学生参加和筹组各类活动，丰富实践经验，拓宽国际视野，启发创新思维，提升综合竞争力。

借着“高校教研人员专业发展资助计划”，以及与世界著名高等学府合办研修课程的机会，为澳门院校教研人员开辟更多专业发展的空间，持续推动澳门高校教学及研究创新。

5. 致力构建和完善学习型社会

鼓励居民持续进修及终身学习。增加专业认证考试申请的灵活性，鼓励更多居民考取专业证照；推行“终身学习奖励计划”，2017 年起增设专项奖励，进一步推动居民考取技能证照。

开展“终身学习周”，与社团及机构合作，推广终身学习的理念，推动更多教育组织和机构共同构建学习型社会。

持续为长者提供有利条件，推动更多长者投入终身学习。

持续构建和完善学习型社区，培训和鼓励更多热衷于终身学习的人士在社区中组织学习活动。

澳门特别行政区
青年政策（2012—2020）

教育暨青年局
2012 年

（一）前言

青年是社会的未来和希望，创造适当的环境及条件，让各个青年组群的优势及潜能得以发挥，并掌握和实践自身的权利、义务和责任，不仅是普世的愿景，也关系到澳门的持续发展。

特别行政区政府成立以来，一直重视培育青年的全人发展。2002 年，在原有的青年委员会的基础上进一步成立了青年事务委员会，并于 2007 年完成包括 15 个领域的《澳门青年全人发展策略》（以下简称“全发”），随即依循此一指导性纲领开展工作，先后制定了“博彩领域青年服务蓝图”及“偏差行为领域青年服务蓝图”。其间同时开展培育公民意识和国民认同感的国情教育活动，支持并鼓励青年参与达致自我成长和贡献社会的公益义务工作，丰富青年的余暇生活和举办各类促进独立自主和自我规划能力的课程活动等，在培育青年的各项工作上取得一定的成效。

新一代的澳门青年，公民意识日渐增强，广泛参与政治、经济、文化、公益义务和环境保育事业，为国家和本澳的发展作出了积极的贡献。另一方面，社会环境的急遽变化、价值观念的重新建构、各种新旧事物的变更，也为年青一代身体素质、心理状况、价值观念和竞争意识带来挑战。

当前，澳门正朝“世界旅游休闲中心”的发展目标而努力，粤港澳区域合作、休闲旅游业、会议展览业、文化创意产业和中医药业等推动经济适度多元的政策措施相继推进。为了激发青年的权利意识，以及重视对他人和社会的义务和责任，让澳门青年能更好地把握住发展带来的种种机遇，在不同领域担当更重要角色，实有必要因时制宜，以更前瞻和务实的思维作出应对。

面对新时期新挑战，从青年的切身需要着想，从营造优质的人文社会环境出发，特别行政区政府把检视和整体规划澳门青年全人发展列为 2012 年施政的重点工作之一，教育暨青年局在青年事务委员会全体委员的支持和参与下，完成了《澳门特别行政区青年政策（2012—2020）》（以下简称“青年政策”）咨询文本，并于2012年8月21日至10月21日展开为期两个月的公众咨询。

经过社会各界和广大青年的共同努力，“青年政策”现已成稿，遵循构建本地人才培养长效机制的施政要求，结合《非高等教育发展十年规划（2011—2020年）》的有力支撑，未来将进一步发挥青年事务委员会的作用，通过与教育机构、青年社团和民间社会服务机构的合作，全面落实各项政策措施，为澳门青年的全面发展提供坚实后盾。

（二）青年的界定

参考“澳门青年指标”和“全发”，本“青年政策”把澳门青年的年龄范围界定为13至29岁。根据2011年人口普查，澳门13至29岁的青年人口有161 800人，占人口总数的29%，其中男性有78 900多人，女性有82 800多人。

为适应澳门青年的发展趋势，更好地满足不同青年群体的多元需要，本“青年政策”把澳门青年划分为三类基本群体：

•在学青年：处于非高等教育或高等教育阶段，以学生为主要身份，不排除课余兼职的青年。

•在职青年：年满16岁，以受聘或自雇为主要身份，不排除工余进修的青年。

•待学待业青年：不处于在学/在职状态的青年。

针对青年工作的实际需要，同时关怀、照顾面对残障挑战的青年、新来澳青年、涉及偏差及违法行为的青年和少数族裔青年等群体。

（三）愿景

凝聚社会力量，推动全人发展，扶助青年面对挑战和实现理想，培育志存高远、德才兼备、身心健康、权责兼顾，既有独立思考和批判精神，也有创新和建设能力的年青一代，共同营造优质的人文社会环境。

（四）基本政策方向

确立基本政策方向，并在资讯、空间、设施、财政、培训、科学数据和政策监控等领域订定系统性的支援政策，旨在持续实现政策愿景。

4.1　推动社会参与。

以推动社会参与作为培育青年公民的核心工作，充分凝聚社会各界的力量，为青年表达意见及参与决策开拓更多渠道，并从制度和资源投入方面鼓励创建、发展更多以青年参与为主体的组织。同时，加强推广义务工作，让青年与社会建立更广泛的联系，逐步提高青年参与社区、贡献社会的积极性；培养青年对社会、国家的认同感和归属感，了解并尊重自己的国家和文化。

4.2 促进身心成长。

促进青年身心成长是政策长期推行的根本要求，在城市规划和财政资源上，确保本澳青年享有更充足的活动空间、更完备的设施和更符合需要的服务；在体质健康上，进一步丰富余暇活动内容，逐步形成其自主运动和均衡饮食习惯；在心理健康上，开展促进独立自主、有责任感和互助互爱的品德教育，培育良好的社群适应能力、自我疏导能力和抗压能力，推动性教育、生命教育和心理健康教育。

4.3 营造关爱氛围。

通过相关措施，提供渠道和学习机会，鼓励沟通和了解，宣扬关爱他人、弱势社群、社会和自然环境的价值观，并致力开展青年偏差及违法行为的三级预防体系构建，推动不同的社会组成部分（包括家庭、学校、社会和不同的青年组群）共同营造尊重、包容、接纳和平等的关爱氛围，促进社会共融。

4.4 增进社会流动。

以教育作为增进社会流动的重要一环，将培养经济和社会进步所需的本地人才放在优先考虑的位置，切实提供多元教育与活动，鼓励持续进修学习及拓展多元发展路径，提供全面资讯等，并创造更多机会，让青年的优势、潜能及探索能力得以发挥，同时对于有特别需要或处于弱势的青年群体，提供额外的支援。

（五）发展目标

5.1 凝聚社会力量。

5.1.1 促进平等机会。

确保青年参与社会及公共事务，以及享有平等资讯权的机会。

保障有特别需要或处于弱势的青年得到平等的发展机会，尤其在教育、就业、培训、社会参与、持续学习和余暇活动等方面。

5.1.2 共建友善环境。

共建开放包容的社会氛围和安全的社会环境，促进青年正向发展。

确保青年能够在支持、鼓励、自由和平等的社会环境下，参与有关自身和社会利益的讨论和决定的机会。

5.1.3　开拓多元路径。

以教育和培训帮助青年开拓多元发展路径和实现抱负。

倡导教育机构、青年社团、民间社会服务机构和企业组织的合作，支持青年多元发展。

5.2　推动全人发展。

5.2.1　建立社会身份。

促进青年独立自主和解决问题的能力，以能在不同的发展阶段于家庭、学校、团体及社会建立相应的身份和角色，享有权利，以及承担义务和责任。

尊重青年的主体地位，强化其自信和解决问题的动机与能力，助青年确立社会上适当的位置。

5.2.2　培养身心素质。

培养有见识及有能力的青年，尤其是语言及文字表达能力、品德修养、科学知识、艺术素养、国际视野、独立思考和探究的能力。

提高青年身心健康素质，包括身体健康、心理健康、良好的适应能力、抵御诱惑与挫折的能力，并能活出生命的色彩及意义。

5.2.3　提升参与意识。

发展弹性及创新的参与途径，全面提升青年关注及参与社会的意识。

培养青年助人自助的义务精神，促进青年与社会联结和贡献社会。

（六）主要措施

6.1　合理投放资源。

重视青年享有合理活动空间的需要，因应社区人口的发展，与社会各界合作逐步增加青年的教育、自修、阅览和活动综合空间。

配合社会发展，增拨资源优化各类青年服务和活动设施，并为有需要的青年群体提供更具针对性的服务和更灵活的开放时间。

建构支援学校于课后开放活动场地和空间的机制，为不同社区的青年提供更适切和更安全的活动空间。

在保证经济发展、财政稳健和严格监管的前提下，合理资助青年、青年社团和民间社会服务机构，确保青年能享有符合其全人发展需要的各类措施。

研拟更有利于民间社会服务机构开展有助于青年全面发展的扶持机制，尤其优先考虑为青年提供组织策划及培育、两性关系和家庭生活辅导、生涯发展以及结社和义务工作等项目。

6.2 注重品德成长。

全面配合德育政策的完善和落实，共同建立政府、学校、家庭与社会相互协调和相互支援的德育工作。

全方位推动青年嘉许计划，与青年团体共同发掘和褒奖社会上勇于面对挑战、跨越成长障碍、积极参与社会服务和贡献社会的青年，借此弘扬积极向上的风气，为青年成长树立榜样。

有序推动以“亦师亦友”为理念的相关工作，通过具备较丰富人生阅历和责任感的人士与青年建立良好的伙伴关系，为青年在处事态度、价值观和个人成长方面提供楷模，使青年在良伴支持下健康成长。

鼓励“以身作则”的家庭教育，由家庭开始为青年建立“做人、做事、做公民”的积极参照。尊重青年的主体地位，鼓励代际间的沟通和协商，发展融洽的家庭关系，引导其从家庭分工中学习承担责任。

继续发挥各青年中心和教育活动中心的作用，协助学校和社区开展德育和各方面的辅导工作，如婚前辅导和家庭辅导等，并推广生命教育，助青年及早认识生命的意义，以能达致热爱和尊重生命。

培养青年正面的价值观和抗逆力，加强人际关怀和心理疏导，引导其关心自己、他人、社会和自然，正确对待困难、挫折和荣誉，以迎接社会的各种挑战。

除配合做好校园和社区的性教育工作外，于户外活动和教育营地活动中创设适当的条件，向青年灌输正确的德育和两性知识。

6.3 提升竞争能力。

为有志于服务社会的青年开展提升领袖能力的培训，尤其在自信心锻炼、分析和权衡方案利害的方法、沟通谈判和人际关系技巧，以及掌握社区资源的技巧等领域。

配合产业适度多元的发展方向，优先鼓励认识新兴产业，组织青年到珠三角地区的新兴产业园区参观考察，并致力推动其与当地青年交流和缔结合作关系。

促进青年社会流动，配合相关职能部门的工作，共同推动和支持青年的专业教育、职业技术教育及创业发展。

培养艺文素养和激发创意思维，通过不同形式支持在本地举办各类艺文交流活动，优先支持以葡语系国家文化为特色的艺文交流，以及鼓励本澳与珠三角城市的青年艺文交流。

拓宽青年世界观，鼓励参与国际交流和竞技比赛，推动参加在本地区举办的国际性活动，开展通过葡语系国家认识世界的系列性活动，全方位培养外交知识。

继续支持及组织各类本地和外地的学界运动比赛活动，让青年发挥潜能和诱发其参与竞争的动机。

通过不同措施组织青年走出澳门，前往邻近较贫困地区开展以认识现实生活的逆境和困难、培养担当精神和责任感为目标的体验生活锻炼，提升其隐性竞争力，并逐步扩展至其他领域。

6.4　推动结社和义务工作。

首阶段以校园为对象，重点推动学生会和学生组织成员为基础的青年结社系列培训，鼓励学生组织之间的交流和分享，并逐步扩大措施辐射面。

启动青年结社培训计划，并通过相应措施支持青年结社。

通过与青年社团和相关机构合作，推动本澳青年社团与邻近地区青年社团缔结合作关系，并创造条件逐步扩大合作的广度和深度。

明确青年义务工作的定位，对于在学青年，将突出普及性和基本理念的掌握。对于在职青年，将强调提供针对性的专业培训，推动青年义工主动发展义务工作的服务形式和空间，并逐步扩大与国际的交流。

逐步强化登记制度和具体的鼓励措施，推动青年持续参与义务工作。中期目标为通过建构义工服务网上平台，完成建立青年义工网络，逐年提升登记制度内的义工人数比重和参与义务工作的持续性。

逐步深化义务工作嘉许机制，重点推动访贫问苦、扶助弱势和提供社区服务的义务工作，并视成效扩展。

6.5　广开参与路径。

研拟为青年就特别行政区政府施政和社会发展等重大议题上，发展恒常性的意见发表及吸纳机制。

开拓更多有利于青年参与社会的渠道，并安排青年和相关部门领导直接沟通的机会，让青年能够在支持、鼓励、自由和平等的环境下，参与有关自身利益的讨论和决定。

持续发展青年议事平台，逐步扩大青年参与社会事务层面，并发展弹性及创新的参与途径，提升青年参与社会的积极性。

强化青年社会参与的系列培训，包括议政论政、批判思维和独立思考能力，以及加强认识政府政策为主题的培训计划，分期分批安排前往邻近地区知名学术机构研修，并邀请本澳各类公共咨询机制的代表，向青年分享经验和心得，借此提升参与水平。

逐步开拓更多青年资讯服务，提供有助于青年发展及社会参与所需的资讯。在完成“澳门青年资讯中心”网上服务建构工作的基础上，研发不同形式的增值服务。

6.6 促进社会平等共融。

配合相关职能部门的工作，加强部门间的协作沟通，共同推广社区的宣传和教育，让社会知悉所有青年应享有被接纳、包容、不被标签及贡献社会的机会。

提供机会让青年及社会人士接触和了解身处各类不利处境青年的状况，倡导接纳和尊重，营造社区关怀氛围。

提供沟通渠道和学习机会，让各青年群体认识彼此的文化，消除因为国籍、血统、种族、性别、言语、宗教、政治和信仰等衍生的文化隔膜和社会排斥，推动社会共融。

为有需要的在学青年提供额外支援，如特殊教育的安排、课后支援和资讯设备资助等。

在教育、就业和持续学习等阶段，为面对残障挑战、新来澳、涉及偏差及违法行为和少数族裔等有需要的青年群体提供相应资源、资讯及服务，助其掌握改善自身处境的资源及路径。

6.7 倡导健康绿色生活。

优先以体育相关的教学人员和在校青年为持恒运动推动重点，增办更多有助于提升学生体质的教学技巧培训和组织更多具绿色生活元素的户外活动。

通过宣传、提供资讯、辅助机制，强化家庭培养青年良好生活习惯的角色和功能，以家庭为基础，推动青年建立均衡饮食和充足睡眠的健康生活习惯。

推动以健康安全校园为目标的相关计划，以资助方式鼓励校园添置急救器材、为相关人员提供急救培训、普及相关知识等，并将计划有序推广。

增强青年的环保意识并逐步培养青年参与环境保护的习惯。树立绿色、低碳发展理念，以节能减排为重点，提倡绿色和简朴的生活，共建资源节约型和环境友好型的绿色社会。

以促进人与自然融合为前提，一方面加强户外活动的推动工作，另一方面以善用大自然资源为各类活动安排的重点考虑因素，因应本澳单车径和珠三角绿道网的绿色环境建设，与相关部门合作推广绿道单车游。

6.8 鼓励多元余暇活动。

鼓励有助于身心健康和获取生活知识的多元余暇活动，继续各项支援措施，丰富青年余暇生活，提倡余暇活动与学习或工作的平衡，并宣传家庭成员共同参与的重要性。

为青年及家长提供相关的讯息，以协助家长和青年选择适合的余暇活动，并把余暇活动培养成为生活的一部分。

延续及深化青年对文化表演艺术的认识，逐步加强中华传统文化的内容，让青年在欣赏文艺表演之余，加深对国家的历史文化、诗词文化、乐舞文化和礼乐文化的认识。

继续鼓励不同形式的科普比赛和活动，近期将以认识自然科学为科普活动主题，并把活动逐步覆盖至小学阶段的学生。中期目标为扩展到不同的科普领域，借以从小培育科研精神和探索能力，普及青年的科学知识。

6.9　强化生涯辅导服务。

深化职业生涯规划发展，以配合人才培养工作的发展方向，并提高青年对现有及未来产业适度多元发展的适应能力，近期将以先导计划模式开展会展业和中葡经贸发展相关行业的职前实践计划。中期逐步扩展到文化创意、轨道交通和中医药等新兴行业。

加强生涯辅导工作，在巩固职业和就业辅导工作的基础上，近期启动以行业资深从业人员现身说法的系列讲座模式，开拓更多协助青年个人发展的生涯辅导活动。

发展生涯辅导内涵，与相关机构合作，围绕生涯规划的主题，尤其包括自我认识、生活实践、探索世界、领袖成长、理智抉择等内容，以多媒体影音系列形式，通过公共广播渠道播放。

广泛宣导生涯规划对青年发展的重要性，促进青年及其家长对生涯规划的重视。

6.10　预防偏差及违法行为。

善用品德教育，强化青年对赌博的免疫力。在校园方面，确立本澳学生和未成年人远离赌博的行动方向；在社区方面，配合相关机构倡导负责任博彩行为。

继续发挥学校辅导服务的功能，预防青年涉及家庭、校园和社区暴力，加强对失学、失业青年的教育与辅导服务，预防青年偏差行为。

推动以健康使用互联网为主题的系列性工作，重点于校园推行并逐步把相关工作推广至社区，并向家长推广健康使用互联网的教育及活动。

加强青年的认知及辨识能力，以预防青年因赌博、毒品、药物滥用、网络陷阱或缺乏关注等因素引致的偏差和违法行为。

持续优化青年辅导服务，通过教育暨青年局辖下各青年中心和教育活动中心，以及通过资助民间社会服务机构，在社区层面为青年提供适切的辅导服务。

（七）推行及检视机制

7.1　推行机制。

教育暨青年局、青年事务委员会、其他相关政府部门、教育机构、青年社团和民间社会服务机构，在相互配合及支持下，发挥推行、支援及咨询的角色功能，共同落实“青年政策”。

根据第81/92/M号法令，教育暨青年局有推行青年政策的权限，而辖下的青年厅有职责创设可行条件，以落实和发展整体且统合的“青年政策”。

根据第12/2002号及第6/2012号行政法规，青年事务委员会是在青年范畴行使职权的司长的咨询机构，宗旨是在订定青年政策和评估有关政策的实施方面向司长提供辅助。委员会主席由监督青年事务的司长出任，副主席由教育暨青年局局长出任，并由社会工作局局长或其代表、体育发展局局长或其代表、劳工事务局局长或其代表、法务局局长或其代表、保安协调办公室主任或其代表、高等教育辅助办公室主任或其代表等相关政府部门人士担任委员。

基于此，订定下列机制：

教育暨青年局将因应社会状况及青年发展的需要，以循序渐进的方式把“青年政策”分阶段引入每年的施政方针，以便有序推行。

教育暨青年局须把“青年政策”送交其他相关政府部门、教育机构、青年社团和民间社会服务机构，以便相互配合，共同实施。

青年事务委员会依法就“青年政策”的推行和评估向司长提供协助，并定期就政策的推行状况举行专题会议。

邀请教育机构、青年社团、民间社会服务机构及相关社会组织就政策推行策略进行交流，为落实政策创设更有利条件。

7.2 检视机制。

设立定期及阶段性的检视机制以掌握“青年政策”的推行状况及成效，具体安排有两部分：一是恒常咨询及监测；二是研究及检视。

7.2.1 恒常咨询及监测。

教育暨青年局须于青年事务委员会的会议中提交“青年政策”年度推行报告，并邀请与“青年政策”相关的政府部门代表出席会议，就年度议题的相关工作提供资讯和分享工作成果。

在“青年政策”推行过程中所收集的意见及建议，也须于青年事务委员会的会议中作报告，以使推行部门及其他相关部门能紧贴青年的发展需要。

青年事务委员会得就推行成效提供意见及建议，并可邀请社会上与“青年政策”相关的持份者在定期的会议中作交流和分享，发挥监测作用。

7.2.2 研究及检视。

“青年政策”以2012—2016年作为第一个推行周期，并于2016年作中期检视。

教育暨青年局将委托专门学术机构开展相关研究工作，以检视“青年政策”

的推行状况，作为调整和部署的参考。

与此同时，在“澳门青年指标”的基础上，将使其与“青年政策”作有机结合，为持续优化“青年政策”的有效推行提供重要依据。

二、非高等教育统计数字

（一）教育规模

1. 人口状况

新生婴儿数

年度	新生婴儿数	增长率
1999	4 148	—
2000	3 849	-7.2%
2001	3 241	-15.8%
2002	3 162	-2.4%
2003	3 212	1.6%
2004	3 308	3.0%
2005	3 671	11.0%
2006	4 058	10.5%
2007	4 537	11.8%
2008	4 717	4.0%
2009	4 764	1.0%
2010	5 114	7.3%
2011	5 852	14.4%
2012	7 315	25.0%
2013	6 571	-10.2%
2014	7 360	12.0%
2015	7 055	-4.1%
2016	7 146	1.3%
2017	6 529	-8.6%
2018	5 925	-9.3%
2019（截至第一季度）	1 475	4.3%（与上年同期比较）

居住人口估计数目①（单位：千人）

年度	总人口	适龄就学人口						青年人口	
		3～5岁	6～11岁	12～14岁	15～17岁	小计（3～17岁）	占总人口比例	13～29岁	占总人口比例
1999	430.0	17.0	47.0	25.0	20.0	109.0	25.3%	110.0	25.6%
2000	432.0	17.0	44.0	25.0	22.0	108.0	25.0%	112.0	25.9%
2001	436.0	15.0	41.0	26.0	24.0	106.0	24.3%	115.0	26.4%
2002	441.0	14.0	40.0	25.0	25.0	104.0	23.6%	116.0	26.3%
2003	447.0	12.0	38.0	24.0	26.0	100.0	22.4%	120.0	26.8%
2004	463.0	11.0	36.0	23.0	27.0	97.0	21.0%	127.0	27.4%
2005	484.0	10.0	33.0	22.0	26.0	91.0	18.8%	137.0	28.3%
2006	513.4	10.3	32.5	22.3	26.1	91.2	17.8%	147.2	28.7%
2007	538.1	9.6	29.6	21.4	24.8	85.4	15.9%	153.8	28.6%
2008	549.2	9.8	27.2	20.5	23.8	81.3	14.8%	155.3	28.3%
2009	542.2	10.6	25.1	19.4	22.9	78.0	14.4%	148.8	27.4%
2010	552.3	11.9	23.4	17.7	22.1	75.1	13.6%	146.8	26.6%
2011	557.4	12.8	22.8	16.3	20.4	72.3	13.0%	161.8	29.0%
2012	582.0	13.2	22.3	14.8	19.6	69.9	12.0%	163.5	28.1%
2013	607.5	13.3	22.7	13.5	18.0	67.5	11.1%	163.0	26.8%
2014	636.2	14.2	24.3	12.9	16.9	68.3	10.7%	160.8	25.3%
2015	646.8	17.3	26.1	12.5	16.4	72.3	11.2%	156.2	24.1%
2016	644.9	19.3	27.0	12.6	15.6	74.5	11.6%	147.3	22.8%
2017	653.1	21.2	28.7	12.2	14.9	77.0	11.8%	139.8	21.4%
2018	667.4	21.7	33.7	12.6	13.2	81.2	12.2%	135.4	20.3%

资料来源：统计暨普查局。

① 是次因追溯数字准确度而作出修正。

25～64 岁居住人口最高教育程度比例（%）

年度	小学教育或以下	初中教育	高中教育	高等教育
2001	43. 0	26. 2	19. 9	10. 9
2006	34. 9	26. 9	22. 9	15. 3
2011	27. 1	24. 9	26. 9	21. 1
2016	21. 4	22. 1	27. 5	29. 0

资料来源：统计暨普查局。

按学历划分的劳动人口（单位：千人）

年度	小学教育	初中教育	高中教育	高等教育	其他	总计
2011	53. 7	91. 4	95. 7	80. 9	14. 6	336. 3
2012	51. 2	90. 0	102. 0	94. 4	12. 6	350. 2
2013	50. 0	90. 4	104. 5	110. 6	12. 3	367. 8
2014	53. 2	89. 6	116. 6	124. 4	11. 0	394. 8
2015	52. 7	92. 9	115. 1	132. 4	10. 7	403. 8
2016	50. 2	85. 9	115. 2	134. 0	11. 9	397. 2
2017	45. 6	79. 9	114. 7	137. 4	9. 9	387. 5
2018	46. 1	80. 8	113. 5	143. 0	9. 1	392. 5

资料来源：统计暨普查局。

按学历划分的就业人口（单位：千人）

年度	小学教育	初中教育	高中教育	高等教育	其他	总计
2011	51. 9	88. 8	93. 6	79. 4	13. 9	327. 6
2012	49. 8	88. 2	100. 4	92. 7	12. 1	343. 2
2013	48. 7	88. 5	103. 0	109. 1	11. 8	361. 1
2014	52. 1	88. 1	115. 0	122. 2	10. 8	388. 2
2015	51. 7	91. 1	113. 0	130. 3	10. 4	396. 5
2016	48. 9	84. 3	113. 1	132. 0	11. 4	389. 7
2017	44. 4	78. 2	112. 8	134. 9	9. 5	379. 8
2018	44. 9	79. 3	112. 0	140. 4	8. 7	385. 3

资料来源：统计暨普查局。

2. 学校数

总体学校数[①]

学年	公立学校	私立学校	合计
1999/2000	18	73	91
2000/2001	17	74	91
2001/2002	17	73	90
2002/2003	15	74	89
2003/2004	15	79	94
2004/2005	14	75	89
2005/2006	13	73	86
2006/2007	13	73	86
2007/2008	13	70	83
2008/2009	13	69	82
2009/2010	11	69	80
2010/2011	11	67	78
2011/2012	11	67	78
2012/2013	11	67	78
2013/2014	10	67	77
2014/2015	10	67	77
2015/2016	10	67	77
2016/2017	10	67	77
2017/2018	10	67	77
2018/2019	10	67	77

① 以学校运作执照计算，但不包括自2014/2015学年起没有学生就读的中葡职业技术学校（夜校）、2017/2018学年起没有学生就读的圣若瑟教区中学第六校（夜间部），以及2018/2019学年没有学生就读的海星中学（夜间部）。

正规教育、免费教育学校数

学年	免费教育学校系统			非免费教育学校系统的私立学校	学校数合计	免教学校比率[①]/%
	公立学校	私立学校	小计			
1999/2000	18	58	76	13	89	85.4
2000/2001	17	60	77	12	89	86.5
2001/2002	17	60	77	11	88	87.5
2002/2003	15	61	76	11	87	87.4
2003/2004	15	62	77	14	91	84.6
2004/2005	14	60	74	12	86	86.0
2005/2006	13	58	71	12	83	85.5
2006/2007	13	58	71	12	83	85.5
2007/2008	13	55	68	12	80	85.0
2008/2009	13	54	67	12	79	84.8
2009/2010	11	54	65	12	77	84.4
2010/2011	11	53	64	11	75	85.3
2011/2012	11	53	64	11	75	85.3
2012/2013	11	53	64	11	75	85.3
2013/2014	10	53	63	11	74	85.1
2014/2015	10	54	64	10	74	86.5
2015/2016	10	54	64	10	74	86.5
2016/2017	10	55	65	9	74	87.8
2017/2018	10	57	67	7	74	90.5
2018/2019	10	57	67	7	74	90.5

① 指提供免费教育学校系统的学校数占正规学校总数的百分比。

正规教育、免费教育校（部）数

学年	免费教育系统校（部）数			非免费教育学校系统的私立学校校（部）数	校（部）数合计	免教学校校（部）比率[①]/%
	公立学校	私立学校	小计			
1999/2000	19	79	98	18	116	84.5
2000/2001	19	80	99	17	116	85.3
2001/2002	19	81	100	16	116	86.2
2002/2003	17	84	101	16	117	86.3
2003/2004	17	86	103	19	122	84.4
2004/2005	16	85	101	17	118	85.6
2005/2006	15	84	99	17	116	85.3
2006/2007	15	81	96	17	113	85.0
2007/2008	15	80	95	16	111	85.6
2008/2009	15	79	94	15	109	86.2
2009/2010	14	80	94	15	109	86.2
2010/2011	14	80	94	14	108	87.0
2011/2012	14	78	92	14	106	86.8
2012/2013	14	79	93	14	107	86.9
2013/2014	13	81	94	14	108	87.0
2014/2015	13	83	96	13	109	88.1
2015/2016	13	83	96	13	109	88.1
2016/2017	13	83	96	12	108	88.9
2017/2018	13	92	105	7	112	93.8
2018/2019	13	92	105	7	112	93.8

① 指提供免费教育学校系统的学校校（部）数占正规学校校（部）总数的百分比。

回归教育学校数[①]

学年	公立学校	私立学校	合计
1999/2000	3	8	11
2000/2001	3	8	11
2001/2002	3	9	12
2002/2003	3	9	12
2003/2004	3	9	12
2004/2005	3	7	10
2005/2006	3	7	10
2006/2007	3	7	10
2007/2008	3	8	11
2008/2009	3	8	11
2009/2010	3	8	11
2010/2011	3	9	12
2011/2012	3	9	12
2012/2013	3	8	11
2013/2014	3	8	11
2014/2015	2	8	10
2015/2016	2	8	10
2016/2017	2	8	10
2017/2018	2	7	9

① 指有开办回归教育的学校，包括只开办回归教育及兼有正规与回归教育的学校。其中，1999/2000 学年至 2002/2003 学年，有 2 所私立学校只开办回归教育；2003/2004 学年至 2018/2019 学年，有 3 所私立学校只开办回归教育。

3. 学生数

正规教育学生数[①]

学年	幼儿园	小学	初中	高中	特教（特教班学生）	合计
1999/2000	16 162	46 483	22 284	10 595	553	96 077
2000/2001	14 847	44 838	23 890	12 243	605	96 423
2001/2002	13 620	43 542	25 149	13 866	644	96 821
2002/2003	12 639	41 205	25 970	15 461	550	95 825
2003/2004	11 874	39 059	26 124	17 233	522	94 812
2004/2005	10 962	36 861	25 543	18 484	530	92 380
2005/2006	10 041	34 707	24 375	19 568	508	89 199
2006/2007	9 301	32 415	23 481	19 619	490	85 306
2007/2008	9 065	30 012	22 264	19 007	475	80 823
2008/2009	9 127	27 483	21 083	18 245	471	76 409
2009/2010	9 776	25 326	20 239	17 983	502	73 826
2010/2011	10 804	23 785	19 171	18 053	551	72 364
2011/2012	11 787	22 646	17 803	17 923	560	70 719
2012/2013	12 669	22 231	16 600	17 321	582	69 403
2013/2014	13 395	22 862	15 399	16 655	612	68 923
2014/2015	14 552	24 252	14 077	16 011	624	69 516
2015/2016	16 789	26 436	13 348	15 397	643	72 613
2016/2017	17 757	28 438	12 860	14 613	707	74 375
2017/2018	18 802	30 169	12 829	13 779	767	76 346
2018/2019	18 626	32 530	13 214	12 808	821	77 999

① 幼儿园、小学、初中及高中教育的学生数包括特殊教育的融合生；高中教育的学生数包括职业技术教育的学生数；“特教”栏目的数字只为特教班的学生数，不包括融合生人数。

免费教育学校系统的学生数及比率

学年	幼儿园	小学	初中	高中	特教（特教班学生）	合计	免教学生比率[①]/%
1999/2000	4 666	37 913	18 448	—	—	61 027	61.7
2000/2001	4 400	36 879	20 348	—	—	61 627	61.9
2001/2002	3 888	36 792	21 585	—	—	62 265	62.3
2002/2003	3 652	34 770	22 657	—	—	61 079	61.6
2003/2004	3 399	32 939	22 915	—	—	59 253	60.3
2004/2005	3 460	32 056	22 959	—	—	58 475	61.2
2005/2006	3 187	30 123	21 825	—	—	55 135	61.8
2006/2007	7 793	28 082	20 027	16 692	490	73 084	85.7
2007/2008	7 313	25 861	18 969	16 211	475	68 829	85.2
2008/2009	7 307	23 535	17 855	15 642	471	64 810	84.8
2009/2010	7 746	21 412	17 001	15 384	502	62 045	84.0
2010/2011	8 601	19 890	15 951	15 413	551	60 406	83.5
2011/2012	9 491	18 813	14 762	15 172	560	58 798	83.1
2012/2013	10 279	18 285	13 695	14 598	575	57 432	82.8
2013/2014	10 892	18 663	12 564	13 972	609	56 700	82.3
2014/2015	11 834	20 502	11 702	13 748	621	58 407	84.0
2015/2016	13 797	22 491	11 100	13 094	639	61 121	84.2
2016/2017	14 703	25 057	11 082	12 757	701	64 300	86.5
2017/2018	16 606	27 793	11 449	12 541	761	69 150	90.6
2018/2019	16 399	30 070	11 826	11 582	814	70 691	90.6

① 指提供免费教育学校系统的学校的学生总数的百分比。

特殊教育学生总人数

学年	特教班学生	融合生	合计
1999/2000	553	61	614
2000/2001	605	90	695
2001/2002	644	108	752
2002/2003	550	194	744
2003/2004	522	202	724
2004/2005	530	227	757
2005/2006	508	254	762
2006/2007	490	277	767
2007/2008	475	264	739
2008/2009	471	333	804
2009/2010	502	372	874
2010/2011	551	426	977
2011/2012	560	484	1 044
2012/2013	582	516	1 098
2013/2014	612	692	1 304
2014/2015	624	806	1 430
2015/2016	643	949	1 592
2016/2017	707	1 134	1 841
2017/2018	767	1 349	2 116
2018/2019	821	1 480	2 301

职业技术教育学生数（包括正规教育及回归教育）

学年	正规教育职技学生	回归教育职技学生	合计
2006/2007	1 194	263	1 457
2007/2008	1 172	280	1 452
2008/2009	1 185	180	1 365
2009/2010	1 271	223	1 494

续表

学年	正规教育职技学生	回归教育职技学生	合计
2010/2011	1 507	238	1 745
2011/2012	1 601	224	1 825
2012/2013	1 605	256	1 861
2013/2014	1 416	249	1 665
2014/2015	1 198	226	1 424
2015/2016	1 065	302	1 367
2016/2017	992	322	1 314
2017/2018	936	355	1 291
2018/2019	833	341	1 174

回归教育学生数

学年	小学	初中	高中	合计
1999/2000	450	1 391	1 046	2 887
2000/2001	373	1 499	1 281	3 153
2001/2002	344	1 495	1 330	3 169
2002/2003	318	1 520	1 520	3 358
2003/2004	291	1 491	1 661	3 443
2004/2005	259	1 318	1 528	3 105
2005/2006	259	1 196	1 600	3 055
2006/2007	241	1 063	1 566	2 870
2007/2008	243	961	1 763	2 967
2008/2009	250	989	1 679	2 918
2009/2010	262	1 241	1 863	3 366
2010/2011	227	1 018	1 916	3 161
2011/2012	216	819	1 671	2 706
2012/2013	188	658	1 566	2 412
2013/2014	121	553	1 451	2 125

续表

学年	小学	初中	高中	合计
2014/2015	128	529	1 348	2 005
2015/2016	87	521	1 329	1 937
2016/2017	83	416	1 297	1 796
2017/2018	70	367	1 256	1 693
2018/2019	80	272	1 099	1 451

4. 教学人员数

正规教育教学人员数

学年	幼儿园	小学	中学	特教	校长和中高层管理人员①	合计
1999/2000	531	1 475	1 385	83	266	3 740
2000/2001	494	1 509	1 511	83	272	3 869
2001/2002	472	1 506	1 619	89	242	3 928
2002/2003	461	1 507	1 663	89	231	3 951
2003/2004	459	1 534	1 871	85	232	4 181
2004/2005	454	1 513	1 968	88	252	4 275
2005/2006	444	1 526	2 041	84	268	4 363
2006/2007	477	1 525	2 094	86	263	4 445
2007/2008	501	1 590	2 177	81	261	4 610
2008/2009	519	1 585	2 294	79	234	4 711
2009/2010	570	1 577	2 355	81	248	4 831
2010/2011	648	1 602	2 523	84	247	5 104
2011/2012	706	1 606	2 480	91	251	5 134
2012/2013	765	1 622	2 587	96	347	5 417

① 2011/2012 学年及之前数字指“非担课老师”；2012/2013 学年及之后修订为“校长和中高层管理人员”。

续表

学年	幼儿园	小学	中学	特教	校长和中高层管理人员	合计
2013/2014	835	1 669	2 626	109	345	5 584
2014/2015	916	1 722	2 629	112	352	5 731
2015/2016	1 038	1 908	2 696	124	373	6 139
2016/2017	1 212	2 105	2 710	133	379	6 539
2017/2018	1 297	2 235	2 727	138	387	6 784
2018/2019	1 320	2 402	2 684	142	404	6 952

回归教育教学人员数

学年	小学	中学	校长和中高层管理人员①	合计
1999/2000	21	80	5	106
2000/2001	21	88	5	114
2001/2002	21	97	4	122
2002/2003	19	102	5	126
2003/2004	13	130	7	150
2004/2005	8	109	7	124
2005/2006	7	113	7	127
2006/2007	7	116	10	133
2007/2008	9	111	9	129
2008/2009	9	118	8	135
2009/2010	9	136	8	153
2010/2011	8	148	8	164
2011/2012	7	136	7	150
2012/2013	8	149	16	173

① 2011/2012 学年及之前数字指“非担课老师”；2012/2013 学年及之后修订为“校长和中高层管理人员”。

续表

学年	小学	中学	校长和中高层管理人员	合计
2013/2014	9	158	15	182
2014/2015	7	151	14	172
2015/2016	6	148	16	170
2016/2017	8	149	18	175
2017/2018	8	153	17	178
2018/2019	8	154	17	179

5. 班级数

正规教育班级数

学年	幼儿园	小学	初中	高中	特教	合计
1999/2000	422	1 016	486	263	76	2 263
2000/2001	398	1 033	523	299	79	2 332
2001/2002	387	1 025	553	335	81	2 381
2002/2003	375	1 020	573	366	70	2 404
2003/2004	363	1 035	585	407	64	2 454
2004/2005	354	1 008	580	438	61	2 441
2005/2006	336	980	571	465	62	2 414
2006/2007	342	950	584	484	58	2 418
2007/2008	350	920	588	503	57	2 418
2008/2009	365	887	594	521	58	2 425
2009/2010	392	854	583	524	64	2 417
2010/2011	420	822	558	539	65	2 404
2011/2012	448	821	529	553	64	2 415
2012/2013	473	820	511	536	69	2 409
2013/2014	501	843	503	523	72	2 442

续表

学年	幼儿园	小学	初中	高中	特教	合计
2014/2015	532	868	497	518	78	2 493
2015/2016	587	922	474	532	80	2 595
2016/2017	616	986	463	532	85	2 682
2017/2018	643	1 037	466	527	87	2 760
2018/2019	654	1 112	485	501	95	2 847

回归教育班级数

学年	小学	初中	高中	合计
1999/2000	12	31	29	72
2000/2001	12	30	35	77
2001/2002	12	32	36	80
2002/2003	11	33	41	85
2003/2004	7	34	48	89
2004/2005	2	29	45	76
2005/2006	2	25	50	77
2006/2007	2	23	48	73
2007/2008	2	21	60	83
2008/2009	2	22	61	85
2009/2010	2	28	58	88
2010/2011	2	24	60	86
2011/2012	2	24	61	87
2012/2013	2	19	63	84
2013/2014	2	20	61	83
2014/2015	2	21	60	83
2015/2016	2	21	58	81
2016/2017	2	19	61	82
2017/2018	3	16	61	80
2018/2019	3	17	62	82

6. 班师比

班师比[①]

学年	幼儿园	小学	中学
1999/2000	1:1.3	1:1.5	1:1.9
2000/2001	1:1.2	1:1.5	1:1.8
2001/2002	1:1.2	1:1.5	1:1.8
2002/2003	1:1.2	1:1.5	1:1.8
2003/2004	1:1.2	1:1.5	1:1.9
2004/2005	1:1.3	1:1.5	1:1.9
2005/2006	1:1.3	1:1.6	1:2.0
2006/2007	1:1.4	1:1.6	1:2.0
2007/2008	1:1.4	1:1.7	1:2.0
2008/2009	1:1.4	1:1.8	1:2.1
2009/2010	1:1.5	1:1.8	1:2.1
2010/2011	1:1.5	1:1.9	1:2.3
2011/2012	1:1.6	1:2.0	1:2.3
2012/2013	1:1.6	1:2.0	1:2.5
2013/2014	1:1.7	1:2.0	1:2.6
2014/2015	1:1.7	1:2.0	1:2.6
2015/2016	1:1.8	1:2.1	1:2.7
2016/2017	1:2.0	1:2.1	1:2.7
2017/2018	1:2.0	1:2.2	1:2.7
2018/2019	1:2.0	1:2.2	1:2.7

① 从2007/2008学年至2017/2018学年，资料范围由包括正规教育和回归教育更改为只包括正规教育，参照日期由相关学年的12月31日更改为11月26日；2018/2019学年起参照日期更改为10月26日。

7. 师生比

师生比[①]

学年	幼儿园	小学	中学
1999/2000	1∶30.2	1∶30.8	1∶23.2
2000/2001	1∶29.9	1∶29.2	1∶23.6
2001/2002	1∶28.9	1∶28.2	1∶23.5
2002/2003	1∶27.1	1∶26.5	1∶23.8
2003/2004	1∶26.0	1∶25.2	1∶22.9
2004/2005	1∶23.8	1∶24.1	1∶22.0
2005/2006	1∶22.9	1∶22.6	1∶21.2
2006/2007	1∶19.2	1∶20.9	1∶20.3
2007/2008	1∶18.1	1∶18.9	1∶19.0
2008/2009	1∶17.6	1∶17.3	1∶17.1
2009/2010	1∶17.2	1∶16.1	1∶16.2
2010/2011	1∶16.7	1∶14.8	1∶14.8
2011/2012	1∶16.7	1∶14.1	1∶14.4
2012/2013	1∶16.6	1∶13.7	1∶13.1
2013/2014	1∶16.0	1∶13.7	1∶12.2
2014/2015	1∶15.9	1∶14.1	1∶11.4
2015/2016	1∶16.2	1∶13.9	1∶10.7
2016/2017	1∶14.7	1∶13.5	1∶10.1
2017/2018	1∶14.5	1∶13.5	1∶9.8
2018/2019	1∶14.1	1∶13.5	1∶9.7

① 从2007/2008学年至2017/2018学年，资料范围由包括正规教育和回归教育更改为只包括正规教育，参照日期由相关学年的12月31日更改为11月26日；2018/2019学年起参照日期更改为10月26日。

8. 平均每班学生人数

平均每班学生人数①

学年	幼儿园	小学	中学		
			初中	高中	中学整体平均
1999/2000	37.9	45.2	39.2	45.3	43.1
2000/2001	37.0	42.6	40.1	45.0	43.2
2001/2002	35.0	41.8	40.5	45.1	43.4
2002/2003	33.2	39.5	40.8	44.9	43.2
2003/2004	32.3	37.3	41.2	44.3	43.0
2004/2005	30.8	36.6	41.1	43.6	42.5
2005/2006	29.7	35.6	40.8	42.3	41.6
2006/2007	27.0	34.2	39.5	39.8	39.6
2007/2008	25.9	32.6	37.8	37.9	37.8
2008/2009	25.0	31.0	35.0	35.5	35.3
2009/2010	24.9	29.7	34.3	34.7	34.5
2010/2011	25.7	28.9	33.5	34.4	33.9
2011/2012	26.3	27.6	32.4	33.7	33.0
2012/2013	26.8	27.1	32.3	32.5	32.4
2013/2014	26.7	27.1	31.8	30.6	31.2
2014/2015	27.4	27.9	30.9	28.3	29.6
2015/2016	28.6	28.7	28.9	28.2	28.6
2016/2017	28.8	28.8	27.5	27.8	27.6
2017/2018	29.2	29.1	26.1	27.5	26.8
2018/2019	28.5	29.3	25.6	27.2	26.4

① 从2007/2008学年至2017/2018学年，资料范围由包括正规教育和回归教育更改为只包括正规教育，参照日期由相关学年的12月31日更改为11月26日；2018/2019学年起参照日期更改为10月26日。

（二）教育经费

1. 公共教育开支

公共教育开支及其比率——公共会计制度[①]（单位：千澳门元）

年度	政府总公共开支	公共教育开支	非高等教育公共开支	本地生产总值[②]
2002	13 486 946	1 661 493	1 124 635	58 826 000
2003	15 712 968	1 808 874	1 131 763	65 734 000
2004	17 703 006	1 824 391	1 221 802	84 920 000
2005	21 184 258	2 313 267	1 310 897	96 872 000
2006	27 349 764	2 884 106	1 621 579	118 338 000
2007	23 345 984	3 113 438	2 045 861	147 382 000
2008	30 443 427	3 797 377	2 503 001	167 760 000
2009	35 459 918	4 499 425	2 967 568	171 467 000
2010	38 393 909	5 932 420	3 105 880	225 051 000
2011	45 593 322	8 093 489	3 498 044	294 347 000
2012	54 012 623	11 546 097	4 019 057	343 818 000
2013	51 388 612	8 352 339	5 012 386	411 865 000
2014	67 078 347	8 759 539	5 465 322	442 070 000
2015	80 753 830	9 633 106	6 147 464	362 213 000
2016	82 629 101	10 193 306	6 675 046	362 265 000
2017	81 303 541	10 785 545	7 346 496	404 199 000

① 公共开支资料来自澳门特别行政区政府财政局。公共会计制度（适用于本地区内部比较）：政府一般综合账目采用现金收付制会计编制，反映特定机构以外，澳门特别行政区的预算执行结果和财务情况。

② 本地生产总值资料来自统计暨普查局，日后会根据统计暨普查局修订后的本地生产总值作调整。

续表

年度	公共教育开支占政府总公共开支百分率/%[①]	非高等教育公共开支占政府总公共开支百分率/%	非高等教育公共开支占公共教育开支百分率/%	公共教育开支占本地生产总值百分率/%	非高等教育公共开支占本地生产总值百分率/%
2002	12. 3	8. 3	67. 7	2. 8	1. 9
2003	11. 5	7. 2	62. 6	2. 8	1. 7
2004	10. 3	6. 9	67. 0	2. 1	1. 4
2005	10. 9	6. 2	56. 7	2. 4	1. 4
2006	10. 5	5. 9	56. 2	2. 4	1. 4
2007	13. 3	8. 8	65. 7	2. 1	1. 4
2008	12. 5	8. 2	65. 9	2. 3	1. 5
2009	12. 7	8. 4	66. 0	2. 6	1. 7
2010	15. 5	8. 1	52. 4	2. 6	1. 4
2011	17. 8	7. 7	43. 2	2. 7	1. 2
2012	21. 4	7. 4	34. 8	3. 4	1. 2
2013	16. 3	9. 8	60. 0	2. 0	1. 2
2014	13. 1	8. 1	62. 4	2. 0	1. 2
2015	11. 9	7. 6	63. 8	2. 7	1. 7
2016	12. 3	8. 1	65. 5	2. 8	1. 8
2017	13. 3	9. 0	68. 1	2. 7	1. 8

① 联合国教科文组织（UNESCO）督促各国应坚持将国际和地区基准生产总值的 4% ～ 6% 或总公共开支中的 15% ～ 20% 作为教育资源。

公共教育开支及其比率——政府财政统计[①]（单位：千澳门元）

年度	政府总公共开支	公共教育开支	非高等教育公共开支	本地生产总值
2002	10 318 000	1 684 000	1 007 000	58 826 000
2003	12 115 000	1 839 000	1 083 000	65 734 000
2004	13 591 000	1 907 000	1 056 000	84 920 000
2005	15 717 000	2 219 000	1 207 000	96 872 000
2006	17 481 000	2 611 000	1 539 000	118 338 000
2007	18 662 000	3 028 000	1 912 000	147 382 000
2008	26 454 000	3 704 000	2 347 000	167 760 000
2009	33 636 000	4 372 000	2 763 000	171 467 000
2010	38 709 000	5 776 000	2 896 000	225 051 000
2011	44 850 000	7 961 000	3 293 000	294 347 000
2012	51 581 000	11 360 000	3 739 000	343 818 000
2013	46 419 000	8 024 000	4 841 000	411 865 000
2014	57 445 000	8 580 000	5 168 000	442 070 000
2015	64 517 000	9 515 000	5 887 000	362 213 000
2016	67 816 000	10 101 000	6 430 000	362 265 000
2017	75 405 903	10 509 246	6 910 718	404 199 000

年度	公共教育开支占政府总公共开支百分率/%[②]	非高等教育公共开支占政府总公共开支百分率/%	非高等教育公共开支占公共教育开支百分率/%	公共教育开支占本地生产总值百分率[②]/%	非高等教育公共开支占本地生产总值百分率[②]/%
2002	16. 3	9. 8	59. 8	2. 9	1. 7
2003	15. 2	8. 9	58. 9	2. 8	1. 6

① 公共开支资料来自澳门特别行政区政府财政局的政府财政统计（适用于国际间比较），会计制度采用国际货币基金组织（IMF）所定的政府财政统计核算体系（GFS），并从2002年开始设有非高等教育公共开支项目。

② 联合国教科文组织（UNESCO）督促各国应坚持将国际和地区基准生产总值的4%～6%或总公共开支中的15%～20%作为教育资源。

续表

年度	公共教育开支占政府总公共开支百分率/%	非高等教育公共开支占政府总公共开支百分率/%	非高等教育公共开支占公共教育开支百分率/%	公共教育开支占本地生产总值百分率/%	非高等教育公共开支占本地生产总值百分率 /%
2004	14. 0	7. 8	55. 4	2. 2	1. 2
2005	14. 1	7. 7	54. 4	2. 3	1. 2
2006	14. 9	8. 8	58. 9	2. 2	1. 3
2007	16. 2	10. 2	63. 1	2. 1	1. 3
2008	14. 0	8. 9	63. 4	2. 2	1. 4
2009	13. 0	8. 2	63. 2	2. 5	1. 6
2010	14. 9	7. 5	50. 1	2. 6	1. 3
2011	17. 8	7. 3	41. 4	2. 7	1. 1
2012	22. 0	7. 2	32. 9	3. 3	1. 1
2013	17. 3	10. 4	60. 3	1. 9	1. 2
2014	14. 9	9. 0	60. 2	1. 9	1. 2
2015	14. 7	9. 1	61. 9	2. 6	1. 6
2016	14. 9	9. 5	63. 7	2. 8	1. 8
2017	13. 9	9. 2	65. 8	2. 6	1. 7

2. 学生人均公共开支

非高等教育的公共开支和学生人均公共开支——政府财政统计①

年度	非高等教育公共开支/千澳门元	学生人均非高等教育公共开支/澳门元	人均公共开支增长率/%
2002	1 007 000	10 153	—
2003	1 083 000	11 022	8. 6

① 公共开支资料来自澳门特别行政区政府财政局的政府财政统计（适用于国际间比较），会计制度采用国际货币基金组织（IMF）所定的政府财政统计核算体系（GFS），并从 2002 年开始设有非高等教育公共开支项目。

续表

年度	非高等教育公共开支/千澳门元	学生人均非高等教育公共开支/澳门元	人均公共开支增长率/%
2004	1 056 000	11 059	0. 3
2005	1 207 000	13 083	18. 3
2006	1 539 000	17 454	33. 4
2007	1 912 000	22 819	30. 7
2008	2 347 000	29 586	29. 7
2009	2 763 000	35 794	21. 0
2010	2 896 000	38 345	7. 1
2011	3 293 000	44 835	16. 9
2012	3 739 000	52 064	16. 1
2013	4 841 000	68 137	30. 9
2014	5 168 000	72 258	6. 0
2015	5 887 000	78 967	9. 3
2016	6 430 000	84 415	6. 9
2017	6 910 718	88 555	4. 9

3. 非高等教育预算

有关非高等教育的预算[①]（单位：百万澳门元）

项目	OR 预算	PIDDA 预算	教育发展基金预算	学生福利基金预算	合计
1999 年核准预算	954	26	—	96	1 076
2000 年核准预算	960	70	—	119	1 149
2001 年核准预算	905	13	—	127	1 045
2002 年核准预算	973	13	—	143	1 129
2003 年核准预算	973	39	—	144	1 156
2004 年核准预算	1 013	42	—	136	1 191

① 纳入计算的项目，有别于澳门特别行政区政府财政局的计算项目。

续表

项目	OR 预算	PIDDA 预算	教育发展基金预算	学生福利基金预算	合计
2005 年核准预算	1 131	40	—	151	1 322
2006 年核准预算	1 439	66	—	178	1 683
2007 年核准预算	1 864	43	15	214	2 136
2008 年核准预算	1 936	62	421	192	2 611
2009 年核准预算	2 318	127	600	222	3 267
2010 年核准预算	2 442	42	538	219	3 241
2011 年核准预算	2 921	55	544	262	3 782
2012 年核准预算	3 294	74	596	341	4 305
2013 年核准预算	3 982	131	773	455	5 341
2014 年核准预算	4 757	193	778	490	6 218
2015 年核准预算	5 009	96	945	479	6 529
2016 年核准预算	5 767	77	942	431	7 217
2017 年核准预算	6 029	149	873	412	7 463
2018 年核准预算①	6 515	323	875	409	8 122

（三）学生

1. 就学情况

毛入学率②（%）

学年	幼儿园	小学	中学整体	初中	高中
1999/2000	88.2	103.7	—	99.5	54.4
2000/2001	89.2	102.7	82.3	100.3	61.4

① 资料截至 2018 年 10 月。

② 指各教育阶段的学生人数占该教育阶段相应学龄居住人口的比例。

续表

学年	幼儿园	小学	中学整体	初中	高中
2001/2002	91.2	105.8	84.5	103.7	63.7
2002/2003	93.0	104.7	88.3	109.2	67.6
2003/2004	97.3	104.6	92.7	114.4	72.5
2004/2005	97.8	104.6	93.4	115.5	74.3
2005/2006	97.0	105.8	95.3	113.4	79.9
2006/2007	91.3	101.0	94.1	109.4	80.9
2007/2008	94.3	100.9	89.5	104.1	76.9
2008/2009	94.1	101.8	89.0	103.3	76.7
2009/2010	92.2	100.9	90.1	103.8	78.5
2010/2011	90.8	102.1	93.8	108.9	81.7
2011/2012	92.1	99.3	97.6	110.6	87.4
2012/2013	96.0	99.7	98.6	112.2	88.4
2013/2014	100.7	100.7	101.8	114.1	92.5
2014/2015	102.5	99.8	101.0	109.1	94.7
2015/2016	97.0	101.3	99.5	106.8	93.9
2016/2017	92.0	105.3	97.4	102.1	93.7
2017/2018	88.7	105.1	98.2	105.2	92.5

净入学率[①]（%）

学年	幼儿园	小学	中学整体	初中	高中
1999/2000	80.9	86.3	—	62.1	33.7
2000/2001	82.0	84.5	67.9	61.5	38.8
2001/2002	84.2	87.6	69.7	63.4	40.4
2002/2003	85.9	88.2	72.0	66.0	41.5
2003/2004	89.9	88.9	74.1	66.7	43.6

① 指各教育阶段的适龄学生人数占该教育阶段相应学龄居住人口的比例。

续表

学年	幼儿园	小学	中学整体	初中	高中
2004/2005	91.2	89.5	74.7	68.3	45.5
2005/2006	91.2	90.8	74.9	69.2	48.0
2006/2007	86.0	87.4	73.2	68.8	47.4
2007/2008	90.7	88.2	73.3	68.9	48.6
2008/2009	91.1	89.3	73.5	69.5	49.4
2009/2010	89.5	89.0	74.4	69.6	51.1
2010/2011	88.7	91.1	76.7	73.1	52.6
2011/2012	90.1	89.8	79.6	75.5	56.7
2012/2013	94.4	91.1	80.4	77.7	57.9
2013/2014	98.9	93.8	83.0	81.3	61.3
2014/2015	100.0	94.5	83.0	80.7	64.2
2015/2016	95.5	96.5	82.5	79.8	64.5
2016/2017	90.8	100.0	82.2	79.0	66.6
2017/2018	87.9	100.0	84.0	84.8	66.9

预计受教育年数

学年	预计受教育年数（3～17岁）	预计受教育年数（6～17岁）
1999/2000	12.7	10.3
2000/2001	12.8	10.3
2001/2002	13.0	10.5
2002/2003	13.1	10.6
2003/2004	13.4	10.6
2004/2005	13.4	10.7
2005/2006	13.5	10.7
2006/2007	13.0	10.4
2007/2008	13.1	10.4
2008/2009	13.1	10.4

续表

学年	预计受教育年数（3～17 岁）	预计受教育年数（6～17 岁）
2009/2010	13. 1	10. 4
2010/2011	13. 4	10. 7
2011/2012	13. 4	10. 7
2012/2013	13. 7	10. 8
2013/2014	14. 1	11. 1
2014/2015	14. 2	11. 1
2015/2016	14. 1	11. 2
2016/2017	14. 2	11. 4
2017/2018	14. 2	11. 5

2. 升级率、留级率、离校率

升级率（%）

学年	幼儿园	小学	中学整体	初中	高中
1999/2000	95. 4	90. 2	79. 9	77. 0	86. 0
2000/2001	96. 2	91. 0	79. 2	76. 2	84. 6
2001/2002	96. 7	91. 0	79. 5	76. 2	85. 4
2002/2003	96. 9	92. 3	81. 6	78. 2	87. 1
2003/2004	96. 7	92. 1	81. 7	77. 9	87. 4
2004/2005	96. 6	92. 6	81. 9	77. 6	87. 7
2005/2006	97. 3	92. 7	81. 4	77. 1	86. 6
2006/2007	95. 6	91. 4	80. 7	76. 1	86. 0
2007/2008	97. 0	91. 8	82. 1	77. 8	87. 0
2008/2009	96. 8	92. 7	84. 6	81. 3	88. 6
2009/2010	97. 5	93. 0	84. 7	80. 9	88. 9
2010/2011	97. 9	94. 0	87. 2	83. 4	91. 2
2011/2012	98. 2	94. 6	87. 8	84. 4	91. 3

续表

学年	幼儿园	小学	中学整体	初中	高中
2012/2013	98.3	95.4	89.6	86.8	92.4
2013/2014	98.5	96.1	90.2	87.4	92.9
2014/2015	98.6	96.1	90.1	87.1	92.7
2015/2016	98.4	96.5	91.6	89.3	93.5
2016/2017	98.9	97.1	91.6	89.3	93.6
2017/2018	98.9	97.5	92.8	91.1	94.4

留级率（%）

学年	幼儿园	小学	中学整体	初中	高中
1999/2000	2.0	7.3	12.9	15.6	7.6
2000/2001	2.0	6.9	13.5	16.3	8.2
2001/2002	1.6	7.0	13.5	16.7	8.1
2002/2003	1.5	5.9	12.5	15.7	7.4
2003/2004	1.4	5.7	11.1	14.7	5.9
2004/2005	1.4	5.5	11.3	14.9	6.5
2005/2006	1.0	5.5	11.5	15.3	7.0
2006/2007	0.8	5.6	11.7	15.6	7.3
2007/2008	0.6	5.9	11.6	15.4	7.1
2008/2009	0.7	5.2	10.5	13.9	6.6
2009/2010	0.4	5.2	10.1	13.8	5.9
2010/2011	0.6	4.2	8.4	11.8	4.8
2011/2012	0.5	3.6	7.8	11.1	4.6
2012/2013	0.5	3.2	6.6	9.4	4.0
2013/2014	0.3	2.5	5.8	8.5	3.4
2014/2015	0.1	2.5	6.3	8.8	4.1
2015/2016	0.1	2.2	5.3	7.3	3.5
2016/2017	0.1	1.8	5.3	7.3	3.5
2017/2018	0.1	1.5	4.5	6.1	3.0

离校率[①]（%）

学年	幼儿园	小学	中学整体	初中	高中
1999/2000	2.7	2.4	7.1	7.5	6.4
2000/2001	1.8	2.1	7.4	7.5	7.2
2001/2002	1.7	2.0	6.9	7.1	6.5
2002/2003	1.5	1.8	5.9	6.1	5.5
2003/2004	1.9	2.2	7.1	7.5	6.7
2004/2005	2.0	1.9	6.7	7.5	5.7
2005/2006	1.7	1.7	7.0	7.6	6.4
2006/2007	3.6	3.0	7.5	8.2	6.7
2007/2008	2.5	2.3	6.3	6.7	5.9
2008/2009	2.5	2.2	4.8	4.8	4.8
2009/2010	2.1	1.9	5.2	5.3	5.2
2010/2011	1.5	1.8	4.4	4.8	4.0
2011/2012	1.3	1.8	4.3	4.5	4.1
2012/2013	1.2	1.3	3.7	3.8	3.6
2013/2014	1.2	1.4	3.9	4.2	3.7
2014/2015	1.3	1.4	3.6	4.1	3.3
2015/2016	1.5	1.3	3.2	3.3	3.1
2016/2017	1.0	1.1	3.1	3.4	2.9
2017/2018	1.0	1.1	2.8	2.9	2.7

① 离校生是指本学年在校就读，而下一学年初没有注册入学的学生，其中不包括高中已毕业的学生。

3. 学生完成教育情况

包括留级生的巩固率[①]（%）

学年	幼儿园	小学	中学整体	初中	高中
1999/2000	96.3	91.9	—	88.3	69.5
2000/2001	96.7	93.6	65.3	88.5	74.1
2001/2002	96.7	93.5	66.4	88.7	74.9
2002/2003	97.2	93.3	68.4	89.6	77.6
2003/2004	97.3	93.9	71.7	90.6	80.9
2004/2005	97.5	94.8	70.2	90.7	78.7
2005/2006	97.0	94.6	72.1	88.8	80.1
2006/2007	97.7	95.6	71.3	89.2	81.5
2007/2008	97.2	95.6	69.4	88.9	80.4
2008/2009	96.1	95.3	67.7	87.4	79.1
2009/2010	97.0	95.7	70.0	91.4	82.7
2010/2011	96.0	96.4	73.0	92.3	86.7
2011/2012	97.5	96.2	75.6	92.4	88.6
2012/2013	97.7	95.2	79.0	92.6	90.1
2013/2014	98.2	96.0	80.2	93.0	90.9
2014/2015	97.9	96.8	81.0	93.3	90.6
2015/2016	97.9	96.9	81.2	93.9	90.8
2016/2017	97.8	96.5	81.9	94.2	91.7
2017/2018	97.7	96.5	60.9	94.9	92.1

① 巩固率是指各教育阶段最后一年仍在就读的学生数占其入学第一年就读学生数的比例。

不包括留级生的巩固率（%）

学年	幼儿园	小学	中学整体	初中	高中
1999/2000	89.6	67.2	—	58.5	55.1
2000/2001	91.0	69.4	34.5	58.9	58.5
2001/2002	91.8	70.8	33.1	59.2	59.0
2002/2003	92.7	71.3	34.4	58.6	59.9
2003/2004	93.6	74.7	36.2	61.0	64.0
2004/2005	94.5	76.9	36.6	62.0	64.6
2005/2006	93.5	77.7	38.5	61.8	66.7
2006/2007	95.2	78.1	39.5	61.5	67.4
2007/2008	94.9	78.0	39.9	61.9	65.7
2008/2009	94.6	77.4	39.6	60.0	65.0
2009/2010	95.5	78.4	39.4	62.8	66.7
2010/2011	94.7	80.1	42.3	65.6	72.2
2011/2012	96.7	80.7	44.1	67.3	76.4
2012/2013	96.0	79.7	47.2	69.0	79.4
2013/2014	96.8	82.4	50.7	73.5	80.4
2014/2015	96.7	84.8	52.2	75.2	81.3
2015/2016	97.2	84.8	54.5	76.1	82.9
2016/2017	97.7	86.7	57.0	78.3	82.0
2017/2018	97.6	87.1	60.9	79.3	84.1

教育完成率①（%）

学年	幼儿园	小学	中学整体	初中	高中
1999/2000	92.0	78.5	—	68.5	65.9
2000/2001	93.5	81.4	61.9	66.6	70.3
2001/2002	93.5	82.7	62.5	67.4	70.5

① 指完成各教育阶段的学生数占该教育阶段学生总数的比例。

续表

学年	幼儿园	小学	中学整体	初中	高中
2002/2003	94.2	83.2	65.0	69.8	73.7
2003/2004	94.5	83.1	68.5	70.7	77.3
2004/2005	94.4	84.1	66.0	70.7	74.1
2005/2006	94.8	84.6	67.4	68.1	74.8
2006/2007	93.6	84.0	66.6	68.8	76.1
2007/2008	94.3	84.4	66.3	70.7	76.8
2008/2009	93.3	86.0	65.9	72.7	77.0
2009/2010	94.6	85.7	63.8	72.9	78.1
2010/2011	94.7	88.3	71.2	78.5	84.5
2011/2012	95.6	88.6	74.2	78.4	87.0
2012/2013	96.5	89.5	77.3	80.8	88.2
2013/2014	96.7	90.6	77.8	81.7	88.2
2014/2015	96.2	92.3	79.4	82.7	88.8
2015/2016	96.1	92.7	79.8	84.7	89.3
2016/2017	96.5	93.1	80.5	83.9	90.1
2017/2018	96.4	94.2	81.9	87.2	90.4

4. 高中升学

正规教育高三毕业生的升学情况

学年	升学①		升大②	
	人数	升学率/%	人数	升大率/%
1999/2000	1 898	81.4	1 726	74.0
2000/2001	2 315	81.9	2 145	75.8

① 指高中毕业生升读高等院校所开办的课程。

② 指高中毕业生升读高等专科学位或学士学位课程。

续表

学年	升学		升大	
	人数	升学率/%	人数	升大率/%
2001/2002	2 538	81.3	2 282	73.1
2002/2003	2 931	75.3	2 773	71.2
2003/2004	3 376	75.0	3 201	71.1
2004/2005	3 529	77.1	3 243	70.8
2005/2006	3 935	76.8	3 525	68.8
2006/2007	4 211	77.9	3 748	69.3
2007/2008	4 503	84.4	4 077	76.4
2008/2009	4 772	90.6	4 428	84.0
2009/2010	4 644	91.4	4 398	86.2
2010/2011	4 672	89.3	4 496	85.9
2011/2012	5 023	92.5	4 864	89.6
2012/2013	4 974	91.1	4 794	87.8
2013/2014	4 950	93.0	4 800	90.2
2014/2015	4 828	94.0	4 707	91.7
2015/2016	4 666	94.2	4 516	91.2
2016/2017	4 511	95.6	4 320	91.6
2017/2018	4 440	94.9	4 343	92.9

正规教育高三毕业生的各升学地区的人数和百分率

学年	中国				葡萄牙	美国	英国	澳大利亚	加拿大	瑞士	其他	资料不详	合计
	澳门	内地	台湾	香港									
人数													
2002/2003	1 696	697	457	7	24	18	8	20	4	—	—	—	2 931
2003/2004	1 810	900	415	16	29	49	7	33	10	—	1	106	3 376
2004/2005	1 903	981	466	32	26	43	12	38	11	4	4	9	3 529
2005/2006	1 944	1 193	521	37	28	50	24	73	11	11	17	26	3 935

续表

学年	中国				葡萄牙	美国	英国	澳大利亚	加拿大	瑞士	其他	资料不详	合计
	澳门	内地	台湾	香港									
人数													
2006/2007	2 114	1 013	753	35	31	66	25	88	19	38	5	24	4 211
2007/2008	2 539	754	878	31	30	89	19	80	16	30	11	26	4 503
2008/2009	2 536	889	1 057	34	28	59	17	90	24	13	11	14	4 772
2009/2010	2 665	892	797	34	38	51	27	72	17	21	17	13	4 644
2010/2011	2 731	769	917	36	37	61	22	56	15	8	12	8	4 672
2011/2012	2 844	765	1 065	62	32	96	27	59	26	14	22	11	5 023
2012/2013	2 844	739	1 030	54	40	98	42	47	22	23	25	10	4 974
2013/2014	2 703	669	1 105	59	62	108	47	83	31	18	46	19	4 950
2014/2015	2 455	699	1 218	48	67	65	80	103	24	22	36	11	4 828
2015/2016	2 306	749	1 195	46	58	52	80	109	22	3	27	19	4 666
2016/2017	2 154	1 063	822	42	49	56	77	82	32	11	43	80	4 511
2017/2018	2 081	1 241	647	44	49	56	94	94	25	11	58	40	4 440
百分率/%													
2002/2003	57.9	23.8	15.6	0.2	0.8	0.6	0.3	0.7	0.1	—	—	—	100.0
2003/2004	53.6	26.7	12.3	0.5	0.9	1.4	0.2	1.0	0.3	—	0	3.1	100.0
2004/2005	53.9	27.8	13.2	0.9	0.8	1.2	0.3	1.1	0.3	0.1	0.1	0.3	100.0
2005/2006	49.4	30.3	13.2	0.9	0.7	1.3	0.6	1.9	0.3	0.3	0.4	0.7	100.0
2006/2007	50.2	24.1	17.9	0.8	0.7	1.6	0.6	2.1	0.4	0.9	0.1	0.6	100.0
2007/2008	56.4	16.7	19.5	0.7	0.7	2.0	0.3	1.8	0.4	0.7	0.2	0.6	100.0
2008/2009	53.1	18.6	22.2	0.7	0.6	1.2	0.4	1.9	0.5	0.3	0.2	0.3	100.0
2009/2010	57.4	19.2	17.1	0.7	0.8	1.1	0.6	1.5	0.4	0.5	0.4	0.3	100.0
2010/2011	58.4	16.4	19.6	0.8	0.8	1.3	0.5	1.2	0.3	0.2	0.3	0.2	100.0
2011/2012	56.6	15.3	21.2	1.3	0.6	1.9	0.5	1.2	0.5	0.3	0.4	0.2	100.0
2012/2013	57.2	14.9	20.7	1.1	0.8	2.0	0.8	0.9	0.4	0.5	0.5	0.2	100.0
2013/2014	54.6	13.5	22.3	1.2	1.3	2.2	0.9	1.7	0.6	0.4	0.9	0.4	100.0
2014/2015	50.9	14.5	25.2	1.0	1.4	1.3	1.7	2.1	0.5	0.5	0.7	0.2	100.0
2015/2016	49.4	16.1	25.6	1.0	1.2	1.1	1.7	2.3	0.5	0.1	0.6	0.4	100.0
2016/2017	47.8	23.6	18.2	0.9	1.1	1.2	1.7	1.8	0.7	0.2	1.0	1.8	100.0
2017/2018	46.9	28.0	14.6	1.0	1.1	1.2	2.1	2.1	0.6	0.2	1.3	0.9	100.0

正规教育高三毕业生所升读的各专业领域①的人数和百分率

学年	商业经济	语言文学	旅游服务	人文社会	自然科学	工程计算机	卫生福利	教育	法律	渔林农业	艺术设计	资料不详	合计
人数													
2002/2003	735	315	308	301	241	297	264	123	134	15	—	40	2 773
2003/2004	843	449	351	421	184	404	285	131	118	15	—	—	3 201
2004/2005	895	326	489	357	161	328	328	129	118	8	86	18	3 243
2005/2006	1 038	311	609	384	124	376	351	112	85	5	87	43	3 525
2006/2007	1 029	323	753	418	113	340	338	95	82	11	75	171	3 748
2007/2008	1 126	337	901	437	93	384	357	121	104	24	91	102	4 077
2008/2009	1 303	397	751	555	163	405	418	168	82	18	121	47	4 428
2009/2010	1 167	372	772	610	144	397	469	181	88	10	134	54	4 398
2010/2011	1 080	375	776	667	146	421	507	200	94	4	150	76	4 496
2011/2012	1 047	383	1 140	585	150	482	542	191	99	6	176	63	4 864
2012/2013	1 005	322	1 059	634	152	518	522	274	102	8	173	25	4 794
2013/2014	926	411	952	639	178	508	519	321	111	11	179	45	4 800
2014/2015	872	370	867	623	153	492	577	377	109	6	197	64	4 707
2015/2016	856	350	765	474	130	475	709	413	113	22	189	20	4 516
2016/2017	775	339	550	468	116	437	801	424	108	19	209	74	4 320

① 学生修读的专业领域于2002/2003学年开始纳入调查范围，其中只统计升读高等专科或学士学位课程的学生所修读的专业领域。

续表

学年	商业经济	语言文学	旅游服务	人文社会	自然科学	工程计算机	卫生福利	教育	法律	渔林农业	艺术设计	资料不详	合计
百分率/%													
2002/2003	26.5	11.4	11.1	10.9	8.7	10.8	9.5	4.4	4.8	0.5	—	1.4	100.0
2003/2004	26.3	14.0	11.0	13.2	5.7	12.6	8.9	4.1	3.7	0.5	—	—	100.0
2004/2005	27.6	10.1	15.1	11.0	5.0	10.1	10.1	4.0	3.6	0.2	2.6	0.6	100.0
2005/2006	29.4	8.8	17.3	10.9	3.5	10.7	10.0	3.2	2.4	0.1	2.5	1.2	100.0
2006/2007	27.5	8.6	20.0	11.2	3.0	9.1	9.0	2.5	2.2	0.3	2.0	4.6	100.0
2007/2008	27.6	8.3	22.1	10.7	2.3	9.4	8.8	3.0	2.5	0.6	2.2	2.5	100.0
2008/2009	29.4	9.0	17.0	12.5	3.7	9.1	9.4	3.8	1.9	0.4	2.7	1.1	100.0
2009/2010	26.5	8.5	17.6	13.9	3.3	9.0	10.7	4.1	2.0	0.2	3.0	1.2	100.0
2010/2011	24.0	8.3	17.3	14.8	3.2	9.4	11.3	4.5	2.1	0.1	3.3	1.7	100.0
2011/2012	21.5	7.9	23.5	12.0	3.1	9.9	11.2	3.9	2.0	0.1	3.6	1.3	100.0
2012/2013	21.0	6.7	22.1	13.2	3.2	10.8	10.9	5.7	2.1	0.2	3.6	0.5	100.0
2013/2014	19.3	8.6	19.8	13.3	3.7	10.6	10.8	6.7	2.3	0.2	3.7	1.0	100.0
2014/2015	18.5	7.9	18.4	13.2	3.2	10.5	12.3	8.0	2.3	0.1	4.2	1.4	100.0
2015/2016	19.0	7.8	16.9	10.5	2.9	10.5	15.7	9.1	2.5	0.5	4.2	0.4	100.0
2016/2017	18.0	7.9	12.7	10.8	2.7	10.1	18.6	9.8	2.5	0.4	4.8	1.7	100.0

5. 辍学、学生辅导

辍学情况[①]

学年	辍学生人数	辍学率/%
2001/2002	509	0.66
2002/2003	535	0.72

① 辍学生是指本学年在校就读，而下一学年初没有注册入学的属义务教育范畴的学生，离开澳门到外地求学、死亡或移民者除外。

续表

学年	辍学生人数	辍学率/%
2003/2004	598	0.84
2004/2005	440	0.65
2005/2006	286	0.45
2006/2007	308	0.55
2007/2008	226	0.43
2008/2009	136	0.28
2009/2010	109	0.22
2010/2011	84	0.19
2011/2012	51	0.12
2012/2013	72	0.18
2013/2014	48	0.12
2014/2015	35	0.08
2015/2016	41	0.09
2016/2017	39	0.08

学生辅导服务的情况

学年	接受驻校学生辅导服务的校（部）数	学生辅导员人数	总开支金额/万澳门元	总金额的增长率/%
1999/2000	37	18	64	—
2000/2001	44	25	172	169
2001/2002	56	37	318	85
2002/2003	69	53	584	84
2003/2004	76	61	725	24
2004/2005	75	63	785	8
2005/2006	74	85	1 307	66
2006/2007	75	91	1 744	33
2007/2008	80	102	2 358	35

续表

学年	接受驻校学生辅导服务的校（部）数	学生辅导员人数	总开支金额/万澳门元	总金额的增长率/%
2008/2009	80	121	3 413	45
2009/2010	81	128	3 651	7
2010/2011	79	129. 5	4 139	13
2011/2012	85	135. 5	4 505	9
2012/2013	97	154	5 662	24. 8
2013/2014	102	169	6 664	17. 7
2014/2015①	105	214	8 561	28. 5
2015/2016	106	224. 5	9 942	16. 1
2016/2017	107	230. 5	10 270	3. 3
2017/2018	118	240	10 587	3. 1
2018/2019	118	256	12 193	15. 2

学生辅导服务②的活动次数

学年	生涯规划	成长适应③	人际/社交	情绪管理	社会服务	合计
2001/2002④	—	—	—	—	—	—
2002/2003	217	561	430	252	383	1 843
2003/2004	136	555	525	178	492	1 886
2004/2005	152	531	465	131	441	1 720
2005/2006	210	742	481	215	524	2 172
2006/2007	235	787	421	239	489	2 171

① 从2014/2015学年起，学生辅导服务所有幼儿教育阶段的校（部）以驻校形式提供服务。此外，离校学生支持服务由提供驻校学生辅导服务的辅导机构同时提供。当年合计共有194名驻校学生辅导员及20名离校学生辅导员。

② 只计算由教育暨青年局或受教育暨青年局资助机构提供的学生辅导服务。

③ 2010/2011学年开始，“成长适应”主题取消而融入其他的相关主题内。

④ 2001/2002学年及以前没有统计资助机构在校内举办相关活动的次数。

续表

学年	生涯规划	成长适应	人际/社交	情绪管理	社会服务	合计
2007/2008	388	590	464	267	397	2 106
2008/2009	413	738	668	280	426	2 525
2009/2010	419	582	582	252	449	2 284
2010/2011	506	—	394	286	766	1 952
2011/2012	619	—	407	298	979	2 303
2012/2013	545	—	814	405	1 334	3 098
2013/2014	594	—	780	392	1 453	3 219
2014/2015	918	—	989	766	1 484	4 157
2015/2016	674	—	1 141	703	1 383	3 901
2016/2017	710	—	1 014	543	1 581	3 848
2017/2018	629	—	1 058	575	1 435	3 697

学生辅导服务的活动参与人次

学年	生涯规划	成长适应	人际/社交	情绪管理	社会服务	合计
2001/2002	6 809	18 325	12 969	2 767	3 592	44 462
2002/2003	10 455	23 719	13 423	8 832	8 676	65 105
2003/2004	7 989	16 679	17 821	7 864	11 489	61 842
2004/2005	8 002	20 044	15 367	3 661	13 285	60 359
2005/2006	9 176	27 437	20 620	5 938	13 293	76 464
2006/2007	12 890	25 251	14 663	14 257	17 100	84 161
2007/2008	17 820	16 322	29 896	7 548	8 970	80 556
2008/2009	17 978	17 130	35 422	13 634	8 345	92 509
2009/2010	18 833	18 312	27 818	8 763	9 484	83 210
2010/2011	20 823	—	11 492	8 273	17 944	58 532
2011/2012	25 900	—	10 144	8 888	21 544	66 476
2012/2013	17 168	—	12 924	10 562	30 893	71 547

续表

学年	生涯规划	成长适应	人际/社交	情绪管理	社会服务	合计
2013/2014	18 379	—	14 194	9 223	23 808	65 604
2014/2015	22 871	—	12 705	12 265	31 073	78 914
2015/2016	19 646	—	15 483	11 981	25 148	72 258
2016/2017	20 394	—	16 762	14 931	30 755	82 842
2017/2018	12 530	—	20 313	17 847	26 591	77 281

6. 国际测验

PISA 测试历年成绩①

	数学素养	科学素养	阅读素养	问题解决能力②
澳门 PISA 2003（数学素养为主）				
测试成绩平均分③	527（500）	525（500）	498（494）	书面：532（500）
测试国家/地区（40 个）排名	9	7	15	6（40 国家/地区）
澳门 PISA 2006（科学素养为主）				
测试成绩平均分③	525（498）	511（500）	492（492）	—
测试国家/地区（57 个）排名	8	17	21	—
澳门 PISA 2009（阅读素养为主）				
测试成绩平均分③	525（496）	511（501）	487（493）	—
测试国家/地区（65 个）排名	12	18	28	—
澳门 PISA 2012（数学素养为主）				
测试成绩平均分③	538（494）	521（501）	509（496）	数码：540（500）

① 数据来源：经济合作与发展组织。

② 澳门于 PISA 2003 参与了书面测试（个人）问题解决能力的评量；于 PISA 2012 参与了数码测试（个人）问题解决能力的评量；于 PISA 2015 参与了数码测试（个人与他人）协作式问题解决能力的评量。

③ 数字为澳门参与测试成绩的平均分；括号内显示 OECD 成员平均分，以资比较。

续表

	数学素养	科学素养	阅读素养	问题解决能力
测试国家/地区（65个）排名①	6～8	9～19	12～22	4（44国家/地区）
澳门 PISA 2015（科学素养为主）				
测试成绩平均分	544（490）	529（493）	509（493）	协作式 534（500）
测试国家/地区（72个）排名②	3	6	12	8（52国家/地区）

部分国家/地区 PISA 测试成绩比较

国家/地区	PISA	数学素养	科学素养	阅读素养
中国澳门	2003	527	525	498
	2006	525	511	492
	2009	525	511	487
	2012	538	521	509
	2015	544	529	509
中国香港	2003	550	539	510
	2006	547	542	536
	2009	555	549	533
	2012	561	555	545
	2015	548	523	527
中国台湾	2003	—	—	—
	2006	549	532	496
	2009	543	520	495
	2012	560	523	523
	2015	542	532	497

① 在大型国际抽样测试中，由于需要考虑抽样及测量误差，PISA 2012 没有准确计算实际的排名位置。因此，澳门学生在 PISA 2012 的数学素养、科学素养、阅读素养中的最佳排名，分别为第 6 位、第 9 位、第 12 位。另外，PISA 2012 测试中，澳门也被认为是世界上既有高教育质量又兼备教育公平的 8 个教育系统之一。

② PISA 2015 测试中，加拿大、丹麦、爱沙尼亚和中国澳门、中国香港被认为是具有优质教育及公平教育的 5 个国家/地区。

续表

国家/地区	PISA	数学素养	科学素养	阅读素养
中国上海	2003	—	—	—
	2006	—	—	—
	2009	600	575	556
	2012	613	580	570
中国 B-S-J-G①	2015	531	518	494
日本	2003	534	548	498
	2006	523	531	498
	2009	529	539	520
	2012	536	547	538
	2015	532	538	516
韩国	2003	542	538	534
	2006	547	522	556
	2009	546	538	539
	2012	554	538	536
	2015	524	516	517
葡萄牙	2003	466	468	478
	2006	466	474	472
	2009	487	493	489
	2012	487	489	488
	2015	492	501	498
芬兰	2003	544	548	543
	2006	548	563	547
	2009	541	554	536
	2012	519	545	524
	2015	511	531	526

① B-S-J-G：北京市、上海市、江苏省和广东省。

续表

国家/地区	PISA	数学素养	科学素养	阅读素养
OECD 成员平均分	2003	500	500	494
	2006	498	500	492
	2009	496	501	493
	2012	494	501	496
	2015	490	493	493

PISA 测试精练水平（水平 5 及水平 6）学生百分比（%）

PISA 数学素养精练水平

	水平 1 以下	水平 1	水平 2	水平 3	水平 4	水平 5	水平 6
澳门 2003	2. 3	8. 8	19. 6	26. 8	23. 7	13. 8	4. 8
澳门 2006	2. 6	8. 3	20. 0	27. 3	24. 4	13. 6	3. 8
澳门 2009	2. 8	8. 2	19. 6	27. 8	24. 5	12. 8	4. 3
澳门 2012	3. 2	7. 6	16. 4	24. 0	24. 4	16. 8	7. 6
澳门 2015	1. 3	5. 3	15. 1	27. 3	29. 1	16. 9	5. 0

PISA 科学素养精练水平

	水平 1b 以下	水平 1b	水平 1	水平 2	水平 3	水平 4	水平 5	水平 6
澳门 2003	1. 6		8. 4	22. 2	31. 5	25. 8	9. 1	1. 4
澳门 2006	1. 4		8. 8	25. 9	35. 7	22. 9	5. 1	0. 3
澳门 2009	1. 5		8. 1	25. 2	37. 8	22. 7	4. 5	0. 2
澳门 2012	1. 4		7. 4	22. 2	36. 2	26. 2	6. 2	0. 4
澳门 2015	1. 1		6. 9	20. 6	34. 2	28. 0	8. 3	0. 9

PISA 阅读素养精练水平

	水平 1b 以下	水平 1b	水平 1	水平 2	水平 3	水平 4	水平 5	水平 6
澳门 2003	1. 0		8. 7	27. 8	41. 4	19. 4	1. 7	
澳门 2006	2. 9		10. 1	28. 9	36. 6	18. 5	3. 0	
澳门 2009	0. 3	2. 6	12. 0	30. 6	34. 8	16. 9	2. 8	0. 1
澳门 2012	0. 3	2. 1	9. 0	23. 3	34. 3	24. 0	6. 4	0. 6
澳门 2015	0. 3	2. 1	9. 3	23. 1	34. 2	24. 4	6. 2	0. 5

续表

PISA 问题解决能力精练水平							
书面①	水平 1 以下	水平 1	水平 2	水平 3			
澳门 PISA 2003	6	27	42	24			
数码①	水平 1 以下	水平 1	水平 2	水平 3	水平 4	水平 5	水平 6
澳门 PISA 2012	1.6	6.0	17.5	29.5	28.9	13.8	2.8
协作式①	水平 1 以下	水平 1	水平 2	水平 3	水平 4		
澳门 PISA 2015	2.2	12.7	35.6	38.4	11.1		

7. 未来学生人数预测

2019/2020 学年至 2028/2029 学年正规教育各阶段学生人数预测②

学年	幼儿园学生	小学学生	初中学生	高中学生	特教学生	合计
2018/2019（实际数值）	18 626	32 530	13 214	12 808	821	77 999
未来学生人数预测③						
2019/2020	19 198	34 724	14 388	12 359	821	81 490
2020/2021	18 609	37 298	15 521	12 325	821	84 574
2021/2022	18 239	39 651	16 551	12 642	821	87 904
2022/2023	18 033	41 671	17 470	13 300	821	91 295
2023/2024	18 502	42 583	18 640	13 925	821	94 471
2024/2025	18 984	42 257	20 961	14 500	821	97 523
2025/2026	19 184	42 685	22 058	15 015	821	99 763
2026/2027	19 116	42 517	23 339	15 183	821	100 976
2027/2028	18 780	42 544	23 487	16 449	821	102 081
2028/2029	18 449	42 510	24 011	17 012	821	102 803

① 澳门于 PISA 2003 参与了书面测试（个人）问题解决能力的评量；于 PISA 2012 参与了数码测试（个人）问题解决能力的评量；于 PISA 2015 参与了数码测试（个人与他人）协作式问题解决能力的评量。

② 预测值以各学年实际人数为预测基础，结合统计暨普查局各年年终出生人数及人口预测作预测计算。

③ 数据截至时间为 2019 年 7 月。

8. 不同国籍的学生人数统计

1999/2000 学年至 2018/2019 学年不同国籍的学生人数统计

学年	中国	葡萄牙	美国	加拿大	英国	澳大利亚	菲律宾	马来西亚	巴西	其他或不详	合计
1999/2000	71 573	25 837	162	127	655	31	173	22	28	356	98 964
2000/2001	84 321	13 876	169	137	477	36	190	20	27	323	99 576
2001/2002	85 549	13 147	163	151	393	36	194	18	37	302	99 990
2002/2003	85 142	12 766	165	147	342	33	218	21	37	312	99 183
2003/2004	84 877	11 951	165	159	306	42	375	24	42	314	98 255
2004/2005	83 237	10 810	173	156	270	44	411	23	48	313	95 485
2005/2006	80 838	9 979	161	161	251	53	439	19	43	310	92 254
2006/2007	77 477	9 105	174	154	212	55	575	34	53	337	88 176
2007/2008	73 531	8 376	179	170	196	100	717	48	65	408	83 790
2008/2009	69 667	7 584	168	154	195	101	714	39	51	654	79 327
2009/2010	68 202	7 103	200	148	185	132	678	44	55	445	77 192
2010/2011	67 304	6 233	206	155	193	141	732	40	56	465	75 525
2011/2012	65 629	5 681	199	153	178	119	779	41	53	593	73 425
2012/2013	62 103	5 034	192	147	171	128	734	52	56	3 198	71 815
2013/2014	64 132	4 545	215	144	184	162	799	62	57	748	71 048
2014/2015	64 768	3 938	233	144	183	180	833	69	61	1 112	71 521
2015/2016	68 358	3 467	240	128	182	208	831	74	60	1 002	74 550
2016/2017	70 788	3 013	220	134	141	197	810	77	67	724	76 171
2017/2018	72 914	2 623	237	135	117	211	824	88	58	832	78 039
2018/2019	74 565	2 319	224	133	114	182	805	91	54	963	79 450

（四）教师

1. 教师学历

正规教育教师的最高学历①

学年	博士、硕士学位人数②（及占总体比例）	学士、高等专科学位人数（及占总体比例）	大专毕业人数③（及占总体比例）	中学毕业或以下人数（及占总体比例）	总体
1999/2000	72（1.9%）	1 917（51.3%）	912（24.4%）	839（22.4%）	3 740（100.0%）
2000/2001	67（1.7%）	2 128（55.0%）	921（23.8%）	753（19.5%）	3 869（100.0%）
2001/2002	81（2.1%）	2 472（62.9%）	782（19.9%）	593（15.1%）	3 928（100.0%）
2002/2003	98（2.5%）	2 650（67.1%）	685（17.3%）	518（13.1%）	3 951（100.0%）
2003/2004	147（3.5%）	2 971（71.1%）	620（14.8%）	443（10.6%）	4 181（100.0%）
2004/2005	211（4.9%）	3 094（72.4%）	585（13.7%）	385（9.0%）	4 275（100.0%）
2005/2006	278（6.4%）	3 242（74.3%）	529（12.1%）	314（7.2%）	4 363（100.0%）
2006/2007	316（7.1%）	3 323（74.8%）	513（11.5%）	293（6.6%）	4 445（100.0%）
2007/2008	393（8.5%）	3 406（73.9%）	517（11.2%）	294（6.4%）	4 610（100.0%）
2008/2009	424（9.0%）	3 518（74.7%）	489（10.4%）	280（5.9%）	4 711（100.0%）
2009/2010	460（9.5%）	3 646（75.5%）	463（9.6%）	262（5.4%）	4 831（100.0%）
2010/2011	518（10.2%）	3 867（75.8%）	456（8.9%）	261（5.1%）	5 102（100.0%）
2011/2012	557（10.9%）	3 892（75.8%）	432（8.4%）	253（4.9%）	5 134（100.0%）
2012/2013	727（13.4%）	4 066（75.1%）	385（7.1%）	239（4.4%）	5 417（100.0%）
2013/2014	787（14.1%）	4 218（75.5%）	352（6.3%）	227（4.1%）	5 584（100.0%）
2014/2015	850（14.8%）	4 346（75.9%）	334（5.8%）	201（3.5%）	5 731（100.0%）
2015/2016	950（15.5%）	4 732（77.1%）	280（4.5%）	177（2.9%）	6 139（100.0%）
2016/2017	1 034（15.8%）	5 100（78.0%）	256（3.9%）	149（2.3%）	6 539（100.0%）
2017/2018	1 118（16.5%）	5 324（78.5%）	215（3.2%）	127（1.8%）	6 784（100.0%）
2018/2019	1 185（17.0%）	5 476（78.8%）	193（2.8%）	98（1.4%）	6 952（100.0%）

① 1999/2000 学年至 2006/2007 学年为日校数字。
② 包括研究生毕业人数。
③ 包括文凭及副学士学位人数。

具有师范学历教师人数①及比例

学年	幼儿教师		小学教师		中学教师	
	教师总数	具有师范学历教师人数及比例	教师总数	具有师范学历教师人数及比例	教师总数	具有师范学历教师人数及比例
1999/2000	534	514（96.3%）	1 522	1 332（87.5%）	1 511	948（62.7%）
2000/2001	498	484（97.2%）	1 551	1 392（89.7%）	1 650	1 048（63.5%）
2001/2002	472	463（98.1%）	1 556	1 410（90.6%）	1 774	1 120（63.1%）
2002/2003	467	459（98.3%）	1 570	1 427（90.9%）	1 866	1 233（66.1%）
2003/2004	457	450（98.5%）	1 560	1 430（91.7%）	2 025	1 348（66.6%）
2004/2005	463	451（97.4%）	1 543	1 413（91.6%）	2 127	1 466（68.9%）
2005/2006	442	434（98.2%）	1 554	1 401（90.2%）	2 196	1 513（68.9%）
2006/2007	489	474（96.9%）	1 566	1 409（90.0%）	2 244	1 595（71.1%）
2007/2008	501	485（96.8%）	1 590	1 369（86.1%）	2 177	1 548（71.1%）
2008/2009	519	500（96.3%）	1 585	1 363（86.0%）	2 294	1 639（71.4%）
2009/2010	570	539（94.6%）	1 577	1 336（84.7%）	2 355	1 676（71.2%）
2010/2011	648	597（92.1%）	1 602	1 375（85.8%）	2 523	1 819（72.1%）
2011/2012	706	658（93.2%）	1 606	1 412（87.9%）	2 480	1 843（74.3%）
2012/2013	765	722（94.4%）	1 622	1 430（88.2%）	2 587	1 990（76.9%）
2013/2014	835	769（92.1%）	1 669	1 472（88.2%）	2 626	2 147（81.8%）
2014/2015	916	898（98.0%）	1 722	1 656（96.2%）	2 629	2 297（87.4%）
2015/2016	1 038	1 029（99.1%）	1 908	1 862（97.6%）	2 696	2 404（89.2%）
2016/2017	1 212	1 204（99.3%）	2 105	2 067（98.2%）	2 710	2 457（90.7%）
2017/2018	1 297	1 290（99.5%）	2 235	2 202（98.5%）	2 727	2 491（91.3%）
2018/2019	1 320	1 312（99.4%）	2 402	2 376（98.9%）	2 684	2 490（92.8%）

① 2006/2007 学年及以前的数据参照日期为相关学年的 12 月 31 日，其中的数据为相关学年的全部教师资料；2007/2008 学年及以后的数据参照日期为相关学年的 11 月 26 日，其中的数据为相关学年的正规教育资料。

2. 教师薪酬

公立学校教师年收入中位数①

学年	幼儿教师		小学教师		中学教师		整体	
	中位数/澳门元	年增长率/%	中位数/澳门元	年增长率/%	中位数/澳门元	年增长率/%	中位数/澳门元	年增长率/%
1999/2000	269 500	—	252 000	—	301 000	—	294 000	—
2000/2001	269 500	—	252 000	—	301 000	—	294 000	—
2001/2002	269 500	—	252 000	—	301 000	—	294 000	—
2002/2003	269 500	—	252 000	—	339 500	12. 8	297 500	1. 2
2003/2004	269 500	—	269 500	6. 9	339 500	—	301 000	1. 2
2004/2005	278 162	3. 2	278 163	3. 2	350 413	3. 2	310 675	3. 2
2005/2006	308 700	11. 0	282 975	1. 7	356 475	1. 7	316 050	1. 7
2006/2007	318 150	3. 1	291 638	3. 1	367 388	3. 1	325 725	3. 1
2007/2008②	354 640	11. 5	423 150	45. 1	415 090	13. 0	415 090	27. 4
2008/2009	388 220	9. 5	433 650	2. 5	425 390	2. 5	425 390	2. 5
2009/2010	388 220	—	433 650	—	446 040	4. 9	433 650	1. 9
2010/2011	400 910	3. 3	460 620	6. 2	460 620	3. 3	460 620	6. 2
2011/2012	511 598	27. 6	497 620	8. 0	484 360	5. 2	484 360	5. 2
2012/2013	498 000	-2. 7	528 700	6. 2	520 005	7. 4	528 700	9. 2
2013/2014	504 810	1. 4	593 913	12. 3	579 055	11. 4	581 260	9. 9
2014/2015	731 680	44. 9	640 070	7. 8	628 445	8. 5	629 160	8. 2
2015/2016	750 976	2. 6	673 200	5. 2	667 590	6. 2	670 231	6. 5
2016/2017	688 420	-8. 3	750 822	11. 5	745 920	11. 7	745 920	11. 3
2017/2018	727 850	5. 7	779 180	3. 8	778 330	4. 3	776 182	4. 1

① 年收入包括年薪金及当年实际收取的“年资奖金”。

② 从2007/2008学年起，数字按照2010年通过的《非高等教育公立学校教师及教学助理职程制度》作追溯计算。

私立学校教师年收入中位数①

学年	幼儿教师		小学教师		中学教师		特教教师		校长和中高层管理人员②		整体		整体(不包括校长和中高层管理人员②)	
	中位数/澳门元	年增长率/%	中位数/澳门元	年增长率/%	中位数/澳门元	年增长率/%	中位数/澳门元	年增长率/%	中位数/澳门元	年增长率/%	中位数/澳门元	年增长率/%	中位数/澳门元	年增长率/%
2001/2002	136 680	—	140 084	—	181 508	—	116 524	—	183 116	—	154 598	—	153 500	—
2002/2003	138 328	1.2	140 513	0.3	182 516	0.6	119 928	2.9	181 680	-0.8	156 792	1.4	155 790	1.5
2003/2004	138 292	-0.3	142 640	1.5	180 270	-1.2	119 705	-0.2	185 466	2.1	155 910	-0.6	154 620	-0.8
2004/2005	141 790	2.5	144 770	1.5	183 295	1.7	121 060	1.1	185 111	-0.2	159 704	2.4	158 730	2.7
2005/2006	150 837	6.4	153 612	6.1	189 189	3.2	126 463	4.5	194 923	5.3	169 650	6.2	168 840	6.4
2006/2007	150 798	—	158 520	3.2	195 266	3.2	131 381	3.9	204 240	4.8	175 067	3.2	173 733	2.9
2007/2008	160 885	6.7	170 661	7.7	208 971	7.0	142 960	8.8	222 375	8.9	189 840	8.4	188 722	8.6
2008/2009	195 860	21.7	203 968	19.5	242 068	15.8	167 925	17.5	260 060	16.9	222 526	17.2	222 026	17.6
2009/2010	202 709	3.5	210 848	3.4	248 937	2.8	181 811	8.3	279 520	7.5	228 520	2.7	227 434	2.4
2010/2011	210 312	3.8	221 890	5.2	258 940	4.0	194 900	7.2	298 775	6.9	239 330	4.7	238 151	4.7
2011/2012③	231 570	10.1	244 818	10.3	279 483	7.9	219 130	12.4	317 970	6.4	260 127	8.7	259 405	8.9
2012/2013	265 368	14.6	284 142	16.1	313 102	12.0	281 610	28.5	450 670	41.7	299 857	15.3	296 039	14.1
2013/2014	300 540	13.3	322 660	13.6	352 322	12.5	301 606	7.1	531 000	17.8	339 482	13.2	333 658	12.7
2014/2015	331 879	10.4	367 760	14.0	399 331	13.3	306 671	1.7	606 650	14.2	381 260	12.3	374 148	12.1
2015/2016	361 900	9.0	396 552	7.8	435 472	9.1	350 062	14.1	651 982	7.5	412 795	8.3	406 515	8.7
2016/2017	373 735	3.3	410 237	3.5	458 450	5.3	378 221	8.0	683 700	4.9	428 426	3.8	421 971	3.8
2017/2018	382 672	2.4	421 500	2.7	469 560	2.4	400 000	5.8	699 108	2.3	441 144	3.0	434 934	3.1

① 年收入包括教学人员的“学校年薪(包括月基本工资、每月固定收取的津贴、额外报酬和奖金)”“专业发展津贴”及“年资奖金”。
② 2011/2012 学年及之前数字指“非担课老师”;2012/2013 学年及之后修订为“校长和中高层管理人员”。
③ 随着《非高等教育私立学校教学人员制度框架》的颁布,专业发展津贴于 2012 年 4 月 1 日起开始计算,并在 2012 年 8 月发放。

3. 教师平均任教节数

教师平均每周任教节数[①]（单位：节）

学年	幼儿教师	小学教师	中学教师
1999/2000	27.6	22.9	20.3
2000/2001	27.2	22.7	20.4
2001/2002	27.6	22.7	20.3
2002/2003	28.1	22.6	20.3
2003/2004	28.1	23.0	20.2
2004/2005	28.2	22.7	20.1
2005/2006	28.5	22.6	19.8
2006/2007	27.4	21.9	19.8
2007/2008	26.5	20.3	19.4
2008/2009	26.0	19.6	18.5
2009/2010	24.9	19.2	18.3
2010/2011	24.4	18.6	17.4
2011/2012	23.4	17.8	16.7
2012/2013	20.9	16.6	15.0
2013/2014	20.6	16.5	14.8
2014/2015	20.5	16.3	14.6
2015/2016	20.8	16.5	14.5
2016/2017	21.1	16.2	14.4
2017/2018	20.8	16.2	14.3
2018/2019	20.9	16.2	14.3

① 指教师授课时间的节数，但不包括豁免授课时间（抛节）的节数。

4. 教师培训开展情况

教师培训的开展情况[①]

学年	受培训人次
2003/2004	10 016
2004/2005	14 241
2005/2006	15 249
2006/2007	11 562
2007/2008	17 964
2008/2009	23 950
2009/2010	31 021
2010/2011	11 956
2011/2012	14 196
2012/2013	17 850
2013/2014	17 070
2014/2015	17 375
2015/2016	18 740
2016/2017	15 019
2017/2018	14 854
2018/2019[②]	1 770

① 由教育暨青年局开展的教师培训，从 2010/2011 学年起不包括教育暨青年局资助学校开展的校本培训。

② 资料截至 2018 年 10 月。

“骨干教师培训”计划开展情况[①]

承办机构	教育阶段/学科领域	开办年度	人数	
			小计	合计
北京师范大学	中学语文科	2004	60	90
		2005	30	
	小学语文科	2004	60	90
		2005	30	
	中学数学科	2006	28	58
		2007	30	
	小学数学科	2006	30	55
		2007	25	
	中学地理科	2008	18	43
		2009	25	
	中学科学科	2008	20	49
		2009	29	
	小学自然科学领域	2008	24	46
		2009	22	
	中学历史科	2010	28	51
		2011	23	
	小学历史科	2010	9	16
		2011	7	
	中学品德与公民科	2010	22	36
		2012	14	
	小学品德与公民科	2010	16	26
		2012	10	
	中学视觉艺术科	2011	11	25
		2012	14	

① 计划从2004年开始实施，至2014年完成培训。

续表

承办机构	教育阶段/学科领域	开办年度	人数	
			小计	合计
北京师范大学	小学视觉艺术科	2011	10	16
		2012	6	
	中学信息科技科	2013	18	31
		2014	13	
	小学信息科技科	2013	13	13
	中学体育科	2013	18	34
		2014	16	
	小学体育科	2013	25	35
		2014	10	
南京师范大学	幼儿教育	2007	16	39
		2008	23	
总数				753

“脱产进修”计划和“休教进修”计划开展情况①

学年	“脱产进修”计划		“休教进修”计划		合计	
	受惠人数	津贴金额/万澳门元	受惠人数	津贴金额/万澳门元	受惠人数	津贴金额/万澳门元
2007/2008	2	11	2	28	4	39
2008/2009	1	7	—	—	1	7
2009/2010	97	106	1	10	98	116
2010/2011	37	41	1	15	38	56
2011/2012	19	10	—	—	19	10
2012/2013	14	19	—	—	14	19
2013/2014	21	19	1	23	22	42

① “脱产进修”计划和“休教进修”计划从 2007/2008 学年开始推行。

续表

学年	"脱产进修"计划		"休教进修"计划		合计	
	受惠人数	津贴金额/万澳门元	受惠人数	津贴金额/万澳门元	受惠人数	津贴金额/万澳门元
2014/2015	6	4	—①	—	6	4
2015/2016	90	71	2	50	92	121
2016/2017	81	34	1	26	82	60
2017/2018	7	7	—	—	7	7

修读教育课程及师范培训课程学费资助情况

年度	资助情况	学位后文凭/证书课程			小、幼师范补充课程	教育学士学位补充课程	总计
		中学	小学	幼儿			
2013	申请人数	257	—	—	—	—	257
	获资助人数	185	—	—	—	—	185
	资助金额/万澳门元	287.0	—	—	—	—	287.0
2014	申请人数	182	—	—	—	—	182
	获资助人数	122	—	—	—	—	122
	资助金额/万澳门元	185.0	—	—	—	—	185.0
2015②	申请人数	163	198	167	65	13	606
	获资助人数	80	43	53	49	4	229
	资助金额/万澳门元	124.4	55.4	40.3	28.2	4.0	252.3
2016	申请人数	196	304	246	188	13	947
	获资助人数	89	87	51	137	5	369
	资助金额/万澳门元	142.3	93.6	69.7	64.2	5.2	375.0
2017	申请人数	184	334	356	65	—	939
	获资助人数	64	113	107	49	—	333
	资助金额/万澳门元	107.7	162.9	157.3	36.8	—	464.7

① 有1位教师的申请获教育暨青年局批准但没有实施，原因是该教师以个人理由提出取消申请。

② 由2015年起将教育学士学位补充课程，以及获教育暨青年局认可的中学、小学及幼儿教育的学位后教育课程、师范培训课程及师范培训补充课程/学科纳入资助范围。

续表

年度	资助情况	学位后文凭/证书课程			小、幼师范补充课程	教育学士学位补充课程	总计
		中学	小学	幼儿			
2018	申请人数	169	366	327	71	13	946
	获资助人数	52	92	99	41	5	289
	资助金额/万澳门元	88.3	161.0	120.4	35.0	4.0	408.7

各学科系统研习班[①]

教育阶段/科目		培训课程名称	开办年份	课时	参与人数
幼儿园		幼儿教育骨干教师研习计划	2014	36	32
		幼儿教育课程发展研习班（第一期）	2014	10	21
		幼儿教育课程发展研习班（第二期）	2015	10	21
		幼儿教育课程发展研习班（第三期）	2015	12	22
		幼儿教育课程发展研习班（第四期）	2016	12	34
		幼儿课程发展研习班（葡萄牙文班）	2016	12	15
小学	中文	小学中国语文科骨干教师研习计划	2012	86.5	28
		小学中文科课程发展研习班	2015	18	37
		小学中文科课程发展研习班	2016	15	37
		小学中文科课程发展研习班	2017	15	50
	葡萄牙文	Práticas avaliativas, aprendizagens significativas	2016	12	21
		小学葡萄牙文基本学力要求（教学语文）研习班（Exigências das Competências Académicas Básicas do Ens. Primário LP1）	2016	24	20
		小学葡萄牙文基本学力要求（非教学语文）研习班（Exigências das Competências Académicas Básicas do Ens. Primário LP2-Compreensão e Produção Oral）	2016	14	13

① 指配合基本学力要求而举办的相关教师培训活动，目的在于加强学校骨干教师或学科带头人对基本学力要求内容的理解，提升其把基本学力要求转化为学校课程及课堂教学的能力。

续表

教育阶段/科目		培训课程名称	开办年份	课时	参与人数
小学	葡萄牙文	小学葡萄牙文基本学力要求（非教学语文）研习班（Exigências das Competências Académicas Básicas do Ens. Primário LP2-Compreensão e Produção Escrita）	2016	14	12
	英文	小学英文科骨干教师研习计划	2013	83.5	34
		小学英文科课程发展研习班	2015	18	23
		小学英文科课程发展研习班（第二期）	2016	12	23
		小学英文科课程发展研习班（第三期）	2016	9	18
		小学英文科课程发展研习班（第四期）	2018	18	25
		小学英文科课程发展研习班（第五期 A 班）	2018	7.5	19
		小学英文科课程发展研习班（第五期 B 班）	2018	7.5	20
	数学	小学数学科骨干教师研习计划	2013	89	39
	品德与公民	品德与公民科骨干教师《中华人民共和国澳门特别行政区基本法》研习计划	2011	57	13
	常识	小学常识（科学）科骨干教师研习计划	2013	59.5	32
		小学常识课程发展研习班（第一期）	2014	11	36
		小学常识课程发展研习班（第二期）	2015	11	44
	信息科技	小学信息科技课程发展研习班	2015	18	34
		小学信息科技课程发展研习班（第二期）	2016	12	31
		小学信息科技课程发展研习班（第三期）	2016	7	36
		小学信息科技课程发展研习班（第四期）	2017	7	29
		小学信息科技课程发展研习班（第五期）	2017	10	25
	体育与健康	小学体育与健康课程发展研习班	2015	23	43
		小学体育与健康课程发展研习班（第二期）	2016	10	57
		小学体育与健康课程发展研习班（第三期）	2016	9	26
		小学体育与健康课程发展研习班（第四期）	2017	9	27
		小学体育与健康课程发展研习班（第五期）	2017	9	40

续表

教育阶段/科目		培训课程名称	开办年份	课时	参与人数
小学	视觉艺术	小学视觉艺术科课程发展研习班	2015	18	28
		小学视觉艺术科课程发展研习班（第二期）	2016	14	64
		小学视觉艺术科课程发展研习班（第三期）	2018	11	26
	音乐	小学音乐科课程发展研习班	2015	37.5	11
		小学音乐科课程发展研习班（第二期）	2016	15	27
		小学音乐科课程发展研习班（第三期）	2017	15	10
		小学音乐科课程发展研习班（第四期）	2018	14	17
中学	中文	中学中国语文科骨干教师研习计划	2013	90	33
		中学中文科课程发展研习班	2016	15	29
		中学中文科课程发展研习班	2017	15	30
	葡萄牙文	初中、高中葡萄牙文课程发展讲座	2016	3	14
	英文	中学英文科课程发展研习班	2016	6	30
		中学英文科课程发展研习班（第二期）	2016	6	30
		初中英文科课程发展研习班（第三期）	2016	18	30
		高中英文科课程发展研习班（第四期）	2017	18	20
		中学英文科课程发展研习班（第五期）	2018	11	25
	品德与公民	品德与公民科骨干教师《基本法》研习计划	2010	54	24
		品德与公民科骨干教师《基本法》研习计划	2011	57	18

续表

教育阶段/科目		培训课程名称	开办年份	课时	参与人数
中学	自然科学	中学自然科学课程发展研习班	2016	10	40
		中学自然科学课程发展研习班（第二期）	2017	9	66
		中学自然科学课程发展研习班（第三期）	2017	9	96
		中学自然科学课程发展研习班（第四期）	2018	9	50
		中学自然科学课程发展研习班（第五期）	2018	9	68
	信息科技	初中、高中信息科技课程发展研习班	2016	7	55
		初中、高中信息科技课程发展研习班（第二期）	2017	7	35
	体育与健康	初中、高中体育与健康课程发展研习班	2016	15	47
		初中、高中体育与健康课程发展研习班（第二期）	2017	8.5	40
	视觉艺术	中学视觉艺术课程发展研习班	2016	10	33
		中学视觉艺术课程发展研习班（第二期）	2017	10.5	32
	音乐	中学音乐课程发展研习班	2016	7.5	27
		中学音乐课程发展研习班（第二期）	2017	9	15
		中学音乐课程发展研习班（第三期）	2018	11.5	15
中学、小学	葡萄牙文	Exigências das Competências Académicas Básicas-desenvolver competências na oralidade	2017	10	10
		Exigências das Competências Académicas Básicas-desenvolver competências na escrita	2017	10	8
		Estratégias eficazes no ensino-aprendizagem de língua portuguesa como segunda língua	2018	9	24
		Ensino-aprendizagem de língua portuguesa como segunda língua-níveis de referência A1-A2 e B1-B2	2018	10	16

与课程发展相关的其他教师培训

教育阶段/科目		培训类别	场次	开办年份	课时	参与人数
幼儿园		先导计划经验分享活动	12	2012—2015	28.5	1 145
		讲座/工作坊	48	2011—2018	141.5	4 848
小学	中文	先导计划经验分享活动	2	2013—2014	11	188
		讲座/工作坊	10	2011—2018	28	792
	葡萄牙文	讲座/工作坊	1	2011	2	14
	英文	先导计划经验分享活动	3	2015—2016	10.5	229
		讲座/工作坊	45	2011—2018	110.6	1 049
	数学	先导计划经验分享活动	4	2013—2014	12	477
		讲座/工作坊	30	2012—2018	59.5	1 623
	常识	先导计划经验分享活动	2	2015—2016	7	179
		讲座/工作坊	17	2014—2018	38	466
	信息科技	工作坊	2	2017	6	51
	视觉艺术	讲座/工作坊	3	2016—2018	14	89
	音乐	讲座/工作坊	5	2016—2018	50	98
中学	中文	先导计划经验分享活动	7	2015—2017	18.5	385
		讲座/工作坊	29	2014—2018	83	958
	葡萄牙文	讲座/工作坊	1	2016	3	14
	英文	讲座/工作坊	26	2016—2018	63	708
	数学	先导计划经验分享活动	5	2015—2017	13.5	217
		讲座/工作坊	25	2014—2018	65.5	1 218
	社会与人文	讲座/工作坊	6	2016—2018	32	250
	自然科学	讲座/工作坊	2	2016—2017	6	80
	信息科技	工作坊	1	2017	6	34
	视觉艺术	讲座/工作坊	1	2018	7.5	6
	音乐	讲座/工作坊	4	2015—2018	28.5	86

5. 私立学校教师职级分布

私立学校教师各职级人数变化①

学年	教师职级						合计
	一级	二级	三级	四级	五级	六级	
2011/2012②	866 （17%）	708 （14%）	1 343 （26%）	1 424 （27%）	784 （15%）	39 （1%）	5 164 （100%）
2012/2013	797 （15%）	691 （13%）	1 302 （25%）	1 325 （25%）	908 （18%）	224 （4%）	5 247 （100%）
2013/2014	786 （15%）	702 （13%）	1 266 （23%）	1 248 （23%）	1 041 （19%）	372 （7%）	5 415 （100%）
2014/2015	881 （16%）	802 （15%）	1 329 （24%）	1 171 （21%）	966 （17%）	403 （7%）	5 552 （100%）
2015/2016	924 （15%）	923 （15%）	1 368 （23%）	1 163 （20%）	1 286 （22%）	282 （5%）	5 946 （100%）
2016/2017	968 （15%）	1 059 （17%）	1 314 （21%）	1 159 （18%）	1 620 （25%）	241 （4%）	6 361 （100%）
2017/2018	1 007 （15%）	1 118 （17%）	1 331 （20%）	1 121 （17%）	1 823 （28%）	195 （3%）	6 595 （100%）
2018/2019	1 048 （16%）	1 186 （18%）	1 285 （19%）	1 306 （19%）	1 760 （26%）	170 （2%）	6 755 （100%）

注：括号内数据为各职级教师人数占该学年教师总人数的百分比。

6. 教师流失情况

离开教育系统的教师人数（公立学校和私立学校）③

学年	人数	占整体教师人数的百分比/%
2002/2003	280	6.9

① 数字包括正规教育及回归教育各职级教师的人数。

② 数字为 2012 年 4 月起转入各职级的教师人数。

③ 离开教育系统的教师人数是以该学年初教师人数对下一学年初的教师人数作比对，数据参照日期为 11 月 26 日。

续表

学年	人数	占整体教师人数的百分比/%
2003/2004	426	9.8
2004/2005	441	10.0
2005/2006	424	9.4
2006/2007	391	8.5
2007/2008	376	7.9
2008/2009	364	7.5
2009/2010	267	5.4
2010/2011	392	7.4
2011/2012	372	7.0
2012/2013	421	7.5
2013/2014	446	7.7
2014/2015	380	6.4
2015/2016	421	6.7
2016/2017	398	5.9
2017/2018	416	6.0

离开教育系统的教师人数——按年龄组划分（公立学校和私立学校）

学年	21～30岁	31～40岁	41～50岁	51～60岁	61～64岁	65岁及65岁以上	合计
2002/2003	68 （25%）	62 （22%）	40 （14%）	48 （17%）	26 （9%）	36 （13%）	280 （100%）
2003/2004	159 （37%）	106 （25%）	54 （13%）	62 （14%）	12 （3%）	33 （8%）	426 （100%）
2004/2005	163 （37%）	114 （26%）	59 （13%）	51 （12%）	19 （4%）	35 （8%）	441 （100%）
2005/2006	164 （39%）	126 （30%）	44 （10%）	40 （9%）	15 （4%）	35 （8%）	424 （100%）
2006/2007	159 （41%）	122 （31%）	40 （11%）	29 （7%）	12 （3%）	29 （7%）	391 （100%）
2007/2008	130 （35%）	117 （31%）	41 （11%）	38 （10%）	18 （5%）	32 （8%）	376 （100%）

续表

学年	21～30岁	31～40岁	41～50岁	51～60岁	61～64岁	65岁及65岁以上	合计
2008/2009	104（29%）	108（30%）	53（14%）	49（13%）	28（8%）	22（6%）	364（100%）
2009/2010	100（37%）	67（25%）	37（14%）	22（8%）	10（4%）	31（12%）	267（100%）
2010/2011	147（37%）	104（27%）	55（14%）	35（9%）	23（6%）	28（7%）	392（100%）
2011/2012	128（34%）	88（24%）	51（14%）	35（9%）	22（6%）	48（13%）	372（100%）
2012/2013	130（31%）	106（25%）	54（13%）	45（11%）	26（6%）	60（14%）	421（100%）
2013/2014	142（32%）	139（31%）	70（16%）	40（9%）	22（5%）	33（7%）	446（100%）
2014/2015	118（31%）	121（32%）	47（12%）	40（11%）	17（4%）	37（10%）	380（100%）
2015/2016	122（29%）	113（27%）	74（17%）	45（11%）	26（6%）	41（10%）	421（100%）
2016/2017	122（31%）	104（26%）	55（14%）	49（12%）	25（6%）	43（11%）	398（100%）
2017/2018	124（30%）	127（31%）	60（14%）	51（12%）	23（6%）	31（7%）	416（100%）

注：括号内数据为该年龄组离开教育系统的教师人数占该学年离开教育系统的教师总人数的百分比。

离开教育系统的教师人数——按年资组划分（公立学校和私立学校）

学年	4年及4年以下	5～9年	10～14年	15～19年	20～24年	25～29年	30～34年	35年及35年以上	合计
2002/2003	68（27%）	47（18%）	39（15%）	32（12%）	27（11%）	11（4%）	10（4%）	22（9%）	256（100%）
2003/2004	159（43%）	75（20%）	49（13%）	31（8%）	23（6%）	12（3%）	16（4%）	10（3%）	375（100%）
2004/2005	163（40%）	87（21%）	59（14%）	35（9%）	30（7%）	12（3%）	8（2%）	18（4%）	412（100%）
2005/2006	164（45%）	71（20%）	41（11%）	32（9%）	16（4%）	11（3%）	10（3%）	17（5%）	362（100%）
2006/2007	159（44%）	90（25%）	41（11%）	32（9%）	10（3%）	6（2%）	9（3%）	12（3%）	359（100%）

续表

学年	4 年及 4 年以下	5 ～ 9 年	10 ～ 14 年	15 ～ 19 年	20 ～ 24 年	25 ～ 29 年	30 ～ 34 年	35 年及 35 年以上	合计
2007/2008	130 （41%）	58 （18%）	43 （14%）	34 （11%）	12 （4%）	15 （5%）	6 （2%）	17 （5%）	315 （100%）
2008/2009	104 （36%）	54 （19%）	43 （15%）	26 （9%）	14 （5%）	14 （5%）	10 （3%）	24 （8%）	289 （100%）
2009/2010	100 （45%）	39 （18%）	28 （13%）	10 （4%）	17 （8%）	10 （4%）	6 （3%）	12 （5%）	222 （100%）
2010/2011	147 （44%）	68 （20%）	40 （12%）	29 （8%）	16 （5%）	14 （4%）	9 （3%）	13 （4%）	336 （100%）
2011/2012	128 （38%）	64 （19%）	29 （8%）	30 （9%）	27 （8%）	27 （8%）	15 （4%）	21 （6%）	341 （100%）
2012/2013	130 （33%）	80 （20%）	46 （12%）	29 （7%）	29 （7%）	20 （5%）	21 （6%）	39 （10%）	394 （100%）
2013/2014	142 （34%）	92 （22%）	51 （13%）	37 （9%）	31 （8%）	26 （6%）	9 （2%）	26 （6%）	414 （100%）
2014/2015	118 （33%）	104 （29%）	28 （8%）	28 （8%）	23 （6%）	18 （5%）	13 （4%）	25 （7%）	357 （100%）
2015/2016	167 （40%）	87 （21%）	43 （10%）	20 （5%）	27 （6%）	26 （6%）	17 （4%）	34 （8%）	421 （100%）
2016/2017	136 （34%）	84 （21%）	49 （12%）	26 （7%）	27 （7%）	24 （6%）	21 （5%）	31 （8%）	398 （100%）
2017/2018	179 （43%）	80 （19%）	54 （13%）	17 （4%）	18 （4%）	27 （7%）	14 （3%）	27 （7%）	416 （100%）

注：括号内数据为该年资组离开教育系统的教师人数占该学年离开教育系统的教师总人数的百分比。

离开教育系统的私立学校教师人数——按职级划分

学年	教师职级						合计
	一级	二级	三级	四级	五级	六级	
2012/2013	85 （21%）	20 （5%）	72 （18%）	93 （23%）	95 （24%）	35 （9%）	400 （100%）
2013/2014	70 （16%）	32 （7%）	71 （16%）	88 （20%）	116 （27%）	55 （13%）	432 （100%）
2014/2015	67 （18%）	26 （7%）	49 （13%）	91 （25%）	81 （22%）	51 （14%）	365 （100%）

注：括号内数据为该职级离开教育系统的私立学校教师人数占教师总人数的百分比。

（五）津贴

1. 免费教育津贴

免费教育津贴的变化

<table>
<tr><th>学年</th><th>幼儿教育</th><th>小学教育</th><th>初中教育</th><th>高中教育</th></tr>
<tr><td>1999/2000</td><td rowspan="6">—</td><td>小学教育预备班和小学教育：5 800 元[①]/人</td><td rowspan="3">8 800 元/人</td><td rowspan="8">—</td></tr>
<tr><td>2000/2001</td><td rowspan="2">小学教育预备班（35～45 人的班级）：
261 000 元/班[②]
小学教育：5 800 元/人</td></tr>
<tr><td>2001/2002</td></tr>
<tr><td>2002/2003</td><td>小学教育预备班至小学三年级（35～45 人的班级）：274 500元/班
小学四年级至六年级：6 100 元/人</td><td rowspan="3">9 200 元/人</td></tr>
<tr><td>2003/2004</td><td>小学教育预备班至小学四年级（35～45 人的班级）：274 500元/班
小学五年级至六年级：6 100 元/人</td></tr>
<tr><td>2004/2005</td><td>小学教育预备班至小学五年级（35～45 人的班级）：274 500元/班
小学六年级：6 100元/人</td></tr>
<tr><td>2005/2006</td><td>幼儿园一年级至二年级（35～45 人的班级）：315 700 元/班</td><td>小学教育预备班至小学六年级（35～45 人的班级）：免费教育津贴 295 000 元/班 + 补充服务费津贴 20 700 元/班</td><td>35～45 人的班级：免费教育津贴 9 900 元/人 + 补充服务费津贴 29 700 元/班</td></tr>
<tr><td>2006/2007</td><td colspan="2">幼儿园一年级（25～45 人的班级）[③]、幼儿园二年级至小学六年级（35～45 人的班级）：370 200 元/班</td><td>初中一年级（35～45 人的班级）：558 450 元/班
初中二年级至三年级（35～45 人的班级）：10 650 元/人 +79 200 元/班</td></tr>
</table>

① 本表中的单位“元”表示“澳门元”。

② 按班发放免费教育津贴的方式于 2000/2001 学年下学期在小学教育预备班推行。

③ 2006/2007 学年的学生人数为 25～45 人的幼儿教育第一年的班级，可继续以此人数的上下限运作，直至小学六年级完结为止。

续表

<table>
<tr><th>学年</th><th>幼儿教育</th><th>小学教育</th><th>初中教育</th><th>高中教育</th></tr>
<tr><td>2007/2008</td><td colspan="2">幼儿园一年级（25～35人的班级）、幼儿园二年级（25～45人的班级）、幼儿园三年级至小学六年级（35～45人的班级）：400 000元/班</td><td>35～45人的班级：600 000元/班</td><td>35～45人的班级：700 000元/班</td></tr>
<tr><td>2008/2009</td><td colspan="2">幼儿园一年级至二年级（25～35人的班级）、幼儿园三年级（25～45人的班级）、小学教育（35～45人的班级）：500 000元/班</td><td>35～45人的班级：680 000元/班</td><td>35～45人的班级：790 000元/班</td></tr>
<tr><td>2009/2010</td><td colspan="2">幼儿教育（25～35人的班级）、小学一年级（25～45人的班级）、小学二年级至六年级（35～45人的班级）：510 000元/班</td><td>35～45人的班级：690 000元/班</td><td>35～45人的班级：800 000元/班</td></tr>
<tr><td>2010/2011</td><td colspan="2">幼儿教育至小学三年级（25～35人的班级）、小学四年级至六年级（35～45人的班级）：540 000元/班</td><td>35～45人的班级：730 000元/班</td><td>35～45人的班级：840 000元/班</td></tr>
<tr><td>2011/2012</td><td>25～35人的班级：570 000元/班</td><td>25～35人的班级：600 000元/班</td><td>35～45人的班级：770 000元/班</td><td>35～45人的班级：870 000元/班</td></tr>
<tr><td>2012/2013</td><td>25～35人的班级：605 000元/班</td><td>25～35人的班级：640 000元/班</td><td>初中一年级（25～35人的班级）、初中二年级至三年级（35～45人的班级）：820 000元/班</td><td>35～45人的班级：930 000元/班</td></tr>
<tr><td>2013/2014</td><td>25～35人的班级：755 000元/班</td><td>25～35人的班级：807 000元/班</td><td>初中一年级至二年级（25～35人的班级）、初中三年级（35～45人的班级）：1 008 000元/班</td><td>35～45人的班级：1 143 000元/班</td></tr>
<tr><td>2014/2015</td><td>25～35人的班级：810 000元/班</td><td>25～35人的班级：895 000元/班</td><td>25～35人的班级：1 090 000元/班</td><td>35～45人的班级：1 240 000元/班</td></tr>
</table>

续表

学年	幼儿教育	小学教育	初中教育	高中教育
2015/2016	25～35 人的班级： 880 100 元/班	25～35 人的班级： 971 000 元/班	25～35 人的班级： 1 180 000 元/班	高中一年级（25～35 人的班级）、高中二年级至三年级（35～45 人的班级）： 1 342 300 元/班
2016/2017	25～35 人的班级： 913 600 元/班	25～35 人的班级： 1 007 900 元/班	25～35 人的班级： 1 226 000 元/班	高中一年级至二年级（25～35 人的班级）、高中三年级（35～45 人的班级）： 1 394 600 元/班
2017/2018	25～35 人的班级： 918 200 元/班	25～35 人的班级： 1 012 900 元/班	25～35 人的班级： 1 234 600 元/班	25～35 人的班级： 1 404 400 元/班
2018/2019	25～35 人的班级： 954 900 元/班	25～35 人的班级： 1 053 400 元/班	25～35 人的班级： 1 286 500 元/班	25～35 人的班级： 1 463 400 元/班
2019/2020	25～35 人的班级： 1 013 100 元/班	25～35 人的班级： 1 111 300 元/班	25～35 人的班级： 1 343 100 元/班	25～35 人的班级： 1 523 400 元/班

免费教育津贴规定每班的人数变化

学年	免费教育津贴中有规定每班学生人数的年级	免费教育包班津贴计算规定的人数
2005/2006	幼儿园一年级至小学六年级	35～45 人

续表

学年	免费教育津贴中有规定每班学生人数的年级	免费教育包班津贴计算规定的人数
2006/2007	幼儿园一年级至初中一年级	25～45 人（幼儿园一年级）① 35～45 人（幼儿园二年级至初中一年级）
2007/2008	幼儿园一年级至初中二年级	25～35 人（幼儿园一年级） 25～45 人（幼儿园二年级） 35～45 人（幼儿园三级年至初中二年级）
2008/2009	幼儿园一年级至初中三年级	25～35 人（幼儿园一年级至二年级） 25～45 人（幼儿园三年级） 35～45 人（小学一年级至初中三年级）
2009/2010	幼儿园一年级至高中一年级	25～35 人（幼儿教育） 25～45 人（小学一年级②） 35～45 人（小学二年级至高中一年级）
2010/2011	幼儿园一年级至高中二年级	25～35 人（幼儿教育至小学三年级） 35～45 人（小学四年级至高中二年级）
2011/2012	幼儿园一年级至高中三年级	25～35 人（幼儿教育至小学六年级） 35～45 人（初中一年级至高中三年级）
2012/2013	幼儿园一年级至高中三年级	25～35 人（幼儿教育至初中一年级） 35～45 人（初中二年级至高中三年级）
2013/2014	幼儿园一年级至高中三年级	25～35 人（幼儿教育至初中二年级） 35～45 人（初中三年级至高中三年级）
2014/2015	幼儿园一年级至高中三年级	25～35 人（幼儿教育至初中三年级） 35～45 人（高中一年级至高中三年级）
2015/2016	幼儿园一年级至高中三年级	25～35 人（幼儿教育至高中一年级） 35～45 人（高中二年级至高中三年级）
2016/2017	幼儿园一年级至高中三年级	25～35 人（幼儿教育至高中二年级） 35～45 人（高中三年级）
2017/2018	幼儿园一年级至高中三年级	25～35 人（幼儿教育至高中三年级）
2018/2019	幼儿园一年级至高中三年级	25～35 人（幼儿教育至高中三年级）
2019/2020	幼儿园一年级至高中三年级	25～35 人（幼儿教育至高中三年级）

① 在 2006/2007 学年的学生人数为 25～45 人的幼儿园一年级的班级，可继续以此人数的上下限运作，直至小学六年级完结为止。

② 在 2009/2010 学年的学生人数为 25～45 人的小学一年级的班级，可继续以此人数的上下限运作，直至小学六年级完结为止。

免费教育津贴的受惠人数和总津贴金额

学年	受惠人数					总津贴金额/万澳门元	总金额的增长率/%
	幼儿园	小学	初中	高中	合计		
1999/2000	40 188	—	17 221	—	57 409	36 941	—
2000/2001	39 641	—	19 362	—	59 003	38 412	4.0
2001/2002	3 600	34 791	20 335	—	58 726	39 168	2.0
2002/2003	2 401	32 535	21 262	—	56 198	41 466	5.9
2003/2004	3 232	31 223	21 603	—	56 058	41 596	0.3
2004/2005	3 320	30 680	21 821	—	55 821	42 274	1.6
2005/2006	7 893	28 941	20 610	—	57 444	47 871	13.2
2006/2007	7 217	27 091	19 863	—	54 171	58 893	23.0
2007/2008①	7 027	24 963	18 030	15 441	65 461	87 561	48.7
2008/2009	7 112	22 927	17 208	15 028	62 275	102 037	16.5
2009/2010	7 591	21 034	16 279	14 775	59 679	102 440	0.4
2010/2011	8 373	19 503	15 330	14 649	57 855	107 929	5.4
2011/2012	9 270	18 493	14 277	14 407	56 447	116 466	7.9
2012/2013	9 985	18 042	13 308	13 871	55 206	123 828	6.3
2013/2014	10 576	18 340	12 213	13 226	54 355	155 252	25.4
2014/2015	11 517	20 490	11 594	13 134	56 735	176 612	13.8
2015/2016	13 333	22 271	10 824	12 492	58 920	200 488	13.5
2016/2017	14 175	24 593	10 803	12 132	61 703	221 253	10.4
2017/2018	15 985	27 238	11 091	11 965	66 279	243 279	10.0
2018/2019	15 732	29 433	11 513	11 088	67 766	259 772	6.8
2019/2020	16 685	31 252	12 495	11 068	71 500	283 342	9.1

① 2007/2008 学年开始实施 15 年免费教育。

2. 学费津贴

学费津贴的变化①（单位：澳门元/人）

<table>
<tr><th>学年</th><th>幼儿教育</th><th>小学教育</th><th>初中教育</th><th>高中教育</th></tr>
<tr><td>1999/2000</td><td rowspan="6">—</td><td colspan="2">小学教育预备班、小学教育和初中教育：2 200</td><td rowspan="7">—</td></tr>
<tr><td>2000/2001</td><td rowspan="2">小学教育预备班和小学教育：2 610</td><td rowspan="2">3 960</td></tr>
<tr><td>2001/2002</td></tr>
<tr><td>2002/2003</td><td rowspan="3">小学教育预备班和小学教育：2 900</td><td rowspan="3">4 300</td></tr>
<tr><td>2003/2004</td></tr>
<tr><td>2004/2005</td></tr>
<tr><td>2005/2006</td><td colspan="2">3 500</td><td>5 200</td></tr>
<tr><td>2006/2007</td><td colspan="2">5 000</td><td>7 500</td><td>5 000</td></tr>
<tr><td>2007/2008</td><td colspan="2">7 000</td><td colspan="2">9 000</td></tr>
<tr><td>2008/2009</td><td colspan="2">9 000</td><td colspan="2">11 000</td></tr>
<tr><td>2009/2010</td><td colspan="2">10 000</td><td colspan="2">12 000</td></tr>
<tr><td>2010/2011</td><td colspan="2">11 000</td><td colspan="2">13 000</td></tr>
<tr><td>2011/2012</td><td>12 000</td><td>13 000</td><td colspan="2">14 000</td></tr>
<tr><td>2012/2013</td><td>14 000</td><td>16 000</td><td colspan="2">17 000</td></tr>
<tr><td>2013/2014</td><td>15 800</td><td>17 600</td><td colspan="2">19 600</td></tr>
<tr><td>2014/2015</td><td>16 700</td><td>18 600</td><td colspan="2">20 700</td></tr>
<tr><td>2015/2016</td><td>17 800</td><td>19 800</td><td colspan="2">22 000</td></tr>
<tr><td>2016/2017</td><td>18 400</td><td>20 500</td><td colspan="2">22 800</td></tr>
<tr><td>2017/2018</td><td>18 490</td><td>20 600</td><td colspan="2">22 950</td></tr>
<tr><td>2018/2019</td><td>19 140</td><td>21 320</td><td colspan="2">23 800</td></tr>
<tr><td>2019/2020</td><td>20 300</td><td>22 490</td><td colspan="2">24 810</td></tr>
</table>

① 学费津贴是发放给在私立学校修读正规教育各阶段但未受惠于免费教育且属澳门特别行政区居民的学生。

学费津贴的受惠人数和总津贴金额

学年	受惠人数					总津贴金额/万澳门元	总金额的增长率/%
	幼儿园	小学	初中	高中	合计		
1999/2000	1 207	8 745	5 045	—	14 997	3 291	—
2000/2001	1 180	8 115	4 780	—	14 075	4 305	30. 8
2001/2002	1 307	6 880	4 776	—	12 963	4 018	-6. 7
2002/2003	1 146	6 541	4 566	—	12 253	4 187	4. 2
2003/2004	978	6 089	4 475	—	11 542	3 968	-5. 2
2004/2005	721	4 781	3 676	—	9 178	3 172	-20. 1
2005/2006	1 795	4 571	3 517	—	9 883	4 050	27. 7
2006/2007	1 672	4 302	3 450	19 940	29 364	15 465	281. 9
2007/2008①	1 694	4 054	3 324	2 818	11 890	9 448	-38. 9
2008/2009	1 810	3 887	3 265	2 644	11 606	11 545	22. 2
2009/2010	2 010	3 868	3 262	2 619	11 759	12 826	11. 1
2010/2011	2 173	3 856	3 215	2 643	11 887	14 130	10. 2
2011/2012	2 281	3 813	3 066	2 762	11 922	15 680	11. 0
2012/2013	2 338	3 889	2 934	2 748	11 909	18 923	20. 7
2013/2014	2 422	4 092	2 819	2 670	12 003	21 542	13. 8
2014/2015	2 629	3 651	2 361	2 262	10 903	20 516	-4. 8
2015/2016	2 886	3 835	2 206	2 278	11 205	22 371	9. 0
2016/2017	2 982	3 286	1 739	1 843	9 850	20 211	-9. 7
2017/2018	2 089	2 263	1 344	1 206	6 902	14 233	-29. 6
2018/2019	2 127	2 334	1 349	1 197	7 007	14 919	4. 8

① 2007/2008 学年开始实施 15 年免费教育。

3. 广东省学校就读学生学费津贴①

历年资助范围推展情况

学年	城市	教育阶段②	最高资助金额/澳门元
2012/2013	珠海、中山	高中	4 000
2013/2014	珠海、中山	高中	4 000
		学前	6 000
2014/2015	珠海、中山、江门	高中	4 000
		学前	6 000
2015/2016	珠海、中山、江门、广州、佛山	高中	4 000
		学前	6 000
2016/2017	珠海、中山、江门、广州、佛山、深圳、东莞	高中	4 000
		学前	6 000
2017/2018	全广东省21个地级市（珠海、中山、江门、广州、佛山、深圳、东莞、阳江、云浮、肇庆、茂名、湛江、清远、韶关、河源、惠州、梅州、潮州、揭阳、汕头、汕尾）	高中	6 000
		初中	6 000
		小学	6 000
		学前	8 000

广东省学校就读学生学费津贴批给情况

•幼儿教育阶段

学年	获津贴城市的学生人数									津贴总支出/澳门元
	珠海	中山	江门	广州	佛山	深圳	东莞	其他	总计	
2013/2014	249	231	—	—	—	—	—	—	480	2 857 645
2014/2015	282	274	75	—	—	—	—	—	631	3 714 402
2015/2016	332	327	96	32	425	—	—		1 212	7 242 176
2016/2017	355	318	117	95	430	28	62		1 405	8 365 017
2017/2018	382	361	124	107	432	41	26	32	1 505	11 886 733

---

① 于2012/2013学年“在粤就读澳门学生学费津贴计划”实施，并于2017/2018学年起改名为“广东省学校就读学生学费津贴”。

② 符合条件的高中学生须参加由教育暨青年局开办的暑期课程，出席率达80%或80%以上可获发学费津贴。

•小学教育阶段

学年	获津贴城市的学生人数									津贴总支出/澳门元
	珠海	中山	江门	广州	佛山	深圳	东莞	其他	总计	
2017/2018	224	296	76	134	639	59	38	18	1 484	8 820 214

•初中教育阶段

学年	获津贴城市的学生人数									津贴总支出/澳门元
	珠海	中山	江门	广州	佛山	深圳	东莞	其他	总计	
2017/2018	71	143	38	75	271	19	23	11	651	3 897 508

•高中教育阶段

学年	获津贴城市的学生人数									津贴支出/澳门元	津贴总支出/澳门元
	珠海	中山	江门	广州	佛山	深圳	东莞	其他	总计		
2012/2013	80	130	—	—	—	—	—	—	210	808 086	808 086
2013/2014	125	177	—	—	—	—	—	—	302	1 145 357	1 244 703
（补充发放）	13	12	—	—	—	—	—	—	25	99 346	
2014/2015	121	200	68	—	—	—	—	—	389	1 358 621	1 401 018
（实施发放）	5	6	—	—	—	—	—	—	11	42 397	
2015/2016	101	209	72	10	83	—	—	—	475	1 591 501	1 628 025
（补充发放）	6	5	—	—	—	—	—	—	11	36 524	
2016/2017	150	233	85	22	121	11	16	—	638	2 198 885	2 390 109
（补充发放）	18	15	9	2	13	—	—	—	57	191 224	
2017/2018	81	205	63	31	153	8	8	10	559	2 179 917	2 179 917

4. 书簿津贴[①]

书簿津贴金额的变化(单位:澳门元/人)

学年	幼儿教育	小学教育	中学教育
2009/2010	1 500		
2010/2011	1 500		
2011/2012	1 500	1 700	
2012/2013	1 500	1 900	
2013/2014	2 000	2 400	
2014/2015	2 000	2 400	2 800
2015/2016	2 000	2 600	3 000
2016/2017	2 000	2 600	3 000
2017/2018	2 000	2 600	3 000
2018/2019	2 200	2 800	3 300

书簿津贴受惠人数及总金额

学年	受惠人数					总津贴金额/万澳门元	总金额的增长率/%
	幼儿园	小学	初中	高中	合计		
2009/2010	9 807	25 754	20 531	18 212	74 304	11 146	—
2010/2011	10 780	24 159	19 396	18 200	72 535	10 880	-2. 4
2011/2012	11 808	23 026	18 030	18 079	70 943	11 824	8. 7
2012/2013	12 638	22 619	16 869	17 551	69 677	12 733	7. 7
2013/2014	13 295	23 111	15 557	16 779	68 742	15 966	25. 4
2014/2015	14 462	24 845	14 412	16 200	69 919	17 427	9. 2
2015/2016	16 628	26 837	13 524	15 525	72 514	19 018	9. 1
2016/2017	17 622	28 643	12 969	14 698	73 932	19 272	1. 3
2017/2018	18 631	30 327	12 882	13 856	75 696	19 633	1. 9

① 书簿津贴从 2009/2010 学年开始推行。

5. 学费援助及学习用品津贴(提供给家庭经济困难的学生)

学费援助及学习用品津贴的变化(单位:澳门元)

<table>
<tr><th rowspan="2">学年</th><th colspan="4">学费津贴(每人最高津贴金额)</th><th colspan="4">学习用品津贴(每人津贴金额)</th></tr>
<tr><th>幼儿园</th><th>小学</th><th>初中</th><th>高中</th><th>幼儿园</th><th>小学</th><th>初中</th><th>高中</th></tr>
<tr><td>1999/2000</td><td rowspan="3">2 750</td><td rowspan="3">3 080</td><td rowspan="3">4 950</td><td rowspan="3">500</td><td rowspan="3">750</td><td rowspan="3">1 150</td><td rowspan="3">—</td><td rowspan="3">—</td></tr>
<tr><td>2000/2001</td></tr>
<tr><td>2001/2002</td></tr>
<tr><td>2002/2003</td><td colspan="2" rowspan="6">3 200</td><td rowspan="6">4 800</td><td>5 200</td><td rowspan="2">幼儿园一年级、幼儿园二年级:600</td><td rowspan="2">幼儿园三年级至小学六年级:850</td><td colspan="2" rowspan="2">1 300</td></tr>
<tr><td>2003/2004</td><td rowspan="5">9 000</td></tr>
<tr><td>2004/2005</td><td rowspan="2">幼儿园一年级、幼儿园二年级:800</td><td rowspan="2">幼儿园三年级至小学六年级:1 000</td><td rowspan="2">1 400</td><td rowspan="2">1 500</td></tr>
<tr><td>2005/2006</td></tr>
<tr><td>2006/2007</td><td colspan="2" rowspan="2">1 200</td><td colspan="2" rowspan="2">1 600</td></tr>
<tr><td>2007/2008</td></tr>
<tr><td>2008/2009</td><td colspan="2" rowspan="9">4 000</td><td rowspan="9">6 000</td><td rowspan="9">9 000</td><td colspan="2" rowspan="5">1 500</td><td colspan="2" rowspan="5">2 000</td></tr>
<tr><td>2009/2010</td></tr>
<tr><td>2010/2011</td></tr>
<tr><td>2011/2012</td></tr>
<tr><td>2012/2013</td></tr>
<tr><td>2013/2014</td><td colspan="2">1 700</td><td colspan="2">2 200</td></tr>
<tr><td>2014/2015</td><td colspan="2">2 000</td><td colspan="2">2 500</td></tr>
<tr><td>2015/2016</td><td colspan="2">2 100</td><td colspan="2">2 700</td></tr>
<tr><td>2016/2017</td><td colspan="2">2 200</td><td colspan="2">2 900</td></tr>
<tr><td>2017/2018</td><td colspan="2">4 000</td><td>6 000</td><td>9 000</td><td colspan="2">2 200</td><td colspan="2">2 900</td></tr>
<tr><td>2018/2019</td><td colspan="2">4 000</td><td>6 000</td><td>9 000</td><td colspan="2">2 400</td><td colspan="2">3 100</td></tr>
</table>

学费援助及学习用品津贴的受惠人数和总津贴金额

学年	受惠人数					总津贴金额/万澳门元	总金额的增长率/%
	幼儿园	小学	初中	高中	合计		
1999/2000	1 802	6 016	2 950	1 947	12 715	2 689	—
2000/2001	1 828	6 985	3 694	2 917	15 424	3 226	20. 0
2001/2002	1 751	7 285	4 114	3 187	16 337	3 425	6. 2
2002/2003①	1 643	7 089	4 676	3 873	17 281	4 773	39. 4
2003/2004①	1 707	7 152	5 201	4 811	18 871	5 642	18. 2
2004/2005①	1 539	6 204	5 912	6 743	20 398	7 541	33. 7
2005/2006	1 180	6 315	5 659	6 635	19 789	7 275	-3. 5
2006/2007	781	5 317	4 793	6 233	17 124	5 799	-20. 3
2007/2008②	476	3 488	3 317	3 980	11 261	1 685	-70. 9
2008/2009	398	2 775	2 644	2 805	8 622	1 703	1. 1
2009/2010	396	2 058	2 136	2 114	6 704	1 294	-24. 0
2010/2011	127	999	1 279	1 529	3 934	795	-38. 6
2011/2012	229	1 075	1 134	1 327	3 765	728	-8. 4
2012/2013	214	879	886	1 071	3 050	575	-21. 0
2013/2014	315	1 110	883	1 096	3 404	700	21. 7
2014/2015	300	1 030	688	911	2 929	703	0. 4
2015/2016	345	1 045	608	804	2 802	710	1. 0
2016/2017	545	1 290	667	789	3 291	876	23. 4
2017/2018	592	1 347	660	713	3 312	841	-4. 0

① 2002/2003 学年至 2004/2005 学年还设有特别津贴协助学生购买学习用品。

② 由于 2007/2008 学年开始实施 15 年免费教育，故申请援助人数和用于支付学费津贴的金额均有所下降。

6. 膳食津贴[①]

膳食津贴金额（单位：澳门元/人）

<table>
<tr><th>学年</th><th>幼儿教育</th><th>小学教育</th><th>中学教育</th></tr>
<tr><td>2010/2011</td><td colspan="2">1 100</td><td>1 200</td></tr>
<tr><td>2011/2012</td><td colspan="2">2 100</td><td>2 200</td></tr>
<tr><td>2012/2013</td><td colspan="3">2 400</td></tr>
<tr><td>2013/2014</td><td colspan="3">2 600</td></tr>
<tr><td>2014/2015</td><td colspan="3">3 000</td></tr>
<tr><td>2015/2016</td><td colspan="3">3 200</td></tr>
<tr><td>2016/2017</td><td colspan="3">3 400</td></tr>
<tr><td>2017/2018</td><td colspan="3">3 400</td></tr>
<tr><td>2018/2019</td><td colspan="3">3 600</td></tr>
</table>

膳食津贴的受惠人数和支出金额

学年	受惠人数					津贴总金额/万澳门元	总金额的增长率/%
	幼儿园	小学	初中	高中	合计		
2010/2011	301	949	763	772	2 785	322	—
2011/2012	229	1 053	1 043	1 165	3 490	755	134.5
2012/2013	218	871	845	1 003	2 937	710	-6.0
2013/2014	312	1 084	858	1 049	3 303	859	21.0
2014/2015	298	937	656	880	2 771	831	-3.3
2015/2016	348	972	580	773	2 673	855	2.9
2016/2017	544	1 206	645	760	3 155	1 073	25.5
2017/2018	593	1 272	641	688	3 194	1 086	1.2

① 提供给家庭经济困难的公立学校、私立学校学生，且于2010/2011学年开始推出。

7. 特别个案援助[①]

对经济困难家庭的特别个案援助

年度	受惠人数	支出金额／万澳门元	资助种类
2010	77	26	（1）助听器 （2）企架 （3）轮椅 （4）特殊座椅 （5）无线调频系统 （6）便携式扩音器 （7）失明人士计算机及辅助服务 （8）书簿及杂费 （9）校服津贴
2011	181	55	（1）助听器 （2）轮椅 （3）手推车 （4）康复座椅 （5）声音处理及扩音器 （6）失明人士辅具、计算机及软件 （7）校服津贴 （8）失明人士辅助服务
2012	65	27	（1）手推车 （2）助听器 （3）校服津贴 （4）学费及杂费津贴 （5）失明人士软件及计算机 （6）特别资助
2013	21	10	（1）无线调频系统 （2）助听器 （3）校服津贴
2014	8	27	（1）助听器 （2）电动轮椅 （3）购买阅读设备及聘请输入和校对工作人员
2015	21	24	（1）助听器 （2）电动轮椅 （3）盲人辅具（读书机） （4）校服津贴（共16名学生）
2016	10	33	（1）康复座椅 （2）听力辅具 （3）助听器 （4）手提电脑、视障软件 （5）聘请人手提供输入和校对服务

① 家庭经济困难，同时有特别需求的学生，尤其是需要辅助设施来协助学习的特殊教育学生，可根据个人需要申请相关资助。

续表

年度	受惠人数	支出金额/万澳门元	资助种类
2017	6	25	（1）助听器 （2）无线调频系统 （3）康复座椅
2018①	7	24	（1）助听器 （2）无线调频系统 （3）康复座椅 （4）轮椅辅具

8. 优化班师比或师生比资助计划

优化班师比或师生比资助计划的变化②

•第一级资助

<table>
<tr><th rowspan="2">学年</th><th colspan="3">资助条件③</th><th colspan="3">每学年每班资助金额/澳门元</th></tr>
<tr><th>幼儿教育</th><th>小学教育</th><th>中学教育</th><th>幼儿教育</th><th>小学教育</th><th>中学教育</th></tr>
<tr><td>2006/2007</td><td rowspan="13">每班教学人员不少于1.5名，或1名教学人员教授不多于25名学生的班级</td><td>—</td><td>—</td><td>46 800</td><td>—</td><td>—</td></tr>
<tr><td>2007/2008</td><td rowspan="12">每班教学人员不少于1.8名，或1名教学人员教授不多于25名学生的班级</td><td>—</td><td colspan="2">46 800</td><td>—</td></tr>
<tr><td>2008/2009</td><td rowspan="11">每班教学人员不少于2.1名，或1名教学人员教授不多于25名学生的班级</td><td colspan="3" rowspan="4">50 000</td></tr>
<tr><td>2009/2010</td></tr>
<tr><td>2010/2011</td></tr>
<tr><td>2011/2012</td></tr>
<tr><td>2012/2013</td><td>50 000</td><td>57 000</td><td>61 000</td></tr>
<tr><td>2013/2014</td><td>62 300</td><td>71 800</td><td>75 000</td></tr>
<tr><td>2014/2015</td><td>65 800</td><td>77 700</td><td>79 400</td></tr>
<tr><td>2015/2016</td><td>72 500</td><td>82 600</td><td>84 400</td></tr>
<tr><td>2016/2017</td><td>75 200</td><td>85 700</td><td>87 700</td></tr>
<tr><td>2017/2018</td><td>75 200</td><td>85 700</td><td>87 700</td></tr>
<tr><td>2018/2019</td><td>75 200</td><td>85 700</td><td>87 700</td></tr>
</table>

① 资料截至2018年10月。

② 优化班师比或师生比资助计划从2006/2007学年开始推行。

③ 班师比或师生比的计算，以教育暨青年局每学年收集的教育资料为准，并按该学年章程的相关规定计算教学人员人数。

•第二级资助

学年	资助条件①			每学年每班资助金额/澳门元		
	幼儿教育	小学教育	中学教育	幼儿教育	小学教育	中学教育
2010/2011	每班教学人员不少于1.7名的班级	每班教学人员不少于2.0名的班级	每班教学人员不少于2.3名的班级	37 000		
2011/2012						
2012/2013				50 000	57 000	61 000
2013/2014				62 300	71 800	75 000
2014/2015				65 800	77 700	79 400
2015/2016				72 500	82 600	84 400
2016/2017				75 200	85 700	87 700
2017/2018				75 200	85 700	87 700
2018/2019				75 200	85 700	87 700

•第三级资助

学年	资助条件①			每学年每班资助金额/澳门元		
	幼儿教育	小学教育	中学教育	幼儿教育	小学教育	中学教育
2012/2013	—	—	每班教学人员不少于2.5名的班级	—	—	61 000
2013/2014	—	—		—	—	75 000
2014/2015	每班教学人员不少于1.9名的班级	每班教学人员不少于2.2名的班级		65 800	77 700	79 400
2015/2016				72 500	82 600	84 400
2016/2017				75 200	85 700	87 700
2017/2018				75 200	85 700	87 700
2018/2019				75 200	85 700	87 700

① 班师比或师生比的计算，以教育暨青年局每学年收集的教育资料为准，并按该学年章程的相关规定计算教学人员人数。

•第四级资助

学年	资助条件[①]			每学年每班资助金额/澳门元		
	幼儿教育	小学教育	中学教育	幼儿教育	小学教育	中学教育
2012/2013	—	—	每班教学人员不少于2.7名的班级	—	—	61 000
2013/2014						75 000
2014/2015						79 400
2015/2016						84 400
2016/2017						87 700
2017/2018						87 700
2018/2019						87 700

参与优化班师比或师生比资助计划的情况

学年	参与计划的班数（占整体私立学校班级的百分比）			总资助金额/万澳门元	总金额的增长率/%
	幼儿教育	小学教育	中学教育		
2006/2007	283（89.0%）	—（—）	—（—）	1 324	—
2007/2008	290（89.0%）	734（85.0%）	—（—）	4 792	261.9
2008/2009	313（92.0%）	831（99.0%）	926（84.0%）	10 345	115.9
2009/2010	349（94.0%）	807（99.0%）	938（85.0%）	10 470	1.2
2010/2011	373（94.0%）	766（99.0%）	982（90.0%）	12 978	24.0
2011/2012	408（96.0%）	776（99.0%）	1 000（93.0%）	14 862	14.5
2012/2013	440（97.4%）	780（100.0%）	1 047（100.0%）	30 204	103.2
2013/2014	468（97.7%）	796（99.4%）	1 028（99.6%）	41 712	38.1
2014/2015	506（99.6%）	826（100.0%）	1 024（99.7%）	52 355	25.5
2015/2016	560（100.0%）	880（100.0%）	1 013（99.8%）	60 694	15.9
2016/2017	577（98.0%）	944（100.0%）	1 007（100.0%）	66 957	10.3
2017/2018	613（100.0%）	993（100.0%）	1 001（100.0%）	70 290	5.0

① 班师比或师生比的计算，以教育暨青年局每学年收集的教育资料为准，并按该学年章程的相关规定计算教学人员人数。

9. 大专助学金

大专助学金及津贴的变化（单位：澳门元）

<table>
<tr><th rowspan="4">学年</th><th colspan="6">贷学金和奖学金（每月最高金额）</th><th rowspan="4">特别助学金（每月最高金额）</th><th rowspan="4">住宿津贴（每月最高金额）</th><th rowspan="4">旅费津贴（最高金额）</th></tr>
<tr><th colspan="5">中国</th><th rowspan="3">其他国家和地区</th></tr>
<tr><th colspan="2">澳门</th><th rowspan="2">内地</th><th rowspan="2">台湾</th><th rowspan="2">香港</th></tr>
<tr><th>高等教育</th><th>大学预科</th></tr>
<tr><td>1999/2000</td><td rowspan="2">2 300</td><td rowspan="8">1 380</td><td rowspan="8">1 150</td><td rowspan="8">2 300</td><td rowspan="8">2 300</td><td rowspan="8">2 300</td><td rowspan="8">相当于贷学金和奖学金的金额另加25%</td><td rowspan="8">1 300</td><td rowspan="2">津贴100%</td></tr>
<tr><td>2000/2001</td></tr>
<tr><td>2001/2002</td><td rowspan="6">2 000</td><td rowspan="6">6 000</td></tr>
<tr><td>2002/2003</td></tr>
<tr><td>2003/2004</td></tr>
<tr><td>2004/2005</td></tr>
<tr><td>2005/2006</td></tr>
<tr><td>2006/2007</td></tr>
<tr><td>2007/2008</td><td rowspan="4">2 500</td><td rowspan="4">2 000</td><td rowspan="4">1 500</td><td rowspan="4">2 500</td><td rowspan="4">4 000</td><td rowspan="4">4 000</td><td rowspan="12">相当于贷学金和奖学金的金额另加20%</td><td rowspan="4">1 500</td><td rowspan="4">6 500</td></tr>
<tr><td>2008/2009</td></tr>
<tr><td>2009/2010</td></tr>
<tr><td>2010/2011</td></tr>
<tr><td>2011/2012</td><td>2 500</td><td>2 000</td><td>2 000</td><td>2 500</td><td>4 000</td><td>4 000</td><td>1 800</td><td>6 500</td></tr>
<tr><td>2012/2013</td><td colspan="2">2 800</td><td>2 000</td><td>3 000</td><td>4 500</td><td>4 500</td><td>1 800</td><td>6 500</td></tr>
<tr><td>2013/2014</td><td colspan="2">3 100</td><td>2 200</td><td>3 300</td><td>5 000</td><td>5 000</td><td>2 000</td><td>6 500</td></tr>
<tr><td>2014/2015</td><td colspan="2">3 300</td><td>2 350</td><td>3 500</td><td>5 300</td><td>5 300</td><td>2 100</td><td>6 500</td></tr>
<tr><td>2015/2016</td><td colspan="2">3 500</td><td>2 800</td><td>3 700</td><td>5 600</td><td>5 600</td><td>2 250</td><td>6 500</td></tr>
<tr><td>2016/2017</td><td colspan="2">3 800</td><td>3 800</td><td>3 700</td><td>5 800</td><td>5 800</td><td>2 350</td><td>6 500</td></tr>
<tr><td>2017/2018</td><td colspan="2">3 800</td><td>3 800</td><td>3 700</td><td>5 800</td><td>5 800</td><td>2 350</td><td>6 500</td></tr>
<tr><td>2018/2019</td><td colspan="2">3 950</td><td>3 950</td><td>3 700</td><td>6 000</td><td>6 000</td><td>2 350</td><td>6 500</td></tr>
</table>

各学年大专助学金及津贴的新发放名额(单位:个)

学年	贷学金①	奖学金	特别助学金②	特殊助学金③	住宿津贴	旅费津贴
1999/2000	663	100	20	10	—	—
2000/2001	668	100	20	5	—	—
2001/2002	668	100	10	5	—	—
2002/2003	695	100	0	0	160	30
2003/2004	760	100	0	0	160	30
2004/2005	860	100	0	0	160	30
2005/2006	900	100	3	30	160	30
2006/2007	1 100	100	6	30	160	30
2007/2008	1 800	130	20	30	160	30
2008/2009	1 900	160	120	20	200	50
2009/2010	1 900	160	120	30	250	100
2010/2011	1 900	160	180	30	250	100
2011/2012	1 900	180	180	30	250	100
2012/2013	4 500	200	180	30	600	250
2013/2014	4 500	280	180	30	600	250
2014/2015	4 500	380	220	30	700	250
2015/2016	4 500	380	250	35	700	250
2016/2017	4 000	410	390	35	700	250
2017/2018	4 000	410	460	35	700	250
2018/2019	不设名额限制	460	480	55	700	250

① 贷学金的资助对象为有志升读高等教育课程但家庭经济上有困难的学生。

② 资助升读指定的高等教育课程的学生,例如护理学、社会工作或辅导范畴、教育范畴、文化创意产业范畴、康复治疗范畴、去葡萄牙修读葡萄牙语言及文化课程(只适用于已完成学士学位的学生)等,目的在于培养澳门缺乏的专业人才。

③ 资助去葡萄牙升读葡萄牙语及学士课程的应届中学毕业生或学士学生,为澳门培养中葡双语人才。

大专助学金的受惠人数和发放总金额

学年	受惠人数							津贴总金额/万澳门元	总金额的增长率/%
	贷学金[①]	奖学金	特别助学金[②]	特殊助学金[③]	金融管理局奖学金	社会工作局奖学金	合计		
1999/2000	2 391	256	227	17	8	6	2 905	5 989	—
2000/2001	2 532	316	157	19	8	8	3 040	6 187	3. 3
2001/2002	2 591	354	90	10	8	7	3 060	5 970	-3. 5
2002/2003	2 633	376	37	5	6	4	3 061	5 953	-0. 3
2003/2004	2 717	343	13	—	4	4	3 081	6 010	1. 0
2004/2005	2 840	337	7	27	2	3	3 216	6 286	4. 6
2005/2006	3 006	342	2	35	—	3	3 388	6 630	5. 5
2006/2007	3 397	341	1	41	—	1	3 781	7 430	12. 1
2007/2008[④]	3 932	351	16	57	—	—	4 356	11 497	54. 7
2008/2009	4 711	390	133	65	—	—	5 299	14 040	22. 1
2009/2010	5 797	443	236	78	—	—	6 554	17 682	25. 9
2010/2011	6 210	486	382	88	—	—	7 166	20 844	17. 9
2011/2012	6 075	527	491	85	—	—	7 178	21 915	5. 1
2012/2013	6 010	612	538	98	—	—	7 258	24 603	12. 3
2013/2014	5 861	691	567	95	—	—	7 214	26 670	8. 4
2014/2015	5 063	830	581	97	—	—	6 571	27 262	2. 2
2015/2016	4 778	1 032	653	98	—	—	6 561	28 362	4. 0
2016/2017	4 346	1 024	860	93	—	—	6 323	31 590	11. 4
2017/2018	3 903	1 063	1 104	111	—	—	6 181	30 723	-2. 7

① 贷学金的资助对象为有志升读高等教育课程但家庭经济上有困难的学生。

② 资助升读指定的高等教育课程的学生，例如护理学、社会工作或辅导范畴、教育范畴、文化创意产业范畴、康复治疗范畴、去葡萄牙修读葡萄牙语言及文化课程（只适用于已完成学士学位的学生）等，目的在于培养澳门缺乏的专业人才。

③ 资助去葡萄牙升读葡萄牙语及学士课程的应届中学毕业生或学士学生，为澳门培养中葡双语人才。

④ 2007/2008 学年开始实施 15 年免费教育。

10. 利息补助贷款计划[①]

补助标准

•在学期间每月可获补助当月需偿还利息的 70%，完成课程后一次性发放补助期间每月余下的 30% 利息还款。

•可补助的贷款额上限（2018/2019 学年）：

升学国家/地区		可获利息补助的贷款上限/澳门元
中国	澳门	200 000
	内地	
	台湾	
	香港	400 000
其他国家和地区		600 000

•最长发放补助期间为受助学生所修读的课程最短修读年期。

获补助人数——按升学国家/地区划分

学年	中国				葡萄牙	美国	英国	澳大利亚	加拿大	其他	合计
	澳门	内地	台湾	香港							
2008/2009	204	22	108	10	1	46	—	21	4	33	449
2009/2010	336	43	176	11	—	70	—	72	12	66	786
2010/2011	372	48	205	11	—	71	—	90	19	69	885
2011/2012	467	60	266	22	—	95	—	101	32	88	1 131
2012/2013	463	66	283	30	—	119	69	101	39	42	1 212
2013/2014	435	71	265	37	—	125	81	87	42	45	1 188
2014/2015	416	74	247	41	—	138	88	82	38	57	1 181
2015/2016	408	57	236	27	1	130	112	90	37	57	1 155
2016/2017	277	45	168	27	2	122	122	104	39	52	958
2017/2018	269	54	155	24	3	109	124	112	42	52	944

① 为升读由高等教育机构开办的预科、学士等学位课程的澳门居民提供升学贷款的利息补助，其中升学贷款须由已与学生福利基金签订合作协议的信用机构（中国银行澳门分行、大西洋银行、大丰银行、华侨永亨银行、澳门商业银行、澳门华人银行、广东发展银行、中国工商银行澳门分行）所批出。

11. 优秀学生修读教育课程资助计划[①]

各学年资助名额比较[②]

学年	中学毕业生	中国				其他国家或地区				小计	总计	增幅/%
		澳门	内地	台湾	香港	亚洲其他国家	欧洲	美洲	大洋洲			
2012/2013	应届	14	8	4	1	3	—	—	—	30	40	—
	非应届	4	2	1	1	2	—	—	—	10		
2013/2014	应届	25	15	6	1	3	—	—	—	50	60	50.0
	非应届	4	2	1	1	2	—	—	—	10		
2014/2015	应届	40	24	10	2	4	—	—	—	80	100	66.7
	非应届	8	4	3	2	3	—	—	—	20		
2015/2016	应届	48	29	12	2	1	1	1	1	95	120	20.0
	非应届	10	6	3	2	1	1	1	1	25		
2016/2017	应届	48	29	12	2	1	1	1	1	95	120	—
	非应届	10	6	3	2	1	1	1	1	25		
2017/2018	应届	48	34	7	2	1	1	1	1	95	120	—
	非应届	10	7	2	2	1	1	1	1	25		
2018/2019	应届	46	33	6	2	2	2	2	2	95	120	—
	非应届	10	7	2	2	1	1	1	1	25		

---

① 2012/2013 学年起设立，对象为修读包含师范培训的全日制学士学位课程且在过去一学年成绩优异的澳门居民。受资助学生须承诺在完成课程后于紧接的下一学年在澳门或内地教育机构担任职务。

② 如有剩余名额，将根据各个组别和地区的申请情况对剩余名额进行调整。

各学年资助金额比较

学年	各地区资助金额/澳门元							
	中国				其他国家或地区			
	澳门	内地	台湾	香港	亚洲其他国家	欧洲	美洲	大洋洲
2012/2013	60 000	50 000	68 000	108 000	184 000			
2013/2014	64 000 （6.7%）	53 000 （6.0%）	70 000 （2.9%）	113 000 （4.6%）	190 000 （3.3%）			
2014/2015	67 000 （4.7%）	56 000 （5.7%）	73 000 （4.3%）	119 000 （5.3%）	200 000 （5.3%）			
2015/2016	71 000 （6.0%）	60 000 （7.1%）	77 000 （5.5%）	126 000 （5.9%）	212 000 （6.0%）			
2016/2017	79 000 （11.3%）	79 000 （31.7%）	79 000 （2.6%）	130 000 （3.2%）	218 000 （2.8%）			
2017/2018	79 000 （—）	79 000 （—）	79 000 （—）	130 000 （—）	218 000 （—）			
2018/2019	81 400 （3.0%）	81 400 （3.0%）	81 400 （3.0%）	133 900 （3.0%）	224 600 （3.0%）			

注：括号内数据为对应资助金额增幅。

各学年新获选资助学生人数（按地区划分）

学年	中国				美洲	大洋洲	欧洲	总计
	澳门	内地	台湾	香港				
2012/2013	22	12	6	—	—	—	—	40
2013/2014	35	20	4	—	—	—	—	59
2014/2015	53	30	13	1	—	—	—	97
2015/2016	67	33	16	—	—	—	—	116
2016/2017	59	39	16	4	1	1	—	120
2017/2018	65	43	9	1	1	1	—	120
2018/2019	56	35	8	1	—	—	2	102

各学年受惠人数（按专业划分）

专业	受惠人数					
	2012/2013学年	2013/2014学年	2014/2015学年	2015/2016学年	2016/2017学年	2017/2018学年
幼儿教育	5	13	35	55	74	81
小学教育	3	12	30	53	61	70
中文	11	25	36	48	56	60
英文	9	14	24	39	47	54
数学	4	10	16	23	24	31
历史	2	9	14	17	22	17
地理	—	2	3	5	9	12
生物	3	3	8	5	5	8
物理	—	2	3	5	5	6
化学	—	1	8	7	12	9
美术/视觉艺术	—	2	3	2	4	5
特殊教育	2	3	4	9	6	6
心理学	1	1	1	1	2	2
教育学	—	2	2	3	7	8
体育教育	—	—	2	6	7	11
教育学（地理及历史辅系）	—	—	1	1	—	—
教育学（双主修历史学）	—	—	—	—	—	1
音乐教育	—	—	—	4	6	7
其他	—	—	—	—	4	3
总计	40	99	190	283	351	391

12. 就读于世界50大高校的受资助学生数①

2017/2018 学年受资助学生分布

排名	学校名称	国家/地区	大专助学金计划	利息补助贷款计划	优秀学生修读教育课程资助计划	总计
2	剑桥大学	英国	1	—	—	1
8	伦敦帝国学院	英国	2	2	—	4
13	约翰霍普金斯大学	美国	1	—	—	1
15	加利福尼亚大学洛杉矶分校	美国	2	2	—	4
16	伦敦大学学院	英国	4	3	—	7
18	加利福尼亚大学伯克利分校	美国	4	6	—	10
19	康奈尔大学	美国	1	—	—	1
20	西北大学	美国	1	—	—	1
21	密歇根大学	美国	—	1	—	1
22	新加坡国立大学	新加坡	1	—	-	1
22	多伦多大学	加拿大	6	5	—	11
25	华盛顿大学	美国	2	3	—	5
27	北京大学	中国内地	16	1	—	17
27	爱丁堡大学	英国	4	6	—	10
27	纽约大学	美国	2	1	—	3
30	清华大学	中国内地	12	—	—	12
31	加利福尼亚大学圣地亚哥分校	美国	2	7	—	9
32	墨尔本大学	澳大利亚	1	3	—	4

① 根据《泰晤士高等教育世界大学排名2017—2018》计算受资助学生中就读于该排名榜前50位高校的学生人数。

续表

排名	学校名称	国家/地区	大专助学金计划	利息补助贷款计划	优秀学生修读教育课程资助计划	总计
33	佐治亚理工学院	美国	1	—	—	1
34	英属哥伦比亚大学	加拿大	8	6	—	14
38	卡罗琳学院	瑞典	1	—	—	1
40	香港大学	中国香港	13	1	1	15
44	香港科技大学	中国香港	3	—	—	3
48	澳大利亚国立大学	澳大利亚	1	2	—	3
49	得克萨斯大学奥斯汀分校	美国	—	—	1	1
总计			89	49	2	140

13. 教师津贴

直接津贴的变化[①]（单位：澳门元）

<table>
<tr><th rowspan="2">学年</th><th colspan="2">幼儿教育和小学教育</th><th colspan="3">中学教育</th><th colspan="2">成人教育</th></tr>
<tr><th>具有幼儿教育或小学教育教师培训学历</th><th>没有幼儿教育或小学教育教师培训学历</th><th>具有教学培训的高等学历</th><th>没有教学培训的高等学历</th><th>不具备高等学历</th><th>具有高等学历及成人教育专门培训</th><th>具有高等学历但没有成人教育专门培训</th></tr>
<tr><td>1999/2000</td><td rowspan="5">1 320</td><td rowspan="5">792</td><td rowspan="5">1 980</td><td rowspan="5">1 584</td><td rowspan="5">990</td><td colspan="2" rowspan="4">—</td></tr>
<tr><td>2000/2001</td></tr>
<tr><td>2001/2002</td></tr>
<tr><td>2002/2003</td></tr>
<tr><td>2003/2004</td><td>1 980</td><td>1 584</td></tr>
<tr><td>2004/2005</td><td>1 450</td><td>830</td><td>2 100</td><td>1 650</td><td>1 030</td><td>2 100</td><td>1 650</td></tr>
</table>

① 自 1999/2000 学年至 2004/2005 学年按不同教育阶段的类别发放教师津贴，自 2005/2006 学年起按学位学历条件发放。

续表

学年	学士学位或等同学历		高等专科学位或等同学历		不具备高等学历	
	具有所任教教育程度的师范培训	未具有所任教教育程度的师范培训	具有所任教教育程度的师范培训	未具有所任教教育程度的师范培训	具有所任教教育程度的师范培训	未具有所任教教育程度的师范培训
2005/2006 2006/2007	2 100	1 700	1 800	1 650	1 450	1 030
2007/2008	2 500	2 000	2 150	1 950	1 730	1 200
2008/2009 2009/2010 2010/2011	4 000	3 200	3 400	3 100	2 750	1 900
2011/2012	4 300	3 440	3 650	3 330	2 950	2 040
2012/2013[①] 2013/2014[①]	4 800	3 840	4 070	3 710	3 290	2 270
2014/2015[①]	5 250	4 200	4 450	4 050	3 590	2 480
2015/2016[①] 2016/2017[①] 2017/2018[①]	5 750	4 600	4 870	4 430	3 920	2 710
2018/2019[①]	5 930	4 740	5 020	4 570	4 040	2 800

① 根据《非高等教育私立学校教学人员制度框架》第四十七条第六款的规定，教学人员在确定职级前将维持收取直接津贴；另外，按经第166/2012号及第97/2011号社会文化司司长批示修改的第66/2004号社会文化司司长批示，于持续教育机构（回归教育除外）任职的全职教学人员亦获发直接津贴。

专业发展津贴的变化（单位：澳门元）

学年	职级	学士学位或同等学历		高等专科学位或同等学历		不具备高等学历	
		具有所任教教育程度的师范培训	未具有所任教教育程度的师范培训	具有所任教教育程度的师范培训	未具有所任教教育程度的师范培训	具有所任教教育程度的师范培训	未具有所任教教育程度的师范培训
2012年4月1日[①]至2013/2014学年	一	8 640	6 912	7 326	6 678	5 922	4 086
	二	7 680	6 144	6 512	5 936	5 264	3 632
	三	6 720	5 376	5 698	5 194	4 606	3 178
	四	5 760	4 608	4 884	4 452	3 948	2 724
	五	5 280	4 224	4 477	4 081	3 619	2 497
	六	4 800	3 840	4 070	3 710	3 290	2 270
2014/2015学年	一	9 450	7 560	8 010	7 290	6 462	4 464
	二	8 400	6 720	7 120	6 480	5 744	3 968
	三	7 350	5 880	6 230	5 670	5 026	3 472
	四	6 300	5 040	5 340	4 860	4 308	2 976
	五	5 775	4 620	4 895	4 455	3 949	2 728
	六	5 250	4 200	4 450	4 050	3 590	2 480
2015/2016学年至2017/2018学年	一	10 350	8 280	8 766	7 974	7 056	4 878
	二	9 200	7 360	7 792	7 088	6 272	4 336
	三	8 050	6 440	6 818	6 202	5 488	3 794
	四	6 900	5 520	5 844	5 316	4 704	3 252
	五	6 325	5 060	5 357	4 873	4 312	2 981
	六	5 750	4 600	4 870	4 430	3 920	2 710
2018/2019学年	一	10 674	8 532	9 036	8 226	7 272	5 040
	二	9 488	7 584	8 032	7 312	6 464	4 480
	三	8 302	6 636	7 028	6 398	5 656	3 920
	四	7 116	5 688	6 024	5 484	4 848	3 360
	五	6 523	5 214	5 522	5 027	4 444	3 080
	六	5 930	4 740	5 020	4 570	4 040	2 800

① 根据《非高等教育私立学校教学人员制度框架》第四十七条第六款及第七十五条第二款的规定，由2012年4月1日起向已确定职级的教学人员发放专业发展津贴，尚未确定职级的教学人员将维持收取直接津贴，倘有差额，将于职级确定后发放。

年资奖金的变化

学年	不同服务年期的每月津贴金额						
	5～9 年	10～14 年	15～19 年	20～24 年	25～29 年	30～34 年	35 年及 35 年以上
1999/2000	70	140	210	280	420		
2000/2001							
2001/2002							
2002/2003							
2003/2004							
2004/2005	80	160	240	320	480		
2005/2006	190	380	570	760	950		
2006/2007							
2007/2008							
2008/2009	190	380	570	760	950	1 140	1 330
2009/2010							
2010/2011							
2011/2012	220	440	660	880	1 100	1 320	1 540
2012/2013							
2013/2014							
2014/2015							
2015/2016							
2016/2017							
2017/2018							
2018/2019							

教学人员直接津贴和年资奖金的受惠人数和总津贴金额

学年	受惠人数	津贴总金额/万澳门元	总金额的增长率/%
1999/2000	3 515	6 558	—
2000/2001	3 604	6 807	3. 8

续表

学年	受惠人数	津贴总金额/万澳门元	总金额的增长率/%
2001/2002	3 726	7 100	4. 3
2002/2003	3 815	7 294	2. 7
2003/2004	3 993	7 738	6. 1
2004/2005	4 127	8 678	12. 1
2005/2006	4 209	10 838	24. 9
2006/2007	4 327	11 239	3. 7
2007/2008	4 460	13 459	19. 8
2008/2009	4 731	21 926	62. 9
2009/2010	4 825	22 579	3. 0
2010/2011	5 069	23 925	6. 0
2011/2012①	5 255	21 208	-11. 4

学年	受惠教学人员数				津贴金额的变化	
	直接津贴	年资奖金	直接津贴	年资奖金	直接津贴	年资奖金
2012/2013②	656	3 779	3 011	2 673	—	—
2013/2014③	99	3 970	480	2 784	-84. 1	4. 2
2014/2015③	96	4 061	510	2 886	6. 3	3. 7
2015/2016	94	4 191	552	3 021	8. 2	4. 7
2016/2017	94	4 308	547	3 120	-0. 9	3. 3
2017/2018	94	4 549	557	3 232	1. 8	3. 6
2018/2019	89	4 668	533	3 369	-4. 3	4. 2
2019/2020	100	5 100	600	3 800	9. 3	15. 2

① 随着《非高等教育私立学校教学人员制度框架》的颁布，专业发展津贴于2012年4月1日起计算，并在2012年8月发放。基于此，2011/2012学年第3期的直接津贴（2012年5—8月）只向当时尚未确认职级的1 452名现职教学人员及91名持续教育机构（回归教育除外）的教学人员发放，故2011/2012学年的直接津贴及年资奖金的总津贴金额比2010/2011学年低。

② 2012/2013学年向未确定职级的教学人员及于持续教育机构（回归教育除外）任职的全职教学人员发放直接津贴，并向符合年资奖金发放条件的不牟利私立教育机构的教学人员发放年资奖金。

③ 2013/2014学年以后，向于持续教育机构（回归教育除外）任职的全职教学人员发放直接津贴，以及向符合年资奖金发放条件的不牟利私立教育机构的教学人员发放年资奖金。

教学人员专业发展津贴的受惠人数和总津贴金额

学年	受惠人数	津贴总金额/万澳门元	总金额的增长率/%
2011/2012[①]	3 712	9 843	—
2012/2013[②]	4 881	37 544	281.4
2013/2014	5 724	42 178	12.3
2014/2015	6 088	52 181	23.7
2015/2016	6 253	56 510	8.3
2016/2017	6 542	59 470	5.3
2017/2018	6 852	61 911	4.1

（六）各类型教育

1. 职业技术教育

开设职业技术教育课程的学校数（包括正规教育和回归教育）

学年	只在正规教育开设职业技术教育课程	只在回归教育开设职业技术教育课程	同时在正规教育和回归教育开设职业技术教育课程	总计
2012/2013	6	1	2	9
2013/2014	6	1	2	9
2014/2015	7	1	1	9
2015/2016	7	2	1	10
2016/2017	7	2	1	10
2017/2018	6	2	1	9
2018/2019	5	2	1	8

① 随着《非高等教育私立学校教学人员制度框架》的颁布，专业发展津贴于 2012 年 4 月 1 日起开始计算，并在 2012 年 8 月发放，其中涉及已确认职级的现职教学人员，发放的金额包括 2012 年 4 月的津贴差额及 2012 年 5—8 月的专业发展津贴金额。

② 2012/2013 学年起向已获确定职级的教学人员发放专业发展津贴。

职业技术教育的实施情况（2018/2019 学年）

学校	课程
中葡职业技术学校	旅游技术、行政暨商业技术、创意时装设计及制作、计算机多媒体及网页设计、电子技术、武术、平面设计、中葡翻译、健康照顾
澳门演艺学院	舞蹈学校：中国舞、芭蕾舞
	音乐学校：声乐表演技术、器乐演奏技术
澳门工联职业技术中学	高级会计员专业、计算机技术员专业、语言翻译专业、电子电工应用技术
	回归教育：电力工程、网店经营管理与会计专业、机电工程专业
澳门三育中学	中文部：观光旅游、商务
	英文部：旅游、商务、多媒体计算机绘图设计
创新中学	现代演艺实务、酒店会展接待及文职实务、文创产业实务、旅游休闲实务
培华中学	体育、体适能、会展产业及媒体创作、信息科技、室内设计综合技术
澳门浸信中学	音乐
新华夜中学	酒店会展管理、艺术设计

职业技术教育的资助情况

学年	课程数	班数	学生数	资助总金额/万澳门元[①]	总金额的增长率/%
1999/2000	11	25	633	—	—
2000/2001	13	30	760	—	—
2001/2002	15	32	1 003	—	—
2002/2003	15	38	1 112	—	—
2003/2004	16	41	1 260	—	—
2004/2005	16	45	1 179	—	—

① 除职业技术教育资助外，还包括给予正规教育学生的免费教育津贴和回归教育学生有关学费的津贴预计数。

续表

学年	课程数	班数	学生数	资助总金额/万澳门元	总金额的增长率/%
2005/2006	23	53	1 377	503	—
2006/2007	33	66	1 408	566	12. 5
2007/2008	36	75	2 184	2 232	294. 3
2008/2009	36	78	1 718	2 921	30. 9
2009/2010	37	73	1 805	3 371	15. 4
2010/2011	40	84	2 123	3 981	18. 1
2011/2012	40	95	2 038	4 346	9. 2
2012/2013	41	97	1 861	4 568	5. 1
2013/2014	36	87	1 622	6 600	44. 5
2014/2015	35	83	1 424	6 081	-7. 9
2015/2016	36	82	1 367	5 534	-9. 0
2016/2017	33	82	1 314	5 790	4. 6
2017/2018	33	83	1 291	5 923	2. 3
2018/2019	32	80	1 191	5 815	-1. 8

2. 特殊教育

提供特殊教育服务及实施融合教育的学校数

学年	特殊教育		融合教育	
	公立学校	私立学校	公立学校	私立学校
2010/2011	5	3	8	26
2011/2012	5	3	8	27
2012/2013	5	4	8	28
2013/2014	5	4	9	29

续表

学年	特殊教育		融合教育	
	公立学校	私立学校	公立学校	私立学校
2014/2015	5	4	8	29
2015/2016	5	4	9	29
2016/2017	5	4	9	29
2017/2018	5	4	9	30
2018/2019	5	5	9	33

特殊教育资助金额及受惠学生人次（包括融合教育）

•资助总金额

学年	特殊教育资助金额（不包括融合教育）/万澳门元	融合教育资助金额/万澳门元	资助总金额/万澳门元	受惠学生/人次
2010/2011	2 477	969	3 446	2 645
2011/2012	2 068	1 543	3 611	2 723
2012/2013	2 286	2 129	4 415	2 864
2013/2014	3 235	3 812	7 047	3 468
2014/2015	5 529	5 006	10 535	5 920
2015/2016	7 672	6 384	14 056	7 505
2016/2017	8 070	8 017	16 087	7 360
2017/2018	10 489	9 678	20 167	19 944

• 2017/2018 学年资助项目情况

资助项目及类别	受惠学生/人次	资助金额/万澳门元
资助澳门智力障碍人士家长协进会开展“特殊教育学生课后支持计划”	2 070	56
资助 4 所私立学校发放与特殊教育相关资助	456	5 793
资助私立特殊教育学校提供个别治疗服务	153	97
资助康复/辅导机构提供治疗/训练服务及相关专业督导和行政督导	1 310	1 917

续表

资助项目及类别	受惠学生/人次	资助金额/万澳门元
资助为特殊教育班学生提供早、午餐及上、下课接载服务	939	692
补充与治疗服务相关的资助	1 490	485
资助澳门特殊奥运会举办“儿童身心发展支持计划”	135	29
资助澳门特殊奥运会派员参加“特殊奥运会社会影响力高峰会”	—	—
资助澳门智力障碍人士家长协进会开展年度活动计划	2 300	12
资助3所私立特殊教育学校安排教师参与特殊教育课程的编制工作	20	38
资助机构增加治疗/训练服务及其治疗人员接受专业督导及行政督导	60	55
资助澳门特殊奥运会开展“特殊教育学生课后支持计划”	6 868	68
资助澳门智力障碍人士家长协进会提供餐饮培训计划	626	79
2016/2017学年资助机构及特殊教育学校提供巡回支持服务	1 084	865
资助澳门扶康会举办“澳门特殊学生余暇课程及社区共融活动计划”	646	25
资助澳门至友协会“高中至友计划”	150	43
资助澳门特殊奥运会开展SEN家庭先导计划——SOFUN图书馆	32	5
资助澳门特殊奥运会开展SEN家长工作坊——专业治疗团队支持计划	20	11
资助澳门视障人士权益促进会组建言语治疗训练小组	4	1
资助机构开展“语你童行”计划	400	2
资助澳门聋人协会启聪中心开展“听障学生听语服务”	35	132
增加资助2所特殊教育学校增设特殊教育团队人员	40	13
资助澳门听障人士协进会制作“澳门儿童卡通手语教材书籍”	—	8
资助澳门听障人士协进会举办“澳门手语歌比赛”	350	0.3
资助澳门特殊教育教师协会开展3项活动	140	0.7
资助澳门聋人协会开展听障学生辅具资源计划	200	47
资助澳门关爱儿童协会举办澳门第2届“因材施教国际教育高峰论坛”	120	0.9
资助澳门智力障碍人士家长协进会举办“乐融融·亲子齐放松”活动	150	2
资助澳门自闭症协会举办艺术与亲子乐工作坊	36	0.7
资助澳门智力障碍人士家长协进会举办“霎时感动重拾温馨家庭亲子营”	110	4
资助澳门仁慈堂重建中心的视障人士教育辅助用具资源阁购置辅助用具	—	6
小计	19 944	10 487.6

特殊教育的辅导员和治疗师人数

●教育暨青年局及私立特殊教育学校的人员数目①

学年②	心理辅导员	职业治疗师	物理治疗师	语言治疗师/训练人员	合计
2003/2004	7	4	2	3	16
2004/2005	6	4	2	3	15
2005/2006	9	9	6	7	31
2006/2007	9	11	6	7	33
2007/2008	9	11	6	8	34
2008/2009	9	11	7	8	35
2009/2010	10	11	8	9. 5	38. 5
2010/2011	13	14	8	10. 5	45. 5
2011/2012	14	17	10	11. 5	52. 5
2012/2013	14	18	10. 5	10. 5	53
2013/2014	16	18. 5	10. 5	12	57
2014/2015	16	19	11. 5	13. 5	60
2015/2016	17	21. 5	16	19. 5	74
2016/2017	20. 5	24	16	17	77. 5
2017/2018	20	24	17	18. 5	79. 5
2018/2019③	21	30. 5	19	28. 5	99

① 包括半职的治疗师。

② 2012/2013 学年起包括向外购买服务人员。

③ 资料截至 2018 年 10 月。

•以购买服务或资助方式为有治疗需要学生提供服务的人员数目①

学年	职业治疗师	物理治疗师	语言治疗师/训练人员	合计
2009/2010	—	—	2. 5	2. 5
2010/2011	—	—	3. 5	3. 5
2011/2012	0. 5	0. 5	5	6
2012/2013	3	1	8	12
2013/2014	4	2	8. 5	14. 5
2014/2015	6. 5	3	15. 5	25
2015/2016	10	5	16	31
2016/2017	11	4	35. 5	50. 5
2017/2018	12	4	36. 5	52. 5
2018/2019	12	4	38. 5	54. 5

•资助机构派驻专责为融合生提供服务的辅导人员数目②

学年	辅导员
2010/2011	9
2011/2012	11
2012/2013	17
2013/2014	19. 5
2014/2015	22. 5
2015/2016	24
2016/2017	27. 5
2017/2018	33. 5
2018/2019	37

① 2009/2010 学年开始向澳门康复机构购买相关治疗服务，让有治疗需要的融合生能获得贴合的治疗跟进。自 2013/2014 学年开始，除了以购买服务的方式外，还会资助澳门康复机构为有治疗需要的学生提供治疗训练服务。

② 2010/2011 学年开始向辅导机构提供融合教育额外辅导员的资助，收取 5 名或 5 名以上融合生的学校可获 0. 5 名辅导人员的配置。

特殊教育18岁或18岁以上学生转衔服务的转介人数①

学年	转介人数
2004/2005	38
2005/2006	56
2006/2007	28
2007/2008	13
2008/2009	16
2009/2010	4
2010/2011	24
2011/2012	26
2012/2013	24
2013/2014	37
2014/2015	40
2015/2016	44
2016/2017	44
2017/2018	43

完成融合教育相关培训课程的教师人数

学年	融合教育证书课程	资源教师培训课程	资优教育教师培训课程
2005/2006	78	20	—
2006/2007	72	—	20
2007/2008	33	—	—
2008/2009	74	19	28
2009/2010	159	20	24
2010/2011	74	21	17
2011/2012	143	26	21
2012/2013	89	29	20

① 该转衔服务从2002/2003学年开始，把有关学生从学校转往社会工作局监护的社会服务设施中心，让其继续接受就业辅导和日间自理训练服务等。

续表

学年	融合教育证书课程	资源教师培训课程	资优教育教师培训课程
2013/2014	189	18	30
2014/2015	285	37	48
2015/2016	330	30	53
2016/2017	337	53	47
2017/2018	407	52	42

接受语言训练人员培训课程的人数

学年	在职教师	学生辅导员	总计
2010/2011	18	—	18
2011/2012	22	—	22
2012/2013	10	4	14
2013/2014	10	10	20
2014/2015	11	2	13
2015/2016	15	14	29
2016/2017	17	4	21
2017/2018	32	6	38

3. 葡萄牙语教育

开设葡萄牙语课程的公立学校情况

学年	公立学校校（部）数	开设葡萄牙语正规课程		余暇活动或辅助课程活动	
		班数	学生人数	班数	学生人数
2012/2013	14	138	2 399	—	—
2013/2014	13	137	2 258	—	—
2014/2015	13	134	2 177	—	—
2015/2016	13	138	2 253	—	—
2016/2017	13	136	2 249	—	—
2017/2018[①]	13	130	2 169	15	217
2018/2019	13	132	2 246	32	426

① 2016/2017 学年及以前，只计算有葡萄牙语课程校（部）中的班级及学生数；由 2017/2018 学年起数字为实际统计人数。

开设葡萄牙语课程的私立学校情况

学年	私立学校校（部）数	开设葡萄牙语正规课程		余暇活动或辅助课程活动	
		班数	学生人数	班数	学生人数
2012/2013	20	47	1 206	46	1 063
2013/2014	20	53	1 222	61	1 366
2014/2015	31	77	2 050	47	1 291
2015/2016	32	68	1 626	49	2 068
2016/2017	29	90	2 369	65	1 388
2017/2018	32	115	2 952	56	1 210
2018/2019	37	118	3 075	56	1 360

学校发展计划——学校自行开设校本葡萄牙语课程情况

学年	参与学校校（部）数	葡萄牙语班的参与学生人数
2012/2013	6	628
2013/2014	5	930
2014/2015①	9	1 000
2015/2016	7	1 145
2016/2017	7	1 235
2017/2018	10	1 499
2018/2019	11	1 902

大专助学金中修读葡萄牙语/中葡翻译的受惠人数（2017/2018 学年）

课程专业	国家/地区	贷学金	奖学金	特别助学金	特殊助学金	利息补助贷款计划	优秀学生修读教育课程资助计划	总计
葡萄牙语	中国澳门	30	11	46	—	2	1	90
	中国内地	—	2	5	—	—	—	7
	葡萄牙	—	—	4	34	—	—	38
中葡翻译	中国澳门	6	—	25	—	2	—	33
总计		36	13	80	34	4	1	168

① 仅为学年申请人数。

培养葡萄牙语教师及语言人才资助计划①

学年	葡西语学士及葡西语教育硕士课程		应用外语学士及应用外语硕士课程		总计	每年资助金额/万澳门元
	葡西语学士及教育硕士课程	应用外语学士及硕士——葡萄牙语（作为外语）课程	应用外语学士及硕士——翻译课程	应用外语学士——翻译课程		
2013/2014	8	—	5	—	13	378
2014/2015	12	—	6	2	20	727
2015/2016	1	9	8	—	18	1 076
2016/2017	—	5	–	8	13	1 383
2017/2018	—	10	—	7	17	1 685

其他葡萄牙语教育相关资助计划

学年	委托澳门葡萄牙语学校开办葡萄牙语加强课程	资助学生赴葡萄牙就读葡萄牙语及法学学士课程	委托澳门葡萄牙语学校开办暑期葡萄牙语及文化活动班	为赴葡萄牙升学的应届中学毕业生和法律学士学生开办“葡萄牙语密集课程”	资助澳门学生参加澳门大学举办的“葡萄牙语言及文化暑期课程”	学生赴葡萄牙参加“暑期语言文化之旅”修读计划	委托东方葡萄牙学会开办葡萄牙语水平测试（CAPLE）培训课程
	学生人次数	学生人次数	学生人数	学生人数	资助学生人数	学生人数	学生人数
2007/2008	58	—	74	20	—	10	—
2008/2009	77	—	47	23	—	10	—
2009/2010	108	5	48	27	—	10	—
2010/2011	110	9	43	33	125	15	—
2011/2012	127	14	57	24	125	15	—
2012/2013	158	14	105	35	105	20	25

① 2013/2014 学年起设立，目的为鼓励澳门优秀学生赴葡萄牙修读葡萄牙语教育课程，培养葡萄牙语教师及语言人才，丰富澳门外语人才储备。有关学生将赴葡萄牙天主教大学修读为期 1 学年的预备课程，完成该课程并经考核及格后，将直接升读葡西语学士及葡西语教育硕士课程，或应用外语学士及应用外语硕士课程。

续表

学年	委托澳门葡萄牙语学校开办葡萄牙语加强课程	资助学生赴葡萄牙就读葡萄牙语及法学学士课程	委托澳门葡萄牙语学校开办暑期葡萄牙语及文化活动班	为赴葡萄牙升学的应届中学毕业生和法律学士学生开办“葡萄牙语密集课程”	资助澳门学生参加澳门大学举办的“葡萄牙语言及文化暑期课程”	学生赴葡萄牙参加“暑期语言文化之旅”修读计划	委托东方葡萄牙学会开办葡萄牙语水平测试（CAPLE）培训课程
	学生人次数	学生人次数	学生人数	学生人数	资助学生人数	学生人数	学生人数
2013/2014	179	14	75	47	125	55	40
2014/2015	181	11	34	44	125	74	23
2015/2016	247	4	96	38	125	50	—
2016/2017	200	1	125	48	125	44	19
2017/2018	170	3	69	49	125	45	—

4.“爱国爱澳”教育

参与“爱国爱澳”相关活动青年和学生人次

活动		2012/2013学年	2013/2014学年	2014/2015学年	2015/2016学年	2016/2017学年	2017/2018学年
国情教育培训课程	地点	贵州	成都	青岛	西安	上海	福建
	学校数	27	27	30	31	28	32
	人数	69	71	106	103	101	99
京港澳学生交流夏令营	地点	北京	香港、澳门	北京	香港、澳门	北京	香港、澳门
	澳门师生人数	65	56	100	72	67	67
	三地总人数	383	277	631	361	363	358
“认识祖国、爱我中华”学习之旅资助计划	校部数	74	76	76	73	77	82
	师生人数	4 151	4 333	4 250	4 335	4 741	5 301
澳门学界五四青年节升旗仪式		1 100	1 100	1 000	1 000	1 300	1 700
小飞鹰“爱国爱澳”教育营资助计划		2 675	2 821	2 198	—	—	—

续表

活动	2012/2013学年	2013/2014学年	2014/2015学年	2015/2016学年	2016/2017学年	2017/2018学年
国防教育营	3 679	3 528	3 123	2 595	2 807	3 361
澳门青年学生军事夏令营	111	114	105	118	120	130
推广外交知识系列活动	28 205	27 805	36 152	8 917	9 534	8 829
澳门青少年国情研习班	45	45	45	45	45	45
“澳门、内地青年交流计划”	—	20	20	—	—	—
“追梦·飞翔”青年领袖培育计划	—	—	220	230①	200	131
“结伴成长”学习交流团	—	23	70	66	60	50
五一劳动节“中国人民解放军驻澳门部队氹仔军营开放日”中学生专场	—	—	1 128	1 853	2 305	2 500
六一国际儿童节——小学生与中国人民解放军驻澳门部队互动活动	1 800	1 200	800	800	786	722
国旗下的说话——国旗手训练营②	60	57	31	139	156	303
庆祝澳门回归祖国15周年学界大汇演	—	—	2 600	—	—	—
2015年海外华裔及港澳台地区青少年“中国寻根之旅”夏令营活动	—	—	45	—	—	—
京澳小学生交流营	50	50	50	50	47	50
“普法新TEEN地”青少年法律推广月	—	—	—	—	24 188	26 006
“梦想启航”中学学生会领袖培训计划——中国梦学习之旅	—	—	—	—	40	40
庆祝《基本法》颁布25周年学界青年大汇演	—	—	—	—	—	3 000

① 修正值。

② 活动名称原为“国旗下的说话体验营”，自2016年起更改为“国旗下的说话——国旗手训练营”。

《基本法》颁布周年教育系列活动参与人数统计

活动名称	2012/2013学年	2013/2014学年	2014/2015学年	2015/2016学年	2016/2017学年	2017/2018学年
《基本法》摊位游戏设计比赛	110	230	239	210	222	—
《基本法》创意填色比赛	628	957	1 470	1 300	3 700	—
《基本法》报章游戏	4 300	4 300	4 900	4 900	4 900	3 100
园游会	2 800	2 000	2 100	1 800	1 400	—
学术研讨会	300	300	300	300	300	400
校园推广《基本法》计划比赛	—	51	42	87	111	120
《基本法》硬笔书法比赛	—	3 274	2 728	2 300	4 500	—
《基本法》与法律问答比赛	240	230	250	231	324	305
《基本法》工作坊	—	—	—	—	34	—

使用《品德与公民》及教育暨青年局其他教材的正规教育学校数

教材	学年	小学	初中	高中
《品德与公民》	2012/2013	35（56%）	21（49%）	16（39%）
	2013/2014	37（62%）	23（53%）	18（44%）
	2014/2015	38（63%）	24（56%）	21（51%）
	2015/2016	38（63%）	24（56%）	21（51%）
	2016/2017	42（70%）	23（52%）	19（46%）
	2017/2018	43（73%）	28（65%）	21（51%）
	2018/2019	40（68%）	28（65%）	22（52%）
《澳门地理（初中补充教材）》	2016/2017	—	13（30%）	—
	2017/2018	—	17（40%）	—
《书写我城——澳门文学补充教材（初中篇）》	2016/2017	—	3（7%）	—
	2017/2018	—	4（9%）	—

注：括号内为占澳门学校数的比例。

进行升旗仪式的正规学校数目

学年	上课日悬挂国旗校部数	每周或重要日子进行升旗仪式的校部数	进行国庆/回归升旗仪式的校部数
2015/2016	62	51	31
2016/2017	65	48	39
2017/2018	67	52	40
2018/2019①	71	65	36

国情教育——教师培训课程②

学年	2012/2013	2013/2014	2014/2015	2015/2016	2016/2017	2017/2018
参加人次	107	158	127③	130	224	321

“传承中华文化”资助计划④

学年	2013/2014	2014/2015	2015/2016	2016/2017	2017/2018	2018/2019
获资助校部数	28	26	34	58	62	67
获资助项目数	117	118	145	135	134	147
获资助学生人数	8 966	8 643	13 683	58 205	59 606	56 783

5. 科普教育

科普教育的资助项目数

学年	资助校部数	资助项目数
2010/2011	40	57
2011/2012	36	58
2012/2013	32	49

① 临时数值，待资料收集完善后更新。

② 通过委托内地高等教育机构及澳门大专院校持续开办一系列有关中国国情的教师培训课程，持续深化澳门教学人员对中国国情及澳门区情的认识，其中包括澳门的政治制度发展、《基本法》及“一国两制”的基本认知。

③ 修正值。

④ 通过教育发展基金资助各校按校本特色，组织及开展多元化活动，以促使学生学习及欣赏中华文化艺术，推动中国传统文化的传承，加深学生对中国深厚文化底蕴的了解，培养其爱国情怀。

续表

学年	资助校部数	资助项目数
2013/2014	39	56
2014/2015	28	49
2015/2016	40	54
2016/2017	39	82
2017/2018	36	75
2018/2019	49	131

科普类教师培训

● 2017/2018 学年

类别	课程数	课时数	参与人次
数学	26	70	1 222
自然科学	9	32	222
信息科技	20	198	278
校长和学校中高层管理人员培训（信息科技相关的单元）	1	2	45
总计	56	302	1 767

● 2018/2019 学年①

类别	课程数	课时数	参与人次
数学	—	—	—
自然科学	1	3	11
信息科技	4	33	102
校长和学校中高层管理人员培训（信息科技相关的单元）	—	—	—
总计	5	36	113

① 资料截至 2018 年 10 月。

6. 回归教育津贴

回归教育津贴金额（单位：澳门元/人）

学年	小学教育	初中教育	高中教育
2007/2008	10 500	12 000	14 000
2008/2009	11 800	12 800	14 700
2009/2010	12 000	13 000	15 000
2010/2011	12 400	13 500	15 500
2011/2012	13 700	15 500	17 800
2012/2013	14 600	18 600	21 100
2013/2014	20 333	26 000	29 333
2014/2015	27 040	33 720	31 800
2015/2016	30 280	36 520	36 729
2016/2017	31 440	37 960	40 536
2017/2018	31 440	37 960	42 920
2018/2019	32 700	39 560	44 720

回归教育津贴金额（单位：澳门元/班）①

学年	小学教育	初中教育	高中教育
2013/2014	610 000	780 000	880 000
2014/2015	676 000	843 000	954 000
2015/2016	757 000	913 000	1 033 000
2016/2017	786 000	949 000	1 073 000
2017/2018	786 000	949 000	1 073 000
2018/2019	817 500	989 000	1 118 000

① 2013/2014 学年起按班发放，每班不足 30 人按比例发放津贴；2017/2018 学年起按班发放，25 人的班级发放全班津贴，不足 25 人的班级按比例发放津贴。

回归教育津贴的受惠人数和总津贴金额

学年	受惠人数				津贴总金额/万澳门元	总金额的增长率/%
	小学	初中	高中	合计		
2007/2008	35	806	1 518	2 359	2 961	—
2008/2009	35	879	1 639	2 553	3 434	16.0
2009/2010	35	988	1 658	2 681	3 586	4.4
2010/2011	25	817	1 703	2 545	3 618	0.9
2011/2012	30	676	1 487	2 193	3 624	0.2
2012/2013	17	467	1 346	1 830	3 697	2.0
2013/2014	9	400	1 317	1 726	4 823	30.5
2014/2015	13	397	1 232	1 642	5 060	4.9
2015/2016	8	374	1 101	1 483	5 157	1.9
2016/2017	9	300	1 172	1 481	5 646	9.5
2017/2018	9	257	1 090	1 356	5 488	-2.8

7. 持续进修发展计划

总体参与情况

时间	参与人次	参与居民数	使用资助金额/澳门元
2011 年 7 月—2013 年 12 月	315 818	145 381	523 133 563
2014 年 4 月—2016 年 12 月	381 985	167 802	747 390 618
2017 年 4 月—2018 年 10 月[①]	259 755	121 009	481 897 730
2011 年 7 月—2018 年 10 月（总计）	957 558	434 192	1 752 421 911

2017—2019“持续进修发展计划”资料统计（截至 2018 年 10 月）

•参与人次数

参与本地持续教育课程/证照考试	参与个人申请（外地项目/本地高等教育）	总参与人次数
241 233	18 522	259 755

① 2017—2019“持续进修发展计划”于 2017 年 4 月启动，有关资料暂收集至 2018 年 10 月。

●参与居民年龄分布

年龄	参与人数	总比例
15～24 岁	27 880	23. 0%
25～39 岁	43 895	36. 3%
40～59 岁	31 355	25. 9%
60 岁或 60 岁以上	17 879	14. 8%
总计	121 009	100. 0%

●本地持续教育课程及证照考试参与人次

本地项目	参与人次	资助金额/澳门元
证照考试	11 646	11 900 287
持续教育	168 731	274 587 241
总计	180 377	286 487 528

●个人申请项数、批准项数及使用金额

课种类别	批准人次	资助金额/澳门元
外地证照考试	425	1 079 895
本地高等教育	6 690	38 309 156
外地高等教育	7 751	40 725 828
外地持续教育	607	2 171 316
总计	15 473	82 286 195

有关巡查、违规、检举的情况

● 2017—2019 “持续进修发展计划” 监察情况（截至 2018 年 10 月）[①]

监察模式	统计单位	总数
实地巡查	次	2 464
文件审阅	份	2 512
个案抽检	宗	17 796
事后访谈	人次	976
投诉个案	宗	116

① 2017—2019 “持续进修发展计划” 于 2017 年 4 月启动，有关资料暂收集至 2018 年 10 月。

续表

违规处理方式	统计单位	总数
口头劝喻	次	708
书面提醒	次	202
开立行政调查卷宗	宗	30

青年参与情况

时间	15～39岁群组的参与人数	占总参与计划人数比例/%	参与的主要职业技能课程类别
2011—2013年	101 536	69.8	语言翻译、商业和管理、计算机科学等
2014—2016年	110 285	65.8	
2017年4月—2018年10月	71 775	59.3	

长者及残疾人士参与情况

•参与“持续进修发展计划”的长者人数

时间	60岁及60岁以上的参与人数	占总参与计划人数比例/%	主要参与课程类别
2011—2013年	8 912	6.1	计算机、语言、中医养生、粤曲、国画、舞蹈
2014—2016年	15 258	9.0	
2017年4月—2018年10月	17 879	14.8	

•参与“持续进修发展计划”的残疾人士人次

时间	课程项数	参与人次	主要课程类别
2011—2013年	80	785	手语、手工艺、厨艺、太极、其他
2014—2016年	27	307	
2017年4月—2018年10月	16	223	手语、陶瓷艺术

考取语文及职业技能专业证照情况[①]

•受资助参与本地语文证照考试的人次

时间	参与本地各类语文证照考试人次					总数/人次
	普通话	葡萄牙语	英语	日语	其他	
2011—2013 年	73	2	1 374	5	4	1 458
2014—2016 年	171	13	1 164	163	—	1 511
2017 年 4 月—2018 年 10 月	9	24	982	219	11	1245

•受资助参与本地职业技能证照考试的人次

时间	参与本地职业技能证照考试人次					总数/人次
	商业和管理	语言翻译	旅馆及餐饮业	计算机科学	其他	
2011—2013 年	3 599	1 423	99	205	96	5 422
2014—2016 年	6 570	1 511	360	149	64	8 654
2017 年 4 月—2018 年 10 月	13 070	1 046	116	83	802	15 117

•受资助参与外地职业技能证照考试的人次

时间	参与外地职业技能证照考试人次						总数/人次
	工程理学、自然科学	社会科学、法学	工商管理、服务	文学、艺术	医学、医疗服务	其他	
2011—2013 年	4	13	30	47	9	3	106
2014—2016 年	21	6	485	186	19	103	820
2017 年 4 月—2018 年 10 月	28	4	366	217	19	—	634

8. 终身学习、长者及残疾人士学习

终身学习周活动

年度	举办学习活动项目数	参与人次
2012	139	3 475

① 2017—2019“持续进修发展计划”于 2017 年 4 月启动，有关资料暂收集至 2018 年 10 月。

续表

年度	举办学习活动项目数	参与人次
2013	86	2 150
2014	82	2 050
2015	100	2 500
2016	96	2 375
2017	71	2 790
2018	118	2 975

“终身学习奖励计划”及颁授奖项

年度	联网机构数量	参与计划人数	获奖人数				
			热爱学习者奖	积极学习者奖	终身学习者奖	终身学习楷模奖	知识技能证照奖
2006	57	346	10	1	—	—	—
2007	69	550	12	7	—	—	—
2008	77	919	23	26	1	—	—
2009	80	1 353	29	116	4	—	—
2010	88	2 025	98	157	10	—	—
2011	95	2 532	96	193	21	1	—
2012	100	2 850	100	172	26	1	—
2013	103	3 130	116	218	24	2	—
2014	106	3 447	127	194	23	11	—
2015	111	3 611	117	132	19	11	—
2016	119	3 724	104	123	6	10	—
2017①	476	3 877	97	132	10	4	—
2018	499	4 089	134	52	6	1	1

① 2017 年起把参与“持续进修发展计划”的相关机构纳入“终身学习奖励计划”的联网机构。

“支持长者及残疾人士学习”专项资助计划

年度	课程项数	参加人次	主要课程类别
2014	81	1 608	保健、计算机、语文
2015	41	702	保健、语文、舞蹈
2016	80	1 119	保健、舞蹈、运动、艺术
2017	86	1 563	保健、舞蹈、艺术、语文
2018	76	1 477	保健、舞蹈、艺术

9. 家庭教育

家长教育活动统计

学年	由中心举办		由社区机构举办		由学校举办		总计	
	场次	参加人次	场次	参加人次	场次	参加人次	场次	参加人次
2013/2014	58	1 121	6	152	56	2 849	120	4 122
2014/2015	56	1 226	3	74	36	2 945	95	4 245
2015/2016	63	1 081	14	303	34	4 049	111	5 433
2016/2017	56	1 153	19	614	77	5 885	152	7 652
2017/2018	70	1 228	8	722	92	8 298	170	10 248

驻校辅导员举办的家长教育活动

学年	场次	参加人次
2013/2014	401	36 605
2014/2015	400	43 329
2015/2016	449	49 884
2016/2017	455	47 323

家长会成立情况

学年	学校数	已成立家长会学校数	家长会总数	已注册家长会数	未注册家长会数
2013/2014	77	45	49	26	23
2014/2015	77	45	51	27	24
2015/2016	77	45	51	27	24
2016/2017	77	47	53	27	26
2017/2018	77	47	53	27	26

资助学校及注册家长会举办家校合作活动的情况

学年	资助学校			资助家长会		
	学校数	活动项目数	资助金额/澳门元	家长会数	活动项目数	资助金额/澳门元
2011/2012	26	107	1 222 400	20	119	1 162 900
2012/2013	32	145	1 359 700	18	113	1 319 600
2013/2014	47	174	1 634 500	21	126	1 920 600
2014/2015	61	232	2 838 732	20	132	1 613 300
2015/2016	48	335	2 824 984	19	139	2 748 700
2016/2017	55	185	2 372 700	19	142	3 367 900
2017/2018	59	186	2 557 100	19	179	2 340 300

“家长学园”举办的情况①

年度	参与人数	参与公共部门	参与公共事业机构	参与社会服务机构	参与商户
2015	475	2	—	5	5
2016	695	2	1	5	7
2016/2017	882	2	1	5	7
2017/2018	995	2	1	5	7

① 2015年4月中旬，教育暨青年局推行“家长学园”计划，为家长提供学习及分享的平台。

（七）青年

1. 教育暨青年局辖下青年设施/服务的使用情况

教育暨青年局辖下青年设施/服务的使用情况

年度	青年中心场地及设施使用①				青年旅舍	中葡职业技术学校体育馆及游泳池	毅健馆④	合计
	小计	其中：租借青年中心场地	其中：青年社团公用办公室②	其中：青少年展艺馆③				
2001	357 877	91 998	—	—	6 429	97 949	—	462 255
2002	374 274	81 148	—	—	6 945	83 464	—	464 683
2003	498 859	85 543	—	—	3 196	104 357	—	606 412
2004	526 835	77 789	—	—	5 524	93 068	—	625 427
2005	461 791	61 010	—	—	6 585	77 971	—	546 347
2006	410 210	53 400	118	—	7 709	84 565	—	502 484
2007	424 639	47 173	376	5 414	8 766	78 867	—	512 272
2008	618 323	66 559	753	22 237	11 364	104 219	—	733 906
2009	626 841	68 295	1 345	20 680	6 178⑤	78 917	—	711 936
2010	576 660	56 812	1 257	17 761	3 622⑥	56 899	—	637 181
2011	494 670	54 200	1 296	16 971	18 897	35 619	4 096	553 282
2012	536 690	68 509	1 451	15 366	15 219	77 140	10 334	639 383
2013	522 626	61 439	555	16 364	13 016⑦	61 852	9 257	606 751

① “青年中心场地及设施使用”的数字包括“租借青年中心场地”“信息休闲站”“青年社团公用办公室”及“青少年展艺馆”等数字。

② 青年社团公用办公室从2006年开始对外提供服务。

③ 青少年展艺馆于2007年10月启用并对外开放。

④ 毅健馆于2011年3月8日启用并对外开放。

⑤ 配合澳门特别行政区政府应对有关甲型H1N1流感的防疫工作，辖下的2间青年旅舍于2009年5月3日开始被流感大流行应变工作小组征用，暂停对外开放。

⑥ 2间青年旅舍于2010年7月3日后才开始对外开放。

⑦ 配合澳门特别行政区政府应对有关H7N9流感的防疫工作，辖下的黑沙青年旅舍于2013年4月25日开始暂停对外开放，并于同年8月1日开始重新对外开放。

续表

年度	青年中心场地及设施使用				青年旅舍	中葡职业技术学校体育馆及游泳池	毅健馆	合计
	小计	其中：租借青年中心场地	其中：青年社团公用办公室	其中：青少年展艺馆				
2014	553 804	71 106	1 246	17 486	20 409	96 546	10 101	680 860
2015	568 680	103 132	989	11 985①	16 396②	103 026	10 549	698 651
2016	665 240	94 152	1 196	11 438	16 825	103 626	9 480	795 171
2017	680 064	104 392	1 274	12 966	13 730	113 266	7 620	814 680
2018③	503 719	85 431	1 487	16 565	11 333	92 715	8 204	615 971

2. 暑期活动的开展情况

暑期活动④

年度	文娱项目⑤		体育项目⑥		合计	
	项目	提供名额	项目	提供名额	项目	提供名额
2004	106	35 923	62	20 734	168	56 657
2005	134	39 395	58	20 026	192	59 421
2006	161	37 402	66	21 966	227	59 368
2007	180	24 751⑦	65	21 029	245	45 780
2008	190	24 971	74	21 968	264	46 939
2009	206	25 104	72	21 389	278	46 493
2010	220	25 401	94	21 174	314	46 575

① 青少年展艺馆于2015年6月、2015年9月及2016年10月23日—11月23日因维修工程而暂停对外开放。

② 配合澳门特别行政区政府应对有关中东呼吸综合征的防疫工作，辖下的黑沙青年旅舍于2015年6月8日开始暂停对外开放，并于同年8月1日开始重新对外开放。

③ 资料截至2018年10月。

④ 由教育暨青年局与体育局合办。

⑤ 文娱项目的暑期活动由教育暨青年局负责。

⑥ 体育项目的暑期活动由体育局负责。

⑦ 由于2006/2007学年教育暨青年局将过去暑期活动其中一项工作计划“资助开展校内暑期活动”与年度资助计划中的“课余活动资助计划”整合为“余暇活动资助”，所以从2007年起，没有把“资助开展校内暑期活动”的数字计算在暑期活动中，暑期活动的文娱项目的提供名额有所下降。

续表

年度	文娱项目		体育项目		合计	
	项目	提供名额	项目	提供名额	项目	提供名额
2011	226	25 470	103	21 204	329	46 674
2012	242	26 187	102	21 539	344	47 726
2013	247	26 653	115	22 900	362	49 553
2014	285	27 134	132	23 979	417	51 113
2015	293	27 825	136	25 146	429	52 971
2016	294	28 526	129	25 060	423	53 586
2017	289	27 937	131	25 241	420	53 178
2018	354	32 407	130	24 827	484	57 234

暑期活动中文娱项目的报名和出席情况

年度	文娱项目提供名额	参与率	完成率
2004	35 923	95%	78%
2005	39 395	94%	84%
2006	37 402	94%	73%
2007	24 751	93%	74%
2008	24 971	91%	75%
2009	25 104	92%	75%
2010	25 401	90%	73%
2011	25 470	90%	75%
2012	26 187	96%	75%
2013	26 653	94%	73%（79%）①
2014	27 134	93%	73%（79%）①
2015	27 825	94%	76%（82%）①
2016	28 526	95%	77%（83%）①
2017	27 937	96%	75%（81%）①
2018	32 407	96%	73%（84%）①

① 完成率为全体学员出席率，括号内的百分率则为不含全退出学员的出席率。

3. 教育暨青年局对社团的资助及缔结情况

获资助的社团数

年度	教育社团资助①	青年社团年度活动资助计划②	青年社团暑期活动资助计划②	个别活动/项目资助③	自修室运作资助	关怀青少年成长资助计划④	澳门青年社会调查资助计划⑤	合计
2001	17 (45)	95 —	20 (76)	18 —	15 (17)	—	—	165 —
2002	14 (37)	91 (912)	19 (76)	17 (24)	15 (17)	—	—	156 (1 066)
2003	20 (37)	104 (900)	20 (105)	27 (103)	9 (11)	—	—	180 (1 156)
2004	17 (45)	88 (673)	23 (91)	41 (58)	9 (11)	—	—	178 (878)
2005	33 (64)	88 (712)	21 (95)	38 (72)	9 (11)	—	—	189 (954)
2006	49 (156)	83 (703)	15 (74)	50 (66)	9 (10)	—	—	206 (1 009)
2007	29 (64)	87 (814)	14 (61)	69 (106)	8 (9)	16 (19)	—	223 (1 073)
2008	31 (59)	83 (916)	17 (84)	75 (90)	8 (9)	21 (29)	-	235 (1 187)
2009	29 (61)	94 (896)	15 (99)	52 (60)	9 (10)	35 (54)	—	234 (1 180)

① 资助对象为已在教育暨青年局登记的教育社团。

② 资助对象为已在教育暨青年局登记的青年社团。

③ 资助对象以澳门其他注册团体为主，自 2011 年开始包括教育机构，申请的资助活动/项目的服务对象须为青少年，而在教育暨青年局登记的青年社团会就其申请情况考虑是否给予资助。

④ 资助对象为澳门依法成立的非牟利社会服务机构或已在教育暨青年局登记的青年社团（获资助的计划围绕特定的主题开展，2007—2009 年的主题为“品德教育”，2011 年起主题为“积极人生”）。

⑤ 资助对象为在澳门依法成立的非牟利机构/团体或高等教育机构，以及在教育暨青年局已登记的青年社团。

续表

年度	教育社团资助	青年社团年度活动资助计划	青年社团暑期活动资助计划	个别活动/项目资助	自修室运作资助	关怀青少年成长资助计划	澳门青年社会调查资助计划	合计
2010	—	98（813）	14（103）	62（75）	9（10）	36（49）	13（14）	232（1 064）
2011	—	98（836）	15（92）	78（95）	9（10）	34（53）	—	234（1 086）
2012	—	92（693）	11（72）	95（128）	9（10）	47（72）	15（18）	269（993）
2013	—	91（608）	14（75）	125（277）	9（10）	52（75）	—	291（1 045）
2014	—	95（609）	10（69）	137（316）	10（11）	47（75）	—	299（1 080）
2015	—	86（594）	14（79）	127（366）	10（11）	54（84）	—	291（1 134）
2016	—	85（508）	10（56）	131（363）	7（7）	54（91）	—	287（1 025）
2017	—	78（486）	10（61）	174（499）	7（7）	49（90）	—	318（1 143）
2018①	—	87（511）	13（84）	129（517）	7（7）	43（79）	—	279（1 198）

注：括号内为获资助的项目数。

① 资料截至 2018 年 10 月。

资助/获批金额（单位：万澳门元）

年度	教育社团资助①	青年社团年度活动资助计划②	青年社团暑期活动资助计划②	个别活动/项目资助③	自修室运作资助	关怀青少年成长资助计划④	澳门青年社会调查资助计划⑤	合计
2001	330	289	11	38	19	—	—	687
2002	519	291	12	19	16	—	—	857
2003	945	335	15	159	13	—	—	1 467
2004	1 102	335	14	65	12	—	—	1 528
2005	1 323	460	16	153	13	—	—	1 965
2006	1 843	558	10	172	12	—	—	2 595
2007	1 638	741	13	248	12	127	—	2 779
2008	3 140	859	17	237	12	292	—	4 557
2009	3 742	899	20	198	13	373	—	5 245
2010	—	899	29	234	13	380	129	1 684
2011	—	899	24	429	13	383	—	1 748
2012	—	940	19	991	14	400	149	2 513
2013	—	847	27	709	14	420	—	2 017
2014	—	947	22	1 546	15	420	—	2 950
2015	—	998	24	1 185	13	450	—	2 670
2016	—	936	19	1 232	9	450	—	2 646
2017	—	798	20	1 519⑥	10	450	—	2 797
2018⑦	—	848	26	1 234	7	443	—	2 558

① 资助对象为已在教育暨青年局登记的教育社团，表中该项目的金额为获批金额。

② 资助对象为已在教育暨青年局登记的青年社团，表中该项目的金额为获批金额。

③ 资助对象以澳门其他注册团体为主，自2011年开始包括教育机构，申请的资助活动/项目的服务对象须为青少年，而在教育暨青年局登记的青年社团会就其申请情况考虑是否给予资助，表中该项目的金额为获批金额。

④ 资助对象为澳门依法成立的非牟利社会服务机构或已在教育暨青年局登记的青年社团（获资助的计划围绕特定的主题开展，2007—2009年的主题为“品德教育”，2011年起主题为“积极人生”），表中该项目的金额为获批金额。

⑤ 资助对象为在澳门依法成立的非牟利机构/团体或高等教育机构，以及在教育暨青年局已登记的青年社团。

⑥ 修正值。

⑦ 资料截至2018年10月。

青年社团结盟计划缔结的社团数

年度	中国									其他国家或地区	合计
	广东省						香港	台湾	其他城市		
	广州	珠海	佛山	中山	肇庆	其他					
2016	—	1	—	—	1	—	1	2	6	1	12
2017	—	—	1	1	—	—	1	1	2	1	7
2018	2	—	—	—	—	1	—	—	4	1	8

4. 青少年的活动及参加人数

为青少年学生提供的重要活动及参加人数

活动类型	项目	2015/2016学年	2016/2017学年	2017/2018学年
体育类	学界体育比赛（本地及外地比赛）	7 706	7 972	7 769
	暑期活动（体育活动）	21 727	21 905	24 827
文艺类	学生艺术教育普及计划	22 571	19 803	22 421
	校园乐缤纷	665	577	824
	暑期活动（文娱项目）	27 101	26 893	32 407
	“余暇活动”资助计划（教发基金内项目）①	71 746	—	—
	“余暇活动”资助计划（《本地学制正规教育课程框架》过渡性安排）②	—	49 987	53 802
	学生潜能发展计划（教发基金内项目）	—	39 569	36 971
	学校暑期活动资助计划（教发基金内项目）	18 115	10 088	16 346
	课后多元发展计划	23 931	27 014	16 602
	国际青年舞蹈节	17 000	—	23 781
	国际青年音乐汇演	—	—	3 200
	校际文娱比赛（歌唱、戏剧、舞蹈、辩论）	2 929	3 253	3 641

① 2015/2016学年“余暇活动”资助计划为最后一年，包括在教发基金项目之内。

② 于2016/2017学年首次推行，为《本地学制正规教育课程框架》的过渡性安排。

续表

活动类型	项目	2015/2016学年	2016/2017学年	2017/2018学年
数学及科普类	澳门青少年科技创新作品选拔活动	2 773	4 241	3 447
	澳门青少年综合机械人科普活动选拔大赛	618	737	791
	全国中小学信息技术创新与实践活动澳门区选拔赛	472	442	495
	澳门科学与工程大奖赛	27	47	60
	与青年有约——中国航天日专题活动	—	510	1 890
	数学及科普活动（全国/国际科普比赛及交流活动）	503	218	188
	小学生动手作研究	138	217	262
	校际数学比赛	996	996	1 137
	澳门高中学生化学竞赛	90	87	92
	中学物理竞赛	429	506	487
其他	阳光新一代推动计划	16 066	17 771	28 321
	学校健康促进计划（包括校园爱眼护齿活动、活力恒动123计划）	29 431	20 401	22 849
	学校健康促进计划（课间活动[1]）［校(部)数］		58	93
	“共钻研 创明天”计划	177	226	113
	“义工fun，你我都有份”计划[2]	16 640	15 498	15 000
	“青年义工培训计划”	2 241	2 881	367
	校园记者计划及外访	135	145	132
	澳门小学生讲故事大赛	549	638	585
	提供升学就业信息的活动（生涯规划辅导活动）	543	423	738
	中学生户外教育营	3 998	4 000	3 881
	健康生活系列活动	421	376	—
	21世纪东亚青少年大交流计划2.0	—	30	30

① 课间活动由2016/2017学年开始以学校数目表示。

② “义工fun，你我都有份”计划每学年的参加人数以学校提供的学生报名参与数字为准。

青年创新创业及生涯规划相关活动的参加人次

<table>
<tr><th colspan="2">项目名称</th><th>2014/2015学年</th><th>2015/2016学年</th><th>2016/2017学年</th><th>2017/2018学年</th></tr>
<tr><td colspan="2">青年创业创新培育计划</td><td>—</td><td>200</td><td>21 960</td><td>22 405</td></tr>
<tr><td colspan="2">澳门青年创业创新考察团</td><td>—</td><td>86</td><td>30</td><td>50</td></tr>
<tr><td rowspan="3">历史城区中的创业创新·京澳青年交流活动</td><td>澳门青年</td><td>—</td><td>—</td><td>30</td><td>30</td></tr>
<tr><td>在澳门就读的母语为葡萄牙语的国家的青年</td><td>—</td><td>—</td><td>—</td><td>10</td></tr>
<tr><td>北京青年</td><td>—</td><td>—</td><td>20</td><td>22</td></tr>
<tr><td colspan="2">“创新素养学生培训计划”</td><td>—</td><td>30</td><td>60</td><td>60</td></tr>
<tr><td colspan="2">“澳门中学生‘一带一路’交流计划(泉州)”</td><td>—</td><td>—</td><td>30</td><td>30</td></tr>
<tr><td colspan="2">澳门高中学生赴广州市学习交流计划</td><td>—</td><td>—</td><td>—</td><td>35</td></tr>
<tr><td colspan="2">“职业放大镜”行业参观系列</td><td>107</td><td>181</td><td>188</td><td>329</td></tr>
<tr><td colspan="2">“志愿成真”职前实践体验计划</td><td>126</td><td>124</td><td>217</td><td>162</td></tr>
<tr><td colspan="2">行业实况分享会</td><td>—</td><td>51</td><td>—</td><td>—</td></tr>
<tr><td colspan="2">生涯规划之自我认识系列工作坊</td><td>23</td><td>34</td><td>—</td><td>—</td></tr>
<tr><td colspan="2">技能培训系列工作坊
(如：个人形象、化妆技巧、水吧工作、商标设计、封面设计等)</td><td>520</td><td>446</td><td>103</td><td>113</td></tr>
<tr><td colspan="2">青年善用余暇计划</td><td>529</td><td>476</td><td>438</td><td>449</td></tr>
<tr><td colspan="2">“寻访理想路”探索活动</td><td>164</td><td>—</td><td>162</td><td>135</td></tr>
<tr><td colspan="2">生涯规划探索日营</td><td>—</td><td>50</td><td>—</td><td>—</td></tr>
<tr><td colspan="2">升学特约员计划</td><td>8</td><td>12</td><td>11</td><td>8</td></tr>
<tr><td colspan="2">“铁脚马眼”工作坊及考察活动</td><td>—</td><td>76</td><td>—</td><td>—</td></tr>
<tr><td colspan="2">骏菁好声音广播员训练活动</td><td>—</td><td>—</td><td>76</td><td>—</td></tr>
<tr><td colspan="2">承传·传承分享会</td><td>—</td><td>—</td><td>74</td><td>46</td></tr>
<tr><td colspan="2">“踏上会计专业之路”讲座</td><td>183</td><td>—</td><td>—</td><td>—</td></tr>
<tr><td colspan="2">“横琴·澳门青年创业谷”参观活动</td><td>—</td><td>—</td><td>37</td><td>—</td></tr>
<tr><td colspan="2">“一天影子”工作体验计划</td><td>—</td><td>—</td><td>61</td><td>—</td></tr>
<tr><td colspan="2">医疗卫生行业讲座</td><td>—</td><td>—</td><td>—</td><td>290</td></tr>
<tr><td colspan="2">参观澳门青年创业孵化中心</td><td>—</td><td>—</td><td>—</td><td>14</td></tr>
</table>

（八）校园建设、学校发展

1. 学生人均校园空间

学生人均校园空间

年度	学生人均学校面积[①]		学生人均教室面积[②]		学生人均运动和活动面积[③]	
	面积/平方米	增长率/%	面积/平方米	增长率/%	面积/平方米	增长率/%
1998	6.23	—	1.12	—	1.14	—
2002	7.14	14.6	1.26	12.5	1.59	39.5
2007	9.42	31.9	1.62	28.6	2.47	55.3
2013	11.55[④]	22.6	—	—	—	—
2016	11.61[⑤]	0.5	—	—	—	—
2017	11.93	2.7	—	—	—	—

2. “蓝天工程”裙楼校舍处理进度

“蓝天工程”裙楼校舍处理进度

编号	学校	校（部）名称	处理进度
1	a. 明爱学校 b. 庇道学校	a. 明爱学校 b. 庇道学校（分校）英文部	明爱学校于2016年9月迁至葡京花园
			庇道学校（分校）于2016年9月迁往高地乌街正校
2	妇联学校	妇联学校	学校已迁至黑沙环E1地段新校舍，于2016年7月开始使用
3	教业中学	教业中学附属小学暨幼儿园分校	利用中学部校舍以容纳现时裙楼校舍学生

---

① 学校面积包括校舍建筑面积及除此之外的学校土地面积。

② 教室面积只包括学生上课的普通教室面积，未包括专科教室面积。

③ 运动和活动面积只包括室外操场、室内操场、礼堂、花园等面积，未包括图书馆、阅览室、学校行政场所、宗教活动场所、卫生场所、饭堂、宿舍、通道等空间。

④ 2013—2015年没有新增的学校面积。

⑤ 与2013年底比较，直至2016年底，共有2间新建校舍，3间学校完成重建扩建校舍，同时共有5个校舍设施停用（包括4个位于裙楼的设施）；正规教育学生人数增加5 452人。

续表

编号	学校	校（部）名称	处理进度
4	海晖学校	海晖学校	迁至北区中葡学校校舍，教育暨青年局于2016年11月7日与办学团体签署“蓝天工程”意向书
5	新华学校	新华学校	批给逸园狗场收回的土地，处理幼儿园、小学校舍裙楼校舍
6	广大中学	广大中学（分校）	重建/扩建中学部校舍以容纳现在的裙楼校舍学生，于2018年3月21日上午与广大中学教育协进会代表签署意向书
7	菜农子弟学校	菜农子弟学校（分校）	将于新城A区批给土地予学校发展
8		菜农子弟学校（湾景分校）	
9	同善堂中学	同善堂中学附属幼儿园	政府批给路环石排湾12a地段其中一个校舍，中学、小学、幼儿园校舍全校搬迁，于2018年3月21日上午与同善堂代表签署意向书
10	培道中学	培道中学氹仔幼儿园分校	两所校舍全部搬迁，2018年6月批给邻近菩提园的教育用地
11		培道中学氹仔小学分校	
12	澳门坊众学校	澳门坊众学校	批给新城A区土地用作处理幼儿园、小学校舍裙楼校舍
13	协同特殊教育学校	协同特殊教育学校	批给逸园狗场收回的土地，供协同特殊教育学校建设新校舍
14	德明学校	德明学校	将于新城A区批给土地予学校发展
15	圣安东尼幼儿园	圣安东尼幼儿园	政府借出设施用作新校舍

3. 开放校园设施情况

开放校园设施

学年	总校部数	不同计划的校部中参与的学生人次				总人次
		直接管理①	签署合作协议②	教育发展基金③	课后多元发展计划④	
2014/2015	23	188 530	68 466	181 451	36 864	475 311
2015/2016⑤	22	150 147	21 707	167 742	37 037	376 633
2016/2017	23	160 698	21 375	222 425	27 014	431 512
2017/2018	23	168 778	20 868	254 747	16 109	460 502

4. 姐妹学校缔结情况

姐妹学校交流计划缔结的学校数

年度	中国内地			葡萄牙	“一带一路”沿线国家	其他	合计
	协调缔结	自行缔结	小计				
2007	—	1	1	—	—	—	1
2008	10	1	11	—	—	—	11
2009	—	1	1	—	—	—	1
2010	1	3	4	—	—	—	4
2011	6	3	9	—	1	1	11
2012	—	8	8	—	—	2	10
2013	8	1	9	—	—	—	9
2014	2	3	5	—	—	1	6

---

① 开放教育暨青年局辖下的公立学校，并且以团体预约的方式运作，2016/2017 学年共开放 8 间学校。

② 教育暨青年局与办学实体签署合作协议，明确界定其校园体育设施的对外开放时间，向团体提供不同类型体育场地，而教育暨青年局以财政资助补贴学校的营运开支，2016/2017 学年共与 1 间学校签署协议。

③ 通过“教育发展基金”资助学校对外开放，补贴学校因校园的体育场地对外开放而产生的损耗，开放的方式由学校依据自身条件自定（学校需要每周至少开放 15 个小时及每学年开放不少于 9 个月的时间），2016/2017 学年共资助 12 间学校。

④ 鼓励学校在不影响其教育活动的前提下，提供校内场地设施给民间社团开设多元化班组活动，由教育暨青年局提供财政资助，为同区的市民提供各种学习活动的理想场所。2016/2017 学年共有 4 间学校参与。

⑤ 2015/2016 学年有 2 所学校通过体育局公共体育设施网络开放校园。

续表

年度	中国内地			葡萄牙	"一带一路"沿线国家	其他	合计
	协调缔结	自行缔结	小计				
2015	—	7	7	—	—	—	7
2016	—	13	13	—	—	—	13
2017	7	24	31	1	2	4	38

三、高等教育统计数字

（一）高等教育课程

数据收集的依据日期为2018年10月31日。

2018/2019学年澳门高校高等教育课程数

高等院校	博士学位课程	硕士学位课程	学位后文凭课程	学士学位课程	学士学位补充课程	高等专科学位课程	文凭课程	总计
澳门大学	26	42	5	28	—	—	—	101
澳门理工学院	—	—	—	22	1	—	—	23
旅游学院	—	—	—	9	—	—	3	12
澳门保安部队高等学校	—	—	—	2	—	—	—	2
澳门城市大学	11	14	—	9	—	—	—	34
圣若瑟大学	8	13	1	14	—	—	1	37
澳门镜湖护理学院	—	—	1	1	1	—	—	3
澳门科技大学	17	29	—	14	—	—	—	60
澳门管理学院	—	—	—	1	—	—	5	6
中西创新学院	—	—	—	1	—	—	1	2
总计	62	98	7	101	2	—	10	280
百分比/%	22.14	35.00	2.50	36.07	0.71	—	3.57	—

近 5 学年澳门高校高等教育课程数

学年	博士学位课程	硕士学位课程	学位后文凭课程	学士学位课程	学士学位补充课程	高等专科学位课程	文凭课程	总计
2014/2015	57	77	6	103	15	10	6	274
2015/2016	57	83	6	101	11	3	7	268
2016/2017	56	87	8	102	3	2	9	267
2017/2018	58	91	9	100	3	—	11	272
2018/2019	62	98	7	101	2	—	10	280

（二）高等院校教职员

数据收集的依据日期为 2018 年 10 月 31 日。

2018/2019 学年澳门高等院校教职员人数

高等院校	教学人员	非教学人员	研究人员	总计	百分比/%
澳门大学	685	969	239	1 891	36. 12
澳门理工学院	402	355	47	748	14. 29
旅游学院	157	245	2	404	7. 72
澳门保安部队高等学校	47	152	—	199	3. 80
澳门城市大学	311	150	84	461	8. 80
圣若瑟大学	145	65	—	210	4. 01
澳门镜湖护理学院	30	36	1	65	1. 24
澳门科技大学	610	447	103	1 157	22. 10
澳门管理学院	30	17	2	47	0. 90
中西创新学院	36	19	—	54	1. 03
总计	2 453	2 455	478	5 236	—

注：其中部分人员同时兼任教学、非教学或研究工作，教学人员、非教学人员、研究人员三者相加的总人数中已扣除重复的人数。

2018/2019 学年澳门高等院校全职及非全职、本地及外聘教学人员人数

高等院校	全职		非全职		小计				总计
	本地	外聘	本地	外聘	全职	非全职	本地	外聘	
澳门大学	469	102	84	30	571	114	553	132	685
澳门理工学院	203	36	163	—	239	163	366	36	402
旅游学院	78	16	60	3	94	63	138	19	157
澳门保安部队高等学校	2	—	44	1	2	45	46	1	47
澳门城市大学	48	51	79	133	99	212	127	184	311
圣若瑟大学	48	17	38	42	65	80	86	59	145
澳门镜湖护理学院	21	3	5	1	24	6	26	4	30
澳门科技大学	187	239	69	115	426	184	256	354	610
澳门管理学院	2	2	26	—	4	26	28	2	30
中西创新学院	2	5	16	13	7	29	18	18	36
总计	1 060	471	584	338	1 531	922	1 644	809	2 453
百分比/%	43. 21	19. 20	23. 81	13. 78	62. 41	37. 59	67. 02	32. 98	—

2018/2019 学年澳门高等院校具博士学位教学人员比率

高等院校	教师学历（或学位）	全职教师人数	教师总数	相当于全职教师人数	博士学位教师比率/%		
					按全职[①]	按总数[②]	按相当于全职[③]
澳门大学	博士	507	553	491	88. 79	80. 73	84. 80
	其他	64	132	88			
	小计	571	685	579			
澳门理工学院	博士	159	188	145	66. 53	46. 77	65. 02
	其他	80	214	78			
	小计	239	402	223			

① 采取具博士学位全职教师人数与全职教师总人数之比。

② 采取具博士学位教师总人数与教师总人数之比。

③ 采取以相当于全职人数计算的具博士学位教师人数与相当于全职人数计算的教师总人数之比。

续表

高等院校	教师学历（或学位）	全职教师人数	教师总数	相当于全职教师人数	博士学位教师比率/%		
					按全职	按总数	按相当于全职
旅游学院	博士	38	44	39	40. 43	28. 03	34. 21
	其他	56	113	75			
	小计	94	157	114			
澳门保安部队高等学校	博士	—	25	7	—	53. 19	46. 67
	其他	2	22	8			
	小计	2	47	15			
澳门城市大学	博士	83	228	164	83. 84	73. 31	68. 05
	其他	16	83	77			
	小计	99	311	241			
圣若瑟大学	博士	45	79	65	69. 23	54. 48	57. 52
	其他	20	66	48			
	小计	65	145	113			
澳门镜湖护理学院	博士	10	12	9	41. 67	40. 00	42. 86
	其他	14	18	12			
	小计	24	30	21			
澳门科技大学	博士	310	420	291	72. 77	68. 85	69. 78
	其他	116	190	126			
	小计	426	610	417			
澳门管理学院	博士	3	8	2	75. 00	26. 67	22. 22
	其他	1	22	7			
	小计	4	30	9			
中西创新学院	博士	6	22	6	85. 71	61. 11	75. 00
	其他	1	14	2			
	小计	7	36	8			
澳门整体	博士	1 161	1 579	1 219	75. 83	64. 37	70. 06
	其他	370	874	521			
	总计	1 531	2 453	1 740			

注：本表格内数字以四舍五入方式处理，故数字总和可能与相对应的小计或总计数值有出入。本表格内若出现零的数字代表小于 0. 5 的数值，而“—”则表示零数值或不适用。

近 5 学年澳门高等院校教职员人数

学年	教学人员	非教学人员	研究人员	总计
2014/2015	1 993	2 229	386	4 489
2015/2016	2 015	2 309	435	4 634
2016/2017	2 265	2 327	474	4 899
2017/2018	2 303	2 384	483	5 022
2018/2019	2 453	2 455	478	5 236

注：其中部分人员同时兼任教学、非教学或研究工作，教学人员、非教学人员、研究人员三者相加的总人数中已扣除重复的人数。

（三）注册学生

数据收集的依据日期为 2018 年 10 月 31 日。

2018/2019 学年澳门高等院校学生人数

高等院校	全日制		非全日制		小计				总计
	本地生	外地生	本地生	外地生	全日制	非全日制	本地生	外地生	
澳门大学	6 514	3 900	—	—	10 414	—	6 514	3 900	10 414
澳门理工学院	2 621	648	—	—	3 269	—	2 621	648	3 269
旅游学院	1 285	350	—	—	1 635	—	1 285	350	1 635
澳门保安部队高等学校	44	2	—	—	46	—	44	2	46
澳门城市大学	2 359	3 072	120	6	5 431	126	2 479	3 078	5 557
圣若瑟大学	1 094	134	—	—	1 228	—	1 094	134	1 228
澳门镜湖护理学院	310	29	61	27	339	88	371	56	427
澳门科技大学	1 494	9 811	—	—	11 305	—	1 494	9 811	11 305
澳门管理学院	—	—	248	7	—	255	248	7	255
中西创新学院	137	6	—	—	143	—	137	6	143
总计	15 858	17 952	429	40	33 810	469	16 287	17 992	34 279
百分比/%	46. 26	52. 37	1. 25	0. 12	98. 63	1. 37	47. 51	52. 49	—

2018/2019 学年澳门高等院校本地与外地学生比例（%）

高等院校	本地生占比	外地生占比				
		内地生	香港学生	台湾学生	其他地区外地生	外地生总计
澳门大学	62. 55	32. 59	2. 11	0. 47	2. 28	37. 45
澳门理工学院	80. 18	15. 33	0. 24	0. 12	4. 13	19. 82
旅游学院	78. 60	14. 98	4. 04	0. 24	2. 14	21. 40
澳门保安部队高等学校	95. 65	4. 35	—	—	—	4. 35
澳门城市大学	44. 61	53. 91	0. 85	0. 09	0. 54	55. 39
圣若瑟大学	89. 09	0. 24	0. 90	0. 08	9. 69	10. 91
澳门镜湖护理学院	86. 89	11. 24	1. 87	—	—	13. 11
澳门科技大学	13. 22	86. 02	0. 34	0. 18	0. 24	86. 78
澳门管理学院	97. 26	1. 96	0. 78	—	—	2. 74
中西创新学院	95. 80	—	—	—	4. 20	4. 20
总计	47. 51	49. 36	1. 17	0. 24	1. 72	52. 49

2018/2019 学年澳门高等院校各级程度课程学生人数

高等院校	博士学位课程	硕士学位课程	学位后文凭课程	学士学位课程	学士学位补充课程	高等专科学位课程	文凭课程	总计
澳门大学	1 047	2 142	84	7 141	—	—	—	10 414
澳门理工学院	—	—	—	3 267	2	—	—	3 269
旅游学院	—	—	—	1 600	—		35	1 635
澳门保安部队高等学校	—	—	—	46	—	—	—	46
澳门城市大学	546	1 272	—	3 739	—	—	—	5 557
圣若瑟大学	50	313	168	659	—	—	38	1 228
澳门镜湖护理学院	—	—	24	339	64	—	—	427
澳门科技大学	919	2 462	—	7 924	—	—	—	11 305
澳门管理学院	—	—	—	165	—	—	90	255
中西创新学院	—	—	—	115	—	—	28	143
总计	2 562	6 189	276	24 995	66	—	191	34 279
百分比/%	7. 47	18. 05	0. 81	72. 92	0. 19	—	0. 56	—

2018/2019 学年澳门高等院校各级程度课程来自葡语系国家学生人数

高等院校	葡语系国家	博士学位课程	硕士学位课程	学位后文凭课程	学士学位课程	学士学位补充课程	高等专科学位课程	文凭课程	总计
澳门大学	东帝汶	—	—	—	4	—	—	—	4
	葡萄牙	4	5	—	15	—	—	—	24
	安哥拉	—	—	—	1	—	—	—	1
	佛得角	—	3	—	10	—	—	—	13
	几内亚比绍	—	1	—	6	—	—	—	7
	莫桑比克	1	3	—	8	—	—	—	12
	圣多美和普林西比	—	—	—	5	—	—	—	5
	巴西	6	—	—	4	—	—	—	10
	小计	11	12	—	53	—	—	—	76
澳门理工学院	葡萄牙	—	—	—	35	—	—	—	35
	安哥拉	—	—	—	3	—	—	—	3
	佛得角	—	—	—	73	—	—	—	73
	莫桑比克	—	—	—	1	—	—	—	1
	圣多美和普林西比	—	—	—	2	—	—	—	2
	巴西	—	—	—	18	—	—	—	18
	小计	—	—	—	132	—	—	—	132
旅游学院	佛得角	—	—	—	1	—	—	—	1
	巴西	—	—	—	1	—	—	—	1
	小计	—	—	—	2	—	—	—	2
澳门城市大学	几内亚比绍	—	—	—	4	—	—	—	4
	小计	—	—	—	4	—	—	—	4

续表

高等院校	葡语系国家	博士学位课程	硕士学位课程	学位后文凭课程	学士学位课程	学士学位补充课程	高等专科学位课程	文凭课程	总计
圣若瑟大学	东帝汶	—	—	—	10	—	—	—	10
	葡萄牙	2	1	1	18	—	—	—	22
	安哥拉	—	—	—	2	—	—	—	2
	佛得角	—	—	—	1	—	—	—	1
	几内亚比绍	—	—	—	6	—	—	—	6
	莫桑比克	—	1	—	—	—	—	—	1
	巴西	—	3	1	9	—	—	—	13
	小计	2	5	2	46	—	—	—	55
总计		13	17	2	237	—	—	—	269

2018/2019 学年澳门高等院校葡语相关专业及主要以葡语授课课程学生人数

课程类型	高等院校	博士学位课程	硕士学位课程	学位后文凭课程	学士学位课程	学士学位补充课程	高等专科学位课程	文凭课程	总计
葡语相关	澳门大学	23	46	—	322	—	—	—	391
	理工学院	—	—	—	356	—	—	—	356
	圣若瑟大学	—	2	—	23	—	—	38	63
	科技大学	—	2	—	147	—	—	—	149
	小计	23	50	—	848	—	—	38	959
主要以葡语授课	澳门大学	—	45	—	226	—	—	—	271
	理工学院	—	—	—	260	—	—	—	260
	小计	—	45	—	486	—	—	—	531
总计		23	95	—	1 334	—	—	38	1 490

近 5 学年澳门高等院校各级程度课程学生人数

学年	博士学位课程	硕士学位课程	学位后文凭课程	学士学位课程	学士学位补充课程	高等专科学位课程	文凭课程	总计
2014/2015	1 248	5 355	146	23 352	519	76	75	30 771
2015/2016	1 616	5 571	184	24 328	152	11	108	31 970
2016/2017	2 054	5 652	246	24 638	31	3	126	32 750
2017/2018	2 245	5 803	259	24 516	59	—	216	33 098
2018/2019	2 562	6 189	276	24 995	66	—	191	34 279

近 5 学年澳门高等院校各级程度课程学生人数变化比率（%）

学年	博士学位课程	硕士学位课程	学位后文凭课程	学士学位课程	学士学位补充课程	高等专科学位课程	文凭课程	总计
2014/2015	+23.20	+7.14	−28.08	+5.42	−18.52	−83.62	+38.89	+4.23
2015/2016	+29.49	+4.03	+26.03	+4.18	−70.71	−85.53	+44.00	+3.90
2016/2017	+27.10	+1.45	+33.70	+1.27	−79.61	−72.73	+16.67	+2.44
2017/2018	+9.30	+2.67	+5.28	−0.50	+90.32	—	+71.43	+1.06
2018/2019	+14.12	+6.65	+6.56	+1.95	+11.86	—	−11.57	+3.57

（四）在澳门以外地区就学的澳门学生

2017/2018 学年在不同地区就学的澳门学生人数

就读高校所在地		博士学位课程	硕士学位课程	学位后文凭课程	学士学位课程	学士学位补充课程	专科课程	文凭/其他课程	总计
亚洲	中国内地	97	328	—	4 670	—	3 181	—	8 276
	中国香港	41	260	13	1 210	—	—	305	1 829
	中国台湾	27	333	—	4 399	—	—	2	4 761
	日本	1	8	—	33	—	—	8	50
	韩国	—	4	—	27	—	—	—	31
	马来西亚	3	—	—	9	—	—	—	12
	菲律宾	—	1	—	20	—	—	2	23
	新加坡	4	3	—	4	—	—	4	15
	小计	173	937	13	10 372	—	3 181	321	14 997

续表

就读高校所在地		博士学位课程	硕士学位课程	学位后文凭课程	学士学位课程	学士学位补充课程	专科课程	文凭/其他课程	总计
欧洲	奥地利	—	1	—	7	—	—	—	8
	比利时	1	3	—	2	—	—	—	6
	捷克	1	—	—	—	—	—	—	1
	丹麦	1	2	—	—	—	—	—	3
	芬兰	—	2	—	—	—	—	—	2
	法国	2	8	—	6	—	—	1	17
	德国	2	11	—	6	—	—	1	20
	爱尔兰	—	1	—	9	—	—	1	11
	意大利	—	2	—	2	—	—	—	4
	荷兰	—	7	—	6	—	—	—	13
	挪威	—	1	—	1	—	—	—	2
	波兰	—	1	—	2	—	—	—	3
	葡萄牙	3	105	—	204	—	—	—	312
	西班牙	—	1	—	4	—	—	—	5
	瑞典	1	2	—	—	—	—	—	3
	瑞士	1	5	—	13	—	—	—	19
	乌克兰	1	—	—	—	—	—	—	1
	英国	38	230	4	709	—	—	1	982
	小计	51	382	4	971	—	—	4	1 412
北美洲	加拿大	9	19	—	245	—	—	31	304
	墨西哥	—	—	—	1	—	—	—	1
	美国	35	76	—	376	—	—	86	573
	小计	44	95	—	622	—	—	117	878
南美洲	巴西	—	—	—	1	—	—	—	1
	小计	—	—	—	1	—	—	—	1

续表

就读高校所在地		博士学位课程	硕士学位课程	学位后文凭课程	学士学位课程	学士学位补充课程	专科课程	文凭/其他课程	总计
大洋洲	澳大利亚	12	116	—	427	—	—	11	566
	新西兰	1	2	—	29	—	—	—	32
	小计	13	118	—	456	—	—	11	598
总计		281	1 532	17	12 422	—	3 181	453	17 886
百分比/%		1.57	8.57	0.10	69.45	—	17.78	2.53	—

2017/2018 学年在外就学修读不同学科范畴课程的澳门学生人数

学科范畴		博士学位课程	硕士学位课程	学位后文凭课程	学士学位课程	学士学位补充课程	专科课程	文凭/其他课程	总计
教育	教育	28	93	13	622	—	114	21	891
	小计	28	93	13	622	—	114	21	891
艺术与人文	艺术	4	105	—	881	—	3	44	1 037
	人文学科	15	35	—	285	—	—	11	346
	语言	6	51	—	784	—	20	21	882
	小计	25	191	—	1 950	—	23	76	2 265
社会科学、新闻学与信息	社会与行为科学	31	170	—	775	—	8	34	1 018
	文化遗产	—	5	—	3	—	—	—	8
	新闻学与信息	1	31	—	328	—	1	16	377
	小计	32	206	—	1 106	—	9	50	1 403
商业、行政与法律	商业与行政	35	272	—	2 472	—	2 628	72	5 479
	博彩管理	—	—	—	—	—	—	—	—
	法律	8	56	3	647	—	236	2	952
	小计	43	328	3	3 119	—	2 864	74	6 431

续表

学科范畴		博士学位课程	硕士学位课程	学位后文凭课程	学士学位课程	学士学位补充课程	专科课程	文凭/其他课程	总计
科学	生命科学	12	25	—	221	—	—	12	270
	环境	2	5	—	60	—	—	7	74
	物理科学	26	36	—	253	—	—	7	322
	数学与统计学	4	17	—	194	—	—	1	216
	小计	44	83	—	728	—	—	27	882
信息与通信技术	信息与通信技术	4	62	—	608	—	40	30	744
	小计	4	62	—	608	—	40	30	744
工程、制造和建筑	工程学和工程行业	11	94	—	632	—	56	31	824
	制造与加工	2	10	—	72	—	2	2	88
	建筑学与建筑工程	3	96	—	558	—	26	44	727
	小计	16	200	—	1 262	—	84	77	1 639
农业、林业、渔业与兽医学	农业	1	1	—	27	—	—	1	30
	林业	—	3	—	7	—	—	—	10
	渔业	—	1	—	4	—	—	—	5
	兽医	—	3	—	40	—	1	—	44
	小计	1	8	—	78	—	1	1	89
卫生和福利	卫生	73	263	1	1 865	—	13	27	2 242
	福利	1	23	—	200	—	1	8	233
	小计	74	286	1	2 065	—	14	35	2 475

续表

学科范畴		博士学位课程	硕士学位课程	学位后文凭课程	学士学位课程	学士学位补充课程	专科课程	文凭/其他课程	总计
服务行业	个人服务	9	49	—	763	—	14	40	875
	卫生与职业卫生服务	5	19	—	45	—	4	10	83
	安全服务	—	2	—	1	—	—	—	3
	运输服务	—	5	—	75	—	14	12	106
	小计	14	75	—	884	—	32	62	1 067
总计		281	1 532	17	12 422	—	3 181	453	17 886

近5学年在外就学的澳门学生人数

就读高校所在地	2013/2014学年		2014/2015学年		2015/2016学年		2016/2017学年		2017/2018学年	
	人数	百分比/%	人数	百分比/%	人数	百分比/%	人数	百分比/%	人数	百分比/%
中国内地	5 180	39. 10	5 475	36. 50	6 178	40. 71	7 450	42. 96	8 276	46. 27
中国香港	1 779	13. 43	2 213	14. 75	1 761	11. 60	1 849	10. 66	1 829	10. 23
中国台湾	4 027	30. 40	4 408	29. 38	4 508	29. 71	4 959	28. 60	4 761	26. 62
葡萄牙	159	1. 20	255	1. 70	261	1. 72	293	1. 69	312	1. 74
英国	644	4. 86	815	5. 43	847	5. 58	956	5. 51	982	5. 49
美国	623	4. 70	769	5. 13	670	4. 42	677	3. 91	573	3. 20
澳洲	374	2. 82	462	3. 08	412	2. 71	541	3. 12	566	3. 17
加拿大	255	1. 93	327	2. 18	297	1. 96	330	1. 90	304	1. 70
其他	206	1. 56	277	1. 85	241	1. 59	286	1. 65	283	1. 58
总计	13 247	—	15 001	—	15 175	—	17 341	—	17 886	—

（五）高等教育公共开支

历年高等教育局（包括高等教育基金）及三所公立高等院校的开支

年度	高等教育局（包括高等教育基金）		澳门大学		澳门理工学院		旅游学院	
	开支/千澳门元	年变化/%	开支/千澳门元	年变化/%	开支/千澳门元	年变化/%	开支/千澳门元	年变化/%
2000	7 737	—	282 286	—	156 829	—	46 896	—
2001	9 493	+22.70	319 992	+13.36	176 711	+12.68	44 803	-4.46
2002	10 549	+11.12	357 804	+11.82	258 315	+46.18	60 961	+36.06
2003	11 488	+8.90	363 737	+1.66	272 866	+5.63	67 060	+10.00
2004	12 616	+9.82	384 383	+5.68	290 048	+6.30	60 226	-10.19
2005	14 908	+18.17	448 519	+16.69	308 918	+6.51	63 375	+5.23
2006	17 768	+19.18	522 608	+16.52	396 603	+28.38	74 422	+17.43
2007	21 181	+19.21	548 916	+5.03	390 437	-1.55	92 551	+24.36
2008	24 520	+15.76	669 982	+22.06	437 346	+12.01	105 525	+14.02
2009	27 109	+10.56	733 116	+9.42	442 752	+1.24	133 278	+26.30
2010	43 052	+58.81	832 602	+13.57	430 884	-2.68	164 379	+23.34
2011	44 156	+2.56	983 737	+18.15	493 170	+14.46	184 529	+12.26
2012	147 649	+234.38	1 234 528	+25.49	523 309	+6.11	200 393	+8.60
2013	205 896	+39.45	1 407 929	+14.05	568 887	+8.71	217 496	+8.53
2014	212 258	+3.09	1 904 485	+35.27	616 835	+8.43	246 707	+13.43
2015	213 373	+0.55	2 169 571	+13.92	651 158	+5.56	284 464	+15.30
2016	225 044	+5.47	2 126 885	-1.97	721 233	+10.76	322 877	+13.50

续表

年度	高等教育局（包括高等教育基金）		澳门大学		澳门理工学院		旅游学院	
	开支/千澳门元	年变化/%	开支/千澳门元	年变化/%	开支/千澳门元	年变化/%	开支/千澳门元	年变化/%
2017（预算）	285 114	+26.69	2 456 160	+15.48	789 302	+9.44	396 837	+22.91
2018（预算）	250 555	-12.12	2 675 981	+8.95	880 174	+11.51	441 443	+11.24
2019（预算）	387 348	+54.60	2 737 882	+2.31	913 599	3.80	449 206	+1.76

注：1. 2017—2019 年资料为财政预算案开支数字（包括已发布的补充预算）。

2. 2000—2016 年资料是按澳门特别行政区总账目所载各有关年度的实际开支数字。

3. 高等教育局（包括高等教育基金）2012—2019 年的预算及开支，已包括发放“大专学生学习用品津贴”的预算负担。

4. 上述年度预算或开支并不包括“行政当局投资与发展开支计划”（PIDDA）的开支。

近 5 年高等教育公共开支情况

开支	2013 年	2014 年	2015 年	2016 年	2017 年
特别行政区政府开支总额/百万澳门元	44 355.5	59 822.9	71 805.0	74 109.7	68 386.7
本地生产总值（GDP）/百万澳门元	411 839.0	442 070.0	362 641.0	358 200.0	405 790.0
教育公共开支/百万澳门元	7 262.1	8 301.7	9 269.0	9 859.8	10 278.8
高等教育公共开支/百万澳门元	2 294.1	2 857.8	3 176.0	3 243.2	3 263.7
高等教育公共开支占政府开支的百分比/%	5.17	4.78	4.42	4.38	4.77
高等教育公共开支占教育公共开支的百分比/%	31.59	34.42	34.26	32.89	31.75
高等教育公共开支占GDP 比率/%	0.56	0.65	0.88	0.91	0.80

历年研究生奖学金名额及金额

学年	硕士				博士				学硕连读的硕士				硕博连读的博士			
	名额	升幅/%	每年金额	升幅/%	名额	升幅/%	每年金额	升幅/%	名额	升幅/%	每年金额	升幅/%	名额	升幅/%	每年金额	升幅/%
2004/2005	30	—	31 500	—	5	—	45 000	—	—	—	—	—	—	—	—	—
2005/2006	30	—	31 500	—	5	—	45 000	—	—	—	—	—	—	—	—	—
2006/2007	35	16. 67	31 500	—	10	100	45 000	—	—	—	—	—	—	—	—	—
2007/2008	35	—	31 500	—	10	—	45 000	—	—	—	—	—	—	—	—	—
2008/2009	35	—	36 000	14. 29	10	—	49 500	10. 00	—	—	—	—	—	—	—	—
2009/2010	35	—	36 000	—	10	—	49 500	—	—	—	—	—	—	—	—	—
2010/2011	45	28. 57	36 000	—	15	50. 00	49 500	—	—	—	—	—	—	—	—	—
2011/2012	60	33. 33	45 000	25. 00	15	—	63 000	27. 27	—	—	—	—	1	—	54 000	—
2012/2013	80	33. 33	51 000	13. 33	15	—	72 000	14. 29	—	—	—	—	1	—	61 800	14. 44
2013/2014	100	25. 00	54 000	5. 88	20	33. 33	75 000	4. 17	—	—	—	—	5	400	66 000	6. 80
2014/2015	100	—	57 000	5. 56	20	—	79 000	5. 33	—	—	—	—	5	—	69 000	4. 55
2015/2016	100	—	57 000	—	20	—	79 000	—	2	—	50 000	—	5	—	69 000	—
2016/2017	100	—	57 000	—	20	—	79 000	—	2	—	50 000	—	5	—	69 000	—
2017/2018	100	—	58 000	1. 75	20	—	80 000	1. 27	2	—	51 000	2. 00	5	—	70 000	1. 45
2018/2019	105	5. 00	58 000	—	25	25. 00	80 000	—	2	—	51 000	—	5	—	70 000	—
2019/2020	105	—	58 000	—	25	—	80 000	—	2	—	51 000	—	5	—	70 000	—

注:2011/2012 学年增设硕博连读的博士研究生奖学金,2015/2016 学年增设学硕连读的硕士研究生奖学金。

近5学年“大专学生学习用品津贴”发放情况

就读高校所在地	2013/2014 学年		2014/2015 学年		2015/2016 学年		2016/2017 学年		2017/2018 学年	
	人数	百分比/%	人数	百分比/%	人数	百分比/%	人数	百分比/%	人数	百分比/%
中国澳门	16 356	52. 64	16 395	50. 16	15 823	49. 34	15 649	46. 04	14 992	44. 37
中国内地	6 563	21. 13	6 653	20. 36	7 163	22. 34	8 336	24. 53	9 080	26. 87
中国香港	1 832	5. 90	2 286	6. 99	1 803	5. 62	1 866	5. 49	1 847	5. 47
中国台湾	4 028	12. 97	4 408	13. 49	4 536	14. 15	5 024	14. 78	4 828	14. 29
葡萄牙	178	0. 57	278	0. 85	275	0. 86	305	0. 90	317	0. 94
英国	641	2. 06	815	2. 49	847	2. 64	957	2. 82	982	2. 91
美国	638	2. 05	785	2. 40	671	2. 09	692	2. 04	589	1. 74
澳大利亚	373	1. 20	462	1. 41	412	1. 28	541	1. 59	566	1. 67
加拿大	255	0. 82	327	1. 00	297	0. 93	330	0. 97	304	0. 90
其他	205	0. 66	277	0. 85	241	0. 75	286	0. 84	283	0. 84
总计	31 069	—	32 686	—	32 068	—	33 986	—	33 788	—
资助金额/澳门元	93 207 000		98 058 000		96 204 000		101 958 000		101 364 000	

（六）澳门学生在内地升学情况

2004—2019 年度内地高校联招人数

年度	报名人数	全国联招录取人数	保送生录取人数
2004	1 306	561	107
2005	1 409	628	138
2006	1 456	655	156
2007	1 086	463	205
2008	1 032	342	210
2009	967	237	253
2010	843	291	259

续表

年度	报名人数	全国联招录取人数	保送生录取人数
2011	891	262	298
2012	783	239	344
2013	749	247	322
2014	652	190	306
2015	720	185	361
2016	779	184	392
2017	998	142	723
2018	1 257	105	951
2019	1 326	—	1 044

注：1. 上述报名人数为全国联招确认报名人数及保送生录取人数之和。

2. 本表数据并不包括自 2018 年开始实施的“持四校联考成绩报考内地高校”的学生人数，2018 年录取人数为 50 人。

2004—2019 年度内地高校研究生考试人数

年度	报名人数	录取人数
2004	350	182
2005	376	242
2006	328	198
2007	399	225
2008	366	206
2009	315	189
2010	319	204
2011	403	259
2012	370	213
2013	304	196
2014	299	166
2015	184	126
2016	334	205
2017	373	209
2018	368	184
2019	418	待公布

（七）高等教育指标

近5学年澳门高等教育毛入学率

学年	高等教育注册学生人数	高等教育适龄人口	高等教育毛入学率/%
2014/2015	30 771	40 400	76.17
2015/2016	31 970	40 000	79.93
2016/2017	32 750	40 300	81.27
2017/2018	33 098	41 000	80.73
2018/2019	34 279	40 200	85.27

近5年澳门具高等教育程度人口比例

人口		2014年	2015年	2016年	2017年	2018年
劳动人口	总人口/千人	394.7	403.8	397.2	387.4	392.5
	具高等教育程度人口/千人	124.4	132.4	134.0	137.4	143.0
就业人口	总人口/千人	388.1	396.5	389.7	379.8	385.4
	具高等教育程度人口/千人	122.2	130.3	132.0	134.9	140.4
本地就业人口（本地居民）	总人口/千人	276.6	278.8	276.9	279.1	283.3
	具高等教育程度人口/千人	86.2	95.0	95.0	101.9	108.0
劳动人口中具高等教育程度人口比例/%		31.52	32.79	33.74	35.47	36.43
就业人口中具高等教育程度人口比例/%		31.49	32.86	33.87	35.52	36.43
本地就业人口中具高等教育程度人口比例/%		31.16	34.07	34.31	36.51	38.12

近5学年澳门高等院校师生比

学年	按全日制①	按整体②	按相当于全日制③
2014/2015	1:22.16	1:15.44	1:20.75
2015/2016	1:22.44	1:15.87	1:21.37
2016/2017	1:21.78	1:14.46	1:20.35
2017/2018	1:21.55	1:14.37	1:20.06
2018/2019	1:22.08	1:13.97	1:19.70

① 采取全职教学人员人数与全日制注册学生人数之比。

② 采取教学人员总数与注册学生总数之比。

③ 采取相当于全职人数计算的教学人员人数与相当于全日制课程学生之比。

（八）高等院校科研发展情况

近5学年澳门高等院校科研开支

高等院校	科研经费开支/澳门元				
	2013/2014 学年	2014/2015 学年	2015/2016 学年	2016/2017 学年	2017/2018 学年
澳门大学	148 737 478.09	153 992 556.99	250 737 162.98	289 776 103.83	240 870 403.12
澳门理工学院	41 104 921.21	48 352 083.75	48 243 779.42	60 532 095.29	66 659 708.00
旅游学院	15 528 401.07	17 281 819.23	20 726 786.11	22 581 619.94	23 050 522.39
澳门保安部队高等学校	—	—	—	—	—
澳门城市大学	14 340 757.00	25 917 491.05	29 263 273.21	23 701 935.88	43 691 543.04
圣若瑟大学	472 290.30	517 670.01	209 631.39	506 255.10	217 653.60
澳门镜湖护理学院	4 646 639.00	3 378 000.00	3 739 471.00	4 346 700.00	4 709 200.00
澳门科技大学	152 620 842.35	172 506 295.21	240 712 290.01	275 168 546.24	254 213 714.10
澳门管理学院	63 000.00	167 000.00	298 396.00	228 900.00	296 155.00
中西创新学院	—	—	—	—	—
总计	377 514 329.02	422 112 916.24	593 930 790.02	676 842 156.28	633 708 899.25
	科研经费开支变化比率/%				
澳门大学	+25.94	+3.53	+62.82	+15.57	−16.88
澳门理工学院	+15.38	+17.63	−0.22	+25.47	+10.12
旅游学院	+9.04	+11.29	+19.93	+8.95	+2.08
澳门保安部队高等学校	—	—	—	—	—
澳门城市大学	+81.99	+80.73	+12.91	−19.00	+84.34
圣若瑟大学	+36.36	+9.61	−59.50	+141.50	−57.01
澳门镜湖护理学院	+12.46	−27.30	+10.70	+16.24	+8.34
澳门科技大学	+31.07	+13.03	+39.54	+14.31	−7.62
澳门管理学院	−91.39	+165.08	+78.68	−23.29	+29.38
中西创新学院	—	—	—	—	—
总计	+26.89	+11.81	+40.70	+13.96	−6.37

后　　记

随着“一国两制”的实施和推进，澳门教育近年日益受到各方的关注。10多年前，我们有幸从内地高校来到澳门特别行政区政府工作，参与到这一时期教育政策的研拟、法律法规的起草和课程改革的推动等一系列工作，尤其是参加《非高等教育制度纲要法》（2006年）、《非高等教育私立学校教学人员制度框架》（2012年）、《本地学制正规教育课程框架》（2014年）以及《非高等教育发展十年规划（2011－2020年）》的公开咨询和起草，《品德与公民》、中学《历史》以及《中国语文》教材的研制，见证了澳门回归以来教育制度的历史性变革、教师队伍的进步以及学生素养的提升；我们也参与到新入职教师和学校中高层领导的培训工作中，随着工作的转变，与教育界不同方面有了比较深入的接触，这为我们研究澳门教育问题提供了机会。可以说，本书是这10多年工作和思考的结晶。

我们力图全景式关注澳门教育的变革，在重点分析基础教育的同时，最后一章也讨论了高等教育的发展。在主题上，既重视回归后澳门教育制度的变革，如基础教育和高等教育法的修订、15年免费教育的实施、小班制的推行、课程领导体制的完善，也关注到师资队伍和本地教材建设，以及职业技术教育和幼儿教育的发展。而对于历史教育、中文教育、“爱国爱澳”教育和中华传统文化教育等备受关注的核心问题，则设专章以作相对深入的探讨。附录的政策文献和统计数据，则可作为澳门教育20年发展的记录，也希望为有兴趣的研究者提供参考。

2019年澳门回归祖国20周年之际，本书曾于澳门启元出版社出版。一年过去了，很高兴能有机会在内地出版这个略作修订的版本。除订正一些文字的错漏外，此次修订主要根据近一年来的变化，补充了一些新的数据和内容，调整了某些论述和建议。

两年多前，时任澳门启元出版社总编辑的杨亚基先生与我们一起策划“澳门回归二十年经验丛书”；而今天，亚基先生离开我们已半年多了。谨以此书向先生致敬！

郭晓明　王敏

2020年10月29日于澳门